国家出版基金项目
NATIONAL PUBLICATION FOUNDATION

单中惠 总主编

杜威教育研究大系

杜威教育
在日本和中国

关松林 主编

山东教育出版社
·济南·

图书在版编目（CIP）数据

杜威教育在日本和中国 / 关松林主编 . — 济南：山东教育出版社，
2024.6

（杜威教育研究大系 / 单中惠总主编）

ISBN 978-7-5701-2654-5

Ⅰ.①杜…　Ⅱ.①关…　Ⅲ.①杜威（Dewey, John 1859—1952）—
教育思想—研究　②教育思想—思想史—研究—日本　③教育思想—思想
史—研究—中国　Ⅳ.①G40-097.12 ②G40-093.13 ③G40-092

中国国家版本馆CIP数据核字（2023）第167331号

丛书策划：蒋　伟　孙文飞
责任编辑：李广军
责任校对：刘　园
装帧设计：王玉婷

DUWEI JAOYU ZAI RIBEN HE ZHONGGUO

杜威教育在日本和中国

关松林　主编

主　　管：山东出版传媒股份有限公司
出版发行：山东教育出版社
地　　址：济南市市中区二环南路2066号4区1号　　邮　　编：250003
电　　话：（0531）82092660　　网　　址：www.sjs.com.cn
印　　刷：山东临沂新华印刷物流集团有限责任公司
版　　次：2024年6月第1版　　印　　次：2024年6月第1次印刷
规　　格：710毫米×1000毫米　1/16　　印　　张：26.75
字　　数：380千　　定　　价：108.00元

如印装质量有问题，请与出版社发行部联系调换。（电话：0531-82092686）

总　序

单中惠

　　美国哲学家和教育家约翰·杜威（John Dewey，1859—1952）走过了93年的人生道路。在整个学术生涯中，杜威从哲学转向教育，既注重教育理论，又注重教育实验，始终不渝地进行现代教育的探索，创立了一种产生世界性影响的教育思想体系，成为现代享有盛誉的西方教育思想大师。凡是了解杜威学术人生或读过杜威著作的人，都会惊叹其知识的渊博、思维的敏锐、观点的新颖、批判的睿智、志向的坚毅、撰著的不辍。综观杜威的学术人生，其学术生涯之漫长、学术基础之厚实、学术成果之丰硕、学术思想之创新、学术影响之广泛，确实是其他任何西方教育家都无法相比的。

　　杜威的著述中蕴藏着现代教育智慧，他的教育思想具有恒久价值。这种恒久价值主要体现在五个方面：阐释了学校变革与社会变革的关系；强调了教育目标应该是学生发展；倡导了课程教材的心理化趋向；探究了行动和思维与教学的关系；阐明了教育过程是师生合作的过程。特别值得指出的是，杜威的那些睿智的教育话语充分凸显了创新性。例如，关于社会和学校，杜威提出："社会改革是一种有教育意义的改革"，"社会重构和教育重构是相互关联的"，"学校是一个社会共同体"，"教会儿童如何生活"，等等。关于儿童和发展，杜威提出："身体和心灵两方面的发展相辅而行"，"身体健康乃各种事业的根本","心智不是一个储藏室","解放了的好奇心就是系统的发现","教育的首要浪费是浪费生命",等等。关于课程和教材,杜威提出:"课程教材心理化","在课堂上拥有新生命","批量生产造就了埋没个人才能和技艺的批量教育","教师个人必须尽其所能地去挖掘和利用教材",等等。关于思维和学习,杜威提出:"教育的原理就是学行合一","做中学并不意味着用工艺训练课或手工课取代教科书的学习","学习就是要学会思维","讲课是刺激和指导反思性思维的时间和场所",等等。关于创造与批判,杜威提出:"创造与批判是一对伙伴","发展就等于积极地创造","批判和自我批判是通往创造性释放之路",等等。关于道德教育和职业教育,杜威提出:"道德教育的重要就因为它无往不在","道德为教育的最高最后的目的","品格发展是学校一切工作的最终目的","职业教育的首要价值是教育性的","普通教育与职业教育同时并行",等等。关于教师职业和教师精神,杜威提出:"教师职业是全人类最高贵的职业","教师是学校教育改革的直接执行者","教师必须是充满睿智的心灵医师","教师是艺术家","确保那些热爱儿童的教师拥有个性和创造性","教育科学的最终实现是在教育者的头脑里",等等。

　　杜威的教育名著及其学术思想,受到众多哲学家、教育学家的推崇。例如,美国哲学家和教育家胡克(Sidney Hook)特别强调了杜威的《民主主义与教育》一书的经典价值:"在任何领域中,在原来作为教科书出版的著作中,《民主主义与教育》是唯一的不仅达到了经典著作的地位,而且成为今天所有关心教育的学者不可不读的一本书。"[①]英国教育史学家拉斯克(Robert R. Rusk)和斯科特兰(James Scotland)在他们合著的《伟大教育家的学说》(1979)一书中则指出:"在过去的一百年里,提供指导最多的人就是约翰·杜威。……在教育上,我们不得不感谢杜威,因为他在对传

---

　　① [美]约翰·杜威. 杜威全集·中期著作第9卷 [M]. 俞吾金,孔慧,译. 上海:华东师范大学出版社,2012:导言.

统的、'静止的、无趣的、贮藏的知识理想'的挑战中做出了自己最大的贡献，使教育与当前的生活现实一致起来。……在20世纪70年代后期，在杜威去世后的四分之一世纪里，有一些迹象表明教育潮流再一次趋向杜威的方向。"①

尽管杜威也去过日本（1919）、土耳其（1924）、墨西哥（1926）、苏联（1928）访问或讲演，但他印象最深刻的是在中国的访问和讲演。从1919年4月30日至1921年8月2日，杜威在中国各地访问讲学总计两年零三个月又三天。其间，他的不少哲学和教育著作也在中国翻译出版，对近现代中国教育的发展以及近现代中国教育家陶行知、陈鹤琴、黄炎培等产生了不可忽视的影响。因此，西方教育学者中对近代中国最为熟悉，对近代中国教育影响领域最广、程度最深和时间最长的，当属杜威。

杜威在华期间，蔡元培在他的60岁生日晚餐会演说中曾这样说：杜威"博士不绝的创造，对于社会上必更有多大的贡献"②。我国近现代学者胡适在《杜威先生与中国》（1921）一文中也写道："自从中国与西洋文化接触以来，没有一个外国学者在中国思想界的影响有杜威先生这样大。"③因此，杜威女儿简·杜威（Jane Dewey）在她的《约翰·杜威传》（1939）一书中这样提及杜威和中国的交往："不管杜威对中国的影响如何，杜威在中国的访问对他自己也具有深刻的和持久的影响。杜威不仅对同他密切交往的那些学者，而且对中国人民表示了深切的同情和由衷的敬佩。中国仍是杜威所深切关心的国

---

①［英］罗伯特·R.拉斯克，詹姆斯·斯科特兰.伟大教育家的学说［M］.朱镜人，单中惠，译.济南：山东教育出版社，2013：266-288.

②蔡元培.在杜威博士之60生日晚餐会上之演说.//沈益洪.杜威谈中国［M］.杭州：浙江文艺出版社，2001：330.

③《晨报》，1921年7月11日。

家，仅次于他自己的国家。"①

教育历史表明，如果我们要研究美国教育的发展，要研究世界教育的发展，要研究中国教育的发展，那我们就必须研究杜威教育思想。正如美国学者罗思（R. J. Roth）在他的《约翰·杜威与自我实现》（1961）一书的"序言"中所指出的："未来的思想必定会超过杜威……可是很难想象，它在前进中怎么能够不通过杜威。"这段话是那么睿智深刻，又是那么富有哲理。

在中华人民共和国成立后，杜威教育研究在相当长的一个时期里成为学术禁区。1980年，我国著名教育史学家、华东师范大学教育系赵祥麟教授在《华东师范大学学报（哲社版）》当年第2期上发表了《重新评价杜威实用主义教育思想》一文，首先提出对杜威教育思想进行重新评价，在我国教育界特别在教育史学界产生了很大的影响。应该说，这是我国改革开放后对杜威教育思想重新评价的"第一枪"，引领了对杜威教育思想的再研究。赵祥麟教授这篇文章中最为经典的一段话——"只要旧学校里空洞的形式主义存在下去，杜威的教育理论将依旧保持生命力，并继续起作用"，它不仅被我国很多教育学者在杜威教育研究中所引用，而且被刊印在人民教育出版社2008年出版的五卷本《杜威教育文集》的扉页上。

自改革开放以来，在实事求是精神的引领下，我国教育学界对杜威教育思想进行了重新评价，并使杜威教育思想研究得到了深化。其具体表现在：杜威教育研究的成果更加多样，多家出版社组织翻译出版杜威教育著作，研究生开始关注杜威教育研究，中小学教师对阅读杜威教育著作颇有兴趣，等等。

特别有意义的是，华东师范大学出版社出版了由刘放桐教授主编、复旦大学杜威与美国哲学研究中心组译的中文版《杜威全集》38卷，其中包括《杜威全集·早期著作（1882—1898）》5卷、《杜威全集·中期著作（1899—

---

① Jane M. Dewey. Biography of John Dewey. // Panl Arthur Schilpp. The Philosophy of John Dewey. Evanston and Chicago: North-western University, 1939：42.

1924）》15卷、《杜威全集·晚期著作（1925—1953）》17卷以及《杜威全集·补遗卷》。刘放桐教授在《杜威全集》"中文版序"（2010）中强调指出，杜威"被认为是美国思想史上最具影响的学者，甚至被认为是美国的精神象征；在整个西方世界，他也被公认是20世纪少数几个最伟大的思想家之一"。应该说，《杜威全集》中文版提供了珍贵的一手资料，不仅有助于杜威哲学思想的研究，而且也有助于杜威教育思想的研究。

2016年是杜威的最重要的标志性著作《民主主义与教育》出版100周年。作为对这位西方教育先辈的一个纪念，美国杜威协会（John Dewey Society）于2016年4月、欧洲教育研究学会（European Education Research Association）于同年9月28日至10月1日分别在美国华盛顿和英国剑桥大学召开了《民主主义与教育》一书出版100周年纪念会。2019年是杜威诞辰160周年，也是他来华访问讲演100周年。美国芝加哥大学、哥伦比亚大学师范学院等高等学府的学者，分别举行了纪念杜威访华100周年的学术研讨会。

与此同时，在我国，不仅众多教育学者发表了与杜威教育相关的文章，而且一些教育学术期刊也开设了相关的纪念专栏或专题，还有一些全国或地方教育学术团体举行了各种形式的纪念性学术研讨活动。中华教育改进社、北京师范大学教育历史与文化研究院等还共同发起了纪念杜威来华100周年系列活动。其中，2019年4月28日举行了"杜威与中国教育高端学术会议"，人民网、新华网、光明网、中国社会科学网等分别对此进行了报道。事实表明，如果没有改革开放，我国教育学界就不会有对杜威教育思想的重新评价，也就不会有杜威教育研究的深化。

杜威是20世纪美国乃至世界上最有影响的教育家之一，他给教育带来了一场深刻的革命。杜威教育研究是西方尤其是美国教育研究中的一个重要领域，也是一个既有恒久价值又有现实意义的重要课题。对于当今我国学校的教育教学和课程改革，杜威教育思想也具有重要的现实意义。"杜威教育研究大系"的出版，既可以展示我国改革开放以来杜威教育研究的成果，又可以推动杜威教育研究在我国的进一步深化，还有助于教育学者和学校教师更深入更理性地认识与理解杜威教育思想。这是"杜威教育研究大系"出版的目的之所在。

"杜威教育研究大系"由我国杜威教育研究知名学者、华东师范大学教育学系单中惠教授任总主编，由合肥师范学院教师教育研究中心朱镜人教授、沈阳师范大学教育学院关松林教授和河南大学教育学部杨捷教授任副总主编。"杜威教育研究大系"共11分册，具体包括：

《杜威与实用主义教育思想》（单中惠/著）

《杜威教育经典文选》（朱镜人/编译）

《杜威在华教育讲演集》（王凤玉、单中惠/编）

《杜威教育书信选》（徐来群/编译）

《杜威教育名著导读》（单中惠/著）

《杜威心理学思想研究》（杨捷/主编）

《杜威教育信条》（单中惠/选编）

《杜威教育在日本和中国》（关松林/主编）

《杜威教育在俄罗斯》（王森/著）

《杜威评传》（单中惠/编译）

《学校的公共性与民主主义——走向杜威的审美经验论》（［日］上野正道/著，赵卫国/主译）

在确定"杜威教育研究大系"的总体框架时，我们主要考虑了四个原则：一是综合性。不仅体现杜威在理论与实践结合的基础上对教育各个方面进行的综合性论述，而且阐述他把哲学、心理学和教育学结合起来，以及对世界各国教育产生的广泛影响。二是创新性。凸显杜威教育著述中的创新精神和教育智慧，以及杜威教育研究的新视角、新发现、新观点和新方法。三是多样性。既有西方学者的研究，也有我国学者的研究；既有总体的研究，又有专题的研究，还有比较的研究；既有理论研究，又有著作研究，还有资料研究。四是基础性。对于杜威教育研究这个主题来讲，整个研究无疑具有重要的学术价值，但有些研究在某种意义上还是基础性研究，冀望在研究视野及研究深度和广度上推进我国杜威教育研究。当然，这四个方面也是"杜威教育研究大系"力图呈现的四个特点。

杜威教育研究是一项具有重要意义的工作，又是一项十分艰辛的工作。就拿一手资料《杜威全集》（*Collected Works of John Dewey*）来说，南伊利诺伊大学卡邦代尔分校杜威研究中心前主任博伊兹顿（Jo Ann Boydston）主编英文版《杜威全集》，从1969年出版早期著作第一卷到2012年出版补遗卷，这项38卷本的汇编工作前后共花费了43年时间；由复旦大学刘放桐教授主持翻译的中文版《杜威全集》启动于2004年，从2010年翻译出版早期著作起，至2017年最后翻译出版补遗卷，也历时13年。因此，就杜威教育研究而言，如果再算上难以计数的二手资料和三手资料以及大量的相关资料，那要在相关研究中取得丰硕的创新成果并非一件易事，这需要我国教育学者坚持不懈地潜心研究。在这个意义上，"杜威教育研究大系"的出版虽然是我国改革开放以来杜威教育研究的一个具有标志性的系列成果，但也只能说是初步的研究成果。

对当今我国教育改革和发展来说，杜威教育思想仍然具有重要的现实价值。那是因为，尽管杜威与我们生活在不同时代，但杜威所探讨的那些问题在现实的教育中并没有消失，后人完全可以在杜威教育思想探讨的基础上对那些教育问题进行更深入的思考和分析，并从杜威教育思想中汲取智慧。在杜威教育研究不断深化和提升的过程中，首先要有更理性的研究意识，其次要有更广阔的研究视野，还要有更科学的研究方法。当然，展望杜威教育研究的未来，我国教育学者应该努力把新视角、新发现、新观点、新方法作为关注的重点。

"杜威教育研究大系"是山东教育出版社承担的"十三五"国家重点图书出版规划项目，也是2022年度国家出版基金资助项目。"杜威教育研究大系"的出版，得到了山东教育出版社领导的高度重视和大力支持，在此谨致以最诚挚的敬意。"杜威教育研究大系"项目从启动到完成历时五年多，在此应该感谢整个团队各位同人的愉悦合作。

在西方教育史上，约翰·杜威无疑是一位具有新颖的教育理念和产生巨大影响力的伟大教育家，但他自己还是最喜爱"教师"这一称呼，并为自己做了一辈子教师而感到无比的自豪。在此，谨以"杜威教育研究大系"献给为教师职业奉献一生的约翰·杜威教授。

2023年8月

目　录

前　言

　　作为当代西方教育大师，美国教育家杜威（John Dewey，1859—1952）的实用主义教育思想在许多国家产生了广泛而深刻的影响。就对世界教育的影响来讲，很少有西方教育家能与他相提并论。自在哥伦比亚大学任教以后，杜威曾在20世纪20年代先后到日本、中国、土耳其、墨西哥和苏联访问讲演和考察，其中最有影响的是对日本（1919）和中国（1919—1921）的访问讲演。

一

　　早在20世纪初期，杜威的一些哲学和教育著作已在日本翻译出版，其中有1901年翻译出版的《学校与社会》、1918年翻译出版的《民主主义与教育》（日文简略本）等。在杜威实用主义教育思想的影响下，一些日本教育学者还创办了实验学校，其中有及川平治的明石小学校（1907）、西山哲次的帝国小学校（1912）、泽柳政太郎的成城小学校（1917）等。东京高等师范学校、东京女子高等师范等学校成为当时日本杜威实用主义教育思想的中心。

　　杜威在1918—1919学年的休假期间，受东京帝国大学邀请去日本访问讲演。1919年2月9日，杜威与夫人艾丽丝（Alice）一起抵达横滨。他们计划在日本待三个月，在东京帝国大学作讲演的同时，也希望有机会参观一些中小学。杜威在东京帝国大学系列讲座的题目是《现代哲学的地位——有关哲学改造的一些问题》,共8次讲演。此外,杜威被邀请在东京、京都、大阪等地为中小学教师作讲演,受到了热烈的欢迎。与此同时,日本一些中小学和幼儿园的教育活动给杜威留下了深刻的印象。

一些对实用主义教育思想感兴趣的日本大学生利用杜威访问的机会与他见面。东京帝国大学的学生永野芳夫、冈部矢太郎等后来成为杜威教育思想在日本的忠实追随者。永野芳夫成为日本成果最多和影响最大的杜威教育研究学者,并担任了1957年成立的日本杜威学会的首任主席。冈部矢太郎成为日本教育心理学领域的一个享有盛名的学者。

虽然杜威访问的时间不到三个月,而且其实际影响也有限,但在第二次世界大战后,杜威对日本的这次访问被看做是日本"杜威运动"历史上的一个里程碑。对日本的访问讲演活动,实际上对杜威本人也产生了很大的影响。杜威女儿简·杜威(Jane Dewey)这样指出:"对杜威的社会和政治观点的发展来说,在日本的访问也像在中国的访问一样,是最有影响的。"①

20世纪20—30年代,杜威实用主义教育思想在日本得到进一步的传播。1920年翻译出版的《明日之学校》一书,使得日本的学者和教师对美国进步学校有了更多的了解。在早稻田大学教授田中王堂、帆足理一郎等早期杜威教育研究学者的影响下,一些年轻学生也被激起了对杜威教育研究的热情,并成为新一代杜威教育研究学者。其中最重要的一位是毕业于早稻田大学教育系的上田正一,他不仅翻译杜威的教育著作,而且出版论述杜威教育思想的著作和文章。在这一时期,日本又创办了一些新的实验学校,其中有野口援太郎的儿童村小学校(1924)、赤井米吉的明星学园(1924)等。为了宣传杜威实用主义教育思想,一些日本教育家还撰著出版了《杜威教育理论研究》《杜威教育思

---

① [美]简·杜威.约翰·杜威传.//杜威传(修订版)[C].单中惠,编译.合肥:安徽教育出版社,2009:40.

想基本原理》等书，其中永野芳夫的《杜威教育理论研究》是日本学者论述杜威教育思想的第一本著作。但是，由于日本国内军国主义日益猖狂和独裁统治不断加强，因此，杜威实用主义教育思想在日本的发展从20世纪30年代末起开始走向低潮。

第二次世界大战后，美军占领日本期间，在进行社会政治和经济改革的同时，开始进行教育改革，因此，在二战后新的教育哲学研究中，许多日本教育家又转向了对杜威教育思想的研究，这标志着杜威教育在日本的"勃兴"。随着对杜威教育研究的热情重新被激起，"杜威勃兴"在20世纪50年代初达到了顶峰，研究杜威教育的著作出版数量远远超过了二战前。杜威的《经验与教育》《我们怎样思维》等著作也第一次在日本翻译出版。为了推动杜威教育研究在日本的发展，日本的杜威研究学者还于1957年成立了"杜威学会"。

二

进入20世纪，特别是辛亥革命后，杜威实用主义教育思想成为在现代中国传播的一种最重要的西方教育理论。中国教育界对杜威教育的兴趣日趋增加，很多教育学者对杜威教育思想进行介绍。例如，在1916—1918年的《教育杂志》上，连续刊载了介绍杜威教育学说的文章。因此，在杜威访华前夕，杜威实用主义教育思想在现代中国已成为一种很有影响的西方教育理论。

1919年初，北京大学、南京高等师范学校、江苏教育会、浙江教育会和尚志学会等五个教育团体对正在日本访问讲演的杜威发出了来中国讲学的邀请。这个邀请促使杜威改变了原本不想延长在远东逗留时间的计划，并决定来中国访问讲演。为了迎接杜威的访华，胡适、陶行知等一些教育学者做了不少准备工作，或在刊物上发表文章，或作演讲，以介绍杜威的教育学说。创刊不久的《新教育》杂志还于1919年4月出了"杜威专号"。

1919年4月30日，杜威夫妇抵达上海。他们原计划同年夏天回国，但由于北京大学等教育团体和胡适、蒋梦麟等人的极力挽留以及五四运动的爆发，杜威夫妇延长了在中国访问讲演的时间。杜威对"五四运动"和"新文化运动"也给予了积极的评价。最后，杜威中国之行的时间是两年零三个月又三天，其足迹遍及奉天（今辽宁）、直隶（今河北）、山西、山东、江苏、浙江、湖南、湖北、江西、福建、广东等十一省和北京、上海、天津三个城市。其访问时间之长和访问地区之广，在当时来华访问的西方教育家中是史无前例的。美国历史学家基南（Barry Keenan）曾这样指出："约翰·杜威在中国受到了极为热烈的欢迎。杜威个人对改革和进步的赞同以及他作为一个现代教育哲学的权威，引起了很多听讲者的兴趣。"[①]在访问讲演期间，杜威同中国知识界人士进行了密切的交往。在这些知识界人士中，主要有杜威在哥伦比亚大学任教时的学生胡适、陶行知、陈鹤琴等。作为现代中国新教育运动的推动者，他们在思想方法上或教育观点上都受到了杜威的影响。但应该看到，陶行知和陈鹤琴并没有照抄照搬杜威实用主义教育思想。

随着杜威到中国的访问演讲，杜威教育学说在中国的影响更为广泛，并成为那些渴望革新教育的中国教育家的一种改革工具。由于人们对杜威教育的兴趣日益增加，他的教育著作相继在中国翻译出版，其中有《明日之学校》（1923）、《民主主义与教育》（1929）、《思维术》（1929）、《学校与社会》（1935）、《经验与教育》（1946）等。一些试图革新教育的教育界人士还组织了社团，例如新教育共进社（后改为中华教育改进社）、平民教育社等。这些社团成为试图按照杜威教育思想革新现代中国教育的主要力量，在杜威教育思想传播中起了重要的作用。

就哲学和教育两方面来看，杜威在现代中国影响最大的是在教育方面。虽然在杜威访华前，通过日本而传入的以赫尔巴特为代表的德国教育思想和制

---

① Barry Keenan, *The Dewey Experiment in China*. Massachusetts, Cambridge：Harvard university Press, 1977：9.

度在现代中国教育中占据统治地位，但随着杜威来华讲演以及他的弟子和信奉者的广泛宣传，杜威实用主义教育思想在现代中国逐渐成为一种传播广泛的教育思想，其影响超过了任何一种西方教育思想。它不仅对学校实践产生了影响，而且对学制改革产生了影响。

尽管杜威对许多国家的教育产生了影响，但是，他的最大影响在中国，可以说，自中国与西方文化交流以来，没有一位西方学者在中国的影响有杜威这样大。北京大学教授、杜威研究学者吴俊升教授在增订《杜威教授年谱》时就指出："中国教育所受到外国学者影响之广泛和深远，以杜威为第一人。杜威所给予外国教育影响之巨大，也以中国为第一国。"[①]当然，这次访华也给杜威本人带来巨大影响。正如杜威女儿简·杜威所指出的："不管杜威对中国的影响如何，杜威在中国的访问对他自己也具有深刻的和持久的影响……中国仍然是杜威所深切关心的国家，仅次于他自己的国家。"[②]总之，最熟悉中国的西方著名教育学者，当首推杜威；中国学者最熟悉的以及对中国教育影响传播最广、程度最深和时间最长的西方著名教育学者中，也当首推杜威。

改革开放以后，我国的杜威教育研究开始进入一个新的阶段。外国教育史学家赵祥麟教授在1980年先后发表了《评杜威实用主义教育思想》[③]和《重新评价杜威实用主义教育思想》[④]，率先提出以实事求是的精神重新评价杜威实用主义教育思想，吹响了20世纪80年代后我国杜威教育研究的号角。此后，我国教育界对杜威实用主义教育思想进行了更为广泛的研究，研究成果增多，研究范围拓展，研究程度加深。这不仅使我国杜威教育研究达到了一个新的水

---

① ［美］杜威.民主主义与教育［M］.王承绪，译.北京：人民教育出版社，滕大春序.1990：39.

② ［美］简·杜威.约翰·杜威传.//杜威传（修订版）［C］.单中惠，编译.合肥：安徽教育出版社，2009：42.

③ 赵祥麟.评杜威实用主义教育思想［J］.教育研究，1980（5）.

④ 赵祥麟.重新评价杜威实用主义教育思想［J］.华东师范大学学报（社科版），1980（2）.

平，而且表明对杜威教育有了更加正确的认识和更加理性的思考。

三

《杜威教育在日本和中国》一书由关松林主编，按杜威在日本和中国访问讲演时间的先后，全书分为两编。其中，上编"杜威教育在日本"由关松林（沈阳师范大学教育科学学院）著；下编"杜威教育在中国"由王彦力（天津市教育科学研究院）著。"结语"由单中惠（华东师范大学教育学系）著。

上编"杜威教育在日本"，从交流与融合的视角切入，论述了杜威教育思想在日本的发展。具体包括：杜威教育思想在日本的传播，杜威教育思想在日本的应用，杜威教育思想在日本的发展，以及杜威教育思想在日本的影响。杜威教育在日本的研究表明，不同国家之间的教育交流是教育融合的前提，而教育融合是其教育交流的结果；没有教育的交流，就没有教育的融合，更没有教育的创新。

下编"杜威教育在中国"，从对话的视角切入，论述杜威教育思想在中国的发展。具体包括：杜威与现代中国教育（1911—1949），杜威与新中国教育（1949—1978），杜威与改革开放时期的中国教育（1978—至今），以及新世纪以来的杜威教育研究。杜威教育在中国的研究表明，中国教育与杜威走向"对话"，旨在通过这种"对话"来实现中国教育理论自身的建构与创新。

结语："杜威教育在日本和中国影响之比较"，从比较的视角切入，论述了杜威教育在日本和在中国的异同。具体包括：杜威的远东之行，杜威对日本和中国社会的不同感受，杜威教育在日本和中国的不同影响，杜威教育在日本和中国发展的异同。

限于学术水平，本书难免有不足和不妥之处，恳请读者批评指正。

上编　杜威教育在日本

第1章　杜威教育思想在日本的传播

在世界近现代史上，美国和日本这两个国家的发展历程颇为引人注目。因为美国用了200多年的时间，就从一个殖民地国家变成了世界瞩目的现代化强国，在教育上也走过了欧洲国家近千年的路程，成为超级教育大国。日本用了半个世纪的时间，完成了由封建社会向资本主义社会的转变，实现了追赶欧洲先进资本主义国家的目标，同时完成了资本主义国家150年走过的路，"在人类全部历史中，从来没有一个民族像日本当年那样阔步前进"①。在世界近代史上，日本因此而成为亚洲唯一获得民族独立的国家。

美国和日本的发展历程告诉人们，处在落后状态的国家，不能闭关自守、紧锁国门，而要敞开国门，学习先进。通过与发达国家交流与融合，学习和借鉴先进国家成功的经验和失败的教训，来缩小与发达国家的发展差距。这是世界历史发展的规律，教育的发展更是如此。先进国家的教育总是要对落后国家的教育发生作用，而这种作用是通过彼此间的交流与融合来实现的。落后的国家总是要面对先进国家教育的各种影响，吸收什么，拒绝什么，作为后进国家总要做出回答。就美国和日本而言，美国教育是相对发达的，日本教育是相对落后的，美国的教育总是要对日本的教育产生影响，在实现这种影响的过程中，杜威的教育思想起到了一种促进剂和载体的作用。也就是说，伴随着先进的文化教育传入日本，杜威的教育思想也随之东进，承载着先进的美国教育

---

① H. C. Wells. *The Outline of History*. New York: Garden City Publishing Co., INC. 1937：993.

漂洋过海传入日本，可以说，美国和日本教育的交流与融合，在世界教育史上是一个成功的典型案例。能够对这样一个极具代表性的教育史实进行分析，是一件非常有意义的工作，其学术价值是不言而喻的。

从文化的角度而言，美国和日本分处于东西两个不同的文化圈，具有相异的民族文化传统和不同的国情；同时又经历了迥然不同的历史发展过程，教育的发展是极不相同的，甚至在一些方面存在很大的反差。但是，两国的教育都在很短的时间内获得惊人的发展速度却是相似的。这种文化教育上的异质性和相似性，足以向我们昭示出一个道理，那就是教育是全人类共同的事业，它是一个动态开放的系统工程。因为这种动态性和开放性，不仅表现出人类社会与自然界的互动关系，更表现出不同文化群体之间的相互交流、吸纳和融合。任何一个国家的教育只有在与异域文化乃至异质文化的交流与融合中才能不断自我更新，保持旺盛的生命力而长盛不衰。

从明治维新之后，在西方文化和教育思想大量传入日本的过程中，杜威的哲学和教育思想开始引起日本学者的注意。由于杜威著作在日本的翻译出版和日本学者研究杜威哲学和教育思想的成果发表，加上杜威1919年访问日本以及新教育运动在日本的发展，使得杜威教育思想在20世纪20—30年代对日本产生了广泛影响。第二次世界大战后，杜威教育思想研究在日本迅速展开，达到了杜威教育研究的"勃兴时期"。在日本，不仅教育家，就连学校教师也对杜威给予了前所未有的注意。日本的杜威研究者大都在大学里任教，例如，宫原诚一是东京大学教授、大槻春彦是横滨大学教授、上田正二是早稻田大学教授、武田一良是清御茶水大学教授等，他们影响了一批年轻的大学生。据统计，第二次世界大战后，从1945—1959年，日本大学本科毕业论文论述杜威的有268篇，还翻译出版了杜威著作日文版21本，出版关于论述杜威的著作58本，发表关于论述杜威的文章254篇。其中，1946年永野芳夫著的《杜威的进步学校原理》一书是系统地论述和研究杜威教育思想方面的代表作，在杜威教育思想的研究方面起到了重要作用。

　　1957年日本成立了"日本杜威学会"，1960年编辑出版了《日本杜威学会简报》。在纪念杜威诞辰100周年时，该学会还出版了两本书：《约翰·杜威哲学和教育理论的基本问题》《约翰·杜威与他的思想》。

　　根据目前的文献资料看，日本在研究杜威教育思想的传播和影响方面比较有代表性的著作有两部：一是小林繁夫（Victor Nobuo Kobayash）著的《约翰·杜威与日本教育思想》（*John Dewey in Japanese Educational Thought*，1964）；二是杉浦宏编著的《杜威研究的现在》（1993）。前者比较系统地介绍了杜威在日本的讲学、杜威著作传入日本以及日本学者对杜威的一些认识；后者主要介绍了作者对杜威的认识、大正时期对杜威教育思想的理解、对杜威民主主义教育思想的认识以及杜威的教育科学思想、杜威现代教育的观点等等。这两部著作从不同角度初步涉及了杜威教育思想对日本教育的影响。综上所述，日本教育界对杜威教育思想的研究还是相当活跃的，有关著作和论文相继出版，而且每年都有很多的研究成果出现。这说明，日本教育界对杜威教育思想怀有兴趣，也有相当的研究实力；同时，还说明杜威的教育思想对日本教育有用。但是，对这些文献分析之后便可发现，这些研究还存在一些不足：一是日本学者对杜威教育思想的研究，还仅仅停留在思想内容本身，谈及杜威教育思想对日本教育影响的成果还很少，虽有涉及，但杂乱零散，并不系统全面；二是在日本学者对杜威教育思想研究的成果中，全面准确地评价杜威教育思想的成果还不多，泛泛地论述其教育思想的多，高层次地评价分析的少。

第 1 节　杜威与日本教育

交流与融合是教育发展的两个重要环节，只有交流才能创新，只有创新才能发展，这是世界教育发展的共同特点和规律。美国教育和日本教育是两种不同类型的教育，分别处在不同的文化背景之下，存在不同的发展特点，这种不同性说明了两国教育间进行交流与融合的可能性，同时构成了两国教育的不同特点。

一、日本教育的特点

日本是一个保守性和等级性很强的后起型资本主义国家。如果从历史上考察，又是一个闭关锁国的国家。但是，日本民族却是一个善于学习、精明强干、聪明过人的群体，日本在付出了比美国更大的代价后，一跃成为世界最发达国家之一，快速进入实现现代化国家的行列，为日本教育的发展奠定了坚实的基础。

日本的教育，若从时间上看，可以明治维新为界分为两个阶段。一是在明治维新之前，是日本的古代教育时期。这期间主要是中国教育的移植，特别是中国的唐朝时期，这一时期是日本人全面学习、模仿、移植的重要阶段。在这一时期，日本派出了规模宏大的留学僧和留学生队伍，从教育制度、学校制度到儒家经典等无所不学。由于得到皇室的认可，儒学很快成为日本文化中的重要部分。二是明治维新之后，是日本近现代教育创立和开始时期。这时期的日本一面消化儒家经典，一面打开国门，向西方学习，"求知识于世界"。

随着"锁国"政策的取消,日本政府又实施了"文明开化"政策,并进行了第一次教育改革。第二次世界大战后又进行了第二次教育改革,在美国使节团的要求下,日本开始建立和平、民主的教育制度,废除了原来的双轨制,建立了"六·三·三·四"新学制。后来又进行了调整改革,建立了现代教育制度。20世纪80年代初,日本成立了临时教育审议会,提出要按照"尊重个性""向终身学习体系转移""适应变化"三项要求改革今后的教育。

总之,从明治维新至今一百多年的教育发展历史可以看出,日本教育现代化的过程是"洋"与"和"斗争、融合、统一的过程。日本的教育曾为二战前日本经济腾飞和发展起到了积极推动作用,也为军国主义扩张侵略摇旗呐喊。日本教育在实现现代化的过程中,都是以追赶欧美发达资本主义国家为目标的"追赶型"的现代化教育,这是日本教育的独特性。

从文化的角度看,日本的文化区别于美国。对日本文化的认识,不仅在外国学者眼里,就是在日本学者的眼里也说法不一。有的学者说日本文化是典型的"杂种文化";也有的学者说日本文化是"合金文化",还有的学者称日本文化是"并存文化"。无论怎么理解,日本文化是在固有文化基础上吸收了中国儒家文化、佛教文化及西方文化等形成的一种"混合体"。在这种文化背景下形成的日本教育,就呈现出区别于其他国家教育的特点。

1. "和魂洋才",东西结合

任何一个国家或民族的传统文化,其形成过程都是漫长的,在这个过程中,必然会遇到传统文化与革新文化,固有文化与外来文化的结合问题。日本教育在实现现代化过程中,首先遇到了这个问题,但是却很好地解决了这个问题。

明治维新后,日本放弃"锁国"政策,全面向西方学习,提出了"文明开化""脱亚入欧"等口号,从哲学思想、政治、经济、军事、科学、教育制度等方面大量吸收西方文化。有学者曾说,日本人学习西方是采取拿来主义的做法,照搬照抄。其实,日本人引入外来文化时,一开始就有明确的目的、选择的标准，那就是"和魂洋才"。即日本文化中灵魂的东西不丢、不削弱，而西方先进的文化、科技、教育的东西多多益善，一点也不放弃，并把西方的技术和东洋的思想有机结合起来，选择适合日本国情，对自己国家有利的东西，实行的是国家功利主义，而决不吸收对国家无益或不利的东西。一百多年来，日本在极力推行教育现代化过程中，一方面积极引进外来文化的精华而拒其糟粕；另一方面，又特别谨慎地保存自己传统的文化。在不同时期，提出的"和魂洋才""和洋并举""东西结合"等口号，便是这一指导思想的具体体现。由于日本既不固守东方文化传统，也非全盘西化，而是积极广泛、深入地选择融合东西方文化的精华，因而使国家的主体意识和活力得到发挥。对外来文化的这种有目的的选择，已经形成日本文化的传统。日本迈进现代化道路的成功，是外来文化与传统文化交流与融合的结果，是善于对待和处理外来文化与传统文化关系的历史产物。日本就是这样以既定的"国策"标准，有选择地吸取外国的长处，建立和发展日本教育制度的。

二战后初期，由于美国占领日本，使日本教育以美国教育为榜样进行改革。20世纪50年代后，日本教育开始走上本国化的道路，排除军国主义和极端国家主义，实施和平民主、自由平等的教育。但近年来，日本军国主义余烟未消，时常抬头，以至于在高中历史教科书、侵华战争等敏感问题上，罔顾事实，这是应引起注意的。

2. 中央集权，国家主导

考察日本教育史，可以发现，日本明治维新以来进行的教育改革，都是"自上而下"进行的，这是典型的国家主导型教育，而国家主导型教育的前提是中央集权的教育行政管理。日本虽然进行这方面改革，建立起中央集权与地方分权制，但效果并不令人满意，仍在奉行中央集权制。

日本教育的中央集权制由来已久。日本人很早就受到中国"大一统"思想的影响。美国学者利肖尔（O. Lishore）曾说道："古往今来，中国人就视政治统一为文明的核心，日本人和其他东方民族都接受了这种统一的政治制度高于一切的思想。"在这种思想指导下，君权至高无上，建立起天皇亲政的中央集权制律令国家体制。明治维新后，日本又以"王政复古"为指导思想，通过"奉还版籍""废藩置县"，重组中央官制。1889年2月颁布《大日本宪法》，正式确定近代专制主义的中央集权政治体制。这就决定了日本战前教育行政必然是中央集权制。

同时，明治维新后，新政府刚刚成立，就提出了"富国强兵""殖产兴业""文明开化"三大政策。而"文明开化"的重要内容，就是兴办现代教育。教育是国家的事务，是政府的责任，要想达到"富国强兵""殖产兴业"之目标，就要通过教育培养的人才来实现，这也是国家独立，实现国家现代化的需要。可见，国家对教育期望之高。在这种情况下，实行中央集权管理体制，也就成为情理之中的事了。中央要管理教育内部事务，如学制、教育内容的确定和管理。教育的外部事务，如学校设置、管理以及就学状况的监督都由文部省代表国家统一管理。在文部大臣的指挥和监督下，小学校的设立和废止，小学教师的录用、辞退及其待遇等则由地方行政管理。颁布各种教育法律，这是国家牢牢掌握的，因为通过立法可以体现国家意志，体现天皇的思想。另外还管理教育课程和教科书。为了体现国家意志，日本对教科书的编写内容等，都不断地强化管理，使其符合国家要求和利益；建立各级督学制度，并组织实施。中央政府在教育行政中发挥了重要的作用。

这种国家主导、中央集权的教育，主要表现为教育行政制度集中，学校教育制度划一，教育内容呆板统一，教科书国家统一审定等特征，使地方和学校办教育的积极性遭到压抑。

3. 集团训练与个性教育结合

日本的学校不仅通过系统而正规的课程向学生传递科学知识，同时受传统文化的影响，还通过学校以外的活动，对学生进行集团主义训练，培养日本人的个性特征，以适应日本的社会需要。

集团主义作为日本文化的重要特征，渗透于日本教育的各个领域。从幼儿园到小学、初中以至高中，都是以班主任老师为中心，组成班级集体，要求全班统一行动，整齐一致，进行集团行为方式的训练，培养学生形成"我们的班级"观念，形成强烈的归属感，作为集团成员，要为集团利益作贡献。这种集团教育包括要相互依存、不可分割两个方面，即通过集团伙伴进行教育，培养青少年的集团伙伴意识。对集团内部的矛盾和竞争要调和、控制，而对其他集团则奖励竞争。在竞争中为集团贡献力量，从而不断地增强集团的整体感。

明治维新后，传统的集团主义受到西方个人主义、自由主义的冲击。例如，在"文明开化""破旧有之陋习""求知识于世界"的口号下，西方的自由主义思想广为流传，传统的"和谐"观念被认为是"陋习"而受到批判，学校教育中引入班级授课制，确立了班级集团和学校集团，尊崇个人主义成为一时的风尚。不过，当日本走上对外侵略的道路时，这种集团教育又在为军事训练服务，成为军国主义教育的重要组成部分，这时它强调服务与服从，而不论个性及个性发展。第二次世界大战后，这种班级集体和学校集体，开始通过这种集团教育，强调学生的个性发展，根据学生个性发展要求，有意识地、自觉地实现自由与自律，这时，日本开始提倡教育追求集团主义和个性的发展的有机统一，这其中体现了美国自由主义思想的影响。

20世纪中期，个性化教育在日本获得了迅速发展，把个性教育作为教育改革的重要指导思想，成为日本战后教育改革的重点之一，特别是日本文部省颁布了《新教育指针》，首次全面准确地阐述了尊重人性、人格和个性的教育方针。第二次世界大战后颁布的《教育基本法》，又以法律形式阐述了个性教育思想，概括起来就是：尊重个人的尊严，以造就既有普遍性又有丰富个性的文化标准；教育应以完善的人格为目标，尊重个人的价值和独立精神。20世纪80年代，日本在酝酿进行第三次教育改革时，成立了临时教育审议会，在报告中明确地提出了日本今后教育改革的指导思想和具体方案。在方案提出的三项基本原则中，就将"尊重个性"作为首要指导原则，这个思想和建议对日本教育改革起到巨大的推动作用。

这种谋求个性发展和培养集团主义精神有机结合的个性教育思想，作为一种理念、一种原则，在第二次世界大战后的日本受到重视，占有十分重要的地位。这种教育观，是日本人的精神观念深受美国自由民主思想影响的结果，也是日本集团主义与西方自由主义、个人主义相互斗争、融合的结果。因此，日本人的个性不同于美国，它不是狭隘的个人主义，而是与普遍性、社会性或者集团主义联系在一起的。

4. 学历至上，考试地狱

日本是典型的学历社会，在这种注重学历的社会中，个人的地位、责任和权力的分配，都受到学历制约。这种学历主义由来已久，它形成于明治维新时期，盛行于第二次世界大战之后，现今已经成为一种日本人普遍接受的社会意识。

在明治维新时期，日本政府在《学制》中，提出了"邑无不学之户，户无不学之人"等普及教育的思想。要实现这一目标，迫切需要大批有知识之人，而这正是日本所不具备的。在这种情况下，日本先后聘请了很多外国人到日本师范学校担任教师，企图在短期内解决日本师资匮乏问题，以满足急需。按照《学制》的要求，要实现普及4年的义务教育，全国要建立众多小学校，突出的问题也是师资的短缺。在这种情况下，知识受到重视，学历受到尊崇。人们开始看重学历，并且在行动上追求学历。因为，学历能够给予他们一切。第二次世界大战以来，随着科学技术的发达以及经济的发展，一般的学历已不能满足日本人的这种心理，而且，在日本还有一个不成文的规定，一些企事业单位在录用工作人员时，相对于专业方向，更看重毕业于哪所学校，只要是名牌大学，被选中的概率就很大。这既是日本教育的特点，也是日本教育的问题。在这种意识和观念的影响下，学历的"价值"不断地膨胀，由此形成了一种恶性循环。

这种通过学校培养人的能力，根据学历选拔人才的教育制度，对日本现代化建设起了重大的推动作用，虽然要比那种根据家庭出身、门第和特权决定人的命运的封建传统人才观要好、要进步些，但这种学历主义的影响弊端也极大。只考虑学校的地位、影响，而不顾学生真实能力以及学习机会对人的培养作用，只看重学历的高低，而不注意考察能力的大小，这样的选才观不仅选拔不到真正的人才，也与教育发展的客观规律相悖。这种情况会像毒瘤一样，侵蚀教育的机体，使其成为阻碍日本教育发展的一大隐患。

学历至上的直接后果就是考试地狱。学校为了长期保持较高的社会声誉，只有以考试为指挥棒，一切围绕考试转，每天跟着考试走，时刻追求升学率；学生为了追求高学历，实现自身价值，特别为了追求名牌大学，投入激烈的考试竞争之中，参与到千军万马过独木桥的可怕"游戏"中，日本的教育成为名副其实的应试的教育。考中者沾沾自喜、欢腾跳跃，人生有了保障，大功告成，至于将来学习会怎样，不用理会；落榜者，垂头丧气，暗中悲伤，自尊心受挫，自信心皆无，前途渺茫，有人出现心理上的扭曲与变态，导致自暴自弃，甚至走上绝路。同时，以考试为指挥棒还导致高中不能按正常的教学计划进行教学，整日研究考试，天天想着考试，贻误了少年儿童发展的好机会。这种状况严重妨碍了少年儿童身心的健康发展。因此，克服学历至上，消除考试地狱，是日本教育面临的严峻课题。

二、"传统教育"在日本的状况

如果从世界教育史的角度去考察，便可以看出，"传统教育"起源于欧洲，约在19世纪末20世纪初传入日本。作为"传统教育"的创立者，德国教育家赫尔巴特（J. F. Herbart）的教育学说在日本和美国广为流传，特别是在日本，"传统教育"思想更是风靡一时，占据教育思想的主流地位。

德国是"传统教育"的主要发源地。当"传统教育"在世界范围内广为流行的时候,美国人纷纷来到德国,到德国的大学求学,吸纳德国大学的先进思想。日本人也不甘落后,紧随美国之后,采用了德国的教育思想。先是学习凯兴斯泰纳的国民教育理论,后来又学习赫尔巴特的教育思想。赫尔巴特著名的"五段教学法"的应用,在日本蔚然成风。日本在采纳德国的教育思想方面,大大超过了美国,而且更深入、更细致。日本现代教育制度创立初期,深受德国教育思想之影响。中央政府靠着集权的管理体制,在教育中强制推行德国的教育思想。1886年日本颁布的一系列学校规定都是在德国学校模式影响下形成和出台的。有些学者认为,在德国教育思想传入日本的过程中,在日本各大学任教的德国教授们起到了重要的推波助澜的作用。在明治维新期间,日本政府派往国外的留学生绝大多数去德国,而且聘用的外籍教师多数为德国教授。他们从不同角度、不同层面,把"传统教育"思想带到了日本,并且在教育实践中付诸实施。

随着"传统教育"教育思想,特别是德国教育思想的传入和传播,"德语"受到更多日本人的重视,似乎在一段时间内取代了英语,成为日本与西方交流哲学与教育问题的主要语言。同时,随着日本与西方文化交流的日益扩大,一些哲学和教育学名著纷纷传入日本。直接读懂原文,就能掌握第一手材料,这也从一个侧面为"传统教育"在日本的发展创造了条件。

从美国人和日本人对待哲学的态度看,他们的兴趣一直都很相似。在选择哲学研究对象时,又不约而同地选择了斯宾塞(H. Spencer)和康德(I. Kant)。所不同的是,当美国人研究詹姆斯(W. James)和杜威时,日本人却还在研究德国哲学。这种专一性,也表明了日本人一旦确定了研究领域,要想再改变是很难的。政府为了加强日本和德国两国间的文化教育交流,也鼓励他们继续深入地研究德国哲学,接受德国的教育思想。后来,日本在政治上改变了对英国和美国的态度,又进一步强化了日本人研究德国哲学和教育的兴趣。这种现象也影响到教育领域,许多日本的教育家一直继续着他们对德国思想的研究,使得更多的日本人十分了解战后德国的教育理论家。

日本的新教育提倡者谷木富意识到了赫尔巴特教育法的缺点。瑞典教育家爱伦·凯（Ellen Key）的《儿童的世纪》一书的出版更坚定了他的判断，促使他开始对"传统教育"进行批判。他反对传统的学校教育，要求建立20世纪的儿童教育，还儿童以自由，把儿童从学校的限制与束缚中解脱出来。这些思想吸引了很多日本人，也提醒了很多日本人。一些教育家们开始对从前的思想和做法进行反思，开始了新的理性思考。

其实，杜威一生都在批判"传统教育"，探索现代教育，特别当他把哲学、心理学、教育学结合起来，分析"传统教育"弊端时，论点是十分锋利和尖锐的，处处捅在"传统教育"痛处。这种强烈的批判精神，为他探索现代教育打下了基础。"在教育领域中，杜威既是一位实践者，又是一位理论家……他把自己的哲学和心理学思想付诸……学校的实践。"①

三、美国教育对日本教育的影响

美国教育对日本教育的影响，起于明治维新时期，甚至可以追溯到更早。众所周知，在明治维新之前，日本的教育主要受中国儒家思想的影响，这种影响是全方位的，涉及日本教育的各个方面，正如日本著名的历史学家井上清所说：日本国家就是这样贪婪地学习着中国的先进文明。随着日本放弃"锁国令"，打开国门以及明治维新政府的建立，日本开始全面学习西方的先进文化，在这个过程中，美国的先进教育思想、教育制度等开始涌入日本。到了大正时期，民主主义教育思想、实用主义教育思想及自由主义教育思想成为日本当时教育思想的主流，对日本教育发生着越来越大的影响。这种来自美国的、中国的以及日本自己的教育思想汇集到一起，共同构成了日本教育思想的主旋

---

① Childs. *John Dewey and Education*.// Hook, S. *John Dewey*, New York: Prometheus Books, 1950: 153.

律。这是美国教育影响日本教育的初期阶段。

　　随着第二次世界大战的结束，特别是美军占领日本期间，通过美国教育使节团，美国教育对日本教育的影响进入全面展开阶段。在美国教育使节团的迫使下，日本进行了社会改革，矛头直接指向日本军国主义，积极倡导和平、民主的政治思想。在这种改革思想的指导下，日本的民主革命运动蓬勃发展，一些民主政策得以落实。特别是新宪法的颁布，为教育民主化思潮的兴起创造宽松的政治和社会环境，而这种不断高涨的民主运动，又极大地促进和推动了日本教育民主化的进程。美占领军还帮助日本政府重振经济，并推行一系列的经济改革措施，有力地推进了日本民主教育运动的发展。其实，在美军占领日本之前，为适应教育改革的需要，日本文部省于1945年9月15日就公布了《新日本建设的教育方针》。这个方针虽然保留了"护持国体"的原有理念，但是也涉及了教育改革的众多方面，例如，已经初步提出了包括建设和平国家、提高筹备水平、铲除军国主义和对世界的进步与发展做出贡献等思想在内的教育方针。

　　美国占领军直接而全面地介入战后日本的教育及教育改革，以1946年4月美国教育使节团第一次报告书的发表为标志。这份报告将美国资产阶级民主教育的基本思想完全注入日本教育理念之中，对当时日本教育改革的指导思想和原则产生了重要影响。日本的教育家认为，"作为杜威思想一种表现方式，这个报告极大地影响了这次教育改革。"这份报告的基本指导思想是强调民主、自由、平等、分散、开放和法制，集中到一点，就是要以美国的民主主义教育观取代日本军国主义教育观。该报告书的主要教育思想后来贯穿于1947年3月颁布的《教育基本法》和《学校教育法》等重要教育法令之中。《教育基本法》和《学校教育法》是日本教育史上两部重要法律，它们奠定了日本现代教育的基础，开创了日本新教育体制的新纪元。随着这两部教育法律的颁布，美国式的民主教育思想就以法律的形式固定下来，成为二战后日本教育改革与发展的指导思想。由于它遵循的是美国民主主义和实用主义原则，因此，有的日本学者认为，"这种教育改革的基础确实源于杜威的教育理论。"①

在上述基本思想的指导下，日本的教育在诸多方面进行了调整并且发生了变化。例如，在教育目的方面，改变了过去《教育敕语》所要求的"忠良臣民"的说法，而要培养"完善的人格"。在教育决策方面，废除了通过天皇颁布诏书和敕语的方式进行教育立法的教育专制主义，也就是废止了"敕令主义"。在教育行政管理方面，改变了二战前的中央集权制，进一步确立了教育的地方分权管理体制。根据这些法律规定，文部省的权力大大削减，事实上变成了一个指导、建议和服务的行政机构。这种地方分权制的实施，是美式的教育民主精神与日本封建专制式教育相互冲击、碰撞和影响的结果。

美国教育对日本教育之影响，不仅仅表现在教育的宏观方面，还影响到教育的微观领域。例如，日本的学校制度奉行的是美国的单轨制，义务教育的实施与普及得到重视，学校教育也从英才教育转向普及教育，学制也从过去的"四·八制""五·七制"改变为"六·三·三·四制"，坚持男女同校，所有儿童都接受相同的教育。通过延长普及教育的年限，来保证多数人受教育，实现了教育上的民主、平等。重视社会教育，不断扩大受教育的机会。要求教师不断地进行提高，增强履行职责的水平和责任，并以法律形式保证教师的经常进修。教师可以通过法律，维护自己的合法权益等。

美国教育对日本教育的影响，不仅表现在理论层面上，还表现在实践层面。当外来特别是美国的民主主义教育思想、实用主义教育思想逐渐被日本接受时，一些日本教育家便着手将理论研究成果付诸实践，来进一步验证和研究业已对日本教育发生重要影响的理论。特别是当日本政府确立称霸亚洲、赶超世界发达国家的战略以后，将教育与政治紧密地结合起来，把教育作为实现政治目的的手段，企图通过教育来培养有用之人，使得政府更加重视教育，特别

---

① Victor Nobuo Kobayashi. *John Dewey in Japanese Educational Thought*. Michigan, Ann Arbor: University of Michigan Press, 1964：119.

是关注教育培养什么样的人。在这种政治背景下，教育实践的重要性便凸显出来，一些教育家纷纷创立实验学校。日本国内的教育改革运动也风起云涌，为教育实践活动的展开创造了条件。

总之，美国教育对日本教育的影响是全面而深刻的，这种影响过程虽然不是一帆风顺，但是日本教育所发生的一些重大变化、重要调整，确是不言自明的事实。随着日美两国间教育交流与融合程度的加深，这种影响也会随之加大，而且会从单向转向双向、从局部转向整体、从理论转向实践，这既是教育的进步，也是教育发展的规律和趋势。

第2节　20世纪初期杜威教育思想的早期传播

杜威的教育思想传到日本之后，经历了不同的发展时期。20世纪初期杜威访问日本，加速了其教育思想在日本的传播和发展。其中，既有令人高兴的辉煌时刻，也有不如人意的低谷时期，而这个过程恰恰反映了日本社会对待外来教育思想的不同态度。

在明治维新之前，日本就迫于外来势力的压力，放弃"锁国令"，打开国门，面对西方，面对世界，开始吸收和引进西方国家的先进文化、先进教育思想。明治维新之后，特别是当日本社会进入大正时期，西方的文化和教育思想开始大量涌入日本。在这种背景下，杜威的哲学和教育思想也漂洋过海传入日本，并且一开始就处在极其有利的条件之下：一是新教育运动在日本的发展正如火如荼，杜威的教育思想顺应并推动了该运动的发展；二是杜威的访日及其一系列的演讲活动的推动；三是杜威的哲学及其著作的翻译出版满足了日本人渴求知识、寻求独立的心理。这些有利的因素促成了杜威教育思想在日本传播发展，并达到了一个前所未有的"高峰期"。虽然第二次世界大战前，受到了日本军国主义的遏制。但是，二战结束后，杜威教育思想的研究在日本迅速复苏，并很快扩展开来，产生了重要影响，其影响之大甚至超过了同时期其他教育思想家。

一、杜威教育思想在日本的传入

杜威教育思想传到日本的确切时间已无从考证。但是，我们可以大致追溯到一些日本早期杜威研究者赴美留学期间接触到杜威的著作和思想的时期，那便是19世纪末期。其实，在日本明治维新之前，日本打开国门，"求知识于世界"，一些西方的教育思潮传到日本，以至于到大正时期，形成了一个外来教育思想传播的"高潮"。

福泽谕吉是日本近代著名的启蒙思想家、教育家，日本近代文化的缔造者。他曾3次访问欧美各国，接触西方先进文明，耳濡目染，深受启发。他曾说，日本要独立，民族要富强，必须放弃锁国政策，走西方先进国家成功之路，进行各种社会变革，谋求东洋文明教育。福泽谕吉被日本史学界称为"日本的伏尔泰""日本近代教育之父"。他一生从事教育和教学活动，创立了著名的庆应义塾大学，写出了《西洋事情》（1868—1869年）、《劝学篇》（1872—1876年）、《文明论概略》（1875年）等名著，积极介绍和宣传西方的先进文明思想，特别是美国的教育观念和教育思想。他提出了"崇实致用的学问观"、"和谐发展的教育理论"与"和洋折中的文明论"等观点，极大地影响了日本近代化教育的进程，同时也在幼儿教育、特殊教育、义务教育、实业教育领域发挥了导向作用，促进了当时日本各级各类教育的发展。受美国教育的影响，这一时期日本民间教育机构的活动异常活跃，一些民间教育工作者的研究工作不仅取得丰硕成果，而且不断地开展介绍、研究和实验工作。这些活动与工作有力地推动了以儿童为中心、注重儿童活动和生活密切相连为特征的新教育思想的流行。

正是在这种背景下，杜威教育思想在20世纪初传入日本，并且得到迅速发展。这是由日本当时社会政治、经济特别是教育发展情况所使然，也是日本人在"和魂洋才"方针指导下，在吸收和借鉴外来文化教育时做出的理性选择。

二、日本的早期杜威教育研究学者

有的学者，在分析和评价日本人初期吸收和借鉴外来先进文化和先进教育思想时，认为日本人的行为带有很大的盲目性，甚至完全照搬照抄，不加分析。其实，仔细分析起来，这种观点是站不住脚的。在明治维新刚开始时，日本政府进行了其历史上声势浩大的第一次改革，教育改革仅仅是一个方面。如果说，在当时百业待兴的背景下，日本人表现出一些目光短浅、功利主义的色彩的话，倒也符合实际，在吸收和学习外来思想时，的确有些急功近利讲求实用。所以，在传到日本的很多思想中，英国哲学家穆勒（J. S. Mill）和斯宾塞的哲学思想受到青睐，因为其哲学思想满足了日本人当时的心理需求，并从哲学的角度回答了日本社会面临的各种问题。但是，经过一段时间融合之后，这种短期行为的弱势渐显。在这种情况下，来自德国的赫尔巴特的教育思想开始占据主导地位。加上日本政府向德国派遣大量留学生，赫尔巴特的著作翻译出版以及研究成果的增加，使得赫尔巴特的教育思想在日本的流行达到了高潮，它的直接后果就是赫尔巴特教学论思想中的"五段教学法"在日本的学校风靡一时，甚至成为时尚。这种现象足以表明，日本人在吸收外来文化时，不但是有意识和讲实用，而且具有极强的选择性。当发现外来思想与本国需求产生矛盾时，它便立即放弃另辟蹊径，表现出极大的灵活性。

当已有的外来思想经过碰撞之后，日本人在选择新的外来思想时变得更加谨慎和理智。为了避免弯路，他们开始把目光锁定在世界最发达国家的教育思想上，于是转向了美国。鉴于当时杜威教育思想在美国教育界的重大影响，他很快成为日本人的首选目标。在19世纪末20世纪初，杜威作为美国的哲学家和教育家尚未被世界各国所熟悉的情况下，他的名字早已被日本人所记得。

日本的早期杜威教育研究学者可分为三类。元良右二郎、中岛力藏和成濑仁藏属于第一类。他们赴美留学期间，没有直接接触杜威，只是间接地受到杜威的影响。虽然赴美时间较早，并为杜威教育思想在日本的传播做了重要的开创性工作，但在促成杜威教育思想在日本的传播与发展方面，这三人的工作并不突出。第二类日本的早期杜威研究者，像田中王堂、帆足理一郎等人，他们有幸接触杜威，或在杜威工作的地方进行过学习和研究，直接受到杜威教育思想的影响。相比之下，在推动杜威教育思想在日本的传播方面，他们的作用远远超过了前者，加上他们的工作范围就是教育领域，其意义自不待言。第三类就是杜威教育思想在日本的早期实践者。

1. 日本早期杜威教育研究的第一类学者

作为日本的早期杜威教育研究学者的领军人物，元良右二郎不仅将杜威介绍给日本，而且在早期宣传、介绍杜威的教育思想中立下了汗马功劳。"1888年，在美国哲学研究方面的一位日本先驱者元良右二郎在《宇宙》学术刊物上发表了一篇有关杜威心理学的文章，使得杜威的名字第一次出现在日本的刊物上。"①此举带动了众多日本学者开始介绍和研究杜威教育学说。

在明治维新初期，作为日本较早留学美国的学者，元良右二郎曾在美国的波士顿大学学习，后来又到约翰斯·霍普金斯大学学习心理学，师从世界著名的心理学家霍尔（S. Hall）研习心理学。学习期间他从导师那里知道了杜威，后来又读到了杜威的博士论文《康德的心理学》，对杜威有了进一步了解，特别是杜威在心理学方面的成就更是给他以鼓舞与启发。从美国回到日本后，他选择了日本著名的东京帝国大学从事教学和研究工作。东京帝国大学是

① 单中惠. 现代教育的探索［M］. 北京：人民教育出版社，2002：458.

日本最早建立的大学，也是日本文化、科学、研究及资料中心。良好的学术环境和氛围使元良右二郎有更多的机会看到有关杜威的研究文章和原著，并进一步充实了作为一位日本早期杜威研究者的扎实功底。后来，受杜威教育思想的影响，元良右二郎还作为发起人，组织成立了"日本儿童研究协会"，继续宣传和倡导杜威的"以儿童为中心"的民主教育思想。他的行为也影响了后来的一些杜威研究学者。

受到元良右二郎的影响，稍晚于元良右二郎的中岛力藏也曾留学于美国。回到日本后，他也成为一名杜威研究的早期学者。与元良右二郎相比，他所做的工作更具体、更有价值。中岛力藏在东京帝国大学及东京文理学院从事教学和研究工作时，经常利用教学时间和学生讨论杜威的初期作品。其中，《伦理学理论批判纲要》就是一个范本，它既是中岛力藏研究和教学的重点，也是学生们讨论、学习的核心内容。在这种情况下，中岛力藏索性把这本书翻译成日文。到1900年，该书为杜威著作的第一个日文版本。中岛力藏又将杜威的《伦理学》译成日文出版，成为当时日本大学哲学系学生的必读书目。

值得指出的是，日本的早期杜威研究者在翻译杜威的作品时，都是集中在哲学和心理学领域，杜威此时也是作为一名哲学家和心理学家而为日本所了解的。这不足为怪，因为在当时日本人更需要哲学的引导和心理学慰藉，在启迪人的思想、开发人的智慧方面，哲学和心理学的作用更为直接、更为实用。当日本人的思想和心理稳定下来时，他们就会转向其他的领域。相比之下，另一位日本的早期杜威研究学者成濑仁藏研究的领域就更为集中。在美留学期间，杜威的心理和教育学说对成濑仁藏产生了潜移默化的影响，致使他把研究和学习的兴奋点转到对杜威的心理和教育思想的研究与学习上。成濑仁藏开始收集杜威的著作和文章，其中教育著作和论文占据了相当大的部分，并成为他回到日本后教学的重要参考资料和素材。他还专门收集这些资料并归纳成演讲的内容，多次为教育官员、教师和学生做专题演讲。这些演讲的核心就是宣传和介绍杜威的教育思想。在他极力宣传和介绍下，杜威教育思想在日本逐渐传播开来。有的学者认为，成濑仁藏是日本早期研究杜威的学者中倡导杜威教育思想的第一人。杜威的早期教育著作在日本能够传播开来，得益于成濑仁藏的全面推介。正是由于他的努力，才有后来杜威教育著作在日本的翻译和出版。

有关杜威的早期教育著作在日本的翻译和出版情况是："20世纪初，杜威的一些哲学和教育著作在日本被翻译出版。其中，杜威的一本重要的教育著作《学校与社会》是1901年由上野阳一翻译出版的。4年后，即1905年，又出现了《学校与社会》的另一个日文本，这是由马场弘一郎在成濑仁藏的鼓励下翻译出版的。杜威与麦克莱伦合著的《数的心理学及其在算术教学法上的应用》一书1902年由西山已太郎翻译出版。1918年，田制佐重还翻译出版了《民主主义与教育》一书的日文简略本。"①

2. 日本早期杜威教育研究的第二类学者

如果从直接受杜威的影响而言，田中王堂所处的环境是得天独厚的。作为赴美留学的日本学生，他最终选择的是著名的芝加哥大学，因为杜威就在那里工作，并且是田中王堂的授课教师，这使他不仅有机会聆听杜威的讲课，更受到杜威其人的直接影响。这使他有更多的机会接触到杜威的教育著作和其他作品，在美留学期间对杜威教育思想研究就有了很多积累。回到日本后，他一直坚持杜威的哲学观点，不停地写文章批判新康德主义。即使在早稻田大学任教授期间，他也没有放弃这个立场，仍然向周围的同事和学生介绍杜威实用主义的哲学观点。田中王堂的这些思想影响了很多学生，在跟随他一起讨论或听过他课的学生中，相当一部分人都对杜威的教育思想产生了兴趣，纷纷表示要赴美留学，研究和学习杜威的教育思想，他们把研究和学习杜威教育思想确定为努力目标，甚至引以为豪。

帆足理一郎是日本的早期杜威研究者中的核心人物。其核心地位在于，他是日本早期杜威研究者中学识渊博、见解独到、学位最高，又是日本第一位

---

① 单中惠. 现代教育的探索［M］. 北京：人民教育出版社，2002：459.

大胆宣布并承认杜威的思想就是自己思想的人。他的这种行为，对日本当时的学术界震动颇大，他也随之成为日本当时学术界有争议的人物。在他留学美国芝加哥大学时，有幸成为杜威学生穆尔（A. W. Moore）的亲传弟子。这次留学改变了他的人生轨迹，使他确定了把杜威教育思想的研究和学习作为一生的奋斗目标。在他获得博士学位时，杜威的代表著作《民主主义与教育》已经出版发行，因此回到日本后，他选择了早稻田大学任教。当时的早稻田大学是日本的实用主义研究中心，这使他如鱼得水，并开始为哲学系的学生讲授杜威的《民主主义与教育》。1919年，帆足理一郎将杜威的《民主主义与教育》翻译成日文，在日本公开出版。他公开承认自己是杜威思想的门徒，作为享誉日本的教育评论家，他敢于把在国外学到的先进教育理论运用于指导国内的教育。1929年他发表了《论教育重构》一书，提出了自己对日本教育的看法。他指出，改革日本的教育体制势在必行。因为当时的日本教育存在诸多弊端，学校的教育目标狭窄，并且都是以"为将来生活做准备"为核心的。学校的各项工作都是紧紧围绕考试而进行的，受学历社会的恶性影响，学校根本不考虑学生的个性发展。为改变这种状态，他建议使用美国的"道尔顿计划"教学大纲，以此来重新确立日本的教育体制，倡导学校教育要注意学生的个性发展，以儿童为中心，特别要考虑儿童具有的经验和知识基础，反对使儿童成人化。由于他的言论过于直白、外露，致使他的著作和论文遭到查封。但是他并不放弃努力，1949年又出版了《思想与宗教民主》，为他的民主观点辩解，提出应把民主作为日本教育的主要任务，力批日本教育体制中的法西斯主义。帆足理一郎坚定的学术立场、犀利的学术观点、义无反顾的行为，深深地影响到后来的杜威研究者。作为杜威著作翻译权持有人，他不但自己孜孜以求，译著不断，还鼓励其他对杜威教育思想怀有兴趣的人。1952年，他重新修订了《民主主义与教育》；1959年，他翻译出版了杜威的《经验与自然》；在他去世之前，翻译出版了杜威与塔夫茨（James H. Tufts）合著的《伦理学》。

3. 日本早期杜威教育研究的第三类学者

杜威教育思想在日本的传播，思想理论方面的传播仅仅是一个方面，另外一个重要方面就是杜威教育思想在日本的早期实践，主要是按照教育思想创办的实验学校。日本实验学校的要求虽然由于创立者思想的不同而有差异，但在主要方面却是非常相似或相同的。例如，强调在学校教育中，广泛调动学生学习的积极性，倡导学生自我学习、自由发展，能做到"从做中学"；而教师则应尊重学生的个性差异，在学生学习遇到困难时，提供有效的指导和帮助，为学生学习创造良好的环境。

在杜威教育思想的影响下，日本的实验学校发展迅速。其中最具代表性的是帝国小学，它的创立者是西山哲次。该校创立之初正是日本的大正时期（1911—1925），各种教育思潮涌入日本，民主主义教育思想尤为活跃。帝国小学的创立适应了民主主义教育思想和进步运动的需要，受到广泛欢迎，使它成为日本进步学校的典范。与此同时，还出现了明石小学校、成蹊实务学校、成城小学校等。这些实验学校虽然建校时间不同、办学规模各异，但都受到了杜威实用主义、民主主义教育思想的影响，成为当时"日本进步主义教育和实用主义教育的实验中心"①。

第3节　20世纪20年代杜威教育思想的传播及消退

杜威教育思想在日本的早期传播，主要是由日本留学美国的学生，特别是那些受到过杜威思想直接影响的人（或听过课，或见过杜威）推动的。作为

① 单中惠. 现代教育的探索［M］.北京：人民教育出版社，2002：461.

日本的早期杜威研究学者和追随者，他们主要介绍杜威的哲学思想。这些工作带有很大的随意性，都是凭自己的兴趣和爱好。在杜威访问日本前后，日本学者也积极译介了杜威的哲学和教育理论。虽然杜威本人亲自访问日本，极力宣传自己的哲学观点和教育思想，但由于时间并不长，因此实际上影响是有限的。在20世纪20年代短暂的"高峰期"之后，杜威教育思想的传播从30年代至40年代末出现了消退。

一、杜威在日本的演讲活动

杜威对日本一直怀有兴趣，始终期待着能有机会到日本进行访问旅行。在他临近休假的时候，日本工业银行副总裁小野荣二郎极力邀请杜威夫妇访问日本，消息传来，令杜威兴奋不已，立即着手进行访日前的准备工作。促成杜威夫妇成功访问日本的另一重要人物涉泽荣一是小野荣二郎的好友，也是日本当时财界知名人士，他慷慨为杜威夫妇访问日本提供了全部经费。

当杜威夫妇访问日本的消息传到日本后，一些大学和研究机构表现出极大的热情，纷纷邀请杜威进行演讲。但杜威还是选择了东京帝国大学，因为当时的东京帝国大学是继早稻田大学后又一个日本实用主义哲学和教育研究中心。作为中间联络人的小野荣二郎，曾是美国密执安大学政治系学生。留学期间他与杜威相识，并成为好朋友。回国后，小野荣二郎在金融界谋得高级职务，由于工作关系，使他有机会再次见到杜威。当他知道杜威欲访问日本的想法后，便和东京帝国大学的教授一起，策划杜威访问东京帝国大学一事。简言之，杜威夫妇能如愿以偿访问日本，发挥重要作用的是小野荣二郎。

杜威是一位极具计划性的人，待访日的一切准备工作就绪之后，他便开始安排在日本的演讲考察活动。1919年1月22日，杜威夫妇乘坐"春秋丸"客轮离开美国赴日，于2月9日上午抵达日本海港城市横滨。按照计划，杜威夫妇将在日本停留3个月，重点是东京帝国大学的讲演和考察日本中小学教育。当有人问杜威初到日本的印象如何时，他感到很满意。东京帝国大学对杜威的接待周到细致，很有情趣，正像杜威夫妇在写给孩子的家书中所描述的那样：我们的住处"在一个有漂亮的街道花园的山坡上，那上面有各种各样的树木和花草，不久就会开花，三月份将是山茶花，四月份将是樱花……我们站在山坡上就能看到那神奇的富士山……在我们室内四周都是有关日本的书籍，令我们爱不释手……因而我们从没有一时的空闲"①。不难看出，杜威夫妇的心情不错，对日本的第一印象也十分深刻。杜威夫妇在日本的考察和演讲活动于2月25日正式开始，一切按计划进行。

关于在日本的演讲内容和考察活动，虽然杜威临行前也做过一些准备和安排，但到达日本的所见所闻，使他不得不对已经准备好的计划进行调整。杜威与东京帝国大学商量，选定哲学系的教师和学生为听演讲的对象，题目确定为《关于哲学改造的若干问题》。考虑到哲学系学生的教学计划，杜威的系列讲座都安排在周二、周五的下午，以避开学生的正常教学时间。

杜威在日本的演讲活动，从内容上看，可分为两个部分。一部分是在东京帝国大学所进行的系列讲座，主要针对的是大学哲学系、师范学校的教师和学生。内容属于专业学术演讲，主要包括哲学的理论与实践，哲学的地位与影响方面的内容，很少涉及教育问题（仅有一讲与教育有关）。例如，有争议的哲学概念、思辨知识与行动知识、哲学改造的社会原因、现代哲学与哲学改造、关于经验和理性的概念及影响逻辑的改造、影响道德和教育的改造、影响社会哲学的改造等。这些演讲反映了杜威的实用主义哲学思想。"当这些演讲1920年以《哲学的改造》为题汇集成书在美国出版时，评论者欢呼它是杜威对

---

① John Dewey and Alice Dewey, *Letters from China and Japan*, edited by Evelyn Dewey, New York: E. P. Dutton & Co., 1920：20–21.

自己哲学所做的一个极好的概述。"①

另一部分是在其他大学、中小学进行的演讲，主要针对的是中小学教师和其他大学的教师。演讲的内容主要是在哲学观点基础上对教育问题的一些看法。杜威曾到过东京女子大学演讲，其题目是《哲学、宗教和教育的新趋势》，表明了他对教育发展的一些新观点。演讲之余，他们夫妇还对附属小学和幼儿园进行了参观考察，印象颇深。杜威在写给孩子的信中对考察的景象做了很好的回忆："在那里儿童对艺术特别感兴趣，具有很多的自由，从替代模仿和富有个性的表现——似乎可以这样说——我从未看见过在绘画和其他手工劳动中有如此多的变化和如此少的相似，更不要说其质量比我们的平均水平高很多。儿童处在看不见的纪律之下，但他们既愉快又高兴。他们并不在意访问者，我想这是出乎预料的，因为我希望看到他们所有人起立和鞠躬。"②杜威还对东京五百多所小学教师和早稻田大学师生做过演讲。之后，杜威离开东京，去京都和大阪访问演讲。他同样到大学和中小学进行访问演讲，并受到政府官员的欢迎。其实，杜威对其演讲的效果并没太在意，倒是很留意在中小学的访问考察。当他看到一些小学在按照自己的教育思想实施教学时，他特别兴奋，总要用更多的考察时间深入了解一番。

杜威此次访问日本时间虽然很短，从2月9日进入日本到4月28日离开，不到3个月。然而，它却产生了一定的影响，成为杜威教育思想在日本传播和发展并产生更大影响的重要因素。

杜威关于哲学和教育问题的演讲，受到日本哲学界和教育界人士的广泛欢迎。在没有专职英文翻译的情况下，每次来听演讲的人都在500人左右。也有一些追随者前来听讲，并且都是自愿的。这完全是基于对杜威哲学和教育思

① 单中惠. 现代教育的探索 [M] . 北京：人民教育出版社，2002：464.

② John Dewey and Alice Dewey, *Letters from China and Japan*, edited by Evelyn Dewey, New York: E. P. Dutton & Co., 1920：28.

想的兴趣。但到最后，听众只有数十人。

　　杜威哲学理论也遭到一些日本哲学研究者的反对。当时，日本一些年纪稍大的哲学家是以德国哲学为主要研究对象的，他们对杜威哲学不感兴趣，但这毕竟是少数人。杜威的演讲激励了一批年轻的信徒，他们在日本教育发展中起到了重要作用。他们是杜威哲学和教育在日本的追随者、拥护者和宣传者。田中王堂是杜威的忠实门徒，他和杜威一样，主张关注人类社会事物。帆足理一郎翻译了杜威在日本的演讲集《哲学的改造》，受杜威影响之大有目共睹。日本"早稻田小组"的一位代表人物田制佐重分别于1920年和1923年翻译出版了杜威的《明日之学校》和《学校与社会》，是杜威教育在日本的重要追随者。

　　除了上述"早稻田小组"的人员外，还有两位杜威的追随者不能不提。一是永野芳夫，他是日本迄今为止最多产和最有影响的杜威教育思想研究者之一，也是日本杜威学会的发起人和首任主席。二是冈部矢太郎，他是一位年轻的学者，由于和杜威见过一面，得到杜威的点拨，随即改变研究领域，转向教育心理学的学习和研究，后来成为日本著名的教育心理学家，在多所大学担任教授。他十分感激杜威的指导，并认为"与杜威的会见是我一生中的转折点"①。

　　杜威在日本的演讲，还深深地影响到了当时日本的中小学学校教育，特别是教学改革。他在日本大学演讲之后，曾到过数百所中小学进行考察演讲活动。杜威对教育诸问题的看法新颖独特，具有较强的针对性，对当时日本基础教育界产生了导向作用。

　　在日本访问讲演时，杜威还专门了解了日本的社会和政治状况。当看到自由主义在日本大学得到传播时，他感到十分欣慰。特别是当看到《民主》

---

① Victor Nobuo Kobayashi. *John Dewey in Japanese Educational Thought*. Michigan, Ann Arbor: University of Michigan Press, 1964：41.

《改造》等这些主题鲜明的杂志时,他内心更是高兴。但与此同时,杜威也看到了军国主义强化的趋势,并认为这会压制自由主义和民主主义在日本的发展;还看到了民众膜拜天皇的狂热,并认为这加强了军国主义在日本的优势。

1919年4月28日,杜威结束日本之行,赴中国访问讲演。

二、杜威教育思想传播的短暂"高峰期"

在杜威日本之行后的20世纪20年代,应该是杜威教育思想在日本传播的"高峰期"。杜威在日本的访问讲演,激励了一批年轻学者,他们在杜威教育研究中后来居上。他们不但有热情,而且能够潜心研究,再加上日本国内自由、民主运动的高涨、工人运动的兴起以及新教育运动的发展,都从不同方面对杜威教育思想的传播起到了积极的作用。当然,这一"高峰期"是相对而言的,并不是说杜威教育思想在日本的传播没有任何阻力。

1. 运用杜威的教育学说,批判日本的旧教育,倡导先进的教育理念和教学方法

帆足理一郎是当时日本著名的批评家和研究家。为了宣传和介绍杜威的教育思想与哲学思想,他出版了《哲学导论》。该书的出版受到广泛欢迎,且迅速成为当时日本的畅销书,并重印了18次,影响了很多人。一些人就是通过帆足理一郎这部著作,开始认识和理解杜威实用主义哲学的。为了更好地运用杜威的哲学观点来分析日本的教育问题,让国人了解日本教育的腐朽,他又出版了《论教育的改造》,反映了他受杜威教育思想影响的过程。在该书中,帆足理一郎提出对日本教育进行改造,并按照杜威教育思想的原理,对当时日本学校进行了尖锐的批判。他认为,日本的学校不仅对学校教育目标要求太窄,而且严重忽视了学生的个性发展,这是和杜威主张的"以儿童为中心"的观点相悖的,必须进行改革。他建议使用美国的"设计教学法"和"道尔顿制"。后来,一些研究者又撰写大量著作,向日本国人介绍美国的学校教育,以便让

他们更多地了解美国，了解美国的实用主义教育和进步学校的教学情况。随着对美国教育、进步学校的了解，日本人对杜威教育思想的认识也在逐渐加深，这使得杜威教育思想的影响不断扩大。

2. 宣传进步教育理论，积极评价进步教育运动

日本进入大正时期以后，一种世界范围内的进步教育运动在日本产生了更大的影响。在日本对进步教育运动的评价上，客观地说，杜威的教育思想起到了重要作用。当时在日本能够将新教育、进步教育和杜威教育思想贯穿起来的是日本教育家、新教育的倡导者谷木富。他曾花费大量时间和精力对教师进行演讲，后来结集为《新教育讲演集》，并同时撰写了《新教育的教育学系统纲要》。按照杜威的实用主义教育思想，他强调重视儿童的个性发展，强调儿童要加强与生活和社会的联系，特别要注重儿童的情感发展。这既是新教育的思想，又是进步教育的主张，更是杜威教育思想的核心内容。谷木富作为日本进步教育运动的领导人，曾专门去美国芝加哥大学实验学校进行访问。他不仅熟悉杜威的理论，更了解杜威的教育实践，他指导和领导了日本的新教育和进步主义教育实践。他向国人介绍过英国的阿博茨霍尔姆学校、德国的乡村教育之家、法国的罗歇斯学校等。在他的新教育思想的影响下，一些进步主义教育家的著作，如爱伦·凯的《儿童的世纪》、帕克的《关于教育学的谈话》等在日本先后翻译出版。作为新教育和进步教育的经典，这些著作受到了日本广大教师和教育学研究者的特别欢迎，它不仅适应了当时日本教育的改革，而且推进了新教育运动和进步教育运动在日本的发展。

在宣传进步教育理论过程中，教育方法受到特别重视。一些日本进步教育的倡导者，在宣传进步教育家的教育理论时，更注重介绍进步主义教育家的教学方法。在他们看来，方法比理论更直接、更重要。其实，杜威也是这么认为的。当时，日本的一些新式小学一边引进进步教育的方法，一边进行教育实践。例如，泽柳政太郎创办的成城小学校就在实验"道尔顿制"，后来又将美国教育家帕克赫斯特（Helen H. Parkhurst）的《道尔顿制教育》一书翻译出

版。当日本很多学校都在实验"道尔顿制"的时候，帕克赫斯特应邀访问成城小学，使她有机会在日本各地巡回演讲，宣传"道尔顿制"，促进了这种方法在日本的流行，并成为当时日本比较时兴的一种教学方法。作为一种教学方法，美国教育家克伯屈（William H. Kilpatrick）的"设计教学法"也曾风靡日本。在日本最早实验这种教学方法的是神奈川县的一所小学，其创立者入泽宗涛是杜威的学生，也是克伯屈的追随者。后来，也有一些学校实验这种方法。克伯屈曾于1927年5—6月访问日本，带着"设计教学法"在日本部分学校进行演讲、宣传。由于克伯屈著作在日本大量翻译出版及其访日活动，使更多的日本教师和学者熟悉克伯屈的名字，并了解他的"设计教学法"。有人统计，当时日本约有122所学校采用"设计教学法"，极大地促进了日本教育特别是教育方法的改革。这不能不让人反问，为什么"道尔顿制"和"设计教学法"使日本的教师和学者有如此大的热情，并投以精力去专心研究呢？日本学者的回答一语中的："这是由杜威教育思想激起的。"[1]其实，这种影响并非单向，而是相互的。"道尔顿制"和"设计教学法"在日本的盛行，为杜威教育思想在日本的发展起到推波助澜的作用。这一点就连克伯屈本人也承认：作为杜威的学生，"毫无疑问，我受了约翰·杜威很大的影响"[2]，"杜威是他灵感的源泉"[3]。

3. 提出新的教育主张，创办新的实验学校

日本教育家在吸收和引进外来的教育思想时，一直没有忘记提出他们自己的新的教育主张，只是在不断积累，等待成熟。为了推出新的教育主张，日本的学术协会于1921年8月1日在东京举办了"八大教育主张系列演讲会"，

---

[1] Victor Nobuo Kobayashi. *John Dewey in Japanese Educational Thought*. Michigan, Ann Arbor: University of Michigan Press, 1964：90.

[2] Victor Nobuo Kobayashi. *John Dewey in Japanese Educational Thouhgt*. Michigan, Ann Arbor: University of Michigan Press, 1964：93.

[3] 单中惠. 现代教育的探索［M］.北京：人民教育出版社，2002：471.

有2000多人前来演讲和听讲。日本新的教育主张应运而生。其中有："自学教育论""自动教育论""自由教育论""一切冲动皆满足论""创造教育论""活动教育论""全人教育论""文艺教育论"。在这些教育主张的提出者中，有的就是杜威教育思想的支持者和实践者，还有的是对杜威教育思想怀有兴趣的追随者和研究者。

随着日本本土的新教育主张的产生，加上民主主义、进步主义教育运动的推动，一些新的实验学校纷纷创立，如野口援太郎创办的池袋儿童村小学校、吉井米吉创办的明星学园等。儿童村小学校是当时日本进步学校的典范，成为众多实验学校创立的楷模。这些学校教学的设计，一切都是按照进步教育的要求进行的，一切从儿童的需要出发，处处以儿童为中心，这些做法都是与杜威教育思想相吻合的，也推动了杜威教育思想在日本的发展。

4. 杜威教育研究队伍不断扩大，研究水平迅速提升

杜威教育思想在日本的早期传播和发展时期，从事杜威研究的队伍相当单薄，明显力不从心。到了20世纪20年代，情况有所变化。一批年轻学者对杜威学说的兴趣剧增，迅速崛起成为日本研究杜威学说的中坚力量。他们差不多都有相同的经历：都曾在国外留学，更多是在美国留学，直接和间接地受到杜威的影响。回国后，又都在不同的大学里任教，使他们有可能在教学中介绍杜威的思想，也在撰写一些介绍和研究西方及杜威思想的著作。其中，上田正二、永野芳夫、大岛正德和宫原诚一最具代表性。

上田正二是重要人物之一，他的经历比较特殊，虽未曾去过国外，但却对杜威哲学、教育思想的兴趣浓厚。他毕业于日本实用主义研究中心的早稻田大学教育系，深受"早稻田小组"之影响。他是学习西方哲学的研究生，在工作期间翻译出版了杜威的《确定性的寻求》一书。在第二次世界大战后，他的兴趣一直未减，又翻译了杜威的《我们怎样思维》一书，并且写过很多研究杜威的文章和著作。

永野芳夫是日本杜威研究学者中的重量级人物，他是较早接触杜威著作

的人。在他还是东京高等师范学校学生的时候，就读到了杜威的《民主主义与教育》一书，受到很大的启发，其毕业论文的题目定为《康德与杜威教育思想比较研究》。这篇论文的完成，奠定了他研究杜威教育思想的基础，此后陆续撰写了很多关于杜威的论文和13部著作，其成果远超日本其他研究者。

大岛正德是"世界教育协会联盟"的会员，出版了《民主与我们民族的特性》一书。官原诚一也是在阅读了杜威的《民主主义与教育》一书之后，受到杜威思想启发转而研究杜威教育思想的。他接触杜威的著作更早，还是在中学时代就阅读了帆足理一郎翻译的杜威教育著作。由于在东京帝国大学学习，深受其影响，因此他的毕业论文题目是《约翰·杜威的教育学原理》。他花费了大量时间来研究杜威的教育思想。

可见，杜威的哲学和教育学说受到日本教育家的广泛关注，其侧重点仍然在教育领域。这是和早期有所不同之处。在这一时期，研究杜威教育思想的代表作应推永野芳夫的《杜威教育理论研究》《杜威教育思想基本原理》，其中前书重印17次，奠定了永野芳夫在日本乃至世界杜威教育研究领域的地位。这也使得日本学者对杜威教育思想的研究达到了更高层次，表明杜威教育思想在日本的发展进入"高峰期"。

三、杜威教育思想在日本传播的消退

从20世纪30年代至40年代末，杜威教育思想在日本的传播出现了消退。因为在当时日本的社会氛围中，使用"民主"一词是违法的，所以《民主主义与教育》一书的日文本不得不改换书名，将副题《教育哲学概论》作为正题。尤其在第二次世界大战期间，杜威教育思想在日本的发展进入了困难时期，对杜威教育思想的研究基本处在停滞状态，出版关于杜威教育的著作和发表论述杜威教育的文章急剧减少，一些从事杜威教育思想研究的学者的工作开始转入地下，而且只是进行研究不能公开发表研究成果。

尽管日本政府曾公开肯定杜威的日本之行，还声称要授予杜威"旭日东升勋章"，但是他的哲学和教育思想实际上并未受到欢迎。对于杜威在日本之行中表面上受到欢迎但实质上陷于为难的处境，美国哲学学者刘易斯·福伊尔（Lewis Feuer）这样指出："罗伊斯①和杜威在哲学思想上的差异，在日本就相当于军国主义专制和自由民主主义在政治上的差异。杜威的哲学并未受到欢迎。"②他还强调指出："作为政治哲学家和改良者，杜威最终被日本社会难倒了。纵然杜威提倡智慧的方法，相信民主主义的伦理，是一位信任普通人的导师。但是，他发现，日本社会竟然一成不变、迷信重重、等级森严，顽强地抵制着自由主义的影响。"③

从表面上看，也许是因为日本一些坚持杜威教育思想的进步主义教育或新教育的倡导者，如及川平治、河野清丸、野口援太郎、木下竹次等人的退休；但究其深层原因，就在于杜威教育思想的传播遇到了极大的阻力。具体来讲，当时日本社会阶级壁垒森严，对膜拜天皇的狂热，军国主义独裁统治的干扰，以及帝国政府的压制，所有这一切使得杜威教育思想在日本的发展步入了低潮。

因此，有关杜威及实用主义哲学和教育思想在日本的实际情况，正如美国历史学家、杜威研究学者罗伯特·威斯布鲁克（Robert B. Westbrook）所言："在日本，杜威的研究很少有人知晓，而且也很少有日本人赞同实用主义……在著作中对武士道的封建尚武精神有较好的评价，因此才被日本哲学家所熟知。杜威很清楚，他在日本并不受欢迎。虽然他乐观地记录了在日本出现的为数不多的民主活动迹象，但日本社会与他所信仰的公正截然两立，为此他感到

---

① 乔塞亚·罗伊斯（Josiah Royce）的绝对唯心主义思想与日本文化的传统价值观形成了很好的融合，因此他是在日本唯一获得认可和尊重的美国哲学家。

② Lewis Feuer. *John Dewey's Sojourn in Japan*. Teachers College Record. 71（1969）：126.

③ Lewis Feuer. *John Dewey's Sojourn in Japan*. Teachers College Record. 71（1969）：140.

深深的忧虑。"①

　　在杜威结束日本之行后发表的那几篇与日本相关的文章中，也可以看到，他对当时日本社会压制自由主义和民主主义氛围的批评态度，以及他对在日本实现民主化的忧虑和悲观情绪。自然杜威也不看好他的教育思想在日本更为广泛的传播和发展。在《日晷》1919年第67期上发表的《日本的自由主义》一文中，杜威就写到了军国主义政党对日本的自由主义者的压制："军国主义的政党毫不迟疑地强调道德，或把日本的自由主义者看作是削弱和摧折民族大业的、已然现形了的卖国分子。"②他还批评了日本军国主义独裁统治："这使日本不可能与整个世界进行贸易，交换商品和技术科学，在世界政治中占一席之地。使日本仍隔绝于世界形势和世界潮流之外。"③在《新共和》1919年第19期上发表的《东海的两边》一文中，杜威又提及了他对当时日本的紧张气氛的亲身感受："人们在日本到处可以发现某种无常、犹豫甚至脆弱的感觉。那里正在弥漫着一种难以捉摸的神经紧张的气氛，国家正处在变化的边缘，但又不知道变化会把它引向何处。人们已感觉到自由主义的到来，但真正的自由派分子被形形色色的困难所包围，尤其可见于为他们的自由主义套上一件神权罩袍的问题，统治日本的军国主义分子已如此老练地把这件罩袍扔给了皇室和政府。"④在《新共和》1921年第28期上发表的《日本的公众舆论》一文中，杜威还指出若要在当时日本进行公开批评就会带来危险："人们几乎不可能为自己描绘出它们的压抑和噤声效果的景象来。在日本，成为对自己国家政治和社

---

　　① 罗伯特·威斯布鲁克.杜威与美国民主［M］.王洪欣，译.北京：北京大学出版社，2010：256.

　　②［美］杜威.日本的自由主义.//杜威全集·中期著作第11卷［C］.马迅，译.上海：华东师范大学出版社，2012：135.

　　③［美］杜威.日本的自由主义.//杜威全集·中期著作第11卷［C］.马迅，译.上海：华东师范大学出版社，2012：145.

　　④［美］杜威.东海的两边.//杜威全集·中期著作第11卷［C］.马迅，译.上海：华东师范大学出版社，2012：146.

会状况的一个公开的批评者，成为一名异议人士，需要比在世界上任何一个其他国家中更多的努力、更多道德上的勇气。"①

第4节　20世纪50年代"勃兴期"以来的杜威教育思想传播

20世纪50年代，杜威教育思想在日本的传播进入了一个辉煌的"勃兴期"。这一时期与之前的那个时期明显不同，那些早期的杜威研究学者已经渐渐成熟起来。他们能够把外来的杜威教育思想与本国教育实际结合起来，清楚应该学习什么，介绍什么，进而去研究什么。他们的工作是有意识、有计划的。这主要表现在两个方面：一是在翻译出版和介绍杜威的教育思想时，强调选择性，突出导向性，克服盲目性；二是在学习和研究杜威教育思想时，突出针对性，讲求实用性，克服盲从性。总之，他们的积极行动促进了杜威教育思想在日本的传播和发展。

第二次世界大战后，日本又开始了继明治维新之后的第二次教育改革，旨在建立与日本的政治、经济及社会发展相适应的现代教育制度。因此，"在第二次世界大战后，杜威这次访问和演讲变得重要了，有的杜威研究者称：杜威的访问是日本的'杜威运动'历史上的一个里程碑"。②此时，杜威教育思想在日本的发展再一次面临难得的大好机遇，开始走向复苏。特别值得注意的是，日本1957年还成立了"日本杜威学会"，不仅推动了杜威教育思想在日本

---

① ［美］杜威.日本的公众舆论.// 杜威全集·中期著作第13卷［C］.赵协真，译.上海：华东师范大学出版社，2012：224.

② 单中惠.现代教育的探索［M］.北京：人民教育出版社，2002：464.

更为广泛的传播，而且促使了杜威教育思想在日本更为深入的发展。

一、杜威教育思想广泛传播的主要特点

20世纪50年代之后，由于二战后日本社会的发展以及教育改革的需求，因此，杜威教育思想在日本得到了更为广泛的传播。其主要表现出以下特点。

1. 调整研究范围，注重研究杜威教育的原理和方法

第二次世界大战之前，日本学者对杜威的研究是以哲学和教育思想为主要内容，涉及的问题相对较宏观和表面，并没有更多地触及杜威教育思想的微观问题。在第二次世界大战以后，日本的杜威研究者开始把研究的触角延伸到杜威教育思想的各个方面，研究的水平不断提升，研究的重点转向杜威教育思想的原理和方法上。

这种在杜威教育研究中的调整和转向并不奇怪，因为推动日本杜威研究重点转移的力量不是来自别处，而是二战前就一直致力于杜威研究的一些教育学者，如永野芳夫、帆足理一郎、宫原诚一等人，他们在早期的杜威教育研究中，不断积累、不断成熟，学术上也不断成长，待他们在这些方面达到一定量的积累，一旦再有机会之后，就会出现质的飞跃。二战后日本第二次教育改革为他们再次提供了施展才华的舞台，使他们在杜威教育思想的研究上一发而不可收，纷纷重新出版杜威著作的日文版和关于杜威论述的著作，迎来了日本的"杜威勃兴"。在这些学者中，帆足理一郎是重要的代表人物，他是日本为数不多的杜威著作翻译权持有者，他不仅继续介绍和翻译杜威著作的日文版，还对其翻译的杜威著作《民主主义与教育》进行了重新修订。为纪念杜威一百周年诞辰，他特地翻译了杜威的著作《经验与教育》。由于帆足理一郎与杜威之间的特殊关系，在杜威去世后，他的情绪十分低落。但为了纪念这位伟大的哲学家和教育家，帆足理一郎又很快投入到对杜威教育思想的研究之中，这种孜孜以求的研究精神为后人做出了榜样。

2. 积极参与美军占领时期教育改革，支持日本现代教育制度重建

为了帮助日本进行第二次教育改革，建立现代教育制度，第二次世界大战后，美国向日本派出了一个教育使节团，共有27人，团长为伊利诺斯州立大学校长托达德（G. D. Stoddard）。美国教育使节团到日本的工作目标非常明确，帮助日本重建教育制度。需要特别说明的是，在这个使节团内，有几位成员与杜威关系密切，如康茨（G. S. Counts）、坎德尔（I. Kandel）、史密斯（T. V. Smith）。因此，有的学者认为，美国教育使节团所提出的指导思想和纲领与杜威的主张是一致的。例如，尊重学生的个性发展、培养民主社会的成员、打破教育上的整齐划一、以儿童为中心、让教师和学生都有更大的自由等观点，认真分析起来，与杜威教育思想中的观点不谋而合。由于杜威实用主义教育和进步教育观点，在第二次世界大战前的日本已经获得传播，对日本的政府和民众来说，早已家喻户晓，深入人心。因此，这些观点在1947年3月31日颁布的《教育基本法》《学校教育法》中均列其中，正式以法律形式固定了下来。其实，在现实面前，日本的教育家也不得不承认，美军占领日本期间，日本的教育方针和政策不仅受进步教育的影响，而且源于杜威的实用主义教育思想。与其说这个过程是由美国教育使节团推动的，莫如说是杜威教育思想指导和影响的结果。据说，美国教育使节团在去日本之前，曾对结果的可能性做过预测。教育使节团带到日本的想法能否实现、有无实现的基础，十分令人关注。教育使节团看到了杜威教育思想对美国教育思想的影响，也看到了美国教育思想与杜威教育思想的一致性，更看到了杜威教育思想在日本人心目中的地位。事实上确实如此，在美军占领期间，只有杜威的教育理论得到传播，因为参与制定这个教育计划的大多数美国教育家都是杜威的追随者。

杜威的实用主义教育思想在美军占领期间格外受到青睐，两国的教育学者都表现出极大的热情。在这次日本教育重建的过程中，不仅有美国的杜威追随者的加盟，更有日本的杜威追随者的积极参与，如京都大学的坂二雄、广岛大学的松浦鹤造、东京大学的大浦建、名古屋大学的田浦武夫等。如果从日本

教育重建的角度进行分析，这些学者所从事的都是有关教育制度的教育学，特别是杜威教育理论的研究。他们不仅欢迎教育制度重建，而且参与教育制度的研究工作，还为这次教育改革提供了理论上的准备。

3. 对杜威研究给予特别关注，杜威研究者之间的学术交流日渐频繁

美国教育使节团在日本受到教育家的支持，一些日本人最终把目光投向杜威。赞成也罢，反对也好，杜威教育思想引起了众多日本教育人士的深思。随着"杜威勃兴"的到来，不少教师继续或开始研究杜威的教育思想。对于大学教师而言，杜威研究不是刚刚开始，而是重新继续。这里要说明的是，在日本，大学是名副其实的研究中心，特别是日本著名的东京大学、早稻田大学更成为日本杜威研究的中心。一些资深的杜威研究者深深地影响了年轻一代学者，"杜威勃兴"在日本的迅速到来，更刺激了他们对杜威研究的激情。这些年轻学者在毕业论文的选题上选择关于杜威教育思想的题目，着手写一些关于杜威的著作和关于杜威的论文，其数量已远远超过第二次世界大战之前。据统计，"1945—1959年，日本大学本科毕业论文论述杜威的有268篇。其中神奈川大学119篇居于首位"①。此外，"出版翻译杜威著作日文本21部，出版关于论述杜威著作58部"②。主要代表著作有：永野芳夫著《杜威教育学总论》（1946，重印16次）、砂译清二编《杜威教育思想研究》（1957）、永野恒吉著《杜威教育思想研究指南》（1959）等。上述成果是日本教育家研究杜威教育思想成果的代表作，也是不同时期日本教育家对待杜威教育思想的不同心路历程的展示。如果仔细研究，不难发现杜威教育思想在日本传播与发展的不同阶段和特点。

4. 民间教育组织复苏，杜威教育宣传和研究工作异常活跃

第二次世界大战的结束，宣告了法西斯专制统治的结束，人民民主力量

---

① 单中惠. 现代教育的探索［M］. 北京：人民教育出版社，2002：473.

② Victor Nobuo Kobayashi. *John Dewey in Japanese Educational Thought*. "Appendix II". Michigan, Ann Arbor: University of Michigan Press, 1964: 171.

开始复苏，重新走上历史舞台。随着二战后政治、经济布局的重新调整以及民主化政策开始实施，一些民间的、社会的特别是教育领域的人士，又恢复了往日的研究和教育实践工作，杜威的民主教育思想很快成为研究的对象，尤其在民间的研究又异常活跃起来。有的学者曾做过研究，这一时期杜威教育思想在日本广泛流传开来，主要不是由于官方的研究，而在于民间的积极推动。因为官方的研究经常受到限制，而民间的研究则相对自由主动而不受其他的约束。

其中，比较有代表性的民间研究机构是"民主主义教育研究会"。其成员多数是参加过民主教育运动和文学运动的教师，他们以《美好的学校》《生活学校》两个刊物为阵地，发表文章阐述自己的研究观点，积极宣传民主主义的教育思想。通过归纳整理，主要有以下一些论点：（1）以促进日本教育的民主化进程作为"民主教育研究会"的使命和目标。为实现上述使命和目标，就要谋求教育真正、彻底地实现民主化，并为铲除实现民主化进程中的一切障碍、建立民主主义教育而努力奋斗。（2）以建立民主和进步的教育为振兴日本教育的唯一出路。在一些教育者看来，当时日本的教育尚不具备这样的条件，在日本教育中的官僚主义、封建主义和法西斯主义时有抬头，政府无理地将教育经费的负担转移到民众身上，民主主义教育的发展面临极大的困难，因此，工作必须努力，斗争不能停止。（3）以东西方结合的思想作为推进日本教育实现民主化的有效途径。日本政府应十分了解广大教师在推进日本教育实现民主化过程中所付出的艰苦努力，体谅教师，关心教师；同时，又要积极引进和吸收西方，特别是美国的先进的文化、先进的教育思想，对于已经传入日本并已产生影响的思想，如杜威的"以儿童为中心"的思想，应使其发展，并能付诸实施。把世界上一切爱好民主的力量联合起来，共同为日本教育民主化的早日实现而努力。

此外，在一些具体的教育改革方面，也提出了极有见地的思想和建议。按照"民主教育研究会"的设想，在教育内容方面，要坚决彻底地清除封建主义、军国主义和法西斯的教育思想，积极推进进步的民主的和科学的教育思想；要建立民主的、科学的教科书编写机构，实行民主管理；在学校管理方面，主张公选校长，废除督导制，由校务委员会管理和经营学校；在教师和学生方面，要求保护教师最低的生活水平，实行学生免费国库供给制度，免费供应教科书、学习用品和午餐，保证教师的正常进修，资格审查制度要做到民主化，反对压制进步教师和学生的一切自由活动。显而易见，这些观念和思想来自美国，是杜威民主主义教育思想影响的产物。

通过以上分析可以发现，日本民间教育机构和组织的出现与活跃，极大地促进了杜威民主主义教育思想的传播与发展，其作用不可低估。

首先，日本的民间教育组织和机构的创办者所倡导和主张的教育观点，源于杜威的民主主义教育思想。他们不但接受了杜威的民主主义教育思想，而且积极宣传杜威的民主主义教育思想，成为杜威民主主义教育思想在日本广为流传的载体和助推器，发挥了重要作用。

其次，日本民间教育组织和机构的成员多是民主主义教育运动的积极拥护者和参与者，深受杜威民主主义教育思想之影响。他们特别清楚自己要做什么、怎么做，有明确的工作目标和思想，因此，保证了在推进日本实现教育民主化工作的质量，便于迅速达到预期效果，使他们又成为杜威民主主义教育思想在日本传播过程中的宣传员和战斗员，成效显著。

最后，日本民间教育组织和机构创办者与成员所提出的具体的改革思想，具有极强的可操作性。他们都是日本教育领域内的专家，特别了解日本教育的状况，清楚日本教育存在什么问题，也知道针对这些问题采取什么对策，更了解杜威民主主义教育思想对日本教育的巨大作用。因此，其所倡导的教育改革的观点贴近日本教育实际，符合日本教育国情，对日本的国人有着强烈的吸引力，这使他们在推进日本教育实现民主化的进程中，发挥了独特的作用。

杜威教育思想在日本经历了"勃兴期"之后，似乎没有了二战前的那种反复，教育家也消除了二战前杜威教育研究中的后顾之忧，开始进入日本杜威研究的全面繁荣时期，其标志为日美两国学者之间交流加强，来访频繁。

无论是交流还是来访，其兴奋点仍在传播杜威教育思想，实践杜威的教育主张。美国学者来访日本主要是演讲和考察，阐释杜威的教育思想，创办实验学校；而去美国访问的日本学者多是杜威生前的学生，他们仍在学习和研究杜威的教育思想。即使杜威教育思想后来在美国受到指责和批评时，在日本对杜威教育思想的研究也从未中断，反而更加认真、更加深入。例如，日本杜威教育研究学者杉浦宏不仅出版了《杜威教育思想研究》（1962）、《杜威研究》（1970）、《杜威的自然主义与教育》（1983），而且还编辑出版了两本论文集：一是有关杜威对战后日本教育影响的《日本的战后教育与杜威》（1998），二是有关在"杜威复兴"影响下尝试重新理解杜威思想的《现代杜威思想的再评价》（2003）。

二、日本杜威学会对杜威教育思想传播的推动和引领

为了规范日本杜威研究的学术行为，更好地推动杜威研究在日本的发展，1957年，以广岛大学的永野芳夫、东洋大学的広池利三郎、横滨市立大学的大槻春彦三位杜威研究学者为发起人成立了"日本杜威学会"（The John Dewey Society）。在杜威研究方面成就卓著的日本教育家永野芳夫成为首任主席，并主持了成立大会。杜威夫人罗伯特·洛维茨（Roberta Lowitze）应邀赴日出席成立大会并致辞。该学会的会员都是来自日本的各所大学，既有资深的杜威研究者，又有受杜威著作影响的年轻一代学者。

日本杜威学会成立不久，就出版了能够代表日本学者研究杜威教育思想学术成果的力作，如《约翰·杜威哲学和教育论的基本问题》《约翰·杜威与他的思想》等。其意义不仅仅在于出版研究杜威的几本教育著作，更重要的是使日本的杜威教育研究步入了规范化、有序化的轨道，使杜威教育研究不再散兵作战，而是集中力量抓住杜威教育思想的核心问题进行深入研究。

对于日本杜威学会的创立及杜威研究的发展，日本杜威教育研究学者、

冈山大学梶井一晓副教授进行了很好的论述①：作为二战后日本推进杜威研究的核心机构，日本杜威学会既是杜威研究者的合作机构，又是一些关注英美哲学和教育学的研究者的团体，旨在促进日本杜威研究的质量提升和数量扩展。该学会成立之后，不仅发行《日本杜威学会纪要》，刊载大量研究论文，展示丰富的杜威研究成果，至2014年10月已经发行了55期；而且举办研究大会，交流杜威研究的进展，至2015年10月已经举办了59届研究大会。除此之外，该学会还汇编出版了3本论文集，具体包括：《杜威教育理论诸问题：纪念杜威诞辰100周年》（刀江书院，1959）；《杜威研究：杜威访日50周年纪念论文集》（玉川大学出版部，1969）；《日本的杜威研究与21世纪的课题：日本杜威学会成立50周年纪念论文集》（世纪思想社，2010）。特别是第三本论文集，回顾了日本百年来的杜威研究，其中的第一部《杜威哲学在日本的发展与评价》，探讨明治时期以后的杜威研究，梳理了杜威哲学和教育学方面研究的进展，同时尝试从21世纪的视角来论述杜威思想的现代性；第二部《杜威的教育理论与实践》，论述了活动学习、单元设计学习、道德教育、生活经验、儿童中心主义等内容。

就杜威对日本教育，特别是二战后日本教育发展的影响而言，梶井一晓强调指出："对战后日本教育不能脱离杜威来思考"，那是因为杜威思想在哲学、社会学、心理学、政治学和宗教等方面对日本学术界产生了巨大的影响，尤其在教育学方面，不仅影响了教育研究领域，而且也影响了教育实践领域。②

20世纪80年代以来，随着教师专业发展在世界各国受到关注，"教师专业化"已成为各国教育界所探究的一个重要问题，所以，日本杜威研究学者也开

---

① ［日］梶井一晓. 日本关于杜威的研究的特征和课题：如何批判地吸收杜威的思想. // 涂诗万.《民主主义与教育》：百年传播与当代审视 ［C］. 北京：教育科学出版社，2016：97-100.

② 涂诗万. 民主主义与教育：百年传播与当代审视 ［C］. 北京：教育科学出版社，2016：100.

始关注杜威关于教师教育方面的研究，诸如杜威实验学校与教师教育发展、杜威反思性实践与教师专业发展等。值得注意的是，日本杜威学会也对此给予了关注并在2009年的第53届大会和2010年的第54届大会上专门研讨了"教师教育与杜威"方面的问题。

第 2 章　杜威教育思想在日本的应用

　　杜威教育思想在日本的传播经历了不同的发展时期，随着日本学者对杜威教育思想研究的不断加深，研究领域的不断扩大，杜威教育思想在日本教育领域内的应用也渐渐开始，成为日本教育思想实践中的主流要素，发挥着越来越重要的作用。

第 1 节　杜威与日本"新学校"

　　杜威教育思想在日本的发展，经过了两个重要阶段，即交流与融合。当其教育思想在日本早期传播的过程中，主要表现为交流这个环节，日本学者希望最大限度地把杜威的教育思想通过翻译著作的形式介绍到日本来。杜威到日本访问演讲后，更加强化了交流这一环节，但是，这仅仅是杜威教育思想在日本的初始状态。当日本人开始将杜威的教育思想与日本的教育实际结合起来，并导入其他的教育思想时，杜威的教育思想在日本的传播就进入了融合阶段。融合的结果反映在教育实践上，就出现了日本的"新学校"，这既是杜威教育思想与日本教育实践结合的产物，也是杜威教育思想在日本应用的结果。它的出现，推动了杜威教育思想在日本的深入发展，加速了"新教育"运动在日本的传播与开展。就当时的日本教育而言，这的确是一种进步。

一、"新教育"运动在日本

"新教育"运动是最初发源于英国，展开于欧洲，后来遍及世界的教育改革运动。日本在明治维新之初，提出了向西方学习的口号，经过深思熟虑之后，他们把首选国确定为德国。因此，政府开始鼓励和支持有意赴国外留学的年轻人去德国的大学留学。当时，德国的大学不仅是欧洲哲学研究的中心，更是教育研究的中心。这些留学德国的学者，有机会接触到从大学产生的各种思想和流派，长此以往，便会对其产生影响。有时，他们也会思考这样的问题：此种思想和流派，对日本是否有用，可否介绍到国内。因此，当日本开始敞开国门，吸收西方先进思想时，他们就义不容辞地承担起东西文化交流使者的任务。

日本的"新教育"就是由谷木富从欧洲介绍到日本的。当时，他在德国留学，正是"新教育"盛行于欧洲的时候，他不仅是将"新教育"介绍到日本的第一人，而且也成为日本最早的一位"新教育"的主张者。为了使"新教育"在日本迅速传播与发展起来，他做了一系列卓有成效的工作。他先是在日本各地巡回演讲，宣传"新教育"主张和思想，出版关于"新教育"的书籍，是日本最早使用"新教育"这个术语的人。他把日本的"新教育"运动，称作是像明治维新一样经历了一场革命。"新教育"不仅能在日本传播起来，而且还适应了日本的新情况。更值得指出的是，谷木富举办"新教育"思想短期培训班，培训学校教师，以扩大"新教育"在日本的影响。1906年在京都举办首期培训班，他在演讲中毫无顾忌地对当时日本的教育目标进行了尖锐批评。他认为，日本的教育目标太狭窄，不能再强调培养儒学所主张的孝心，因为这种目标难以培养出现代日本人。虽然孝心也是一种高尚的品质，但在政治、军事以及商业方面仅有孝心是不够的，是无法取得成功的，还必须具备其他一些比较实际的品质。传统的武士道精神对日本人来说也很重要，但这种精神不能作为教育目标，因为它是以阶级为基础的。作为新一代的日本人，必须有创新精神，教育应培养创新精神，日本人应有尊严，举止要文雅，还要付诸实践。其实，谷木富也是杜威研究的学者，他也一直在追随杜威，宣传杜威的实用主义教育思想，这在他的著作《新教育的教育学系统纲要》中有所表现。他特别强调，在学校的课程当中，最重要的既不是道德标准，也不是历史，而是要培养学生的实际动手能力，这回应了杜威"从做中学"的教育主张。他提出了三个重要的教育观点：第一，学校应该停止教学上的统一化的做法，改变并采取鼓励个性发展，注意儿童的个性差异的方式进行；第二，学校应停止将重点放在学术上的做法，改为将重点放在那些与日常生活密切相关的知识上；第三，学校应该把重点从智力成长转到情感成长上。仔细分析，不难发现，谷木富的观点就是杜威的主张，只是表述上有所差异罢了。

谷木富这些关于新教育的主张，不仅影响到日本，而且对其他国家的教育实践也产生了影响。德国首先采纳了他的新教育主张，在引起欧洲及美国对进步教育实践的关注中起到了积极作用。在他的《新教育的教育学系统纲要》中，描述了欧洲的一些新学校，其中有英国新教育家雷迪（C.Reddie）的阿博茨霍尔姆学校、德国新教育家利茨（H.Lietz）的乡村教育之家等。他不仅访问了这些学校，而且在日本极力宣传这些新学校的教育教学情况。他还利用在美国留学的机会，访问了杜威的芝加哥大学实验学校。日本后来的一些教育家，也受到他的深刻影响。谷木富创立的日本埃德蒙男孩寄宿学校非常有名，因为它具有广泛的活动项目，学校管理、学校活动、园艺等项目别具特色。谷木富的这些新教育主张和实践，不仅促进了日本教育学者和学校教师教育观念的更新，也为杜威教育思想在日本的发展达到"高峰期"奠定了有力的思想基础，是一位推动杜威教育思想在日本发展的重要旗手。

二、日本的"新学校"运动

日本的"新学校"除了受杜威教育思想影响之外，还是伴随着进步教育运动在日本的发展而建立起来的一种"新式学校"。它的目标非常明确，如果认真分析一下，是与杜威的教育思想一脉相承的。杜威强调学校要"以儿童为中心"，给儿童以更大的自由，反对死记硬背和强迫灌输，这种"新学校"一开始便主张反对传统的学校课程，反对学校过分地对学生进行知识灌输，反对呆板的教学形式，更反对精神上对学生的压抑。可见，这种"新学校"产生的根源在于杜威的教育思想及其影响，其根本目标是反"传统教育"。其实，这是有其深刻的历史渊源的。

首先，对"传统教育"的反思与批判为日本"新学校"的创立提供了可能。

作为全球性的教育改革运动，伴随着进步教育运动在日本的展开，日本的"新学校"在第一次世界大战后应运而生。在杜威教育思想传入日本之前，被称为"传统教育"代表人物的赫尔巴特的教育思想已经传入日本，并且得到政府的认可。由于政府的鼓励政策，大批的日本教师和学生纷纷踏上德国，学习德国教育家的思想和方法，他们对赫尔巴特代表的德国教育思想情有独钟，很快促使赫尔巴特的教育思想和学说在日本的传播达到了顶峰。特别是赫尔巴特教学论中的"五段教学法"，更为广大日本教师所熟悉，远远超出了当时其他的教育家，在他们看来，赫尔巴特的教育思想，特别是"五段教育法容易应用，而且有完善的体系"。此时的日本步入了"赫尔巴特学说的黄金时代"。在这种背景下，其他的教学方法都黯然失色了。

后来，由于以赫尔巴特教育思想为主流的德国教育思想与日本教育的国情不符，出现了一些意想不到的问题，遭到来自日本各方的尖锐批判。概括起来，主要有以下几点：赫尔巴特的教育学说过于圆滑、逃避现实，更缺乏应对现实的挑战，甚至有些迎合官员之嫌，虽然也满足了日本一些儒学者的需求，他们企图在赫尔巴特学说与儒家思想中寻求一种融合。但是，这都无法阻挡日本学者对其教育学说的批判。赫尔巴特"五段教学法"过于正统、机械、呆板，忽视了儿童的个性，更没顾及教学方法的灵活性和适应性。培养出来的人，不可能具有个性。这一点，也是杜威在批判"传统教育"时对赫尔巴特提出的警告，杜威尖锐地指出，赫尔巴特的教育学是"教师的教育学"，而不是"学生的教育学"，很少考虑学生。当日本还没有属于自己的教育思想时，当日本的教师不知如何施教时，当日本人对教育缺乏理解和认识时，不可否认，赫尔巴特的教育思想起到了点拨的作用。但是，随着进步教育运动在日本的发展，当西方更发达国家的教育思想传入日本的时候，赫尔巴特的学说就不再受到推崇，也不再是一种被神化的教义了。那些已经实验赫尔巴特学说的教师们也停止了实验，学生也对此感到厌倦，赫尔巴特学说开始从日本的教育领域渐渐淡出。

其次，对美国及杜威教育思想的研究为日本"新学校"的发展提供了导向。

"传统教育"代表人物赫尔巴特的教育学说的主流地位已经消失，但是，它的影响仍然存在。因此，在以杜威为代表的美国教育思想传入日本后，双方便展开了激烈的论战。杜威从他的现代教育思想出发，批判"传统教育"的教师中心、教材中心、课堂中心，针锋相对提出了儿童中心、经验中心、活动中心。他主张给儿童以更大的活动空间，强调儿童的经验的积累和在教学中的特殊作用，教学论中要求做到"从做中学"。概括起来，就是以"儿童为中心"，让儿童在活动中自己去探索、发现。他极力反对学科中心，认为儿童在学校应主要做好四件事：做游戏、说故事、观察及手工，教学活动中应注意儿童的差异，尊重儿童的差异，培养儿童的思维能力。杜威的这些观点，处处捅在了"传统教育"的痛处，也使日本人感到解渴，说出了他们想说而未能说出来的话，因而受到了日本学者的欢迎。随着进步教育运动在日本的发展，杜威的教育思想渐渐深入人心，那些对于赫尔巴特教育思想不明真相、思想混乱的人豁然开朗。他们开始相信杜威的教育观点,用他们自己的话说,不是杜威的教育理论错了,而是日本人理解错了。一些杜威教育研究者更是先走一步,他们已不满足对杜威教育观点的研究和传播上,更将兴奋点转向实践杜威的教育思想上,开始创立日本的"新学校"。

当时,最有代表性的"新学校"是帝国小学。该校创立于大正初期,是一所私立学校,具有很大的灵活性,是按照杜威的教育思想设计的。上课时间长,但教学计划灵活,具有很大弹性,强调学生自学,特别注意学生的个别差异,给学生以最大限度的自由。游戏活动时间比一般"新学校"长,还开设一些特殊课程,如为高年级男生开设缝制课,培养学生独立生活能力。这所学校规模不大,从幼儿园到六年级一共200多人,10位教师。每班学生不超过30人,教师是指导者、鼓励者。学校的管理有序,课堂的气氛民主和谐。参观的人络绎不绝。一位参观者作过这样的描述:孩子们的活动会使人想到那些在欧洲的新学校和美国的进步学校里的孩子们。在户外活动中,每个学生都选自己的主题绘画,而且技巧很高。在几个低年级的教室里,学生们通过分组玩游戏自觉阅读和做算术,那里的自由、活跃、随意的气氛,以及各种主题活动令参观者感到惊奇。

当杜威教育思想在日本的发展达到高峰期的时候,日本又出现了很多"新学校"。一时间,在日本掀起了"新学校"运动。这一时期具有代表性的是野口援太郎创办的池袋儿童村小学校,这是日本儿童中心主义教育的典型,在当时被认为是一所改革学校。它是由4个自由主义、民主主义教育者创办的。直到今天,日本的教育史家还认为,这所小学的教育是美国特别是杜威教育思想影响日本的标志和佐证,是日本的"自由教育"发展到顶点的标志。该校的校长是野口援太郎,学校教师不足10位,学生约有50人,分为3个年级。学校创立于1924年4月,12年后解散。这所学校虽然规模不大,历史很短,但是却以办学理念清晰、办学特色明显、教学方法灵活而享誉日本,闻名世界,其影响不可估量。

首先，池袋儿童村小学校，在办学的理念上主张以儿童的生活为基础，一切教育教学活动均依此而展开。当时，在日本的普通学校，使用的是国家统一审定编写的教科书，教师的任务就是把教科书指定的内容教给学生，学生机械被动地接受知识，复习时也是死记硬背，知识难以熟记，更不好掌握。而在池袋儿童村小学校，却是另外一番景象，他们遵循杜威的一些主张。从结构上看，该校与其他一些学校完全不同，学生是学习的主体，以学生为中心，教师是指导者，在学生需要时去指导，平时提倡学生自学，教师要为学生创造良好的学习环境，让学生像鱼一样，自由自在地学习、活动。这些过程，可以从该校的教学骨干林野芳兵卫那里得到证实。作为该校的老师，他写了大量著作、论文和工作体会，记载了学校当时的一些情况，其著作《林野全集》（八卷）于1970年出版。在《林野全集》中，有这样一段记载：一天早晨，已经过了上课时间，可是班上的孩子一个也没有来。莫非中途出现了什么意外？就在他为此担心之时，孩子们成群结队兴高采烈地跑了过来。仔细一看，还牵着一条狗，很多孩子手里还拿着小木板、小木条。林野问："你们怎么迟到了？这些木板、木条准备干什么用？这只小狗的主人在哪儿？"话音刚落，孩子们便七嘴八舌地说起来："老师，我们在上学的路上遇到了这条狗，它一直跟在我们后边，寸步不离。后来我们大家商量了一下，决定把这条狗放在学校里养起来。我们向水果店的老板要了小木条、小木板，准备给狗搭个小房子。老师，您能教给我们怎么做吗？学校里有没有锯子和钉子？"事情虽然让老师感到意外，但他还是心情平静，满足了孩子们的要求，和孩子们一起，高高兴兴地给小狗搭起了一个小房子。事后，林野老师无法断定这类情况能否划入教育范畴。这时，野口校长和其他教师坚定地告诉他，像给狗搭建小房子这样的生活实践就是教育，或者说就是教育的基础。

其次，池袋儿童村小学校在对学校的理解上也有独到之处，那就是让孩子在学校里觉得轻松愉悦，而没有被束缚的感觉。在学校创立之初，创办者并不同意使用"学校"这两个字，因为"校"字含有管理、约束、统治的意思。

因此，在最初的申请报告中是以"池袋儿童村"命名的，但没有得到政府的批准。其理由是在《小学校令》中规定：凡初等教育机关都必须使用"小学校"三个字。最后该校还是没有办法，只好使用了"小学校"三个字。但他们在平时仍使用"儿童村"这个名字。

　　第三，池袋儿童村小学校在教学内容上，非常重视自然与社会的学习，提倡艺术教育。从教育史上看，日本在战前公共教育课程是以读、写、算为中心内容，科学与艺术方面的教育不受重视，课程的开发一直属于薄弱环节。而池袋儿童村小学校却不这样，他们十分重视科学和艺术等方面的教育，而且在传授方式上也有较大不同。教师们抛弃了向学生灌输知识的方法，不顾政府那些约束和框框，积极和学生一起创造新文化。1930年在日本各地广泛兴起的新教育运动带来良机。经过努力，他们创造了一种新的文化，即"生活缀方"。教师鼓励孩子们通过作文来观察自身和社会生活，培养孩子们的科学性、创造性及其思维方法。这种新式教育，得到了社会及广大学生、家长的欢迎与支持。不砂丘忠义就是一位典型的家长代表，他让自己最喜爱的女儿上池袋儿童村小学校，以自己的行动来支持儿童村的教育。后来，日本的教育史家把不砂丘忠义称为"生活缀方"教育的创始人。为了更好地宣传"生活缀方"教育，扩大其影响，不砂丘忠义还创办了《生活缀方》杂志。在其影响下，很多教师都希望能推行"生活缀方"式教育，把学校改造成生活教育的场所，实施真正意义上的生活教育。儿童村的存在，对这些教师来说，无疑是雪中送炭，增强了自信。到1935年，林野芳兵卫和户目方廉一起创办了生活学校。至此，儿童村的教育方法已不再是孤立地局限在一所私立小学校，而是带动全国各地教师一起开展生活教育，形成了一场声势浩大的运动。

　　随着日本的进步教育运动的衰落，从20世纪30年代起，"新学校"运动在日本的发展步伐虽有些放慢，但是并没停止。随着杜威教育研究在二战后的勃兴，日本的进步教育运动又得以复苏，"新学校"运动又开始发展，相比之下，比以前更规范、更科学了。

三、杜威教育思想对日本"新学校"的影响

不可否认，杜威与"新教育"运动关系密切，他被公认为进步教育家中一位最主要的发言人。经过二战后的第二次教育改革，日本的教育得到了巨大发展。为了更好地适应日本社会的政治、经济需要，日本政府在教育上实行了不同的政策，其中比较典型的做法就是：在第二次世界大战以后，日本社会开始进入社会民主主义时期，在教育上执行民主主义的"新教育"政策。在这种背景下，杜威实用主义教育思想对日本的"新教育"的发展起到了重要的指导性作用。此时，正是"新学校"在日本的活跃时期，杜威的教育思想无疑会渗入其中，对其产生重要的指导作用。杜威教育思想虽然早在日本的大正时期即已传到日本，但是由于受到赫尔巴特教育思想的阻碍，开始并没有流行开来，到了第二次世界大战后，才成为日本教育思想的主流而传播开来。它适应了日本"新学校"的需求，起到了规范和导向的作用。

杜威教育思想对日本"新学校"产生影响，主要基于以下诸方面：

第一，美国教育使节团的积极推动。众所周知，美国教育使节团在日本发表的《报告》，其要点与杜威的教育思想是一脉相承的。有人认为，教育使节团为日本战后教育改革带来的蓝图，是杜威早已制定好的，只是由教育使节团带来，并以一种特殊的形式发布而已。在这个蓝图之中，通篇贯穿着杜威的实用主义教育思想。这些观点和思想，正是日本"新学校"建立的理论基础。

第二，日本教育学者对杜威教育思想的深入研究。在二战后初期，日本杜威研究者的代表人物宫原诚一发表了《实用主义与人的教育》的论文，反复强调以儿童为中心，系统地介绍、评价了杜威的教育理论，特别是杜威教育思想中关于教育任务、教育方法等理论观点，还有"从做中学"等教学论观点。1948年，宫原诚一又在《近年杜威的发展》的论文中，全面系统地论述了杜威的实用主义教育思想，再次强调日本的教育要以儿童为中心，以促进儿童的个性化发展为目标。这些观点，也正是日本"新学校"所坚持的。

　　第三，日本学者的科学态度和评价。杜威教育思想在日本的发展活动经历了不同的历史时期，有时处于顶峰，有时处在谷底，除了日本社会的政治、经济因素阻碍之外，也有其理论本身的问题，应该对杜威的教育思想有一个科学的态度，特别是一些杜威教育研究者，更应该有一个完整、科学的认识，以便准确地把握杜威教育思想的全貌。日本教育学者森昭科学地评价了杜威教育思想，他出版了《教育理想的哲学性探讨》一书，站在哲学的立场上，比较准确地评价了杜威的教育思想。后来，他又出版《经验主义的教育原理》一书，全面准确地评价了杜威的教育思想。在森昭看来，杜威所说的经验，不单是过去的经验，而是着眼于现实的活动。他的经验主义不同于旧的经验主义，没有机械性，其重点不在于智性，而在于行动，它是一种以扬弃经验论与合理对立的生活哲学为基础的新的经验论。森昭的思想来源于杜威的实用主义哲学。在他看来，人在成长过程中，受社会环境的影响比受物理环境的影响要大。因此，森昭的结论是，只有通过经验主义教育才有可能促进教育的人格化、民主化、科学化，才会真正促进日本教育的发展。不过森昭对杜威的经验主义思想并不盲从，而是批判其中的缺陷。他认为，在杜威的经验主义教育思想中，忽视了一点，即客观知识和已有的文化限定人的经验，使得人具有的经验往往是有限的。同时，他还认为，知识的真理性靠每次的探究来决定是很危险的。森昭对杜威教育思想的批判性解读，使日本人更加关注杜威教育思想的整体性和全面性，也为日本"新学校"的迅速发展提供了导向。日本的进步教育运动无疑是"新教育"以及杜威教育思想在日本融合的产物，"新学校"必将获得更大的发展动力。

　　第二次世界大战后初期，随着美国教育使节团来到日本，杜威的教育思想开始对日本的教育产生重要影响，这种影响已不仅仅局限在宏观的层面上，也开始涉及课程等微观方面，各种课程论的出现，必然影响到教师。一时间，在日本兴起了一股课程热潮，一些"新学校"也开始研究学校的课程问题。究其原因，是由于日本在二战前吸收了来自西方国家不同的教学论思想，既有美国的教学论，也有德国的教学论，它们都不同程度地影响到日本的教育界，教育价值体系处在变化动荡之中，这种现象促使日本的教育学者开始反思，而实行以个人解放、儿童中心、尊重差异、生活幸福和社会进步为基础的"新教育"，就是对二战前的膜拜天皇的法西斯主义教育的深刻反省的结果。经过反省和梳理之后，杜威教育思想成为日本二战后教育思想的主流。经验课程和社会课程也成为日本二战后教育的主要课程。特别是那些儿童中心的活动课程以及生活色彩深厚的单元课程，处处体现在日本的"新学校"的课堂上。20世纪中期后，这种课程设置的弱点开始显现出来，日本的本土化色彩不重，有照搬美国教育之嫌，于是又使日本教育界处在反省之中。后来，日本又提出了一种新的课程模式，即在课程的种类上，开设实践课程、解决问题课程、基础课程三种；在课程领域上，突出表现、社会、经济、健康四个领域。要求所有的"新学校"都要根据日本社会历史情况并以儿童为中心来重新制定教学计划，设置课程，通过解决问题的方式来实施教育。其旨在让儿童始终处在问题情境之中，带着问题学习，带着问题探索。激发儿童的兴趣，使他们通过系统的问题学习，培养思考能力、认识能力和职业能力。

第 2 节　杜威与"八大教育主张"

"八大教育主张"是大正时期（1912—1926）日本本土化主导教育思潮。之所以称之为是"本土"的，是因为"八大教育主张"是依据日本教育的自身特点，总结新教育运动在日本的成功经验而提出的。"八大教育主张"倡导自由、民主和个性解放，紧随世界优秀文化，是当时日本"主导"的教育思潮。在西方提倡自由、民主和个性解放的教育家中，杜威是产生世界性影响的人物之一，因此，日本教育家的"八大教育主张"的提出自然而合理地与杜威教育思想联系了起来。

一、"八大教育主张"的形成

"八大教育主张"的形成是内外结合的必然结果，既有来自外在因素的推动，也有来自日本内部的强烈要求。

（一）外在因素

1. 欧美教育思想之推动

19世纪末20世纪初，来自欧美的具有代表性的教育思潮传入日本，从不同方面对日本教育产生了影响，这无疑为日本创造新教育、建立新的教育思想奠定了基础。如果以这些教育思潮的哲学基础加以分析的话，可以分为三种：以实证主义哲学和新康德哲学为基础的公民教育思想；以天性哲学为代表的自然教育思想；以经验主义哲学为代表的实用主义教育思想。

德国教育家凯兴斯泰纳（Georg Kerschensteiner）是公民教育思想的代表人物。这种教育思想强调公民教育的重要性，而把一般社会看作是空想而加以否定。在他看来，培养国家需要的公民才是教育的唯一目的，因此，主张把培养个人的教育上升到培养国民的教育高度来认识。从这个意义上看，讲授学科知识固然重要，但还应从培养国家公民这一需求出发，传授一些政治的、法律的、道德的、经济的等知识，这样才能区别于为了社会的教育。在公民教育思想的影响下，日本在大正时期以后，曾在教育目标上做了调整，在中小学校又增加了一些学科知识，减少了德育内容，造成了重智轻德的严重后果，在日本引起了很大的震动。

卢梭（J. J. Rousseau）是法国教育家，是教育史上自然教育思想的代表人物。他从儿童的天性出发，承认儿童个人的价值，追求儿童个人的平等和幸福。虽然这种思想在教育史上早已有之，但卢梭的自然教育思想对教育领域影响最大。这种影响是全方位的，表现在教育目的、教育方法、教育管理、道德教育等方面。日本人很早就开始接受以卢梭教育思想为核心的自然教育思想。并且到了大正时期，随着卢梭的三部名著《社会契约论》《忏悔录》《爱弥儿》在日本的翻译出版，加速了自然教育思想在日本的传播与影响，很快风靡了日本教育界。在卢梭的影响下，意大利教育家蒙台梭利、瑞典教育家爱伦·凯的教育思想也先后传入日本，不仅丰富了日本当时的教育思想，也极大地扼制了当时盛行日本的国家主义教育思想。

杜威是美国教育家，是风行于世的实用主义教育思想的代表人物。在他看来，教育的根本任务，就是要将儿童放在最适合其成长的环境之中。他认为，传统的学校教育背离了教育的根本任务，必须进行彻底改革；按照他的理解，学校应该达到社会化和作业化。这种观点适应了日本当时学校教育改革的需要。随着杜威的《民主主义与教育》一书于1919年在日本的翻译出版，杜威代表的实用主义教育思想的影响迅速扩大，成为日本当时教育改革与实践的重要参考。这种教育思想与自然教育思想相互融合，促成了日本的"新教育运动"。

综上所述，日本大正时期的各种外来教育思潮，虽然它们的哲学基础不同，但在教育主张上却是基本相似的，都主张承认个人的价值，追求个人的平等和幸福，在此基础上，提倡自由、平等、民主的教育。在他们看来，教育应当以儿童为中心，教育应尊重儿童的个性。这些思想观点在理论上对日本当时社会发生了影响，适应了日本社会改革的迫切需要，在促进日本摧毁传统的旧教育、建立现代的新教育上起到了积极作用；在实践上加速了日本"新学校"的创立与发展。在这些教育观点的影响下，日本不仅出现了本土化的"新学校"，也大面积地开始实践杜威教育思想的各种新教育实验。在这个过程中，日本教育家也渐渐开始教育思想本土化的探索与研究工作。

2. 杜威教育思想之影响

1919年2月，杜威在东京帝国大学做了8次演讲。以此为基础，岩波书店于1921年4月出版了《哲学的改造》，译者为中岛慎一。当时，杜威的《民主主义与教育》也以《教育哲学概论》为题而被翻译成日文出版（洛阳堂，1919年5月）。这些事实表明，在以泽柳政太郎的成诚小学的创立（1917年）和铃木重吉的《赤鸟》（1918年）创刊为起点的大正自由教育思想和实践中，杜威的教育思想以某种形式反映出来。

"八大教育主张"的提出者，如小原国芳、千叶命吉、及川平治、手塚岸卫等，实际上就是杜威实用主义教育思想的支持者和实践者。小原国芳的教育思想汇集了日本人各种不同的信仰。他在年少时期接受过基督教的洗礼，而且他的信仰一直是他巨大灵感的来源。他对于基督教的解释非常个人化，既无宗派之别也无制度性。他在成城学园进行的道尔顿制的实验工作直接影响了他的自觉方法的思想，玉川学园而后也在继续沿用这一思想。

在许多日本人看来，第一位将教育改革思想应用于教学实践的是及川平治。他受到了杜威教育思想的很大影响，在其辖区的女子师范学校附属小学实验了新式教学方法。自从1907年担任了该校的主任以来，他提出了一种被称为"动态教育"的方法，以区分传统的"静态教育"。传统的静态教育认为知识是持久存在的，而不是一种体验的过程。在"动态教育"中，学习是从个体需求开始的。当个体积极地为了了解需要而组织经验的时候他们才会去学习。在学习过程中，兴趣是最重要的因素，因为兴趣意味着一种需要，有了这种需要，学生们才会积极参与学习活动。根据及川平治的说法，生活本身就会连续遇到有需求的情况，并且当个体在与环境之间建立了有效关系的时候个体就会有所成长。当环境本身一直处于变化状态的时候，理想的成长就会持续。因此，及川平治认为，完美的课程设置是将连续的积极的经验组织在一起。

以上观点出现在及川平治1921年的演讲中，与杜威的教育思想很相似。在及川平治的演讲中，他强调的一点就是"教育即成长"，而且他直接引用了杜威的话。及川平治本人承认自己的思想受到杜威的很大影响。1915年，他曾说过，自己的思想受到很多美国和欧洲教育家的影响，尤其是得到了杜威的启发。他在《动态教育》一书中，频繁地提到了杜威。在该书的前言中，他说自己读了几乎所有杜威的教育著作，而且在写书的过程中也参考了这些教育著作。像许多其他改革论教师一样，及川平治主要强调教学技巧。虽然在1921年的演讲中，他提出了一些与杜威教育思想相似的观点，但他似乎对于学校与社会之间应该存在什么样的关系并没有明确的想法。与杜威相似，及川平治也表达了对个体与社会需求是对立的观点的厌恶。"在他看来，认为应该通过改变个体而改良国家，或者认为国家应该为个体的成长提供条件这两种想法都是不恰当的。发展国家的意愿与我们自己的发展应该结合。"①及川平治还强调说，每个人的需求是不同的，教师应该认识到并考虑每个人的不同之处。在他看来，评价社会价值的时候，最重要的基础应该是个体的需求，而不是国家的需要。"我们必须更加尊重孩子们的个性，要了解孩子就是孩子。一个人最好是以他自身的专长服务于国家和社会，而且为了他自己的生存，他需要有自己的个性。无论如何，也没有任何东西能够取代个人的价值。当大米很贵的时候，人们可以吃小麦。但是，想找到每个人的独特性的替代品是不可能的。今天的教育却忽略了个性。"②因此，杜威强调要明确教育哲学中的社会性质，但及川平治在这一点上与杜威不同，他没有能够充分描述什么样的社会安排才能最好地促进个人的发展。他对杜威的观点的理解也是不完整的，因为他从来就没有认真地去研究民主的概念。

当然，日本的杜威研究者对杜威教育思想是有自己理解的。当时，能够尖锐地批判并准确地把握和实践其教育思想的是筱原助市、永野芳夫和小原国芳。他们在宣传和实践杜威的教育思想的同时，也批判了杜威教育思想的缺陷，这些研究自然成为日本"八大教育主张"形成的历史背景。

---

① Victor Nobuo Kobayashi. *John Dewey in Japanese Educational Thought*. Michigan, Ann Arbor: University of Michigan Press, 1964：80.

② Victor Nobuo Kobayashi. *John Dewey in Japanese Educational Thought*. Michigan, Ann Arbor: University of Michigan Press, 1964：85.

总之，在日本国内掀起的第一次"杜威热"的八位教育家，提出了"八大教育主张"。有的人直接引述杜威著作原文，以杜威教育思想为基础而建立自己的教育学说；有的人对杜威的教育思想采取了批判吸收的态度。可见，在这八位日本教育家的思想中，闪烁着欧美教育家的身影，其中最重要的人就是杜威。

（二）内在因素

日本"八大教育主张"的形成，除了有欧美教育思想的推动和杜威教育思想的影响等外在因素外，日本教育学者对现存教育制度的不满越来越强烈，渴望教育思想的本土化等呼声越来越高，也成为"八大教育主张"形成的内在因素。根据外因是变化的条件、内因是变化的根据以及外因通过内因而起作用的哲学原理，可以看出，"八大教育主张"正是这种内外因素结合的产物。相比之下，内在因素更不可忽视。

1. 对日本现存的教育制度的不满

如果从时间上考察的话，日本现代教育制度的建立始于明治维新时期，止于第二次世界大战结束后初期。在此期间，它经历了动荡而复杂的过程，走过了一条极不平坦的路。究其原因，就在于日本始终没能找到一条适合自身教育发展的途径。一些留学欧美，特别是在美国留学的日本人，成为日本的早期杜威研究学者，在他们眼里，美国的教育是发达的，更是成功的。在这种思想支配之下，他们在看待日本教育制度时，感受十分特殊。似乎个个都要发出感叹：日本的教育是落后的，日本的教育制度更是腐朽、陈旧的，要求引进美国先进教育制度的呼声越来越高。他们认为，和美国相比，日本的教育制度存在种种弊端，例如，在教育行政上，强制主义色彩太浓，文部省权力太大，国家干预教育之事太多，地方缺少自主权；在学制上，又表现出整齐划一，缺乏灵活性，更没有弹性，这是不利于学生的个性发展和自由成长的。他们试图用美国的教育制度、杜威的教育思想来改革日本教育的现状，期待着能有一种适合日本的新的教育思想出现。

那些没有踏出国门、没有留学经历，但却充满对教育的无限关注，并具有丰富的教育实践阅历的学者，他们时时刻刻都在感受着现存的教育制度的不良影响，他们最了解日本教育的状况，更清楚日本教育制度的优势和劣势。当欧美的教育制度特别是美国教育思想传入日本之后，理性告诉他们：日本教育制度的改革势在必行。

任何一项教育改革，在改革实施之前都要有理论的支撑，也就是说，都要回答改革的依据是什么、改什么、怎么改等问题，而这些问题的回答需要由理论层面来做出。当时的日本缺少这样的理论，为倾诉日本国人对教育制度的不满情绪，改革现存教育制度的弊端，迫切需要一些适合日本国情的新的教育理论的产生，并对教育改革的实践加以指导。

2. 对建立日本本民族教育学说的渴望

随着明治政府的建立，日本打开了国门，开始向西方学习，不仅向西方欧美国家派出了大量的留学人员，还聘请了来自欧美国家的教授来日本担任教师，在明治维新初期教育发展中起到了重要作用。到了大正时期，各种教育流派、教育思想纷纷传到日本，出现了流派丛立、精彩纷呈的新局面，如公民教育思想、自由教育思想、实用主义教育思想。这些来自国外的教育思想，对于日本教育制度的建立起到了重要作用。尽管如此，却不能使日本人，特别是日本的教育家高兴起来；相反，他们在这些外来教育思潮面前，表现出一种极大的无奈和耻辱。因为这些都是舶来品，并不是日本自己的。这对于那些企盼日本教育早日步入独立发展轨道的日本人来说，终归是一种缺憾。

其实，日本的教育一直是在伴随着外来教育思想的影响中成长的，从无到有，经历了一个艰难的历程。从拿来主义、"和魂洋才"到本土化，代表了日本人在吸收外来教育思想时的认识和策略，也是日本人在外来教育思想面前的一种理性思考。

长期的教育实践使日本的学者认识到，拿来主义行不通，"和魂洋才"不是目的，唯有建立本民族的教育学说，才是最好的选择。因此，一些有责任心的教育家，他们开始认真地思考这个问题，渴望教育思想的本土化。他们开始关注日本的教育，研究日本的教育，在消化和吸收外来教育思想的同时，以日本教育现状为基础，纷纷提出了新的教育主张。"八大教育主张"就是在这种背景下应运而生的。这些日本本土化的教育学说，不仅使杜威本人感到"兴奋不已"，更使杜威教育思想在日本的追随者，如千叶命吉、及川平治、小原国芳等教育家备受鼓舞，日本的教育思想真正开始朝着本土化的方向发展了。

当"八大教育主张"形成之后，日本的教育家，特别是这些教育主张的创立者们，立即投入宣传和研究之中，企图寻求杜威实用主义教育思想与日本"八大教育主张"的有机结合，进一步诠释"八大教育主张"的丰富内涵。

二、"八大教育主张"的内容

"八大教育主张"的内容是相当丰富和厚重的。说它丰富，是因为其涉及教育领域的众多方面，可谓包罗万象；说它厚重，是因为其在日本教育史上意义深远，不可忽视。从以下几个方面的分析，就可以窥见一斑。

1. 关于教育的功能和作用

"八大教育主张"的创立者，都批判了日本传统教育的做法，提出了各自的新观点。"自学教育论"的提出者樋口长市认为，日本当时的教育是带有教师中心、模仿主义色彩，这样的教育是不可能培养出日本需要的具有创造力的人才的。手塚岸卫在其《自由教育论》一书中指出，日本传统的学校教育太死板，是教师本位主义，干预了儿童的个性成长与发展。稻毛金七提出的"创造教育论"则认为，人生的目标就是创造价值，教育的全部目的就是创造，应该在创造上下功夫。千叶命吉还认为，教育就是要鼓励儿童去做自己喜欢的事情，只有认真去做，才能真正做好。"一切冲动皆满足论"就是要想方设法去满足儿童的特殊要求，因为这种创造性就是在这种冲动得到满足的瞬间发生的。他相信，如果儿童的冲动得到满足，那么教育的作用就会全部体现出来，教育的功能就会得到进一步强化。及川平治也认为，日本过去的教育忽视了儿童个性的培养，压抑了儿童的个性，削弱了儿童的智力成熟。小原国芳是杜威教育思想名副其实的追随者，在他看来，教育的功能和作用最有力的体现，就是最大限度地促进儿童真、善、美、圣的和谐发展，实现他主张的全人教育理想。"文艺教育论"的倡导者片上伸则认为，教育的作用在于借助文艺，并通过文艺进行人的教育，反映了他作为一名文艺评论家特有的气质和风范。

2. 关于教育的方法和途径

"八大教育主张"的创立者们，在批判日本传统教育的弊端时，都提出要发展儿童的天性和个性，发挥儿童的潜能，培养儿童的创造力，促进儿童全面和谐的发展。依此，提出了不同的教育方法和途径，这是他们共同关注的重要方面。例如，"自学教育论"提出要发挥儿童的主观能动性，让儿童自主、自奋、自发、自动地学习，教育应关注儿童本身的这些渴望。"以儿童自主意志为中心开展教育活动，在关注儿童需求的前提下，引导儿童学习有用知识。"[1] "自动教育论"强调儿童自我主观独自发挥作用去创造知识、技能。教育的方法就是从儿童自身观点出发，去进行儿童的自我创造。"自由教育论"的观点更是通俗明确，主张教育方法必须根据儿童的自我努力去进行自我教育，教师只是引导和充实这种教育。让儿童养成学习上的自律性，培养起来对待学习的责任心。"创造教育论"的表述则更加直白："创造教育，用一句话来说，是以创造卓越个性人格为直接目的，以创造优秀的文化价值为终极目的……以创造性为主要动力，以自律活动为主要手段的教育。"[2] "一切冲动皆满足论"还提出"问题中心主义"的教育方法，其观点是让儿童自我管理，教师加以指导，避免放任自流。"动的教育论"则认为，儿童自学自习是唯一的好方法，教育应依此来训练儿童的独立学习能力。因为"学生能力的差异

---

[1] [日] 小原国芳. 八大教育主张. 玉川大学出版部，1976：98.

[2] [日] 长田新，监修. 日本教育史. 第3卷，御茶水书房，1982：236.

是教育计划的基础"①，教育如果离开了这个基础，将一事无成。"全人教育论"在批判日本传统教育时指出，教育不单是传授知识，更不是教师简单地塞给学生知识，而是要求学生发挥主动性。"文艺教育论"主张通过文艺来培养人的立场观点和态度，因为文艺是实现教育功能、发挥教育作用的重要手段，是训练和培养人对生活进行观察、评价态度的重要力量。

3. 关于教育的内容与任务

"八大教育主张"的创立者，不仅关注教育功能的强化、教育作用的发挥，而且更关注通过实施什么样的教育内容去完成教育的任务。"自学教育论"认为，教给儿童有用的知识，是教育的重要任务。这种有用的知识既是教育的任务，也是教育的内容，都是儿童成长和发展过程中需要的学问。"自由教育论"则认为，让学生凭借自律去开拓人生是教育内容的最高境界，也是教育的根本任务。"创造教育论"更认为，教育的全部的、根本的任务就是创造，通过创造来实现学生自己超越自己，教育的内容必须依此而展开。"动的教育论"则认为，教育的根本任务在于促进儿童连续不断的发展与进步，在教育内容的设计上，要特别注意培养儿童的艺术态度、开拓精神和进步意识。在谈到教育任务时，"文艺教育论"认为，教育的本旨在于借助文艺进行人的教育，特别是通过文艺精神进行人的教育；教育内容的设计应切忌"空虚无实"。"全人教育论"坚信，教育的内容应是和谐发展的学问，包括真、善、美、圣四个方面。此外，还有道德、艺术、宗教、身体和生活等几个方面，而教育的任务，就是要使上述诸方面达到最高境界，即道德要善、艺术要美、生活要富、身体要健。

4. 关于兴趣和动机

在"八大教育主张"的创立者中，多数人是杜威教育思想在日本的实践者，他们都很清楚，实践的效果如何关键在于儿童，在于儿童积极性的充分

---

① ［日］及川平治. 分团式动的教学法. 大同馆，1912：58.

调动与发挥。"自学教育论"相信一般的普遍的动机，这种动机可以长久、持续，而反对特殊的动机论说法。"创造教育论"相信冲动，因为冲动，特别是初始状态的冲动，可以增加儿童的创造性，从而带来儿童的发展与进步。"一切冲动皆满足论"也认为，"冲动"是一种力量，也是一种动机，这种力量是会给儿童带来满足感的，教育应该鼓励儿童去做自己有兴趣的事情，有兴趣就会产生动机，而有了动机，就会促使事情的最终完成。"动的教育论"极力主张唤起儿童的兴趣和要求，使儿童的学习充满兴趣和需要，并且在活动中进行。"全人教育论"强调学习的质量如何，不在学生掌握知识的多少，而是更多地培养学生的爱好，达到唤起学生求知愿望的目的。"文艺教育论"则认为，借助文艺来实施教育过程是有根据的，因为文艺对学生来说，容易引起兴趣和爱好，有了兴趣和爱好，教育的实施就会变得更加顺畅、更加有意义。

在以上四个方面，"八大教育主张"在表述上有所不同，但其反映的教育观点是基本相同的。它表明日本教育思想新框架的构建是以杜威的教育思想为导向的。

三、杜威对日本新教育思想的影响

新教育思想在日本的出现是一种历史的必然，而在那个特定的历史时期出现，又反映了日本的时代需求。因此，我们在探讨和评价杜威教育思想在日本的影响时，不能离开日本的新教育思想的发展，应将其放到曾经孕育它的那段历史的框架中加以分析，以便全面准确地理解日本的新教育思想，从而探索杜威对日本新教育思想的影响。

要研究杜威对日本新教育的影响，首先要发现它对日本教育，特别是当时日本新教育思想的作用，因为这种作用恰是它的影响所在。没有作用，也就没有影响，当然也就没有意义。通过分析，我们完全有理由说，杜威对日本新教育思想影响不小、作用很大。

1. 杜威教育思想的出现结束了教育思潮多派鼎立、群雄争霸的格局，使日本人在新教育思想面前变得更加理性、更加成熟

在日本大正时期，各种欧美教育思潮急剧涌入、各占一方，当时作为新教育思想重要内容的教育思潮就有公民教育思想、自由教育思想、民主教育思想、进步教育思想、实用主义教育思想等。这种情景，使得长期处在封闭状态的日本人顿觉眼花缭乱，无所适从。作为一般民众无法选择，他们对各种思潮的评价极其单纯和简单，他们的认识也是跟着感觉走，要么随从日本教育家的宣传，要么凭着自己的兴趣，使得他们对各种教育思潮的理解十分浮浅，表现出极大的盲从性，个性化的色彩也十分明显。日本教育家的研究，也多以个人的兴趣为出发点，考虑社会需求的因素很小，造成对广大日本人的一种误导，对各种思潮不能做出正确的评价，这样就很难做到合理取舍，为我所用，只好任其发展，任其流传。各种教育流派也在不停地自我宣传，自我推崇，求得迅速发展。因此，这种多派鼎立、群雄争霸的局面相持很久，成为日本教育史上的一种有趣现象。

杜威教育思想的出现使得这种格局彻底结束，取而代之的是新教育思想。它使日本人真正明白了哪种教育思潮好，也可以根据自己的需要去学习和研究了。不再去用更多的时间和精力去分析外来教育思潮，因为新教育思想已经具有针对性、目的性。他们开始将社会的需求与自己的兴趣紧密结合，研究工作更加务实。这种务实、求用的态度，不仅扩大了"八大教育主张"在日本的影响，也使得日本学者和所有的日本人对待外来教育思潮的态度发生了改变，即从盲目变为理性，从幼稚变为成熟。在日本教育史上，这是一种变革，也是一场革命。

2. 杜威教育思想的出现标志着日本教育思想开始拨乱反正，伴随着新教育思想在日本的发展，使日本教育真正走上本土化发展的轨道

杜威教育思想在日本成为主流教育思想出现，也走过了一条曲折的道路。从明治维新起，日本的教育思想一直处在动荡不稳、摇摆不定的状态。各

种外来教育思想像潮水冲击着日本的教育思想，从不同侧面对日本的教育发挥着重要作用。

说到这段历史，日本人的感觉是极其复杂的，日本人也想尽早建立自己的教育，形成属于自己的教育思想，同时也没有停止教育立法的脚步。1872年，日本政府颁布了有史以来第一部教育法令《学制》，主要参照西方的教育制度，尤以法国的教育制度为主，最后因为财力不支、脱离实际而废止。1879年又颁布了《教育令》，主要参照美国的教育制度，以自由主义教育思想为指导，后因遭到国内保守势力的阻挠而废除。1890年又颁布《教育敕语》，以天皇思想为主体，以培养良臣公民为目标，但在第二次世界大战之前宣告废除。

新教育思想在日本的发展，特别是"八大教育主张"的形成，让日本人多少挽回一些面子，因为它毕竟是日本本土化的教育思想。那种混乱的局面受到扼制，起到了"拨乱反正"的作用。第二次世界大战以后美国的教育使节团来到日本，对于日本的第二次教育改革提出了建设性意见，与以往不同，日本人在表示欢迎的同时，开始对这种教育现象进行分析，他们已经清楚了日本教育应该吸收什么，坚持什么，反对什么，他们已不再盲从、顺从，开始越来越多地体现出日本教育的个性化色彩。第二次世界大战结束后，日本人开始对教育进行反思，随着《教育基本法》和《学校教育法》的颁布与实施，日本的教育思想开始真正走上本土化、独立化的发展道路。

与此同时，必须看到，新教育思想在日本的出现，促进了杜威教育思想在日本的发展。新教育思想在日本发展的结果是"八大教育主张"的形成，此时，正是杜威教育思想在日本传播与发展的"高峰期"。这不是一种偶然的巧合，而是一种历史的必然。"高峰期"的出现说明了日本人对杜威教育思想的研究已达到了量的积累过程的极限，在这种情况下，必然会有一个质的飞跃。"八大教育主张"的形成，是日本的杜威研究者长期思索的结果，更是新教育思想在日本发展的必然趋势。这个过程也推动了杜威教育思想在日本的发展。

一些"新教育"推崇者，实际上就是杜威教育思想的支持者和实践者。在八大教育家中，如小原国芳、千叶命吉、吉川平治、手塚岸卫等，他们不但研究杜威的教育思想，而且还大胆地实践杜威教育思想，积极倡导和宣传新教育主张，成为推动杜威教育思想实践化的代表人物。对此，杜威感到很高兴，"美国教育家杜威生前得知他在《明日之学校》一书中提到的教育主张，已在日本的实践中开花结果，也兴奋不已"①。

新教育思想在日本出现后，杜威教育思想研究在日本开始呈现出百花齐放的新局面，虽然20世纪30年代出现了低谷，但不久又进入"杜威勃兴期"。日本的杜威研究者开始了更有实际价值的研究工作。有的专于理论，有的重于实践，还有的边研究理论边进行实践，从此，杜威的教育思想在日本教育土壤中扎下了根。

在分析杜威对日本新教育思想的影响时，可以发现，杜威的作用是显而易见的。他是一位把"新教育"与日本"新学校"连接起来的教育家。他所创办的美国芝加哥大学实验学校就是"新教育"主张在日本付诸实施的最初蓝本，因此，杜威不仅赢得了很大的声誉，也推动了日本"新教育"运动的发展。

①单中惠.现代教育的探索［M］.北京：人民教育出版社，2002：472.

第3章　杜威教育思想在日本的发展

　　杜威的教育思想在日本经历了传播和应用两个不同的时期后，便进入了它的全面发展时期。日本一些杜威教育研究者的学术研究异常活跃，新思想、新观点频繁出现。杜威教育思想的追随者和实践者的实验工作扎扎实实，新学校和新学园不断出现，成为这一时期的主要特点。在日本的杜威教育研究者中出现了一些代表人物，他们从不同的角度对杜威教育思想进行评价。虽然日本学者对杜威的评价并不系统，散见于其著述之中，但却可以看到，日本杜威教育研究者对杜威教育思想的真实态度。

第1节　永野芳夫对杜威教育思想的解读

　　永野芳夫是日本杜威教育研究者中的主要代表人物。1917年他还是日本东京高等师范学校的学生，就已通过阅读《民主主义与教育》一书而产生了对杜威教育思想研究的兴趣。在东京帝国大学读书期间，他开始了研究工作，他的毕业论文就是《康德和杜威教育思想的比较》。自此以后，永野芳夫研究杜威，写了论述杜威教育思想的文章，这些研究成果虽然在第二次世界大战期间未能及时发表，但随着日本杜威研究活动的不断深入，蓄势待发的永野芳夫一下子推出杜威教育思想的系统研究著作和文章30余部（篇），其数量超过了当时杜威教育研究者中的任何人。他不但写文章、出著作，而且特别注意以文会友，一起研究和讨论杜威教育著作。1957年，日本杜威研究学会成立，永野芳夫被推选为首任主席。

一、哲学观

杜威的思想传到日本，首先是从哲学领域开始的。日本人认识和接受杜威，也是起于哲学。因此，在评价杜威时，哲学界的学者表现得异常活跃。当杜威哲学最早被介绍到日本大学的哲学系时，虽然其影响力要小于教育系，但仍然产生了重要影响。日本的《重构》杂志于1921年曾在世界范围内评选出"八位伟大的当代哲学家和他的思想"，杜威不但名列其中，而且与伯格森、罗素、爱因斯坦等大师齐名。可见，杜威作为一位哲学家在日本人眼中的地位与影响。

然而，日本人在接受杜威的哲学思想和教育思想时所表现的态度是截然不同的，其中一个重要原因在于日本人所具有的传统的民族性格。日本的哲学家在分析这一现象时指出，在接受外来哲学思想时，日本人实际上在寻求一种相同的民族性格，传统哲学在日本不受欢迎，当时并没有被日本人接受多少。而德国人的民族性格和日本人的民族性格十分相近，他们都很偏爱哲学中复杂性的一面，因此，德国哲学对日本人影响很大，流传甚广。但是，杜威的哲学过于务实和简洁，无法使日本人喜欢，更不能达到着迷的程度。与客观主义哲学相比，日本人更喜欢主观主义哲学。这可以从儒教和佛教长期流传日本这一史实中得到答案，这两种思想都是主观主义。日本人还对系统哲学感兴趣，因为这些哲学是从最基本的原理开始的。日本的哲学家认为，他们是"乐于空想的"，而不是"意志坚强的"，"这种性情易走极端，要么狂热，要么冷酷，发烧来得快，平静下来也同样容易"①。所以，日本人不会为经验主义这种日常的实际的方法所打动。他们要么喜欢极端保守的哲学，要么推崇极端激进的理论。这是日本人对待哲学的态度。

永野芳夫作为日本著名的教育家、日本杜威教育研究的集大成者，在他完成康德与杜威教育思想比较研究的论文后，认为杜威的哲学代替了康德的哲学，康德的哲学辉煌时代已过去，杜威的哲学思想成为世界基本的哲学思想。在他看来，杜威的哲学思想是基于实验的方法，重视在创新的条件下，达到情感与理智的统一，这就与康德有所不同。他认为，康德的哲学支持绝对论，而杜威的哲学基于民主。通过研究杜威的哲学思想，永野芳夫认为，杜威的哲学思想考虑了科学的方法论及进化论，并通过强调实践与前人的二元世界相结合。他指出，日本的帝国体系与杜威哲学思想中的民主绝不矛盾，事实上天皇在日本是被动的角色，与英国情况相似。因此，明治维新运动是日本民主革命的开端。这些观点极大地开导了日本人，也把日本哲学家的研究引向了杜威哲学思想。永野芳夫一贯主张，对杜威的研究不要仅存狭义的兴趣，要把触角延伸到杜威研究的各个方面，这样才能全面准确地理解杜威。因此，在成立日本杜威研究会的同时，又成立了美国哲学研究会，他鼓励会员对美国思维方式进行批判性研究。后来，这个研究会也用实用主义方法研究杜威的哲学，他们把研究杜威作为研究美国哲学的前提吸收其合理因素，批判陈旧的思维方式。因此，杜威研究成为日本哲学界的焦点。在第二次世界大战之前，日本的学者关注杜威的"经验法"和"问题法"，这是有其原因的，因为在日本哲学界的教授中，对杜威教育理论感兴趣的不多。他们根本不去发现杜威教育理论中深层次的哲学原理，因而无法理解杜威在《实验逻辑论文集》以及《经验与自然》中所阐述的哲学思想。这种对杜威哲学和教育思想的不理解，也是引起争

---

① Victor Nobuo Kobayashi. *John Dewey in Japanese Educational Thought*. Michigan, Ann Arbor: University of Michigan Press, 1964：76.

论的重要原因。

在日本的杜威教育研究者中，有相当一部分是学生，他们都迫不及待地想去美国留学，试图访问杜威或能成为杜威的学生，因为仅仅靠阅读杜威的著作去理解杜威思想的意义是远远不够的，必须去杜威思想形成的社会生活中体验一下，或与杜威本人接触来发现其思想和生活中的亮点。他们表现出对杜威思想的极大兴趣，即便在杜威去世后，这种交流也没减少，大量日本学者仍然争取赴美机会，去拜访杜威的夫人，表现出了比美国人更大的兴趣。永野芳夫就不止一次地去美国访问杜威的故乡，还制作了一些重要的纪录片，向国人展示杜威的生活和工作。

通过以上分析，可以看到，日本的哲学家和日本人对杜威的哲学兴趣不大，这是由日本人的民族性格决定的，也是由杜威哲学思想的内容所导致的。但是，杜威作为一位具有世界影响的哲学家，日本人是极力推崇的。

二、教育改造原则

在永野芳夫出版的杜威思想研究的系列成果中，有关教育的著作有三本，即《对杜威教育学说的研究》（1917）、《教育改造原理》（1920）、《以经验哲学为基础的新的教育论》（1924）。第一本书是永野芳夫对杜威《民主主义与教育》一书的解释和说明，是他对杜威教育思想的第一次全面的阐述。而其他两本书，可以说是永野芳夫以杜威教育思想为依据提出的一个教育改革提案。他作为教育改造原理的创造者，一方面以杜威的教育思想为基础，一方面还提出了"感觉生活的原理""理性的原理""以现在为基础的原理"。

作为教育改造的原则，永野芳夫断然否定在为努力而努力、为忍耐而忍耐的教育中以锻炼自己为目的的锻炼主义。因为对儿童来说，生活本来就应该是快乐的，教育不是为将来做准备，而是为现实服务，更不带有苦役、劳役的性质。他认为，对一个人来说，在德的生活中就会得到德的锻炼，当前在精神生活中就会得到心的锻炼，永野芳夫称，这就是"作为感觉生活的教育"①。他坚信，结合奖赏的生活才是理想生活，以奖赏的态度生活才是"作为生活的教育"②。他认为，教育即生活的观点是最能体现教育本身的性质的。可见，永野芳夫教育改造原则的基点来自杜威。

从其"感觉生活的原理"出发，永野芳夫提出了教育必须是"根除痛苦的奖赏生活"③。根据这种观点，永野芳夫认为，劳役、苦役都是在破坏教育。他提出要废除考试制度，同时根据儿童不同年龄阶段具有的不同差别，应该取消学年制度；提倡以儿童的学习活动为动机，唤起儿童的学习兴趣。他采取了"解放儿童生活"④的态度。对此，永野芳夫又做了详细的解释："所谓的解放就是不要对室内的幼小的孩子的活动加以限制，要给以其活动必要的自由。教室的样子可以看似混乱，但这样的混乱并不意味着年幼者精神上的混乱。外部的混乱时时意味着内部的井然有序。"⑤在他看来，这就是教育中真正的兴趣，没有劳役、苦役的教育才是提高奖赏生活的教育。

三、教材选择原则和理性原理

解读杜威教育思想时，永野芳夫还提出最能表达教育中奖赏原理的"教材选择的原则"。如他所说，所谓的"奖赏"是儿童与教材的合一，儿童埋头于教材中的状态，那就是处在"灵活机动的境界"，对儿童要给予他适合的教材，绝不可以勉强使用成人的教材。也就是说，要充分地考虑到儿童不

---

① ［日］永野芳夫. 教育改造の原理. 大同馆，1921：35.
② ［日］永野芳夫. 教育改造の原理. 大同馆，1921：31.
③ ［日］永野芳夫. 教育改造の原理. 大同馆，1921：55.
④ ［日］永野芳夫. 教育改造の原理. 大同馆，1921：67.
⑤ ［日］永野芳夫. 教育改造の原理. 大同馆，1921：67.

同年龄阶段的特征，选择适合儿童当前状况的教材。

首先，永野芳夫通过对奖赏的分析，引发出他教育思想中的另一重要原理，即"理性原理"。他强调说："在奖赏中生活可以专心致志"①，"使儿童埋头于教材，埋头学习可以作为产生内心活动的动力"②。在此基础上，永野芳夫提出一个非常重要的概念，即智性。他依据杜威的教育思想，提出在儿童的成长与发展过程中体现智性的"理性原理"。在他看来，经验本身使其内部固有的结合关系继续成立，那种儿童自己进行调整和控制的，由在经验内部存在的法则和相关的经验生成的力才是智性。因为智性总是从经验中生成，所以，它比经验更上一层但并不是离开经验而存在③。智性也绝不是超经验的理性，其实，在经验学中，关于儿童成长与发展的智性原理的主张，是以新康德派的先验的理性、价值的存在为前提，并具有根本对立的立场的。作为在经验的发展过程中生成的力即智性，是在过去成果的基础上，立足于现在的，也可以说是面向未来的，它是一种沿着经验的再构成的方向去构成的创造力。永野芳夫说："我们的智性是以面向未来为己任的。智性是逐渐构成的，是具有创造性的。"④这是永野芳夫对智性的理解。因为在他看来，经验就是生活的问题，所以，智性经验本身就是生活经验本身。经验的指导者同时也必然是生活的指导者。因此，永野芳夫得出结论，教育正是生活问题，因为生活与教育本来就是关联在一起的。

不过，永野芳夫对教育即生活的命题抱有疑问，但他又相信教育永远是为生活而进行的，只要有生活就存在教育，指导是一种作为生活活动的教育，但它必须是智性。由此，永野芳夫认为："在教育这一活动中，应尽量健康地、顺利地、自然地培养即将到来的生活指导者所应具备的智性，这才是提高

---

① ［日］永野芳夫. 教育改造の原理. 大同馆，1921：107.
② ［日］永野芳夫. 教育改造の原理. 大同馆，1921：107.
③ ［日］永野芳夫. 教育改造の原理. 大同馆，1921：91.
④ ［日］永野芳夫. 教育改造の原理. 大同馆，1921：97.

理性教育的重点。他极力主张，如果与时代权威的智性相比，教师的智性应受到尊重，与教师的智性相比，位于教育活动中心地位的儿童的智性更应受到尊重。应在教科书的使用中，更好地发挥各种智性的作用，如道德的智性、艺术的智性、历史的智性等，还时时陶冶儿童的性情。这些观点看似深奥莫测，其实道理就在其中。"①

其次，永野芳夫还注意现在的状况在教育中的独特作用，提出了"提高现在质量"的教育改造原理。这是现代教育学的主张，也是杜威教育思想最直接的表现。在永野芳夫看来，"所谓的现在不是断代的，而是永远地连续下去"②。从这里可以看出，不论是过去还是未来，都包含在现在之中，都可以收寻在现在之内。因此，"我们都生活在现在，不要着眼于现在无关的过去，更不要憧憬无限的未来。他希望每个人都活在现在吧，埋头于现在吧！我们应该对现在充满干劲，更应赞美其瞬间。"③实际上，杜威也认为："把教育看作为将来作预备，错误不在于强调为未来而需要作预备，而在把预备将来作为现在努力的主要动力。应把全副精力一心用于使现在的经验尽量丰富，尽量有意义，这是绝对重要的。于是随着现在于不知不觉中进入未来，未来也就被考虑到了。"④

---

① ［日］永野芳夫. 教育改造の原理. 大同馆，1921：198.
② ［日］永野芳夫. 教育改造の原理. 大同馆，1921：198.
③ ［日］永野芳夫. 教育改造の原理. 大同馆，1921：193.
④ ［美］杜威. 民主主义与教育［M］. 王承绪，译. 北京：人民教育出版社，2001：65.

第 2 节　筱原助市对杜威教育思想的批判

筱原助市（1876—1975）是日本大正时期的杜威研究者，是日本第一位系统地对杜威教育思想提出尖锐批判的学者，也是日本批判教育学的代表人物和创立者。由于他对杜威教育思想的准确把握和深刻理解，使他的批判教育学贴近实际，更具时代意义。在杜威教育思想研究中，筱原助市持有批判吸收的态度，而不是对前人全盘接受的态度。

一、教育目的论

在出版《伟大的教育家杜威》一书之后，筱原助市于1921年3月出版了《批判的教育学问题》，成为他关注和批判教育问题的起点。该书收录了筱原助市对杜威教育思想研究的成果《杜威的教育理论》。这是他的教育思想和观点的代表作，既反映了当时日本社会特别是教育领域的真实状况，同时又与现代教育问题密切相关。有的学者认为，筱原助市的这本书是研究和批判杜威教育思想的最好资料，即使现在重读，仍然具有相当高的学术价值。

筱原助市以新康德学派的观点作为自己研究杜威的理论根据，当读其著作时，就会发现杜威教育思想的观点对他的影响，同时也看到了筱原助市是批判地吸收了杜威的教育思想的。最难能可贵的是，筱原助市对杜威教育思想的批判是客观的、实际的，这些观点都收录在他的《批判的教育学的问题》一书中。这一研究成果，代表了日本大正时期教育学研究的最高成就，在学术界占据重要地位，也成为后来研究日本近代教育历史的经典之作，影响了很多日本的学者。

筱原助市在批判杜威教育思想时，紧紧抓住了杜威教育思想的核心问题之一，即"教育即生活"。他认为，核心问题抓住了，其他次要问题都好办，因为次要问题都是由核心问题派生出来的。他对杜威教育思想的批判是十分深刻的。

关于教育目的，杜威认为，教育是经验的连续再构成的无限过程，它证明了整个人类"正在成长中"，而这一"成长过程"本身就是教育目的。筱原助市却不这么认为，他提出，"所谓的教育是所有对实际生活的教育，实际生活中的人既是教育的开始，也是教育的结束。"①在他看来，教育本身是生活，具有由生活导向生活意义的"为生活的教育"，在"由生活的教育"以外，从方法上讲是不可能的。由此可见，他和杜威都坚决反对把教育当作为成人生活准备的"生活准备说"。

因此，关于教育的目的，筱原助市认为，"自然的理论化"是教育的普通目的。而杜威则与此相反，认为"经验的连续再构成"或"不断成长的过程本身是教育的目的"。"若仔细分析杜威的教育目的论可以发现，它虽然能够说明教育的变化，却很难说明教育进步的性质。"②因为对于筱原助市来说，"作为教育过程固有的、给以方向的东西，作为指导教育行为一定方向的行为规范时"，它可以促使教育不断发展，如果缺少规范的目的，就不能评价教育当中的发展。因此，筱原助市始终坚持其学术上的观点，认为只有这样，"这些规范才可以看做是真正的教育的一般目的，作为理想的教育学应该承担起设定这一目的的任务"③。如果从这一点再来看杜威的教育学，虽具有教育上的普通目的，但是在评价教育进步、发展、规范这些根本问题时，就应该认

---

① ［日］筱原助市.批判的教育学の问题.宝文馆，1922：124.

② ［日］筱原助市.批判的教育学の问题.宝文馆，1922：380.

③ ［日］筱原助市.批判的教育学の问题.宝文馆，1922：379.

真分析和研究。按照筱原助市的理解，杜威的观点是存在问题的。

筱原助市坚持自己的"教育即生活论"，并进一步阐述了它的深刻含义：教育不是为生活的准备；儿童期绝不是成为成人期的手段，更不是权宜之计。他极力主张教育生活化，也就是生活教育论。筱原助市以"生活准备说"的观点为依据，提出教育生活论的焦点在于如何把握"生活"。杜威是把生活教育论放在实用主义立场上去分析和阐述的，而筱原助市则把生活教育论放在先验论立场上去理解和说明的，两者对待生活教育论的依据和出发点是完全不同的。如果再具体分析，可以发现，两个人的观点差异更大。杜威所说的"生活"是"生物的冲动的要求，是与理性的要求丝毫无关的"[①]，而筱原助市所理解的"生活"意味着"按照理性整理出来的理想的生活"[②]。这是对来自新康德学派的价值哲学观的生活最明了的理解。在"生活概念"上，筱原助市与杜威也是不同的，前者来自他的批判教育学，后者则是来自经验主义的立场。

关于教育的概念，筱原助市的观点也有独到之处。他说："所谓教育是把自然理性化，把人从其现有状态中引导到自然的状态中的一种作用。自然状态就是表示不能没有人的状态，这就是自然理性论。"[③]在他看来，"自然的理性论"是教育的本来课题。与此相反，杜威的生活概念，即使以自然为基本的出发点，那也不能不成为其教育中理性部分的缺欠。这是筱原助市批判杜威的关键之处和基本观点。事实上，对筱原助市来说，"作为人类绝对价值的实现，其不断地、连续地实现指导才是教育"。教育中包含着真、善、美、圣等文化价值，因而"对有意识的文化生活的指导"就成为学校生活的特殊内容。筱原助市极力主张使"真、善、美、圣的规范上升为意识，有意识地实现价值生活，我们对这样的生活，赋以学生生活这样的名称"[④]。他相信，在学校生活

①［日］筱原助市.批判的教育学の问题.宝文馆，1922：157.

②［日］渡部政盛.现今改造的教育思潮批判.大同馆，1921：341.

③［日］筱原助市.批判的教育学の问题.宝文馆，1922：151.

④［日］筱原助市.批判的教育学の问题.宝文馆，1922：152-155.

中，适应每个儿童个性的发展阶段，在教师的指导下，努力实现真、善、美、圣等文化价值，教育中的生活正是与文化价值有关的文化生活。

二、知识论

知识论是筱原助市批判杜威教育思想的另一个重点。筱原助市批判杜威"不承认知识的科学性，否定科学本身的价值"。杜威否定"追求知识的科学性"，并以此为出发点，提出了"通过对问题状况的实验探究来追求知识的方法论"。以此为教育方法使之具体化的既是"问题解决学习"，又是一种以"教育与工作、劳动相结合为特征的作业"。由此，学习就带有"从做中学"的意味了。但是，筱原助市批评杜威过于受制于知识器具的实用性，因为作为真正的知识不能受到过多的束缚和随意干扰，更不能否定知识中存在的内在价值，从而陷于"把作为科学而追求的知识的纯粹的求知欲，从儿童的性情中抹去"[1]。筱原助市认为，这种思想是极其可怕的，也是违背科学的。

在筱原助市看来，把知识作为科学来追求的内在发生的知识欲，必须是探究知识原来的纯粹的动机。"儿童的好奇心，不是着眼于结果而激起，是由于疑问或不知道而产生。迫于需要、意识到、预想到效果和探究，那是成人的事情。儿童是纯粹知识的追求者。儿童的态度是把自我投入到活动中，不会意识到游戏的目的和态度。"[2]这是筱原助市的一贯主张。那么，儿童的需要如何才能转变为动机呢？筱原助市认为，要将儿童探究知识解决问题的需要、生活上的需要、社会上的需要转变为动机，必须根据知识的社会效果及其生活的有效性来刺激学习者对学习的兴趣和动机。不难看出，筱原助市对杜威教育学的某些命题和教育方法论的尖锐批判，指出了杜威教育思想的不足，强烈地冲

① ［日］筱原助市. 批判的教育学の问题. 宝文馆，1922：384-386.
② ［日］筱原助市. 批判的教育学の问题. 宝文馆，1922：386-387.

击着杜威教育思想中的弱点。

三、教授方法论

关于知识的教授方法，筱原助市的观点也是十分新颖的。他认为，教授和实际生活相结合的教育方法论，未必在任何时候都适用。例如，上算术课时，如果与土地的买卖、房屋的建筑、设计、测绘这样的实际生活相结合，让儿童想起"生活单元学习"或者"游戏学习"，想以此唤起儿童的兴趣，想让其加强教学的理解和思考，都是一个不可能实现的幻想。因为，这时的房屋设计、测绘等，对成人来说，是非常切合实际，又是十分需要的，但与儿童的需要没有一点关系。筱原助市还特别强调，根据对经验、生活的考虑，如果缺少教学知识的系统性、伦理性，那么对儿童最终学力的形成是没有一点好处的。在此基础上，他不仅关注儿童对知识的获得，而且重视儿童获取知识的过程。筱原助市在批评那些杜威思想的信奉者的时候说道："他们过于担心抽象，勉强蒙上看知识本身价值的眼睛，对儿童的知识欲避而不见。"[1]筱原助市还认为，从开始就不以实用为目的的知识才是最实用的，而不注意儿童动机的教授才是最可怕的。他坚信："对数学的兴趣应在一个作为知识体系的教学中去探索，只有从知识体系发展中引起的兴趣，才是真正的兴趣。"[2]在筱原助市看来，这绝不是将儿童的本性理解为"感觉的、运动的"，不以效果情况作为学习的第一动机，而是支持"以抽象的符号的形式为主的教育法"，因为所有的人文发展都是在承认知识、尊重知识的情况下产生的。"人文的发展是教育的最终任务"[3]，这是筱原助市对学问的真正理解。

① ［日］筱原助市. 批判的教育学の问题. 宝文馆，1922：388.
② ［日］筱原助市. 批判的教育学の问题. 宝文馆，1922：389.
③ ［日］筱原助市. 批判的教育学の问题. 宝文馆，1922：389.

　　不难看出，筱原助市对杜威的批判，其中心在于"放弃根据系统性给知识下定义的道路，试图根据机能和结果下定义"①。为了寻找儿童学习知识的动机，不应该利用竞争、赏罚、效果、效用等外在的因素，像"从领会了伴随真理必然性的快感，真理的必然性的理论中确信所带来的快感，必须上升到中心学习动机"②。那样最终还是必然谋求内在因素，只有在这个无限的过程中，才能了解儿童的"探究点"。绝不可以依据理论关系的一贯组织来束缚、限制、指导儿童的好奇心。筱原助市认为，"好奇心"就是"求知心"，这种"求知心"建立的依据是"伴随着正确地了解和与之相伴的伦理的爱"③。而且，他确信，这种了解的伦理的爱好就是推进探究知识学习的内在动机，而这种内在动机是儿童在求知过程中所不能缺少的。"养成对真善美的关心、热爱及赞美之情，才是教育的最高的任务。"④筱原助市是以"最终理想价值的存在"作为自己理论建立的依据，也是依此教育学立场对杜威教育思想进行批判的。

　　总之，筱原助市的批判教育学立场及其对杜威教育思想的批判，在当时日本起到了积极的作用，即使在现代也具有强烈的时代意义。

第 3 节　小原国芳对杜威教育思想的追随

　　小原国芳（1887—1977）是日本著名的教育家、玉川学园的创建者，是

---

① ［日］筱原助市. 批判的教育学の问题. 宝文馆，1922：310.
② ［日］筱原助市. 批判的教育学の问题. 宝文馆，1922：315.
③ ［日］筱原助市. 批判的教育学の问题. 宝文馆，1922：321.
④ ［日］筱原助市. 批判的教育学の问题. 宝文馆，1922：160.

杜威教育思想在日本的主要支持者、实践者和追随者。他和杜威一样，全身心地投入教育实践、教育改革活动和教育理论研究，"终身不离教坛，六十年如一日，走完了'教育一路'"[①]。

一、教育实践的探索

小原国芳从京都大学教育专业毕业后，应日本教育家、"实际教育学"的倡导者泽柳政太郎之邀，留在广岛高等师范学校任教，期间他读到杜威的《我的教育信条》《学校和社会》《儿童和课程》《明日之学校》《民主主义与教育》等著作。特别是杜威创立芝加哥大学初等实验学校进行8年教育实验研究的事例，更使他坚定信念。1919年他担任成城学园的小学部主事，从事初等教育的研究工作，并思考"全人教育"。在成城学园期间，小原国芳在泽柳政太郎的支持和帮助下按照自己的理想锐意推行教育革新。在教学方法上，推崇美国教育家帕克赫斯特的道尔顿计划，实行自学辅导制。在办学目标上，提出培育和谐人格的教育，尊重个性的教育，自学自律的教育，建立在学理基础上的教育，高效率的教育，尊重自然的教育，重视师生感情的教育。在教学编制上，实行20人左右小班制。

1937年之后，小原国芳在东京郊外创办了玉川学园。经过近十年的精心经营，到1947年玉川学园办成了一个从幼儿园、小学、中学到大学的综合教育机构，规模之大在日本教育史上是前所未有的。小原国芳曾多次到欧洲等国进行实地考察，对国外先进的教育思想和教育方法进行认真的研究后，积极提倡艺术教育，形成了他独具特色的"全人教育"思想，在日本乃至世界一些国家产生了较大的影响。

---

①［日］小原国芳.小原国芳教育论著选（上卷）［C］.由其民，译.北京：人民教育出版社，1993：1.

第二次世界大战之后，各国来访者络绎不绝。美国教育使节团于1945年11月就访问了小原国芳的玉川学园，并给予充分肯定。美国哥伦比亚大学教授拉格（H. Rugg）曾先后4次访问玉川学园。他在给小原国芳的信中写道："在进步教育十分萎缩的今天，玉川学园办成为创造性的、民主的学校，这在世界上也是最好的学校。"①杜威对此也赞叹不已，当他得知自己在《明日之学校》中提出的教育理想在日本付诸实践并取得成果时，立即决定访问玉川学园。虽杜威后来因年事已高未能成行，但杜威夫人在其谢世后7次访问玉川学园，实现了杜威生前的愿望。

二、教育思想的完善

1. 教育的含义

关于教育是什么，不仅是杜威教育思想的核心命题，也是小原国芳潜心研究的重要课题，也是小原国芳教育思想的精髓。杜威认为，教育是知识、经验连续不断改组的过程，教育是一个完整的概念，是一个连续发展的过程。小原国芳"全人教育"理论也就是培养"完善人"的教育，是人多方面和谐发展的教育。在当时，教育存在着单纯强调智育、德育、宗教教育或单纯强调体育、劳动教育、艺术教育等倾向，小原国芳认为这都是不合理的，都不能培养出完善的人格。对于日本社会偏重智育、考试竞争和拼命追求升学率，小原国芳十分反感，认为这是破坏日本教育的毒素，必须加以根治。为了纠正片面的教育，小原国芳在教育实践中，提出了"全人教育"的培养目标，包括6个方面，即真（学问）、善（道德）、美（艺术）、圣（宗教）、健（身体）、富（生活）。小原国芳认为，学问应追求真，道德是为了善，艺术在于美，宗教

---

① [日]小原国芳.小原国芳教育论著选（上卷）[C].由其民，译.北京：人民教育出版社，1993：8.

目的在于趋向"圣"，身体的目标在于健，生活的理想在于富。其中学问、道德、艺术、宗教四者，对人所起的作用是永恒的，身体和生活则是相对的。

2. 关于学问教育

小原国芳认为，学问贵在真，不真就不能称其为学问，他指出："在学问教育方面，也荒唐无理。填鸭式、死记硬背，准备升学考试，成为发迹病，甚至做小抄。"①在他看来，这都不是真正的学问，而是对学问的歪曲。他认为，教学不应该是单纯的灌输，而应教给学生如何去学习知识、发现知识，教给学生智慧远比教授学问更有价值。"教育教学的态度分为两种，是教，还是使之学？是给予还是使之掌握？是以记忆或填鸭式为主，还是以创新或钻研为主？"②小原国芳认为答案是后者。知识绝不能完全由教师灌输给学生，应该由学生自己主动去掌握；学生掌握知识的多少，并不能证明教学质量的高低，关键是要通过学习，培养学生对学习的兴趣和爱好。

与杜威注重兴趣在教育中的地位一样，小原国芳也认为，思考和好奇心是求得真正学问的基础。他说，古代希腊人求学就是从思考和好奇开始的，即"学问从惊异开始"③。然而，后来的"填鸭式或死记硬背以及严格考试等，都是会使求知欲、探索精神、好奇惊异之心的萌芽趋于干枯"④。这只能压抑学生对科学、对知识的思考和好奇，也就学不到真正的学问。

3. 关于道德教育

小原国芳与杜威一样十分重视道德教育。他认为，道德教育的最终目标

① ［日］小原国芳. 小原国芳教育论著选（下卷）［C］. 由其民，译. 北京：人民教育出版社，1993：25.

② ［日］小原国芳. 小原国芳教育论著选（下卷）［C］. 由其民，译. 北京：人民教育出版社，1993：27.

③ ［日］小原国芳. 小原国芳教育论著选（下卷）［C］. 由其民，译. 北京：人民教育出版社，1993：27.

④ ［日］小原国芳. 小原国芳教育论著选（下卷）［C］. 由其民，译. 北京：人民教育出版社，1993：28.

就是使人驱恶归善，达到一种善的理想境界。为了扭转日本政府一贯偏重智育的做法，小原国芳主张在学校中单独设置道德教育课，并首先在他的玉川学园组织实施，结果取得了良好的效果。在他看来，道德教育的任务是使学生做到以下几点：懂得人格价值的尊严，尊重自身的人格，也尊重他人的人格；寻求科学的人生观，这种人生观是能够超越喜、苦、哀、乐和一切感情的人生观；深刻懂得善恶、苦恼的意义，懂得对罪恶忏悔的崇高性；了解道德生活的重要价值，明白欲望和理性的纠纷，懂得人生的矛盾；使学生塑造成为美好、正直、可靠和始终一贯的人。小原国芳认为，道德教育的方法主要靠人格感化，防止空洞乏味的说教，建立亲密友好的师生关系。因此，"玉川塾的教育，实际上是从教师心灵到学生心灵的教育，是从教师的人格到学生的人格的教育。"①

4. 关于艺术教育

小原国芳认为，艺术教育的真谛在于美，美可以陶冶情操，培养温顺的性情，使人的道德更加高尚。为此，他在20世纪60年代曾大声疾呼："我今天还是衷心地呼吁，日本所有的大学和高级中学都要进行情操教育，不！是净化灵魂的教育。文部省当局呀！中学校长呀！大学校长呀！你们要像中国大圣孔子教导的那样，'兴于诗，立于礼，成于乐'。内心的要求成为诗，同其他方面产生冲突，则需要立于礼，而使之和谐发展则需要音乐。我们今天的大学，既无诗，也无礼，又无乐，实在真惨。"②在小原国芳看来，如果没有艺术，没有美，就会使人置身沙漠之中，终归是不能健康成长的。人格塑造，离不开艺术教育。

5. 关于健康教育

小原国芳认为，健康教育就是体育。"体育的目的在于强韧的体力，长寿

---

① ［日］小原国芳，等. 八大教育主张. 玉川大学出版部，1976：298.
② ［日］小原国芳. 小原国芳选集·第3卷. 平凡社，1978：77.

的生命，调和的身体及技能。"①为达到这个理想，必须学习和掌握生理学知识，对自己的身躯有所了解。在小原国芳看来，最基础的体育运动是体操，特别是丹麦体操，它包含三方面内容：基本体操、整齐美观的体操和运作灵巧的体操。在小原国芳的积极建议之下，丹麦体操专家应邀到玉川学园讲授和表演；后来又在日本各地进行示范表演，使得丹麦体操遍及日本各地，对日本体育的发展起到巨大的推动作用。小原国芳还认为，体育不仅是锻炼身体，而且具有培养节制、礼貌、克己、勇敢、协同、忍耐等道德品质的作用。

6. 关于生活教育

小原国芳认为，生活教育就是生活和教育相结合，寓教育于生活之中。这种观点和杜威的教育思想不谋而合。他还认为，生活教育的理想在于富，仅为追求财富而富，那样便是不仁。在小原国芳看来，"全人教育"的富是为了实现学问、道德、艺术、宗教四种教育的手段，而绝不是为了发财致富。他十分赞赏企业家出钱资助教育和学术的做法。因为只有这样，这些企业家才算是真正懂得财富的价值。

与杜威倡导"从做中学"一样，小原国芳认为，劳作教育是实现生活教育理想及"全人教育"目标的重要途径。通过适当的劳动体验，可以锻炼学生的意志，养成忍耐、克己、正直、节制、协同、友谊、忠实、勇敢、快活、奋斗、服务等品质。在他看来，劳动的目的是培养人而不是为了经济价值。因此，玉川学园长期以来坚持一条箴言："一日不作，一日不食。"小原国芳认为，这才是真正的教育，只有这样才能培养出"全人"来。

通过以上分析，不难看出，美国教育家杜威在教育思想上对小原国芳产生的深刻影响。小原国芳自己就承认是杜威的弟子，在教育理论研究和教育实践探索上走着一条与杜威基本相似的路。他为玉川学园制定的12则教育信条，

---

① [日] 小原国芳. 小原国芳教育论著选（下卷）[C]. 由其民，译.北京：人民教育出版社，1993：30.

处处体现着杜威的教育思想。特别是当杜威的教育思想传入日本后，小原国芳更是积极追随，并进行大胆实践，还在实践中取得丰硕成果，这使得由他创办并精心经营的成城学校、玉川学园成为日本教育改革的实验场所，也成为他追随和实践杜威教育思想的重要阵地。

第 4 章　杜威教育思想在日本的影响

　　通过杜威教育著作的翻译出版、杜威本人的亲自访问讲演以及一些日本杜威研究学者的宣传，杜威实用主义教育思想在日本产生了很大的影响。这种影响不仅表现在教育理论和教育理念上，而且表现在教育实践上。尤其在第二次世界大战后，杜威教育思想在日本的传播出现了一个"勃兴期"，从而促进了日本教育的改革和发展。

第一节　杜威教育思想对日本教育的导向

　　20世纪初，当杜威教育思想传入日本时，正值德国的教育思想统治日本，成为日本教育界的主流教育思想。虽然在杜威访问日本之前，介绍杜威教育思想的学者不多，可其影响却很大。宣传杜威教育思想的人几乎都是留学美国的日本学者，田中王堂就是其中一位重要代表。如果从时间上考察，他应该是日本第一个接受杜威教育思想的人。他坚信，日本教育弊端太多，必须运用杜威的教育思想对日本的学校教育进行彻底改革。在田中王堂的影响下，杜威的教育思想开始得到日本教育学者的认可，并逐渐对日本的教育产生影响。

一、在教育理论上成为日本的"社会导向"

其实，杜威教育思想在日本教育界得到肯定，起于日本早期杜威教育研究者的辛勤工作和积极推荐。杜威的弟子通过著书立说及讲学活动，影响自己的学生。例如，田中王堂就是通过经常性的讲学活动，而使他的大多数学生走上杜威教育研究的道路。俗话说"水涨船高"，杜威在日本的声望也是随着信徒的增多而增加。当时，对于日本教育界来说，杜威是既令人迷惑又使人刺激的，这种迷惑或刺激都来源于杜威教育思想中的强烈的批判性和新颖性。一些日本学者也分析到，杜威教育思想在日本迅速升温，令多数教育学者着迷，对传统的日本人而言，确实带有"文化侵略"之意味。但不管怎样，就日本教育界总体而言，还是乐于接受杜威教育思想的，谁都无法否认的事实是，当杜威访问日本之后，所有德国教育家的教育思想在杜威面前都变得黯然失色了。

日本学者称杜威为"进步教育之父"，杜威的教育思想为"新教育"，其教学方法为"新教学方法"。当时，日本的教育学者都认为，杜威教育思想代表了现代日本教育发展的新方向。由于政府的鼓励，当时日本的教育学者都专攻欧洲的教育理论，其中以德国的教育理论为最盛，可是当杜威教育思想被他们发现和研究之后，各种不同思潮和学派之争便偃旗息鼓了。日本开始接受杜威的教育思想。因而"几乎所有的人都将现行的社会思想与他的教育理论相结合，甚至那些被公认为是最固执的教育家们也忍不住要主张'民主'，讨论杜威的思想。专门研究德国教育学的知名教授也不得不研究杜威，因为杜威在他们的学生中是如此的受欢迎。东京一位教育学教授认为杜威是日本的'社会导向'"①。

---

① Victor Nobuo Kobayashi. *John Dewey in Japanese Educational Thought*. Michigan, Ann Arbor: University of Michigan Press, 1964：80.

　　凯兴斯泰纳曾是德国教育家中最受日本人欢迎的人之一。当时，有些日本学者认为，凯兴斯泰纳的公民教育思想比杜威的教育思想好，为此，日本还出版了《凯兴斯泰纳还是杜威》一书，进行系统的比较研究。但是，经过研究，其结果并非如此。因此，一位日本教育改革家开玩笑说："以前，人们认为凯兴斯泰纳的思想包括杜威没有的东西，但现在人们都试图用杜威的思想来丰富凯兴斯泰纳的思想了。"①

　　以上这些事例说明，日本人接受杜威教育思想也是经过实践检验的，他的教育理论得以在日本站住脚跟。

二、在教育实践上成为日本实验学校发展的主导思想

　　杜威教育思想在日本的实践可谓一波三折，也遭遇了种种困难，第二次世界大战期间，几乎处于停止状态。其原因在于，受到落后的考试制度的冲击和挑战，进步教育运动在日本受到冲击，办学成绩卓著的示范学校也难逃厄运。当时的"新学校"也遇到同样的挑战，教师无法一如既往地工作，更受到来自帝国政府的压力，学校的自主权力小到极限，无法发挥作用。无论是公立学校还是私立学校，都是要围绕考试来安排教学计划和教学内容。杜威的教育思想此时也遇到责难，这种责难来自日本教育中向军国主义教育方向发展的保守势力。但是，也有一些人，特别是教育界人士，他们反对保守势力，更反对天皇的家长式要义。他们认为，提倡个人的发展一定要在安定的社会条件下来完成，必须要有一种教育哲学来对日本的学校教育行为起到规范和导向作用，这应该推崇杜威，而没有别的人选。虽然日本的保守势力和落后的考试制度都在扼杀进步教育，但教育必须改革。他们相信，杜威是民主教育的哲人，应该

---

　　① Victor Nobuo Kobayashi. *John Dewey in Japanese Educational Thought*. Michigan, Ann Arbor: University of Michigan Press, 1964：80.

选择杜威的教育思想。在杜威教育思想的指导下，实验学校的状态趋于正常，实验的效果令人振奋，日本的教育界开始研究杜威的教育方法，以丰富日本方兴未艾的教育实践活动。

三、在教育理念上成为日本教育改革与发展的行动指南

如果以第二次世界大战为界，那么日本教育界对杜威教育思想的研究，战前是以教育方法为主，战后则转到研究杜威的教育理念。日本学者从日本的国情和实际需要出发，在认真反思的基础上以更加严肃的态度对待杜威的教育思想。他们认为，作为日本教育家，有责任将美国的文化与日本的文化综合起来，并使其适应日本的国情，满足日本的需要。

当然，也有些教育家是在批判杜威教育思想的弱点之后，才真正接受杜威教育思想的。他们认为，杜威通过教育实施民主社会改革的做法可能是过于乐观了，即使是作为信仰，目前也是不现实的。他们在分析了杜威教育思想在美国的特殊地位后说，"儿童中心"实际上是低估了由于种种原因产生的错误教育的影响，也使教师的努力遭到了抵制。但他们接受了杜威通过教育进行社会改革的思想，并表现出极大的乐观。其实，并不是所有的人都持这种悲观的态度，日本杜威研究的实践已经表明，日本人对杜威研究的兴趣广泛，阐述众多。在教育界，多数人还强调通过教育改进生活的质量，特别强调成人与儿童的友好合作。很多教育家还提出要建设一种创造性教育，因为这种教育会使人的生活更加快乐，由此去建立一个自由的社会，这是教育的责任。

随着杜威研究的日益深入，日本教育家对杜威提出的"问题性环境"也产生了浓厚的兴趣，给予了高度的评价。因为这一观点是和动机紧紧连在一起的。他们试图通过杜威对功利主义的批判和对康德伦理学的解释，来分析学校道德教育问题。依照杜威的哲学理论，可以发现，环境是非常重要的，

道德教育不能靠罗列各种道德及善行来实验。这是日本教育家对杜威道德教育学说感兴趣的原因。他们认为，日本首先要建立起教育哲学观；之后才可能去研究和分析道德教育的类型。如果从哲学的视角去分析，不难发现，进步教育是建立在实用主义哲学基础上的，而传统教育是建立在理想主义哲学观点之上的。因此，日本的教育家认为，对这些不同的哲学流派应有一个清楚的理解，并从中选择真正适合我们生活的哲学思想。他们提醒一些杜威研究者，任何试图批判性地理解杜威教育理论的人都必须清楚杜威对人类、对世界的态度以及以实用主义哲学为基础的价值观。这种分析表现出对杜威教育思想的客观态度。

20世纪80年代以来，在日本，有人对杜威教育思想能否起到它应有的作用表示怀疑。对此，日本著名的教育家杉浦美郎的观点令人振奋，表现出极大的自信。他这样说：杜威的思想不仅在现代能生存，而且一定能生存下去。只要不误解杜威的儿童中心主义，正确理解教师是知性的指导者，坚持以经验为核心构建教材，那么现在正是杜威生存的时代。在教育理念上，不是杜威说错了，而是一些人理解错了。杉浦美郎坚信，尽管日本教育界对杜威教育思想有不同的理解，对待杜威的教育思想有人悲观、有人高兴，但是，杜威教育思想对日本教育所产生的影响却是公认的。

通过上述讨论和分析，可以发现，杜威教育思想在日本影响和感召了很多人，他们都无一例外地成为杜威教育思想在日本的追随者。不过，他们对待杜威教育思想的态度并不相同。其中，大多数人都是采取基本推崇和宣传杜威教育思想的态度，几乎没有什么不同意见；少数人不仅具有和杜威相同的教育观点，而且基于自己的研究发表不同意见，甚至对杜威的教育思想提出批评。

第 2 节　杜威对日本教育的贡献

评价杜威是困难的，若要追寻杜威对日本教育的贡献，无疑是更加困难的一件事情，因为我们无法定性、更不能定量地说明这个问题。但是应该看到，杜威对日本教育的贡献是客观存在的，它至少可以表现在以下三个方面。

一、促进了日本教育哲学的变革

从哲学的意义上看，教育哲学没有好坏之分；但从其作用来看，却有优劣之别。在杜威的教育哲学中，教育方法引人注目。在第二次世界大战之前的日本，它促使大多数教育改革者去进行教育改革。杜威十分强调教育方法，特别是新教育方法的重要性，在他看来，教育方法可以促成民主与科学态度的紧密结合，使其发挥重要的作用。进步教育运动提出的主张，是给儿童创造一个能够自由表达自己想法的宽松的环境，这是来自杜威教育哲学方面的动力。杜威在访问日本之后，他认为日本的教育哲学倾向的不是美国的教育哲学，更不是基于杜威的实用主义哲学，而是来自欧洲对进步教育运动的理解。杜威所强调的教育方法对促进民主、科学态度的作用的主张受到忽视，即使是日本的一些进步学校也没有关注周密的计划和科学的教育。在那里，更无科学的教育哲学可言，科学通常被看做是一种副产品，一种额外的装饰和累赘，并没有真正成为培养正确的心理态度的重要方法。在通常的情况下，科学仅仅被看成是用传统方法获得现成信息的一种形式，仅此而已。作为一种科学的、有效的心理态度，在日本并没有确立起来，这是一种普遍存在于日本学校里的可怕现象，更是一种危险的信号。

在缺乏指导性的教育哲学影响下，日本教育的发展一度变得更加糟糕。提倡进步教育思想的教育家由于受到来自帝国政府的巨大压力，使其活动受到监督和限制，连学校课程也在政府的直接控制之下，使得一切改革都成为不可能的事了，加上国际和国内形势的干扰，使得日本的教育家越来越难以采纳杜威的观点。对于杜威的教育哲学思想更深层次问题的研究，他们也表现出冷淡和失去兴趣，因而无法理解杜威的实用主义哲学思想。

但是，随着进步教育运动在日本的复苏和发展，杜威教育思想正在被众多日本教育家在更深的层面上加以研究，日本人对杜威的哲学思想也开始有了更深的理解。他们开始反思历史，开始研究杜威的教育哲学，更感谢杜威对落后的日本教育哲学的极大冲击，开始从内心里体会到从深层次理解杜威理论是非常重要的。它使日本实现了把儿童从课堂权威中挽救出来，在一定程度上表明了杜威教育哲学的贡献。

日本人对杜威的兴趣开始渐渐增加，认识到杜威的许多哲学思想对理解日本国家的存在很有意义。大批的美国教育家访问日本，扩大了杜威教育哲学对日本教育的影响。这种影响表现在日本的学者和知识分子阶层开始对杜威的民主主义思想表现出极大的献身精神，而且这种献身精神在发现杜威教育哲学的意义中起到了积极的作用。对于这种变化，日本的教育学者称之为"一场革命"。它是一次促使教育家们为了新日本而不断探索教育哲学的变革。因此，杜威教育思想的价值也为更多的日本学者和日本人所理解。

二、推动了日本教育现实的改变

明治维新以后，特别是日本的大正时期，遍及世界各国的进步教育运动也在日本各地开展。在与各种教育思潮的碰撞与融合中，日本教育也达到了一个重要的发展时期。正是在这种背景下，杜威的著作和思想传入日本，引起日本人的极大兴趣。不久，杜威又到日本访问，开始他的演讲活动。这使得本来就已十分活跃的进步教育运动在日本如鱼得水，更加活跃。对日本进步教育运动的组织者和发起人而言，杜威的访问讲演是一场"及时雨"。

进步教育运动倡导民主的教育思想，提倡"儿童中心"。他们坚持教育民主就是坚持儿童在教育中的核心地位，要给儿童以宽松、自由的学习空间，不可强制和扼杀儿童的个性，使他的个性得到自由自在的发展，还强调儿童的自学、在活动中学习等。这些教育观点，与杜威的教育思想如出一辙。杜威作为进步教育的旗手，高举民主与进步教育的大旗，在批判"传统教育"的基础上，大胆地提出要把儿童的地位从过去在教育中的从属、被动地位变为主体、主动的地位，处于教学的"中心"，即"儿童中心主义"；主张消除压在儿童身上的一切限制，放手让儿童自由地学习和活动，即"做中学"；考虑儿童的个别差异为基础，重视儿童的个性发展。在杜威看来，教学中儿童永远处在中心，教师永远处在指导的地位，教师的任务就是鼓励儿童自学，启发儿童思考，帮助儿童成长。杜威强调的这种教育观点，无疑迎合了日本的民主和进步教育运动倡导者，对日本的民主教育运动起到了巨大的声援作用，推动了民主教育运动在日本的传播与发展。

由于杜威著作的翻译出版、杜威访日的如期成行和杜威教育思想的传播，使得民主主义教育在日本传播的进程大大加快，它顺应了日本人的思想，规范了日本人的教育行为。不言而喻，杜威对日本教育的批判，在一定程度上也说出了日本人的心声，因而使日本人更加支持和参与民主教育运动，也使杜威对日本普及民主教育变得更加自信，正如他所说："世界各国对民主的任何反应都会阻碍日本的民主运动。但如果全世界都公然地大规模地放弃民主，日本仍将稳步地向民主迈进。我本人对日本人的达观、适应性以及实际智慧的信心，对在人民的方式和习俗中表现出来的某一形式的社会民主的信心，都使我坚信，在日本不需要发生流血和灾难性的动乱就会发生变革。"①

日本的教育家看到了杜威对日本民主教育思想传播的促进作用。他们认为，"作为主流的杜威实用主义教育思想，不仅对日本的教育，而且将对人类的教育做出永久的贡献。这样，日本的民主教育思想的发展将会有一个广阔的前景，因为日本的教育已经快速地朝着民主的方向前进了。"②

三、加速了日本现代教育制度的建立

教育制度是一个国家教育状况的集中体现，它不仅要反映和体现国家统治者的意志，更要代表广大人民群众渴求教育的根本要求。它也是一个国家综合国力的象征。对于一个国家来说，现代教育制度的建立是至关重要的。

日本现代教育制度的建立开始于明治维新之后，期间经历了一个相当复杂的过程。如果从哲学的视角去考察，它经过了一个"否定之否定"的改革过程。1872年颁布了日本教育史上第一个综合性的现代教育制度的法令《学制》，主要参考了西欧国家的教育制度，尤以法国教育制度为主要蓝本。1879年，又颁布了《教育令》，改以美国教育制度为样板。

第二次世界大战后，日本迫于占领军的强烈要求，进行了第二次教育改革。改革的主要目标是废除日本军国主义和极端国家主义教育制度，以完善人格、尊重个性、实现机会均等为基本内容，倡导和平、民主、自由平等的教育思想；同时废止了由于不同身份产生的双轨学制，建立单轨的"六·三·三·四"新学制，废除中央集权制，实行地方分权制，建立教育委员会，开创了日本教育新的历史时期。

---

① Victor Nobuo Kobayashi. *John Dewey in Japanese Educational Thought*. Michigan, Ann Arbor: University of Michigan Press, 1964：77.

② Victor Nobuo Kobayashi. *John Dewey in Japanese Educational Thought*. Michigan, Ann Arbor: University of Michigan Press, 1964：75.

　　1946年3月，美国教育使节团来到日本，帮助日本进行二战后教育重建工作，在大量调查研究和考察之后，提出了一个《美国赴日教育考察团报告书》。如果认真研究之后就能看出，《美国赴日教育考察团报告书》所提出的观点，正是杜威教育思想的另外一种表达方式。这一点连日本的学者也承认，该报告书中提出的教育纲领和要点，与杜威教育思想是一脉相承的。例如，"和平"的理念，这是杜威在处理国际事务、国内事务以及各种政治问题时一贯坚持的观点；"民主"的理念，也是杜威十分喜欢使用的一个观点，他认为"民主"是教育的基点，各种教育现象和教育问题，都应该建立在民主的基点上，"民主"也是杜威教育思想中的"关键词"；"进步"的理念，在杜威看来，就教育而言，"进步"是永远期待的，教育应该是永远进步的，即使现在落后，那也优于过去，也可能是暂时的；"平等"的理念，这是杜威教育思想的出发点和归宿，在他看来，教育上的一切问题都可以通过"平等"来阐述，也可以通过"平等"来解决，教学过程中师生是"平等"的。

　　通过以上的分析，可以看出，日本在二战后建立日本新教育制度时，不仅在基本的指导思想原则及要点上，遵循了杜威的教育思想，而且使得在杜威教育思想中的一些理念成为日本现代教育改革的基本理念，启迪和开导了无数的日本人。

　　日本现代教育制度初建以后，日本的一些教育家和教师积极地投身于教育改革的实践，他们不仅把杜威的教育著作作为培训教材，还根据其改革理念来进行课程的改革。正如日本一位教育家所说："一门好的课程，不能设计成为只传授知识，它必须首先要考虑引起学生的兴趣，通过简易的教学内容扩大丰富这些兴趣。如在教学目标所阐述的那样，在课程建设和学习过程中，学生在任何情况下，都必须位于这个过程的中心和起点上。"[1]可见，在日本二战后的

---

① Victor Nobuo Kobayashi. *John Dewey in Japanese Educational Thought*. Michigan, Ann Arbor: University of Michigan Press, 1964：73.

教育改革中，不仅在教育理论上依据了杜威的教育思想，在教育实践上也同样受到了杜威教育思想的影响。

综上所述，作为一位哲学家和教育家，杜威的教育思想在促进日本从传统的教育哲学向新的教育哲学的变革与转变中起到了导向的作用；作为一位教育理论家，杜威的教育思想在促进日本民主教育思想普及中起到了推动的作用；作为一位教育改革实践家，杜威的教育思想已成为日本现代教育改革的基本理念，在摧毁日本传统教育制度和建立现代教育制度中起到了催化的作用。现今，日本的教师都非常熟悉杜威的教育思想，尽管学术界对杜威的思想在认识上存有分歧，但也许正是这些分歧的存在，才加深了人们对杜威思想的理解。

本编小结

一、日本杜威教育研究者的反思

从大正初期（1912年）到20世纪五六十年代，在日本发生过两次杜威热潮。在日本，教育界的学者和教师对杜威教育思想保持着广泛的兴趣。通过这个过程，可以看到日本人对杜威教育思想研究的内心反思。

（一）对杜威教育思想认识不深刻

在日本，杜威的声誉到20世纪50年代初可以说登峰造极了，此时教育家和教师对他的关注达到空前的程度。反思过去，日本学者普遍认为，日本在二战后初期的"杜威热潮"明显带有强制性色彩，其实质是对大正初期对杜威照本宣科式理解的补课，是对反动的军国主义思想的再反动，是对西方民主制度和民主思想的无条件接受。20世纪60年代，日本文部省受美国教育改革的影响，要求加强教学质量，提高科技的国际竞争力，重新颁布了体现结构主义教育思想的教学大纲，"杜威热潮"由此时开始降温，但杜威教育思想在教育哲学领域仍然占据主导地位。20世纪60年代之后，日本的教育学者对杜威研究的兴趣逐渐消失，出版界再也找不到能体现杜威思想的新论著，但对杜威教育思想的反思研究的视角已投向教育哲学领域。可以说，在现今的日本，任何一个专门从事教育哲学学习的学生都不能忽视杜威，虽然杜威已成为历史人物，但是他的论著经常在教育文献中被引用。尽管如此，学者对杜威教育思想的研究兴趣再也没超过50年代"杜威热潮"期间的狂热程度，今天日本人对杜威教育思想的态度更为冷静了。

在两次杜威热潮，尤其是大正初期的杜威热期间，日本学者对杜威教育思想的研究程度多数流于表面，研究兴趣仍停留在对杜威提出的新颖教育方法的关注上。第一次杜威热潮期间，许多研究杜威的日本资深学者信奉基督教，并在美国学习过，受到进步教育思想的影响。但现今的杜威教育研究者已是一个多样化的群体，与他们的先辈迥然不同。他们中的大部分人不再是基督徒了，宗教信仰相同已不是走近杜威的主要因素。这些杜威教育研究者年龄不同，教育背景不同，对杜威教育哲学的兴趣也不同，然而研究的出发点和态度却很相近。在过去，日本与美国的关系状况极大地影响着对杜威的研究。一切有助于日美关系的因素也有助于刺激人们对杜威研究的兴趣，当然反之亦然。现今，日美两国之间的朋友关系以及频繁的文化交流已经不断促进日本学者对美国教育思想的兴趣。日本的一位观察家认为，如若日美两国关系不再经历一次大挫折的话，对美国教育思想的研究会继续吸引日本教育家的兴趣。

现今的日本学者在反思过去对杜威教育思想研究时所持有的冷静的历史观也很令人难忘。他们认为，应该感谢过去，不仅感谢当初在日本本土掀起的进步教育运动，而且也要感谢在教育领域应用杜威教育思想过程中所遇到的困难和遭到的挫折。实施杜威教育思想的前提，无疑是对其理论有全面的深刻的理解。虽然日本人也承认从第二次世界大战后至今许多教育改革是以杜威教育思想为基础的，但现今已不再像二战后初期那样对教师直接宣讲杜威教育思想的纲目，而是结合日本国情全面和深刻地研究杜威教育思想。许多日本教育家认为，为了更好地了解和完善日本的美国式教育体制，有必要深入甚至重新研究杜威教育。

（二）对杜威教育思想的理解不全面

1919年杜威对日本的访问在日本掀起了旷日持久的大讨论，也使杜威热潮在日本持续升温。在教育实践上，到20世纪30年代，日本已有300多所小学遵循新的教育思想，并且在日本有超过半数的小学试图应用杜威教育思想中的几条原则。集中体现杜威教育思想的学校是新开办的一批寄宿私立学校。这些学校进行教育改革，力图从根本上摆脱传统学校的教学方式。这些学校中的教师避免使用说教或依靠正式背诵的教学方法，鼓励孩子们参加讨论、提出问题，并且可以自由走动。他们也很重视尊重儿童的权利。正如当时西方教育改革家提倡的那样，他们也认为，孩子们应该在树林里嬉戏玩耍健康成长，直接从大自然获得知识，而不应在禁闭的阴暗的教室里学习课本。

现在来看，当时建立的私立学校很像贵族学校，并没有体现杜威民主教育思想的实质，寄宿生活及远离城市的做法也不是杜威教育思想所倡导的。这些学校虽然很好地实现了杜威的教育方法，但却丢掉了杜威教育哲学的精髓。应该说，当时的实验学校是一种实用主义和理想主义的结合，但理想主义对实用主义的破坏力却很少有人注意到。到20世纪30年代末，这些新式学校大都关闭了。除日本军国主义抬头、帝国政府敌视这些私立学校这些主要原因外，还有一些其他原因，例如，领导学校进行改革的人都已退休或已过世，上学的儿童越来越少以及学校经济上的困难等等。

在教育理论上，第二次世界大战前，日本学者主要接受的是杜威的教育思想，而对杜威的哲学思想研究兴趣冷淡。日本在努力将美国文化融入自己文化的过程中，骨子里的日本精神却体现为狭隘的国家主义和军国主义。名噪一时的成诚小学校校长在1930年曾这样说："除了某些事情必须讲以外，学生能够有自我个性的表现这也是一个重要教育目的。所以，注意培养学生能力是重要的，同时也应该培养日本人的民族凝聚力，承认我们都是天皇后裔。我们要通过我们的后代使整个国家团结友爱，互相尊重，诚实守信，这是建立一个具有人道和富有创造力国家的基础。"①

日本人当时并不觉得杜威教育思想与他们所理解的国家主义有冲突，他们认为，无论是鼓励发挥创造，还是强调自我个性表现，实际上都是与皇家教育思想相一致。所以，他们最后得出结论，教育是为国家贡献力量。

虽然日本教育家对杜威教育思想比较了解，但很少有人注意他的民主教育理念。许多教育家看到了社会存在封建残余势力，强调不但要在教育上实行民主改革，而且也要在其他领域实行民主改革，然而在实施时却往往割裂了教育与民主的关系。

有一个典型的事例，反映了二战前日本人在民主与皇权观念上的混沌。1937年，一个作家总结了日本实施进步教育思想应遵循的原则，并且指出这种进步教育思想目标是使教育同民族主义相结合。例如，尊重孩子的生活，学校是为创建一个文明国家提供新力量的场所；孩子们应被引导，通过发挥个人才干来展现在社会中的合作意识；新课题的提出是建立于孩子生活的物质文明基础之上；在工作中应重视对经验的积累，鼓励孩子们自发的活动；教师应把全部精力都投入到教育、民族和人类活动中；教育应意识到要加强国家实力，增强民族精神；等等。

可以说，日本教育改革派人士首先比较关心教学方法，而对于这些方法同加强民主与社会的关系问题就不太感兴趣。虽然日本人比较熟悉克伯屈的设计教学法以及道尔顿制和文纳特卡制，但却对民主教育不感兴趣。

---

① ［日］尾形裕康. 日本教育通史. 1975：168.

（三）对杜威教育思想的研究不深入

杜威教育思想在日本的传播有其主客观因素，但也有偶然性。大正时期的杜威热潮，直接起因是杜威对日本的访问讲演及其弟子们的宣传。当时，人们热衷于杜威对传统教育批判的激烈言词，而对杜威思想的整体性把握不准，尤其在具体学习中由于不成熟而时常表现出盲目的倾向。大正时期，对杜威教育思想的研究尚偏重于学校管理和教学中实际发挥作用的具体方法等层面的问题，而没有上升到对实用主义教育思想的理论层面的研究和学习，对杜威教育思想的输入也多偏重于介绍性的学习和摄入。日本教育学者初次听杜威的演讲时，其辩论的话题经常是"教育有无目的""经验如何理解"等等。

第二次世界大战前，日本教育学者对杜威教育思想的评价多为空虚之词、溢美之词。例如，日本人称杜威为"进步教育之父"，而缺乏对美国进步教育运动的整体考察；很多学者当时听杜威演讲后，便认为杜威是马克思主义者；研究杜威教育思想的学者愿意称自己为"杜威的门徒"，乃至"杜威门徒的门徒"。把杜威教育思想付诸实践也主要局限于小学阶段。例如，谷木富在他的著作《实用教育学及教授法》中开卷便使用赞美的语言表达了他对赫尔巴特崇拜折服之情："伟哉，赫尔巴特！赫尔巴特之名是我辈魂牵梦绕难以忘怀的名字。"而在杜威教育思想传入日本后，谷木富又对赫尔巴特反戈一击，成为杜威的忠实信徒。这种轻信浮躁的论调必然影响其学术研究的深刻性。

视糟粕为精华的错误也影响了日本人对杜威教育思想的全面认识。虽然日本将杜威教育思想与本国传统文化教育相结合的方向是正确的，但在传统文化教育内容的取舍上却严重失误，即在传统文化教育需要扬弃什么的问题上，日本人犯了一个大错误，被继承和发扬下来的并非日本本民族传统文化的精髓，而恰恰是日本传统文化教育中的天皇主义和军国主义的糟粕。这个问题是致命的，把日本推上了国家主义和军国主义的道路，导致了第二次世界大战中日本教育的全面崩溃，也葬送了日本学习欧美教育的成果。

二、日本杜威教育研究的启示

在人类社会历史进程中，教育是一种永恒的需求。它是随着人类社会的发展变化而发展的。在不同的社会历史阶段，教育必然具有不同的性质和特点。即使在同样的社会发展阶段，不同的地域、国度也会因其历史文化和现实状况的差异，而产生教育功能的差异。

"文化衰落的背后，既隐伏着湮灭的厄运，又孕育着新生的良机。"①一般讲，异质的文化教育相接触时往往表现出冲突与调和的现象。最初开始于冲突，然后进入调和、斗争、混乱、动摇，再以后则归于平静，不久将会产生出新的独创的文化教育。这是文化教育发展的一般规律。日本是以学习和借鉴外来文化教育而见长的，在其发展史上，曾经数次经历了与异质文化的交流与融合过程。杜威教育思想传入日本之后，就经历了交流与融合两个重要发展阶段，这是人类教育史上不可逾越的两个重要发展阶段。但在这个过程中，有的失败了，有的成功了。当杜威的教育思想传入日本之后，日本人把杜威的教育思想与日本的文化教育很好地结合起来，为世人提供了有益的启示。

（一）交流是教育思想发展的条件

众所周知，日本教育思想的确立和成熟是伴随着日本学习欧美教育并获得巨大成功这一教育史"奇迹"的。在这一过程中，文化教育上的交流发挥了重要的作用。在与欧美国家先进文化的交流中，日本采取了不同于他国的独特的学习模式。综观世界文化教育交流史，不难看出，日本学习杜威的教育思想就是通过交流开始实现的。这种交流主要表现在三个方面：一是派遣留学生和考察人员赴美国学习先进文化教育；二是邀请美国的专家、学者、教师到日本来任教、演讲，杜威就是其中一人；三是大量地翻译和介绍杜威的教育著作，并出版研究著述。这是日本与美国进行文化教育交流，特别是学习杜威

---

① 盛邦和.内核与外缘［M］.上海：学林出版社，1988：13.

教育思想的三种有效的途径。

通过对杜威教育思想在日本的传播和影响的研究，可以发现，日本在对待文化教育交流的态度和认识上有一些独到之处。

1. 以应对挑战为目标的学习

日本较之世界其他民族，富有强烈的学习愿望和学习勇气，更具有积极主动的学习动机。对日本来说，由于与所学习的国家分属东西两个不同的文化圈，在各自长期历史发展的过程中，形成了迥然不同的异质文化传统。日本民族能够打开国门，迎接完全不同的外来各种教育思潮的挑战，确实需要百倍的勇气和魄力。而且，在改革的过程中要打破数千年历史发展而形成的陈习陋制，所遇到的困难可想而知。在将完全不同的异质教育思想与本民族传统的教育思想相结合上也更具艰巨性和创建性，日本在探索将外来教育思潮与本土教育思想的结合上进行了有益的探索，虽不能说是获得完全的成功，但却提供了有益的经验。

2. 以战胜"外压"为动力的学习

日本学习美国教育的直接动因是外来的民族压迫。日本在外来殖民势力的威胁下，被迫打开国门，为了挽救处于危机中的民族，日本开始积极学习西方，以图振兴民族、实现国家富强，所以，日本的学习可以说是"外压型"的，是"自上而下""有计划、有意识"的学习。在研究杜威教育思想对日本教育的影响时发现，在大正时期，日本的国际交往日益频繁，国内民主运动不断高涨，日本政府学习美国、赶超世界发达国家的愿望十分强烈。杜威教育思想在日本的传播，既是"水往低处流"的自然现象，又是日本对外国先进文化教育吸纳的结果。虽然在杜威访问日本时，日本天皇宣布要与杜威交换看法，帝国政府也正式公开承认杜威的访问，并发布消息盛赞杜威既是一位学者又是日美关系的一位使者，但是杜威不仅对膜拜天皇的狂热提出了批评，而且也拒绝了帝国政府颁发的勋章。至于第二次世界大战后，杜威教育思想之所以"勃兴"，其原因之一是美国占领当局及日本教育法都明确了杜威教育思想无可替代的地位。

3. 以满足需要为目的学习

在日本，有的学者认为，杜威教育思想的价值在于通过教育改进生活质量，强调教师与儿童合作，强调创造教育，并认为创造教育中生命的意义在于实现和积累许多价值，由此才能建立一个自由的社会，也能发展一个人的个性。为了使成人和下一代在形成新的价值观过程中共同承担责任，我们必须形成一个依据经验的态度去探索那些以积累的价值为基础的新价值观。对于杜威民主教育思想，有的学者主张，将其与第二次世界大战前对日本影响很大的德国理想主义和存在主义结合起来，其理由是日本的民主历史没有西方国家长，不应在民主制度建设上走入极端化，而应把重点放在日本年轻一代民主意识的培养上，而民主意识的培养关键在于个人尊严的培育。在日本近现代历史上，对杜威教育思想的阐释众多，甚至形成了不同流派，原因恐怕只有一个，即每个教育家都根据日本的国情，从适应本国国情和教育的实际状况出发，选取本国所需要的内容。应该看到，日本人不只是对杜威教育学说有自己的阐释，对其他西方教育家的思想也是如此。

（二）融合是教育思想发展的结果

教育不是静态的，而是一个活的流体。凡是有人类存在的地方，我们都可以看到教育及其所携带的文化的交流与融合。在这个交流与融合的过程中，西方文化一直占据主动的地位，表现出极大的主动性和挑战性；而东方文化却处在被动的、从属的地位，在它从传统文化向现代文化转变过程中，受到了西方文化的全面影响和猛烈冲击。当今世界已进入全球化的信息时代，交流与融合的作用发生了质的变化，它越来越成为世界教育发展不可缺少的两个重要的环节。交流是教育发展的前提和条件，融合是教育发展的目标和结果，教育的交流与融合已成为一种必然趋势。杜威教育思想与日本民族文化的融合是成功的，是世界教育交流史上的典范。

作为一位具有世界性影响的教育家，杜威对教育的交流与融合特别关心。他在著述和演讲中，不止一次地论及东西文化交流问题，比较东西文化差异，列论双方短长，力倡东西文化的融合。杜威在日本讲演中，对西方文化作出了客观的评价，指出东方文化应向西方学些什么。在杜威看来，西方文化之长恰是东方文化之短，如西方崇尚自由、讲究平等、科学进步、教育发达、物质文明进步，都非东方所能比，特别是西方人注重行动、勇于实践、敢于向自然挑战的精神，值得东方学习。同时，他也指出，西方文化并非完美无缺，也有缺点，"西方文明的最大缺点是物质科学进步太速，而社会科学、人文科学不能同时并进"[①]。因此，东方文化向西方学习，要取其长、避其短。杜威认为，东方国家学习西方文化的当务之急是要敞开国门，不仅要输入，更要去创造，这样"对于文化的危险有所救济，对于西洋社会的缺点有所补偿，对于世界的文化有所贡献"[②]。

杜威对于文化交流的诠释告诉我们，文化交流与融合不是一方全盘照抄另一方，既不应当因融合而抛弃本民族传统文化的特质，也不应当为了保存民族传统文化的特质而拒绝交流、吸收和融合。从历史的角度加以考察的话，日本人学习欧美教育的过程中也有一些深刻教训可以启示未来。日本教育社会学会《新教育社会学科典》的编写者采取了一种激烈的自我批评的态度反思过去，就像有的西方学者经常对欧美学者一向为之骄傲的西方文明泼冷水一样，他们认为日本的世界史观存有问题，自明治维新以来一直被束缚在一个固定的框架中，并且采取了一种错误的做法，即用"颠倒二分法"来看待"西欧"与"东亚"，这种历史观在以标榜"平等"为原则的社会里被定格下来，并使"竞争原理"贯彻其中，危害巨大。[③]因为这个"颠倒二分法"不承认"西欧"和"东亚"都有各自的价值，也不把它们放在对等的

---

① ［日］晨教. 1919年8月11日.

② ［日］晨教. 1919年8月12日.

③ ［日］日本教育社会学会编. 新教育社会学科曲. 东洋馆出版社，1986：767.

地位，而是抱有一种"西欧"是先进的、"东亚"则是落后的成见，并且与所谓社会发展阶段论相结合形成等级高低的价值观念。按照这种观点，"西欧"变成了先进价值的基准。这种"二分法"之所以说它是"颠倒的"、"扭曲的"，是因为它把"西欧"与"东亚"之间的价值差异组成为价值高低的等级，并把价值等级编入历史发展的先后顺序中。根据这种"颠倒二分法"，"东亚"不如"西欧"，所以"东亚"就只能被看成是落后于"西欧"的。

第二次世界大战后的日本教育同样也深深地受到这种"颠倒二分法"的影响。正因为如此，杜威的文化融合观点值得肯定。我们从杜威在日本讲演中注意到，杜威没有"西方文化中心论"的看法，甚至对这样论调给予了批评。杜威也并没有像许多东西方学者那样，把东方文化看得那样瑰丽，而是深刻指出了其落后、保守及需要改造的一面。他的观点十分鲜明：文化融合就是文化创新，就是要创造一种新文明，这既是东方文化的出路，也是世界文化的前途。

总之，在世界范围内，交流与融合是伴随着教育发展过程中的永恒主题，交流是教育发展的前提条件，融合是教育发展的必然结果，没有教育的交流，就没有教育的融合，而没有教育的融合，就没有教育的创新，更不会有新的教育思想的产生，正如杜威所言："东西文化，互有短长，苟能调和融会于二者之间，而创造一种文化，则社会自不难一新面目矣。"①

---

① ［日］晨教. 1921年6月30日.

下编 杜威教育在中国

第 1 章　杜威与现代中国教育

　　现代中国教育的"杜威引入"是为了改变空疏无用的旧教育误人误国的局面。在把杜威实用主义教育思想引入中国教育的过程中，蔡元培、胡适、陶行知、蒋梦麟、黄炎培等近现代知名教育家呕心沥血，付出了大量艰苦努力。"杜威引入"对于当时的中国教育乃至整个中国社会都产生了不小的震动，同时也为日后中国教育与杜威有可能展开"对话"提供了一个平台。然而，深入考察这一时期中国教育"杜威引入"的过程，就会发现这实质上是中国教育界的一些知名人士（其中很大一部分在美国留过学，曾拜师于杜威门下），面对国家危难，"病急乱投医"的匆忙之举。他们把杜威的教育思想看做是"教育救国"之路，在政治上寄予过高的希望，仓促中把杜威以老师的身份"请了来"，寄希望通过杜威的"演说"来帮助中国"建设新教育"，为深陷于水火中的中华民族"指点迷津，设计前途和出路"。[①]可以想见，在如此心态下，如此情景中，中国教育对于杜威来说"是需要帮助的客体"而甚于是"以世界为中介，旨在命名世界的共同体"，处于"失语"状态下的中国教育对于杜威和他的教育思想进行了更多"输入"而不是"对话"。[②]在当时"五四"新文化运动"打倒孔家店"的呼声中，中国教育根本来不及对杜威的教育思想进行

　　① 元青.杜威与中国［M］.北京：人民出版社，2001：104.
　　②［美］保罗·弗莱雷.被压迫者教育学［M］.顾建新，等译.上海：华东师范大学出版社，2001：38.

真正的意义上"研究"，便决定要用它来填补把中国教育的传统连根铲除后留下的空隙。根据杜威教育理论进行了"削足适履"式的一系列教育改革"实验"，新中国成立前后杜威式的教育改革"实验"在中国教育的土壤上均以失败告终，抛开其他社会因素，单从教育方面来讲也有一定的必然性。在近代中国教育史上，引入杜威实用主义教育思想的结果是，"说穿了只是一些早期留美学生带回国的美国相声。一阵时髦过去了，只能做做注脚"[①]。

关于杜威的中国之行，重要的是需要澄清他来中国的真实意图和目的是什么。从有关邀请杜威来华的往来书信以及记载杜威在中国期间的活动和见闻的历史文献中，可以得知，杜威根本不是出于什么重要的政治目的来华的，就他个人来说来华的目的只是"游玩"，发表讲演是在胡适等人要求下顺便的事，就像他想在游玩的过程中广泛交往以增长见识和充实自己的思想一样。需要特别指出的是，在华期间杜威无论是在应邀演讲、日常交往还是在记录见闻、发表论文中，虽然可以明显感觉到他对中国和中国人民（特别是当时中国教育界的许多人士）表现出的友好，但杜威毕竟是一个美国人，他还是不可避免地要站在一个美国人的立场上来对他在中国所见所闻做出评判的，这是一个不容忽视的事实。当然，从杜威来讲也没有要"为中国指点迷津，设计前途和出路"的打算，甚至于连帮助中国"建设新教育"也主要是出于邀请者的意图和目的。

从杜威的角度出发弄清楚杜威来华的真实目的和意图之后，对于美国学者所断言的"中国对杜威思想的影响比杜威对中国的影响要大得多"就不难理解了。事实上，杜威在中国的种种经历和他对于中国社会各种现象思考的日渐深入，影响到他思想的很多方面，除了较集中地在《人性与行为》一书

---

① 胡适.胡适口述自传［M］.［美］唐德刚，译注.上海：华东师范大学出版社，1993：153.

以及他在华期间和离华后发表的很多有关中国的论文中得到体现外，[1]杜威的在华演讲也从不同的角度反映出了这些影响。[2]"杜威在中国的演讲不仅在时间、内容和规模上引人瞩目，而且对杜威思想本身的发展来说也非常重要。杜威在中国的演讲根据内容分几大块，其中社会政治哲学共十六讲。在这十六次讲演中，杜威第一次系统阐述了他的政治哲学。在此之前，杜威也写过一些有关社会和政治哲学的文章，但都零零碎碎，不成系统。这十六讲是他应胡适的要求，"第一次系统表述他的社会政治哲学，其学术意义不言而喻"[3]。

---

① 杜威在这一期间发表了大量有关中国问题的论文，主要有：On the Two Side of the Eastern Sea; The Student Revolt in China; The International Duel in China; Militarism in China; Transforming the Mind of China; Chinese National Sentiment; The American Opportunity in China; Our Share in Drugging China; The Sequel of the Student Revolt; Shantung, Seen from Within; The New Leaven in Chinese Politics; What Holds China Back; China's Nightmare; A Political Upheaval in China; Bolshevism in China: Service Report; Is China a Nation? The Tenth Anniversary of the Republic of China; Federalism in China; China and Disarmament; Shrewd Tactics Are Show in Chinese Plea; Four Principles for China; Angles of Shantung Question; Chinese Resignation; As the China Think; American and Chinese Education; China and the West—Review of Bertrand Russell's The Problem of China. Is China a Nation or a Market? We Should Deal with China an Nation to Nation.

② *John Dewey and the May Fourth Movement in China: Dewey's Social and Political Philosophy in Relation to His Encounter with China*（1919—1921）. 1985：Abstract.

③ 张汝伦. 杜威在中国的命运［J］. 读书，2003（7）：126.

第1节　杜威教育思想在现代中国的传入

一、杜威教育思想传入的过程

中国不是走出中世纪而是被轰出中世纪的。[①]19世纪一系列的侵略战争使中国不由自主地被迫从闭关转而开放，接受西方的商人、传教士、领事和炮舰。事实上，在此之前，中国人对外面的世界毫无兴趣，对于欧洲和欧洲人一无所知，中国人几乎完全不知道或者根本不屑于知道欧洲的地理位置，只是把所有的欧洲人不分民族、性别、年龄，一概称为"长鼻子蛮子"。由于对西方的商品兴趣索然，对于西方希望通商要求自然置之不理，1793年，中国皇帝在答复英国国王乔治三世要求建立外交和贸易关系的信中，明确表达了对于西方的排斥："在统治这个广阔的世界时，我只考虑一个目标，即维持一个完善的统治，履行国家的职责：奇特、昂贵的东西不会引起我的兴趣……正如您的大使能亲眼看到的那样，我们拥有一切东西。我根本不看重奇特或精巧的物品，因而，不需要贵国的产品。"[②]由于骄傲自满和闭关自守，三次灾难性的战争使中国受到重创：先是1842年的第一次中英鸦片战争，接着是1860年的第二次鸦片战争，最让中国人感到耻辱的是1895年的中日甲午战争，泱泱天朝帝国败在邻近小国手下。究其原因，不外乎是当中国朝廷内部还在为是否要学习西方

---

① 陈旭麓.陈旭麓学术文存［C］.上海：上海人民出版社，1990：790.

② ［美］L. S. 斯塔夫里斯阿诺斯.全球通史——1500年以后的世界［M］.吴像婴，等译.上海：上海社会科学出版社，1999：224.

争论不休时，日本已经从西方引进了他们需要的东西，并成功地使西方技术服务于日本社会生活的各个方面，包括战争。战争带给中国的创伤不仅是在物质上，更严重的是在精神上，屈辱和痛苦促使中国人自我反省，重新评价自己的国家，包括现状与传统、政治与文化。

最初，19世纪60年代的"自强求富"，主要停留在学习西方的科学技术，目的是"师夷长技以制夷"。"中体西用"是当时具有代表性的主张，意指在学习西方武器和机械的同时要保持儒家道德的至尊地位。1895年中日甲午海战宣告了这一主张的失败。随后，中国对于西方的学习渐渐扩大到社会和文化领域，特别是到第一次世界大战前后，政府忙于内外政务无暇顾及文教领域，一时间为社会上各种文化、教育学说的兴起，各种外国思潮的引入提供了广阔的空间，并使这种扩大逐渐到了极致。这一变化的过程体现在中国人选来翻译的西方书籍类别的改变上，在1850—1899年间，中国人所翻译西方的书籍在自然科学，尤其是应用科学方面的数量上远远超过社会科学和古典文学方面，比例大约为四比一；1902—1904年间，后者却以二比一的比例超过了前者；而在1912—1940年间，翻译西方社会科学和古典文学方面的书籍比自然科学和应用科学方面的书籍多了两倍。这也恰好印证了杜威的话："一般情况下，思想学说都是在遇着困难的时候才提出的。就像走路，遇到了不便，才会有想要乘车的打算。不但个人的思想如此，人类共同的思想也是如此，只有当一切制度、风俗、习惯到了一定时期不再适应现实的状况，才有社会的思想与政治的思想发生。"①正是在这一时期，在一些觉醒的中国知识分子"寻求救国救民出路"的过程中，杜威的教育思想伴随大量涌入的西方教育思想一起被引入中国教育领域。

1912年，民国第一任教育总长蔡元培把"实利教育"列为其教育方针中

① John Dewey, *Lectures in China*, 1919–1921., Translated by Robert W. Clopton & Tsuin–chen Ou. The University Press of Hawaii, 1973：46.

"五育"之一。并溯其本源"今日美洲之杜威派，则纯持实利主义者也"①，最早把杜威引进中国。在此之前，中国教育界对于杜威知之甚少，有关杜威教育思想书籍的中译本一本也没有，也没有任何学术期刊介绍过杜威。就在蔡元培向国人"引见"杜威之后，1913年7月前后，近现代职业教育家黄炎培相继发表了《学校采用实用主义之商榷》《实用主义产出之第一年》《实用主义产出之第二年》《实用主义产出之第三年》《小学校实用主义表解》《实用主义小学教学法》等一系列文章，成为"杜威实用主义教育理论传入的一个前奏，并在一定程度上为它的传入提供了铺垫，渲染了气氛"②。

　　1915年中国文化界发起的"新文化运动"，以"民主"和"科学"为旗帜，在很大程度上冲击着教育界，特别是在1917年胡适留美回国后的加盟，使中国教育全面引入杜威教育思想成为可能。作为杜威的"及门弟子"，胡适回国后，并没有"立刻直接谈实用主义"③，但他却在"新文化"运动实践中推行了杜威的实用主义教育思想。如他自己所言："我谈白话文也只是实行我的实验主义。"④杜威的来华直接导致了在现代中国教育界掀起一股颇为壮观的"杜威研究"浪潮。1919年杜威来华前，作为杜威来华的先导，胡适、陶行知、蒋梦麟、刘经庶、沈恩孚、郑宗海等人纷纷在《教育杂志》《新教育》《时报》《民国日报》《新中国》等报刊上发表有关介绍、研究杜威和他的实用主义教育思想的文章。1919年4月，《新教育》还特别推出"杜威专号"，较为详细地介绍了杜威的生平及其学说，并配有杜威的照片。杜威的中国之行使这一时期的"杜威研究"浪潮达至顶峰。杜威来华前后，仅在报刊上发表的介绍杜威有关教育思想的文章就有几十篇，其中影响较大的有（见下表）：

---

　　① 蔡元培. 对于教育方针之意见. // 舒新城. 中国近代教育史资料（下册）［C］，北京：人民教育出版社，1961：657.

　　② 周谷平. 近代西方教育理论在中国的传播［M］. 广州：广东教育出版社，1996：148.

　　③ 彭明. 五四运动史［M］. 北京：人民出版社，1984：484.

　　④ 胡适. 胡适文存三集［C］. 上海；亚东图书馆，1930：99.

表2-1

文章题目	作　者	发表刊物	发行期次
《实验主义之教育方法》	陶行知	《金陵光》	1918-4，9卷4期
《实验主义与新教育》	陶行知	《新教育》	1919-2，1卷1期
《介绍杜威先生的教育学说》	陶行知	《时报·教育周刊·世界教育新思潮》	1919-3-31，6期
《实验教育的实施》	陶行知	《时报·教育周刊·世界教育新思潮》	1919-4-14，8期
《杜威论思想》	胡适	《觉悟》	1919-6-27—7-1
《杜威之伦理学》	蒋梦麟	《觉悟》	1919-7-2—5
《新教育》	陶行知	《教育潮》	1919-9，1卷4期
《杜威之教育原理》	蒋梦麟	《新教育》杜威号	1919，3期
《杜威之道德教育》	胡适	《觉悟》	1919-7-6—9
《杜威之伦理学》	刘经庶	《觉悟》	1919-7-10—12
《杜威之教育哲学》	胡适	《觉悟》	1919-7-14—19
《杜威博士的德育原理》	希志	《新潮》	1919-10，2卷1期
《杜威博士之实业教育论》	黄炎培	《东方杂志》	1919，16卷9期
《杜威教育的观念》	许文锵	《新学报》	1920-1，1期
《孟轲杜威二家的教育学说》	张明道	《新陇》	1920，1卷2期
《评杜威之教育哲学》	吴江冷	《学灯》	1922-10-22
《重估杜威教育哲学的价值》	张正藩	《学灯》	1923-10-31—11-1

资料来源：根据Barry Keenan, *The Dewey experiment in China*, Council on East Asian Studies Harvard University1977编制。

杜威来华起因于杜威在哥伦比亚大学的中国留学生陶行知、胡适、蒋梦麟、郭秉文等人。在得知杜威偕夫人、女儿于1919年2月到日本旅游、讲学之事后，共同商讨"请他到中国来"，并帮助中国"建设新教育"。3月14日，赴欧洲路过日本的郭秉文拜见了杜威先生，邀请他到中国来，杜威"一口答应"①，杜威当晚还宴请了郭秉文②。4月，北京大学校长蔡元培致电哥伦比亚大学校长巴特勒，敦聘杜威主讲于北京大学一年。③关于杜威来华讲学究竟是由哪些机构出面邀请、具体杜威到达中国的时间和离开中国的时间，学界一直以来存在有多种说法。深入考证，厘定事实，就显得十分必要。④

关于邀请杜威来华的团体，杜威的说法是："北京大学、尚志学会、新学会是最初请我讲演的。"⑤胡适却有几种说法，一说是"五四的时候，蒋梦麟先生、陶行知先生和我，代表江苏省教育会、北京大学和北京大学行知学会请他（杜威）到中国来讲学"⑥；一说是"当蒋梦麟和我这一群杜威的学生听说他在日本讲学时，我们乃商请北京大学、南京高等师范、江苏教育会和北京一个基金会叫做尚志学会，筹集基金邀请杜威来华讲学，并分担全部费用"⑦；一说是"当他（杜威）在日本的时候，中国有五个教育团体联名请他"⑧。历史学家也有不同的说法，一说是"杜威是由北京大学、新学会、尚志学会和中

---

① 陶行知.致胡适.// 沈益洪.杜威谈中国［C］.杭州：浙江文艺出版社，2001：300-301.

② John and Alice Dewey. *Letters From China and Japan*, New York: E. P. Dutton & Company, 1920：64.

③ 每周大事记［N］.上海，1919-04-14.

④ 具体的考证过程见：王剑.胡适与杜威的中国之行［J］.社会科学研究，2003（1）：120-124.本文采纳了其中的考证结果。

⑤ 五团体公饯杜威席上之言论［N］.晨报，1921-07-01.

⑥ 葛懋春，李兴芝.胡适哲学思想资料选［C］.上册.上海：华东师范大学出版社，1981：480.

⑦ 胡适.胡适口述自传［M］.唐德刚，译注.上海：华东师范大学出版社，1993：98.

⑧ 胡适哲学思想资料选［C］.上册，1981：555.

国公学联名聘请的"①；一说是"杜威来华讲学是东南大学（即南京高等师范
学校）和北京大学联合发起的"②；一说是"北京大学、江苏教育会等五个文
教团体邀请的"③。事实上，杜威来华的情况是这样的：最初发出邀请杜威来
华的是北京大学、南京高师和江苏省教育会三个团体。在得知杜威欣然来华
后，教育会和浙江省教育会加入了欢迎杜威的行列，但随即而生的经费上的困
境，促使胡适接触尚志学会、新学会和清华学校等团体，这些团体和机构慷慨
资助了杜威在京的活动。杜威来华期间经费筹措的经过是解释邀请杜威来华团
体不同说法的关键。④

　　杜威接受邀请后，到达中国的时间是在1919年4月30日还是5月1日也有过
不同的说法。其中5月1日之说出自胡适："杜威先生于民国八年五月一日——
'五四'的前三天——到上海。"⑤另外，从杜威的家书中也提到他5月1日到
上海。⑥由于胡适在杜威来华事件中扮演了至关重要的角色，并曾亲自到上海

---

　　① 丁守和，殷叙彝. 从五四启蒙运动到马克思主义的传播［M］. 北京：生活·读书·新知三
联书店，1979：234.

　　②［美］包华德. 中华民国史资料丛稿·民国名人传记辞典［C］. 第10分册. 沈自敏，译. 北
京：中华书局，1981：80.

　　③ 中国社会科学院近代史研究所中华民国史研究室. 中华民国史资料丛稿·人物传记［C］.
第5辑. 北京：中华书局，1978：93.

　　④ 关于这一史实的详细考据材料见：胡适哲学思想资料选［C］. 上册. 1981：480.；胡适口
述自传［M］. 1993：98；陶行知致胡适函，1919年3月12日，3月31日；陶行知、蒋梦麟致胡适
函，1919年6月24日. // 杜威谈中国［C］. 2001：299-302；胡适致蔡元培函，1919年6月22日. //
蔡元培全集［C］. 第10卷. 杭州：浙江教育出版社，1998：419；为欢迎杜威博士致江苏教育会函.
// 教育潮. 第1卷第1期（1919-04）；胡适博士到沪［J］. 申报，1919-05-01；胡适教授致校长函
［J］. 北京大学日刊，1919-05-08.

　　⑤ 胡适. 杜威先生与中国. // 杜威谈中国［C］. 2001：331；另外，胡适在《杜威在中国》的
演讲中也有同样的说法.

　　⑥ John and Alice Dewey. *Letters From China and Japan*, New York: E. P. Dutton & Company,
1920：147.

迎接，"杜威五月一日来华"之说得到国内外学界的普遍接受，①也就造成了学术界以讹传讹的结果。杜威来华确切之日是在1919年4月30日。查阅当时几种主要报刊均可找到明确的记载：上海《申报》5月1日号在"本埠新闻"栏目明确有杜威4月30日到沪的新闻；美国人资助的英文报刊上海《密勒氏评论报》在5月3日号中也报道了杜威4月30日下午到达上海的消息；北京《晨报》在5月2日号第三版上也刊登了"杜氏已于前月由日本神户乘船来华，于三十日抵上海"的消息；《教育潮》中刊登的《杜威博士来华讲演纪闻》一文中，也有杜威4月30日到上海的记载。

对于杜威离开中国的时间，几乎所有涉及"杜威中国之行"的记载都是在1921年7月11日杜威离开中国，启程回国的。然而，历史的真实情况却非如此，7月11日只是杜威离开北京的时间。因为杜威离开北京后并没有离开中国回国，而是去了山东，在山东，杜威一家在北京高师教育研究科学院王卓然的陪同下游历了泰山和孔陵等地，并于18日起在济南做了6场讲演，25日杜威离开济南到青岛，在青岛游学一周之后于8月2日离开，杜威离开青岛并没有直接回国而是去了日本。②

杜威在华两年多的时间里，先后在上海、北京、天津、奉天、直隶、山

---

① 国内见：孙培青. 中国教育史［M］. 上海：华东师范大学出版社，1992；李华兴. 民国教育史［M］. 上海：上海教育出版社，1997. 国外见：John Blewetted, *John Dewey: His Thought and Influence*, New York, Fordham University Press1960；Robert Clopton, *John Dewey in China*, Educational Perspectives, vol.4, no.1, March 1965；Nancy Sizer, *John Dewey's Ideas in China*, 1919 to 1921, Comparative Education Review, vol.10, no.3, October 1966；Barry Keenan, *John Dewey in China: His Visit and the Reception of His Ideas*, 1919–1927, Ph.D. Dissertation of Claremont Graduate and University Center, 1969.

② 关于这一段历史的考据材料，详见Barry Keenan, *The Dewey Experiment in China*, 1977：221–228；晨报（北京.）1921年7月12日第2版《昨日吾国走去两位哲学家》、8月14日第6版《山东教育界之佳象》；大公报（长沙）1921年7月27日第3版《杜威在山东之讲演》、8月6日第3版《杜威在山东临别赠言》、8月9日第3版《杜威博士之青岛游》；王卓然. 中国教育一瞥录［M］. 上海：商务印书馆，1923：340.

西、山东、江苏、浙江、江西、湖南、福建、广东等10多个省，应各种团体的邀请，由胡适、蒋梦麟等人充当翻译，做了大小200多次演讲，其中绝大部分内容是介绍自己的教育思想，演讲之后几乎全部发表于报刊上或集书出版（见下表）。

表2-2

讲演内容	讲演时间	翻译	记录	邀请团体	刊载报刊	刊载日期
《平民主义的教育》	1919-5-3—4	蒋梦麟	潘公展	江苏省教育会	《晨报》	1919-5-13
《平民教育之真谛》	1919-5-18	陶行知	朱毓魁	南京高等师范学校	《教育潮》	1919-6
《现代教育的趋势》	1919-6-17、19、21	胡适	涵卢，天风	京师学务局	《每周评论》	1919-6-22
《与贵州教育实业参观团之谈话》	1919-7-19	胡适	涵卢，天风	旅京贵州教育实业参观团	《学灯》	1919-7-29
《学问的新问题》	1919-8-10	胡适	志希，毋忘	新学会	《觉悟》	1919-8-14—22
《实业教育论》	1919-9-12	不明	不明	不明	《新中国》	1919-9-15
《大学任务之性质》	1919-9-20	胡适	孙伏园	北京大学	《晨报副刊》	1919-10-1
《教育哲学》	1919-9-20—1920-3-6	胡适	伏卢，毋忘	北京大学、教育部、尚志学会、新学会	《觉悟》	1919-10-1—15，1920-1-29—30，3-1、4—6
《世界大战与教育》	1919-10-9	胡适	邓初民	山西省督军署	《新中国》	1919-11-15
《品格养成为教育之无上目的》	1919-10-10	胡适	邓初民	山西省立师范学校	《新中国》	1919-12-30

（续表）

讲演内容	讲演时间	翻译	记录	邀请团体	刊载报刊	刊载日期
《教育上的自动》	1919-10-11	胡适	邓初民	山西国民师范学校	《新中国》	1919-12-30
《学校与乡里》	1919-10-12	胡适	邓初民	山西师范传习所	《新中国》	1919-11-15
《教育上实验的精神》	1919-10-12	胡适	邓初民	全国教育会联合会	《新中国》	1919-12-30
《高等教育的职务》	1919-10-13	胡适	邓初民	山西大学	《新中国》	1919-11-15
《学生自治》	1919-10-14	胡适	刘汝甫 邵正祥	北京高等师范学校	《晨报》	1920-9-16 —9-18
《大学与民治国舆论的重要》	1919-12-17	胡适	高尚德	北京大学	《晨报副刊》	1919-12-20
《教授青年的教育原理》	1921	不明	福音	北京女子高等师范学校	《晨报副刊》	1921-5-10, 11
《科学的教授》	1921-6-12	王卓然	淑蓝	中国科学社	《晨报副刊》	1921-6-24

资料来源：根据Barry Keenan，*The Dewey Experiment in China*编制。

以上演讲分别以长篇连续多次讲一个主题和短篇一次讲一个问题的形式给出，吸引了大量听众"肃然静听……均先期而至……座为之满后到者咸环立两旁"[1]，产生了颇具规模的"轰动"效应。在杜威全部的演讲中，长篇演讲共有10次，短篇演讲据考证大约有60次左右。[2]杜威在北京的7次长篇演讲中的前5次和在南京演讲的3次，后来由北京晨报社和上海泰东图书公司汇编出版，分别命名为《杜威五大讲演》和《杜威三大讲演》。《平民主义与教育》《教育哲学》等则由商务印书馆及其他出版机构出版。其中，北京晨报社汇编

---

① 晨报，1919年6月9日、11日、13日.

② 根据Barry Keenan: *The Dewey Experiment in China* 的统计.

的《杜威五大讲演》在出版后的两年中再版了14次。

二、"杜威引入"的结果

　　1919年10月20日，杜威在北京度过了60岁生日，这一天正好是孔子诞辰日。这两位大哲学家都是在离开家乡，在他乡游历讲学的途中度过60岁生日的。在杜威的生日宴会上，北京大学校长蔡元培发表演说祝贺。蔡元培指出，孔子的很多教育主张与杜威的实用主义教育思想之间有许多相似之处，"孔子是中国第一个平民教育家……孔子说：'学而不思则罔，思而不学则殆'，这就是经验与思想并重的意义。他说'多闻阙疑，慎言其余……多见阙殆，慎行其余……'这就是实验的意义"。同时蔡元培也明确认识到了二者的不同："孔子说尊王，博士（指杜威）说平民主义；孔子说女子难养，博士说男女平权；孔子说述而不作，博士说创造。"在蔡元培看来，传统与现代科学精神相互并不完全排斥，"旧的亦是文明，要在它里面寻出与现代科学精神不相冲突的，非不可能"。[①]实际上，孔子和杜威从不同的途径赋予了教育浓厚的人文关怀，孔子坚信"君子不器"，杜威则把心理学作为从事教育活动的一个基础，这些都是现代科学精神中不容忽视的重要组成部分。[②]在杜威随后的在华游学过程中，人们总是把他与孔子并论，杜威遂得"西方孔子"之美誉。[③]

　　1919年5月4日杜威来华4天后爆发的五四运动，既是"新文化运动"的一个重要组成部分，又把"新文化运动"推向了高潮，为杜威学说在中国的盛行

　　① 蔡元培. 在杜威博士之60生日晚宴会上之演说. // 杜威谈中国［C］. 2001：329-330.

　　② 有关杜威与孔子教育思想异同的研究，可参见：赵仰雄. 杜威与孔孟教育思想的异同［M］. 台北：幼狮文化事业公司，1975.

　　③ Barry Keenan. *The Dewey Experiment in China*, Council on East Asian Studies Harvard University，1977：11.

提供了有利的环境。①五四运动后，"新文化运动"阵营混合了观点主张各异甚或是对立的不同派别。"'新文化运动'这个词，究竟是什么人，什么时候，适应什么需要而提出来的？这是一个值得探索的问题。原来，这个词并不是运动的发起人陈独秀、胡适等人提出来的，而是以吴稚晖为代表的一些原先曾经攻击过这一运动的人，当看到运动的效果日益显著时，为争夺运动的领导权而提出来的……在《新青年》创刊到五四爱国运动爆发的一段时间里，报刊文章的标题中，并没有'新文化运动'这个词，只有'新思潮运动'一词。从'五四运动'后，'新文化运动'一词才流传开来。"②

　　大致划分"新文化运动"中的派别（相对意义上），可分为以胡适为首的自由主义，以陈独秀、李大钊为首的革命派，以及以梁启超、梁漱溟为首的温和派。这些派别对于"新文化运动"中文化教育改革和社会政治运动关系的理解以及他们的主张和态度，直接关系到现代中国教育中"杜威引入"的影响和结果。

　　以胡适为首的自由主义者，出于对军阀和旧官僚制度异常失望，认定不能将中国的出路寄希望于政治运动，只有通过由教育改革来推动社会文化进步才是救国的最佳途径。陈独秀把当时避免将"新文化运动"卷入政治旋涡的自由主义者分为三类：一类是某些学者和知识分子，如胡适、张东荪等；一类是"上海总商界"和"各马路商界联合会"等商业组织；一类是无政府党人氏，他们为了自己的目的在原则上反对一切政府组织，吴稚晖即是其中一员。当然这种划分并不完全准确，这三类自由主义者也不是完全主张避免现实政治，但他们都不愿采取政治行动解决问题却是事实。特别是像胡适这样的知识分子，

---

① John Dewey, *Lectures in China*, 1919–1920, Translated by Robert W. Clopton &: Tsuin-chen Ou. The University Press of Hawaii, Introduction. 1973：6-7.

② 刘桂生，张步洲. 台港及海外五四研究论著撷要［M］. 北京：教育科学出版社，1989：4-5.

作为杜威思想的中国代言人[①]，完全赞同杜威的观点：民主本是一些信仰，本是对生活的一种看法，本是一些思想的习惯，民主并不只是政府的形式，所以实行民主需要有"普遍的教育"。他们还同意杜威的看法，认为当时的学生运动是一种新觉悟的表现，是男女青年在受教育启发后的一种思想上的觉醒。

温和派亦被称作是"传统主义者"或"保守主义者"，然而不容忽视的是，在梁启超、梁漱溟、林纾、章炳麟、辜鸿铭和"学衡"派这些"传统主义者"或"保守主义者"中，没有一个真正是全然生活于古老的中国里，或准备用传统提供的武器来护卫过去传统的人。他们都是曾被西方思想范畴如此显著地影响的人，以致无论是被称为"传统主义者"还是"保守主义者"，都掩盖不了他们以一种非"传统"非"保守"的观点审视中国问题的事实。但无论如何，"籍思想文化以解决问题"的儒家传统思维模式在他们身上得到最为深刻的体现。[②]他们认为，五四运动后，"新文化运动"把重点转移到文化活动上是有益的，但不该忽略了政治运动。在他们看来，一个国家只有不断地搞政治运动才能促进政治上的进步，梁启超把政治运动定义为："国民中一部分，为保存国家及发展国家起见，怀抱一种理想，对于政治现象或全体或局部的感觉不满足，乃用公开的形式，联合多数人继续协同动作，从事于宣传与实行，以求贯彻政治改革或政治革命之公共目的，所采之一种手段也。"[③]在强调政治运动必要性的同时，温和派人士也清楚地认识到，在当时缺乏言论自由，民众参政意识薄弱，文盲占大多数的中国社会环境下，扶植政治运动很可能最终被政客或政党所操纵，成为他们争权夺利的工具；民众对政治运动兴趣不大，普遍

① Dockser, Cecile Bahn, *John Dewey and the MAY FOURTH MOVEMENT in China: Dewey's Social and Political Philosophy in Relation to his Encounter with China*（1919-1921），US UMI Company, 1985；Abstract.

② 有关这一问题更为系统、详尽的论述见：新文化运动与中国传统文化的关系——全面反传统与传统本身的"籍思想文化解决问题"的模式等一组文章 // 台港及海外五四研究论著撷要［M］.北京：教育科学出版社，1989：69-111.

③ 梁启超.政治运动之意义及价值. // 饮冰室合集［C］.北京：中华书局，1989：12-13.

参加的可能性很小，即使参加也多出于感情的冲动，而非理性思考的结果。站在温和派的立场上，在"将来有效的政治运动"之前，杜威所宣传的"平民教育"正合时宜，在当时过渡时期"以辅助的意味行政治运动"特别是"以教育的意味行政治运动"，使杜威的"通过教育的工具达至改革社会之目的"[①]的宣传大受欢迎。同时，杜威主张把解决社会问题的希望几乎完全集中在教育上的观点，显然不能满足重视政治运动的温和派寻求"救国救民之路"的期待视野。

革命派在学生运动是否具有政治性的问题上，得出的结论恰好与自由主义者相反。他们认为，五四运动成功的主要原因就在于，他们采取有组织的行动，并且煽起了从开始就具有强烈政治意义的群众运动。[②]由此，他们强调学生运动的政治性。同样出于对军阀和旧制度的失望，与自由主义者不同的是，他们主张知识分子应该组织起来，采取行动，达到救国救民的政治目的。尽管他们也同意自由主义者的观点，认为军事、政治、经济活动不包括在"新文化运动"的范围之内，承认文化运动须解决的问题限于科学（社会科学和自然科学）、宗教、道德、文学、艺术领域，面对现实的政治，文化运动也应该只从理论上着手处理政治科学的问题。但他们坚持"新文化运动"应向下面几个方向发展：首先，应该通过加强有组织的活动来唤醒人民的大众精神；其次，在接受西方文化的过程中不应完全放弃中国自己的文化，要以创造的精神，发展一种"新"文化；最后，"新文化运动"应该通过文化改革间接地影响现实的政治、军事和经济，而不是受到它们的影响和阻碍。陈独秀还建议，投身"新文化运动"的知识分子还应同时参加其他处理社会问题如妇女地位、劳工环境、人口问题等社会运动。他虽反对直接把"新文化运动"作为社会政治改革的工具，但他坚持，

---

① 梁启超. 政治运动之意义及价值. // 饮冰室合集［C］. 北京：中华书局，1989：12-13.

② 陈独秀. 论无政府主义的信. // 新青年编辑部. 社会主义讨论集［C］. 广州：新青年社，1922：105-106.

"新文化运动"最终一定会影响社会的政治和经济改革。

从革命派对文化运动和社会运动的区分，可以看到他们解决中国社会问题的急迫心情。他们对于杜威提出的"民主"十分赞赏，杜威在1919年冬的演讲中分析了构成"民主"的因素主要有四：一是政治民主，以宪治和立法代表权为主；二是民权民主，亦即人民有言论、出版、信仰、居住的自由；三是社会民主，旨在消除社会的不平等现象；四是经济民主，平均分配社会财富。[①]他们甚至可以接受杜威建议中国实现"民主"的步骤，首先，既然中国没有个人主义的传统，可以把中国传统原有的社会集团和政府对个人的"保障的原则"加以民主化；其次，中国可以借着大众教育的方式，为人民达成机会上的平等；再者，为了解决中国一些特殊的问题，可以发展知识的专业化，而在这一方面正是西方民主制度存在欠缺的地方。[②]他们在对中国经济问题的看法上，也在某种程度上与杜威达成共识，杜威把所有的社会问题分为三类：经济的、政治的、思想的；他认为，在三者中，经济问题是最重要的，"经济生活是所有各种社会生活的基础"。[③]在上述问题上，革命派与自由主义者对于杜威的学说、主张的赞同几乎是完全一致的。但在是否把中国的希望仅仅寄托在"教育救国"的渐进式途径上、中国革命需不需要马克思主义等关键问题上，革命派同赞成杜威主张的自由主义者之间冲突产生了。亲历美国社会"城市化"过程的杜威，是从中国城市工业发展的视角来观察、分析中国社会的。在他看来，中国工业落后，劳工问题和财富分配不均问题还不严重，远远构不成城市社会中工业无产阶级同资产阶级的阶级对立。实际上，当时中国社会的整体状况并不像杜威所分析的那样简单。当时，在占中国总人口80%的农村，土地问题已相当严重，地主和佃农之间财富分配的差距已引起社会各方的关注，阶级对立已表现得相当激烈。军阀混战、外敌侵入……各种冲突愈演愈烈，社

---

① ［美］杜威.美国之民治的发展［N］.晨报副刊，1919-06-17.

② ［美］杜威.社会哲学与政治哲学［J］.新青年，1919-12-01.

③ ［美］杜威.社会哲学与政治哲学［J］.新青年，1919-12-01.

会各种矛盾激化到不论是身处哪一个派别的仁人志士都在急切地寻找一条"救国救民之路"。在这一点上，杜威的"渐进式"显然是有负众望。

上述各派别对待杜威和他的教育思想的态度，存在共同之处，那就是他们都从不同程度上认识到：在当时情况下，固守传统而拒绝接受杜威的理论显然是不可取的。但在接受其中哪些部分，针对中国的现实怎样来接受的问题上，从教育、政治、文化的不同角度出发，各派别之间分歧就产生了。结果是，二元对立式的思维模式在主宰了"新文化运动"方向的同时，也决定了杜威教育思想在近代中国教育中的命运。

在"传统"与"西化"之间斗争的结果"西化"战胜"传统"的同时，就是批判传统文化的开始。"杜威引入"的另一个相对应的举措就是要"打倒孔家店"，似乎是原有的传统如果不从民众的头脑中清除出去就无处再容纳西方的"民主"与"科学"。陈独秀宣称："我们现在认定只有这两位先生'赛先生'（Science）和'德先生'（Democracy），（即'民主'和'科学'），可以救治中国政治上、道德上、学术上、思想上一切的黑暗。"[①]杜威离华之际，胡适在他的送别致辞《杜威与中国》中断言："在最近的将来几十年中，也未必有别个西洋学者在中国的影响可以比杜威先生还大……特别主张的应用是有限的，方法的应用是无穷的。"[②]显然，杜威的思想被看成了超越教育领域解决当时中国社会面临的各种问题的"一条出路"。蔡元培当初曾经设想的"中西文化媒合"至此已不合时宜，国人心悦诚服地接受杜威之后随即便把"孔孟之道"看成了阻碍寻求"西方式救国途径"的绊脚石。近代中国的"杜威引入"，在某种程度上使自鸦片战争后从盲目自信到失去自信的中国在

---

① 陈独秀.本志罪恶之答辩书［J］.新青年，1919-01.

② 胡适.杜威先生与中国. // 杜威谈中国［C］.2001：331-332.胡适膝下有二子，长子胡祖望，得名于胡母冯顺弟，有光宗耀祖之意；次子胡思杜，由胡适亲赐，寓意"思念杜威"，既表达了他对老师的敬重之情，更含着他一生对自由主义的坚定信仰。胡适曾说，"思杜是我创造的。"大意是说中国该选择杜威，更要一代代"思杜"下去。

"五四"时期更加了一层自卑的心理。在寄希望于引进杜威等西来的"民主"与"科学"观念拯救中国时，却没有考虑到：将他乡土壤上培育出的硕果拿到我们的国土上，它的生命力还能剩下多少。在此，与美国人的"实用主义"相比，中国人表现出的是另一种不同的"实用主义"："我们中国人最感兴趣的是实用。我们在美国时常常发现，如果有人拿东西给美国人看，他们多半会说：'这很有趣呀！'碰到同样的情形时，中国人的反应却多半是：'这有什么用处？'这真是中国俗语所谓的'智者见智，仁者见仁'。心理状态的不同，所表现的兴趣也就不同了。我们中国对一种东西的用途，比对这种东西的本身更感兴趣。中国思想对一切事物的观察都以这些事物对人的关系为基础，看它们有无道德上的应用价值，有无艺术价值，是否富于诗意，是否切合实用。"①

如此看来，与中国人的"实用主义"相比，杜威的"实用主义"应该称之为"实验主义"更妥当，杜威强调"验证"，途径是通过"科学的方法"；中国人则强调"有用"，途径是通过"感觉来判断"。或许正是由于这种差距的存在，因此使中国教育在更重视"杜威引入"的用途的前提下，相对忽视了对于杜威思想本身的研究。在"杜威引入"的同时便"打倒孔家店"的匆忙举措，也恰恰是完全忽视了产生于美国的杜威思想与中国人的思维习惯和民族心理之间的差距。②

---

① 蒋梦麟.现代世界中的中国［M］.上海：学林出版社，1997：146.

② 在这个方面中西传统思维习惯和民族心理之间的差距主要表现在：西方传统观念对事物的看法是"一体两离"的，从柏拉图开始就把世界看作是"现象"与"理念"两分离的，理念世界高于现象世界，可感受到的现象世界是多变易失的，而代表事物本质的理念则是多中之一，永恒常驻的，理念是概念、范畴；是真理、纯粹的知识，柏拉图的这种划分奠定了西方思想史中抽象理性思维至高无上的地位，也直接推动了西方社会科学世界观的萌芽与发展；而在中国传统中素来有"天人合一"的说法，中国传统思想认为，在人生活的、可感受到的世界之外并没有另一个世界存在，正是所谓的"道不离器""道不远人""理在气中"，对于人生活于其中的世界上的各种事物的衡量标准，都是从"人事底立场"（金岳霖.论道［M］.北京：商务印书馆，1985：16）出发的，人的感受、人的直觉、人的想象在其中起着至关重要的作用，由此决定了在中国人传统的思维习惯中，感性思维所占有的重要地位。

　　杜威在与孙中山讨论"知行"问题时，杜威便针对中国人的这种过重"实用"的做法提出："过重实用，则反不切实用。在西方没有人相信'知'是一件容易的事。"①对于中国传统观念中的"知之非艰，行之维艰"的说法，他们二人均持反对态度，但是，他们二人在如何看待这类问题时又明显存在着差异。在杜威看来，诸如此类的一些哲学论争纯属科学理论上的探索，与中国的革命和建设没有必然的联系。孙中山却把这种关于民族心理问题的探讨看得很重要，认为一个民族的心理状态影响着这个民族政治、经济和社会各个其他方面的发展。

　　蒋梦麟曾这样讲述过他和胡适同他们的老师杜威对一件事情看法的差别："有一天夏天的下午，杜威教授、胡适之先生和我三个人在北平西山看到一只屎克螂正在推着一个小小的泥团上山坡。它先用前腿来推，然后又用后腿，接着又改用边腿。泥团一点一点往上滚，后来不知怎么一来，泥团忽然滚回原地，屎克螂则紧攀在泥团上翻滚下坡。它又从头做起，重新推着泥团上坡，但是一次接一次地失败。适之先生和我都说，它的恒心毅力实在可佩。杜威教授却说，它的毅力固然可嘉，它的愚蠢却实在可怜。这真是智者见智、仁者见仁。同一东西却有不同的两面。这位杰出的哲学家是地道的西方子弟，他的两位弟子却是道地的东方子弟。西方惋叹屎壳郎之缺乏智慧，东方则赞叹之富于毅力。"②

　　杜威和孙中山、胡适、蒋梦麟之间观点的相似与不同，反映了中西文化之间存在着相似与不同。无论这两种文化如何相似，都不可能完全相同。与西方的"实用主义"重科学实验、重变化过程相比，中国人的"实用"主义更看重亲身体验和最终结果以及不达目的不罢休的"毅力"（精神）。西方人说"条条大路通罗马"，中国人则认为"不到长城非好汉"。中西文化的差别预

　　① 蒋梦麟.西潮［M］.沈阳：辽宁教育出版社，1997：105.
　　② 蒋梦麟.现代世界中的中国［M］.上海：学林出版社，1997：161.

示了中国在接受杜威理论的同时，也必然存在着排斥它的潜在因素，不可能得到"无限的应用"。这样看来，胡适对于杜威的推崇的确是"太武断了"，就连胡适的学生唐德刚对于"他老人家无条件地服膺杜威的情形，心中不以为然"，认为是自己的老师"太过于感情用事"了①。

然而，并没有几十年，几乎就在胡适发表这一言论的同时，马克思主义就在"问题与主义"的论战中"取得胜利……成为中国革命的指路明灯"②。这有些出乎胡适意料之外的事，其实本来就应该是意料之中的结果。在解决政治经济问题显然要比解决教育问题更为急迫的近代中国，作为政治经济学家的马克思的理论比作为教育哲学家的杜威的理论更适合用来解决政治经济问题，原本就是情理之中，应该是理所当然的。问题在于，中国革命在选择了马克思主义作为普遍真理之后，是否就决定了在教育领域运用马克思主义的思想武器的同时就必定要对杜威和他的教育思想进行"彻底批判"？事实上，当时"问题与主义"这一学术讨论的结论，与其说是形成截然对立的两种改造中国社会的观点，还不如说是对于中国社会的改造在很多方面明确了共识——为了更好地解决问题就要宣扬主义。"因为一个社会问题的解决，必须靠着社会上多数人共同的运动。那么我们要想解决一个问题，应该设法使它成了社会上多数人共同的问题。要想使一个社会问题成了社会上多数人共同的问题，应该使这社会上可以共同解决这个那个社会问题的多数人，先有一个共同趋向的理想、主义……我们的社会运动，一方面固然要研究实际的问题，一方面也要宣传理想的主义。这是交相为用的，这是并行不悖的。"③后来，更多的是出于政治的需要而人为地将这一讨论"激化"④了。

对于政治力量抱有无限的信任是中国传统留下来的最核心的观念。从孔

① 胡适. 胡适口述自传 [M]. 唐德刚，译注. 上海：华东师范大学出版社，1993：82.

② 彭明. 五四运动史 [M]. 北京：人民出版社，1984：499.

③ 李大钊. 再论问题与主义. // 李大钊文集 [C]. 第3卷. 北京：人民出版社，1999：1-7.

④ 朱志敏. 李大钊与胡适 [J]. 近代史研究，1997（2）.

子的"学而优则仕"开始，为官参政的政治目的就成为中国人心中所向往和追求的最终价值取向。教育只不过是政治的附庸，达到政治目的的一种手段而已。把一切希望寄托在政治变革上是中国社会一直在起作用的流行观念——无论这种政治变革是改良式的还是革命式的，在一般中国人的心目中，只要政治变好了，不只是教育，社会其他各个方面都应该在政治的指挥棒下进行变革是毫无疑问的。五四运动大力倡导铲除各种外表形式上的传统之后，各派人士经过激烈的论争，最后在这一根深蒂固的传统观念面前却殊途同归了。[①]二元对立式的思维模式最终也导致了马克思主义成为中国革命的指路明灯，引导中国革命胜利后，便转而在教育领域排斥杜威和他的教育思想。

确切地说，找到马克思主义作为指路明灯并不能代替自己走路，中国革命最后取得胜利的关键既不是来自于西方式的民主教育，也不是来自于苏联式的国际共产主义，而是扎根于中国社会、生长于中国社会，成功地运用了马克思主义原理的毛泽东思想。

考察毛泽东思想的产生过程，离不开对于"五四"时期"新文化运动"之后中国知识分子对于未来中国走向思索的审视。"两千年文化传统的因袭，到了'五四'，终于被一批年轻人轰破了，他们每一个人似乎都燃烧着一团火，拼命地写，拼命地吃喝，拼命地狂呼，拼命地爱……这一阵烈火、这一阵旋风，这一种浪漫的冲动，的确为中国带来一番新气象，也为后一代带来许多新问题。'五四'的一股冲劲，把传统打倒了，'新文化运动'事实上形同真空，文士们一意歌颂爱情，发扬自我，庆祝再生，建筑理想的'空中楼阁'——社会主义、无政府主义、人道主义、托尔斯泰主义、世界语主义……但却不能静下来仔细思索一下自己于推翻的旧文化、旧社会、旧礼教后的新地位——知识分子的'零余'，与政治的脱节，对其他'劳苦大众'之不了

---

① 就连在1917年回国时曾誓言"二十年不谈政治"的胡适也在五四运动不久即成为政治上的"过河卒子"。

解——以及有了这一个新地位后如何做？他们对于这一种新地位、新角色的反应，除了少数人外，大都是浪漫性的。"①

毛泽东恰恰是能够静下来仔细思索推翻旧文化、旧社会、旧礼教后的新地位以及有了这一个新地位后如何做的"少数人"之一。他除了具有"五四"时期中国知识分子的浪漫情怀之外，对占中国人口绝大多数的贫苦农民的心理具有非常细致入微的洞察了解，并在此基础上对他们最迫切的愿望作出集中的表达——"从群众中来到群众中去"是毛泽东一生最大的成功。②"不可否认，从农家的社会文化背景走出来的毛泽东，与中国农民的心理却一直有深刻而强烈的共鸣……毛泽东深切地体验和感受到了中国农民的苦难，他们的希望和信仰，他们的可贵品质，以及某些自私狭隘的习性。因此，一旦他分析起农民心理，总是入木三分，一针见血……1938年4月在'抗大'的演说中，他提醒那些农民出身的干部：'要警惕一下，不要见钱就眼红；因为过去在乡下见不得钱'。在同月30号的讲话中他又风趣地提出：'譬如三万块钱请你一个人带走，骑了马走，那时候一看，前后左右都没有人。钱就在荷包了里，你打不打主意，想不想一下子呢？由此想到回家，买田地，讨小老婆'。能将中国农民复杂而微妙的心理揣摩到如此精细的地步，正是毛泽东的政治天才所在，正是他的最大的政治'资本'所在。正是凭着这一'资本'，毛泽东在这个农民的

---

① ［美］李欧梵.五四文人的浪漫精神. // 五四：文化的阐释与评价——西方学者论五四［C］.太原：山西人民出版社，1989：185.其中"零余"一词是借用郁达夫的说法："活在世上，总要做些事情，但是被高等教育割势后的我这零余者，教我能够做些什么？"这一词来源于屠格涅夫的小说《零余者的日记》，屠格涅夫用"零余"一词一针见血地描绘出19世纪的俄国知识分子的心情，他们和政治脱了节，对与社会现实（农奴）有沉重的罪恶感，但他们能做些什么？大多数的人在沙龙里喝酒，谈黑格尔，也是同样地自暴自弃，颓废度日.后来，终于有些年轻知识分子挣出了"零余者"的牢笼，要改变政治和社会现实，于是变成了"虚无党"恐怖分子，或参加所谓"人民主义"（Populist）运动，到农村去为农民服务.早期的列宁，就深受这种气氛的影响.（五四文人的浪漫精神.1989：175）

② 何显明.超越与回归：毛泽东的心路历程［M］.上海：学林出版社，2002：246.

国度从事革命，才达到了得心应手、游刃有余的境地。"①

　　遗憾的是，旨在"要创造一个新文化"的"五四"新文化运动"打倒"了传统之后，恰恰是在文化思想方面，却没能探索出一条具有中国特色的新道路。许多在传统的儒家哲学熏陶下成长起来，上过新式学堂，留过洋，后来积极投身于新文化运动的文人知士，在"学而优则仕"这一沟通教育与政治的途径受到怀疑和批判，传统科举考试制度被废除，教育被迫与政治疏离之后，他们应该做什么？离开了自古以来中国知识分子所追求参政议政的政治目的，中国的思想文化在摆脱了政治的终极价值追求的旧传统之后，在将"孔孟老墨丢在茅厕里三十年"②的呼声与现实中，他们却并没有能够试图努力去探索出一条"中国式"的"新"思想文化之路。他们在五四运动中轰破了两千年文化传统的因袭，却突然发现自己先前也曾奋力追求的参政议政的传统之路，被他们自己堵死了，终极目的在快要达到时突然不复存在了，可他们又不愿再走近先前奋力脱离开的"劳苦大众"，做不到再另辟蹊径从头做起，他们成了"零余"，中国的文化思想脱离了赖以生长的土壤，失去了根基，这些"零余"还能做什么？郁达夫酗酒，蒋光慈"漂泊"，徐志摩自乐"象牙塔"，张资平、叶灵凤写半黄色的小说，李叔同出家，王国维自沉于颐和园的昆明湖……

　　与文化思想迷茫相关的是教育的迷茫。在"杜威引入"之后，当时的中国社会状况不允许、也没有可能使现代中国教育通过对当时实际教育状况的调查，针对当时中国教育中出现的具体情况来探索出一条"具有中国特色"的教育之路。在传统文化解体而知识分子不能摆脱传统二元对立思想方式影响的情况下，中国教育界的许多重要人物，包括胡适、蒋梦麟、陶行知等人，对于杜威教育思想和美国教育理论的接受态度是一元论式。譬如胡适尽管极力主张要"多研究些问题，少谈些主义"，一生反对"被人家牵着鼻子走"，在遇到杜

威之后，便"尽弃所学而学焉"，让他"牵着鼻子走了"。[①]1931年国际联盟教育考察团对中国教育进行考察之后，在《考察团报告书》中指出："在当时的中国教育中存在着肤浅的美国化倾向……中国不但抄袭美国的教育学，而且盲目欢迎美国教育的一切新花样。"[②]当然，不能否定陶行知、陈鹤琴等一些教育家也试图从中国教育的实际出发，对杜威的教育理论进行了某些切合中国教育的取舍和修改，其中陶行知还曾尝试"改造杜威哲学用它来变革中国教育使之适应当时中国政治变革的需要"[③]。但从根本上来看，他们都还是以"从师"的态度来对待杜威的，从当时中国教育的整体状况来看，并没有真正形成中国自己的教育理论。在这种情景下，与杜威的教育理论进行平等的"对话"显然不大可能，"抄袭"杜威教育思想和美国教育也就成了当时中国教育的必然。

20世纪20—40年代的中国政治局势的变幻，也是现代中国教育直到新中国成立前"抄袭"杜威的教育思想和美国教育的一个起决定作用的因素。鸦片战争后，中国沦为半封建半殖民地国家，外国势力的影响在近代中国教育中留下了深刻的烙印。从20世纪初期清王朝覆灭到1920年7月直皖战争前，袁世凯政权和段祺瑞皖系军阀都是在日本人扶持下实际操纵国家大权的，当时的中国教育也在很大程度上受到从日本引进的以赫尔巴特教育思想为代表的德国教育的影响。而直皖战争后直到新中国成立前，从吴佩孚到蒋介石，中国的政权一直被操纵在英、美支持下的政治集团手中，这种政权的更迭从根本上决定了当

---

① 胡适. 胡适口述自传［M］. 唐德刚，译注. 上海：华东师范大学出版社，1993：80.

② 单中惠. 现代教育的探索［M］. 北京：人民教育出版社，2002：516-517.

③ Yushen Yao, *National Salvation Through Education: Tao Xingzhi's Educational Radicalism*,. US UMI Company,1999：4.

时中国教育转向对于杜威教育理论和美国教育的"抄袭"①。

把教育看作是政治的附属物，没有充分认识到教育的相对独立性，相应地缺乏从教育发展自身规律的角度来探索解决当时中国教育中实际问题的出路，使在杜威教育理论指导下的现代中国教育变革成为现代中国政治变革的一个组成部分，②也为后来新中国成立后的"彻底批判杜威"埋下了伏笔。

第 2 节　中国之行对杜威及其教育思想的影响

1919年春到1921秋，在华两年多的时间，"不管杜威对中国的影响如何，杜威在中国的访问对他自己也具有深刻和持久的影响"③。特别是恰逢"五四运动"的爆发，"新的未知因素的加入，使任何人都无法预料中国未来的走向"④，引起了杜威极大的关注和兴趣。在中国之行中，"杜威从美国到中国，环境的变化如此之大，以致对他的学术上的热情起了复兴的作用"⑤，杜

---

① 尽管在1946年到1949年的解放战争期间，由于美国对蒋介石独裁政府的支持，在解放区教育中出于政治的原因已出现了对杜威教育思想和美国教育从"崇拜"到"批判"的趋向。但作为当时中国教育的主流，在国民党统治下的官方教育中仍是以"抄袭"杜威的教育思想和美国教育为明显特征的。

② Nydia Cummings. *Experimentalism and Educational Measurement: Complementary Contributions of Dewey and McCall to the New Intellectual Movement in China*, US UMI Company, 1997：Abstract.

③［美］简·杜威. 约翰·杜威传. // 杜威传（修订版）［C］. 单中惠，编译. 合肥：安徽教育出版社，2009：42.

④ John and Alice Dewey. *Letters From China and Japan*. New York: E. P. Dutton & Company, 1920：193.

⑤［美］简·杜威. 约翰·杜威传. // 杜威传（修订版）［C］. 单中惠，编译. 合肥：安徽教育出版社，2009：42.

威感到他所见到的一切具有非常重要的意义①，"就像一个知识分子的奇观，一个可供研究与猜想的景观……今天的世界上没有一个地方——即使是正在经历改造阵痛的欧洲，能够像中国一样，（目前在中国发生的事情是）史无前例的"②。杜威认为，随着时间的推移，中国的变革必须要更深入地进行下去："一个古老的、巨大的、自给自足的文明能够重生吗？""她必须改造或不能够忍耐"。对于中国来说，那是一个充满动荡与变化的时代；对于杜威而言，那也是一个重要的变化与萌动的时期。当时，杜威正处于一个重新思考、重新探讨他的哲学、他的关于知识与探讨的理论的过程。有迹象表明，这个时期的中国之行对杜威的思想有着深刻的影响。③

一、杜威的中国之行

在杜威接受邀请准备来中国时，他就在答复胡适的信中大致表明了他中国之行的目的意图，"我接到你的信非常欢喜。我每日总想写信把我们想到中国来游玩的事告诉你"，"郭秉文博士和陶履恭教授前日来看我，他们问我能否在中国住一年，做演讲的事。这个意思很动听，只要能够两边大学的方面商量妥帖了，我也愿意做，我觉得几个月的旅行实在看不出什么道理。要是能加上一年的工夫，也许我能有点观察了"，"你问我能否在中国演讲，这是很荣誉的事，又可借此机会遇着一些有趣的人物，我想我可以讲演几次，也许不至于我的游历行程有大妨碍"。④杜威最初打算来华的目的意图很明确，就是

---

① *The Student Revolution in China.* // The Middle Works of John Dewey（Vol.11），1982：191.

② T. Berry. *Dewey's Influence in China.* // J. Blewett. *John Dewey: His Thought and Influence,*. New York, Fordham University Press, 1960：201.

③ ［美］理查德·帕瓦特，雷静. 杜威：习性与冲动——20世纪初杜威教育思想的转变［J］. 北京大学教育评论，2003（2）.

④ ［美］杜威：杜威博士致胡适教授函［J］. 北京大学日刊附张，1919-03-28.

"游玩"，所以，在胡适致信提出要"请先生到中国来玩玩"[①]，他马上就答应了。而至于胡适所说的请他在中国做演讲以及帮助中国"建设新教育"的要求，杜威的反应是：延长在华的时间，在不影响游历行程的前提下，答应做演讲这一"荣誉"的事情，顺便还能广泛结交"一些有趣的人物"。

杜威来华之前，对于中国和中国教育均知之甚少。当年胡适拜师到他的名下，由于他"中文一字不识"且"那时排华之焰正炽，'中国文明'在一般美国教授的头脑里实在渺无踪迹"。对于胡适1917年写的那篇前无古人、气魄宏大的博士论文《中国哲学史大纲》（上卷），杜威"他可能根本未翻过"，以致当时胡适只得了个"大修通过"，直到1927年"补考"后，整整迟了10年才拿到博士学位。杜威还因此落得"不识千里马"的怨辞。[②]

杜威访华之际，他"已年届60，心里认为，这可能是最后一次到东亚游历"。出于对中国的好奇，"杜威一到中国就立刻对她产生了兴趣"[③]。中国的风土人情，恰遇目睹五四运动的情景，都给他留下了深刻的印象。在学术研究方面，当时杜威正在着手整理1918年在斯坦福大学所作以《人性和行为》为题的教育哲学方面的演讲，准备出版，[④]杜威对于中国人的"人性（Human Nature）""习惯（Habit）"等相关方面都予以相当多的关注。杜威在中国两年多的所见所闻所感表明，"中国之行"从很多方面对杜威的思想产生了影响。

（一）游历参观

由于杜威在进步教育运动中所取得的成就和他的现代教育思想在教育领

---

① 胡适.胡适往来书信选（上册）[C].北京：中华书局，1979：29.

② 胡适.胡适口述自传[M].唐德刚，译注.上海：华东师范大学出版社，1993：100-102.

③ Barry Keenan. *The Dewey Experiment in China*. Council on East Asian Studies Harvard University, 1977：1.

④ John Dewey, *Human Nature and Conduct*, the Board of Trustees Southern Illinois University, Introduction. 1988：ix. 杜威所著的《人性与行为》一书于1922年杜威结束"中国之行"后出版。

域获得了大批的追随者，杜威一到上海便受到了热烈欢迎。[①]除了得到热情的招待外，杜威还被带领到旅游景点、工厂、学校等处参观。每到一个城市，杜威都感到十分新奇，对于当地的风土人情、自然风光、城市建筑等产生了浓厚的兴趣。

一踏上中国的土地，杜威便隐约感觉到了中国人同日本人、美国人相比所具有的不同特质。在从日本来中国的船上，杜威就听说，与日本人对别人怎样看待自己漠不关心不同，中国人对此总是十分在意，他对这样的比较很感兴趣。在杜威看来，"中国人整体上很有人情味——他们嘟嘟囔囔却不大声喧哗，容易相处却不大讲卫生……最令人惊奇的是，不仅是那些文人学者，就连一般的苦力、酒店的店员和侍者都常常会说出一些极具真知灼见的精辟观点"[②]。

在上海，引起杜威特别注意和好奇的事情很多：还没有像日本那样实施劳动法的中国式纺织工厂，工厂里每天工作12个小时却只获取三角钱低廉报酬的童工（大部分是女孩），其中最小的只有6岁；一夫多妻制下的中国的女性；用筷子取食美味可口的肉馅饼、颜色发暗的松花蛋；淳朴的民风，"我们去饭店用餐，开始走错了饭店，我们坐下来，便有人端了茶来，当我们猛然意识到自己的错误，起身离开时，竟没有一个人来问问这是怎么回事"[③]；餐桌旁边为用餐的客人们唱小曲的年轻女孩；丰盛的筵席和不太卫生的服务生；筵席结束后漫不经心地嗑着西瓜子的懂英语的人们……

然后，蒋梦麟陪同杜威到了杭州，北京突然爆发的五四运动使蒋梦麟改

---

① Barry Keenan. *The Dewey Experiment in China*. Council on East Asian Studies Harvard University, 1977：10.

② John and Alice Dewey. *Letters From China and Japan*. New York: E. P. Dutton & Company, 1920：156–157.

③ John and Alice Dewey. *Letters From China and Japan*. New York: E. P. Dutton & Company, 1920：150–151.

变陪同杜威在杭州和南京游玩并在杜威演讲中继续充当翻译的计划，立即赶回了北京。[①]杜威"在杭州约住四五日，只有一次演讲"[②]，其余的大部分时间都用在了欣赏杭州"天堂"般的美景上。杭州城中城市布局引起了杜威的兴趣，"城市的四周有连绵30多英里的从15到79英尺高低不等、12到30英尺宽窄不同的青砖高墙环绕，城内有大片大片的耕地，耕地里面又有一圈稍低的城墙环绕"[③]；进入里城，便看到有很多具有爱尔兰或法国风格的石砌草顶的农舍，农舍周围是栽满了石榴树的果园，树上开着鲜艳的花，已经开始结果，果园四周的农田里生长着茂密的庄稼。杜威对于杭州丰富物产、秀美风景赞叹不已。尤其是那15元钱一斤的杭州名茶——茉莉花茶，闻起来清香扑鼻，其特别的味道给杜威留下了深刻印象。

　　游过杭州，接下来杜威游览的城市是北京，这是杜威在中国停留时间最长的城市。[④]从1919年5月底到次年3月，杜威除中间应邀到山西、河北等地发表演讲外，大部分时间在北京度过。在这段时间里，杜威同家人一起尽情游览了古都北京。杜威一行参观了很多名胜古迹，其中有"风景如画"的西山，"雄伟壮丽"的紫禁城，游廊环绕的颐和园，紫禁城里的故宫博物院……

　　在西山，杜威看到了设计别致、制作精巧的大理石石船，"船底完全是由色彩美丽如画的大理石做成的，四周是仿制的大理石，在外面涂了颜色，有些地方已有颜色脱落的痕迹"[⑤]；杜威还看到了各式各样的中国古代建筑，有皇家花园、古代帝王的陵墓，也有四百多年历史的高楼。其中的瓦顶佛庙在杜威

---

　　① Barry Keenan. *The Dewey Experiment in China*. Council on East Asian Studies Harvard University, 1977：12.

　　② 胡适. 胡适教授致校长函 [J]. 北京大学日刊，1919-05-08.

　　③ John and Alice Dewey. *Letters From China and Japan*. New York: E. P. Dutton & Company, 1920：182.

　　④ 黎洁华. 杜威在华活动年表. // 杜威谈中国 [C]. 2001：369-398.

　　⑤ John and Alice Dewey. *Letters From China and Japan*. New York: E. P. Dutton & Company, 1920：205.

看来是"最为精美"的建筑，每间庙堂内均供奉着一尊佛像，杜威一一将他们拍了幻灯片，准备回国后和家人再仔细观赏。

到了紫禁城，杜威立即被其雄伟的建筑风格所吸引，金黄色的高大屋顶，红、蓝、绿色的院墙，十分华丽壮观，显示出东方文明的特有韵味。紫禁城里的故宫博物院收藏了大量价值连城的珠宝、玉器、陶瓷和青铜器。

颐和园的豪华富丽令杜威惊叹叫绝，绵延一英里长的游廊全部用红、蓝、绿等颜色绘制的图画来装饰。华丽的厚地毯铺满了整个房间，窗户上挂着昂贵的窗帘，墙上有一幅慈禧太后的画像，画像前是蓝色的陶瓷花瓶，上面的图画栩栩如生。杜威知道，他在北京看到的到处是外国人的租界地，与画像上的这个老年贵妇和她所签订的那些不平等条约直接相关。

这些皇家宫廷、花园的游玩令杜威感触很多，他批评游览这些地方的门票太贵，一般平民无法担负得起，以致这些珍贵的旅游资源并没有得到充分的开发和利用；而慈禧太后的画像仍为她的家族所有，使他感到怀疑"这里是否发生过革命，并建立了一个共和国"①。虽然他惊叹这些地方的豪华气派，但却感觉它们缺少了日常生活的情趣，所有的东西都制造得太奢侈，并不适合日常生活使用。相比之下，这位平民教育家似乎更喜欢北京具有传统风味的民居。他到一位朋友家做客，非常喜欢他的四合院，"院落四面是围起来的四排房子，房顶分开，房间相通，共有18间，有几间房子有玻璃窗，其他的是纸窗。到了夏天，临时用席子在院子里搭起高过屋顶的凉棚，即通风，又荫凉，真是太有趣了，除了院子里没水要担水吃之外，我真希望能够住在一个像这样的院子里"②。

麦子成熟了，人们都在麦田里忙着收割，男人用镰刀割麦子，女人和孩

---

① John and Alice Dewey. *Letters From China and Japan*. New York: E. P. Dutton & Company, 1920：216.

② John and Alice Dewey. *Letters From China and Japan*. New York: E. P. Dutton & Company, 1920：217–218.

子们捡麦穗，收割下来的庄稼散放在麦场，接着用毛驴拉着石磙压出麦粒，之后在风中扬场。在与农民们的闲谈中，他们告诉杜威由于春季气候干旱当地麦子的收成通常不太好，而这一年春季的气候比往年更干旱，所以收成更差。除了种植谷物之外，这里的农民还在灌溉不方便的山地栽种了花生和西红柿之类的农作物，当时已经长得郁郁葱葱，因为几天前刚刚下过雨，这些农作物看起来长势还不错。事后，杜威还一直关心着这些农作物的收获情况，听说后来进入雨季，由于很多地方都爆发了洪水，黄河泛滥，造成了很大的危害，同很多其他地方一样，这里也受到严重影响，农作物收成寥寥。

在北京，杜威说他吃到了最好的西瓜。果树开始结果时候，西瓜已经上市了，乘凉的苦力们和孩子们在街上的树下面吃着西瓜。大堆大堆的西瓜摆在街上叫卖，杜威第一次看到了黄色瓜穰的西瓜。街上也有孩子拿着青苹果吃，桃子初上市要价很贵，石榴树也开花结果了，红红的颜色非常好看，池塘里的荷花开了，含苞欲放花蕾使空气中充满了芳香的味道，巨大的荷叶绿油油地浮在水面上。

令杜威感到惊讶和不安的是，除了栽种的庄稼之外，在北京几乎看不到什么地方有大面积的植树造林，到处都是荒山秃岭，人们根本不注意对大自然的保护。对于自然生长的林木也没有任何保护措施，乱砍滥伐使乡村呈现出到处荒芜的景象，很多树木被砍来做家具，甚至是棺材。杜威惊叹，如果这样下去，仅用来做棺材一项就能把中国所有的林木资源耗损殆尽。

北京宽阔的道路给杜威留下了深刻的印象，他说北京的街道是世界上最宽阔的。在随处可见的宽阔道路上，总是有很多驮着货物的马车来来去去，人们把这些街道称作"马路"。在这里人力车是主要的交通工具，炎热的夏天，马路上的人力车夫每天都在太阳下辛苦劳作，没有任何避暑措施，休息时间很少，晚上很多车夫只能在自己的车上睡觉。在杜威看来，这种对艰苦生活环境的极强适应力是中国人所特有的。他还特别以一个耍猴的中年人为例来说明中国人有着惊人的忍耐力。这个耍猴人看上去穷困潦倒，在街头摆摊，让他的猴子做出各种动作来吸引路人的注意，人们在看过表演之后，完全是自愿地丢下些零钱。显而易见，耍猴人常常收不到几个钱，但他并没有为此显得沮丧；相反，在表演过后，观众散去之后，他让猴子爬上他的肩头和它玩耍起来，看起来一副很知足、很满意的样子，好像无论这个世界发生什么事情，都与他无关似的。

杜威又进一步通过自己在北京购物的经历，生动地描述了中国人这种逆来顺受中带有一丝"狡黠的"特性。

有一次，杜威和家人从一个看上去少言寡语的人力车夫手里买下了一条珍珠项链。大概是为生活所困吧，这个人力车夫要卖掉他保留下来的这条项链，这是一条做工精细的白银珍珠项链，他以14元钱的高价叫卖，可当最终以4元的价钱卖给杜威他们时，他很高兴，但却又极力表现出一副心里大不情愿的样子，不停地说这样的价钱让他吃了大亏。

还有一次，在一个小杂货店，经过同店主的激烈讨价还价之后，杜威放下所有的东西做出要走开的样子。这时，店主连忙用一种无法描述的戏剧化手势，不让他们离开，还不停地解释说，如果以这样低的价钱卖出就好像是白白赠送一样，店主显得很着急，最后还是一边抱怨一边友善地笑着按他们的出价把东西卖给了他们。

作为一位美国教育家，杜威对于参观用美国退还的庚款建立的清华大学表示了特别的兴趣。最初的清华是留美的预备学校，校舍都是由美国人建造的，是一所两年制的高等学校，学生们在这里进行了最初两年的学习之后，经过考试合格者便被送到美国的大学里继续学习并完成学业。杜威参观之时，正是学校决定派遣当年毕业生来年到美留学事宜的时候，根据学校的决定，大约有60—70人准备来年到美国学习，在这些人中没一个人准备去哥伦比亚大学，在中国当时已经有很多哥伦比亚大学的归国留学生了。杜威还到教室里参观了学生们上课的情况，在清华除了汉语科之外，其它全用英语来教学，学生们英语说得非常好。在杜威看来，开办这样的留美预备班对于中国来说并没有得到应有的收获。"中国的确尚不希望知道科学的真正意义是什么。初时以为科学只在技术方面，不过电机、汽机、开矿、铁路等方面而已。前几年看见清华派送留美的学生，百分之八十须学机械工程等科目，只有百分之二十可以学旁的科目。这也可以看出中国对于西洋文化的态度了。这种技术方面的学科，固然重要，但尤其重要的，在于受科学精神的影响，造出新的人生观。"①本来中国是为了向西方学习，挽救国家，而向美国派遣留学生的。杜威认为，实际情况却未必能够如愿以偿。学生到美国之后，由于生活、学习环境的巨大变化，要适应新的环境往往需要经过很长的一段时间，在漫长的适应期内，学生们不得不克服很多意想不到的困难。而当他们最后经历了千辛万苦学成归国之后，他们已在不知不觉中变得美国化了；要重新适应自己国家的现实状况，他们还得再经历一段痛苦的适应期。一般情况下，这些留学生在刚归国时都很难找到合适的工作来谋生，其原因很简单，他们大都不愿从事经商活动，做任何其他的事情又都不愿意从头开始，从最低层做起。他们是被看做是国家的拯救者、国家未来的希望而选派留学的，但在他们学成之后，国家却没有什么适合的事情让他们来做。他们自己常常忍不住要拿美国来与自己的国家做比较，清楚地意识到中国的落后及其种种问题而自感不如，同时在他们心里也会常常涌起像一般中国人那样，对中华传统文明的优越感，结果是：在五千年的传统和西方的现代文明之间，他们被困在了其中，进退维谷。

杜威把那些从美国和日本回来的留学生进行了比较，发现与多数留美学生回国后对于美国有一种特殊的亲切感不同，留日学生在回到中国之后，大都表示憎恨日本，他们甚至与留美学生之间也充满隔阂，不能融洽相处。

杜威还将留过学和没有留过学的中国学者之间进行了对比。那些留过学的学者，不论是留学美国还是留学日本，从现实的角度出发，往往更加急切地呼吁要从文化和教育的角度出发来变革中国的传统。相比之下，那些没有留过

---

① 杜威.教育哲学.// 杜威五大讲演［C］.合肥：安徽教育出版社，1999：128.

学的学者则对于变革传统文化缺乏相应的紧迫感。杜威的观点是，随着时代的发展，中国传统的文化教育中保留下来的东西确实有许多需要改进的地方。但他同时也意识到，中国传统文化中还有应该保留下来部分，譬如在中国的古代文学作品中常有一种非常精美的意境，这种特别的意境甚至在"五四"时期仍是许多现代许多青年在表达自己情感的写作过程中尽力追求的。尤其表现在中国的书法艺术中，中国人总是喜欢用艺术美学的术语来描述书法："看这一竖表达的力量，这一横代表的神韵和整个文字结构所表达的意境。"①一次偶然的机会，杜威还看到了中国古代书法家王羲之的书法，那是有人将王羲之的字迹拓刻在岩石上。杜威在对中国传统文化中的这种精美意境表示肯定的同时，又指出，对于这种意境的追求另一方面也常常成为一些知识分子的逃避社会责任的精神避风港，中国的文人墨客常常在政治腐败、社会混乱时很容易从艺术和精神生活中寻求逃避，这些负面的影响还是要尽力避免的。

杜威在北京停留的那段时间，恰遇美国的洛克菲勒公司在北京的洛克菲勒大楼快要竣工了。整幢大楼富丽堂皇，是中国传统建筑形式与美国现代观念完美结合的产物。大楼在整体上表现出中国古典式建筑的风格，但屋顶一改中国建筑常用的金黄色而用绿色，楼高共三层。这幢大楼的周围是一所日本人开的医院和一所日本学校，这一雄伟建筑使它周围的建筑相形见绌。

身为教育家的杜威在南京时还特意去观看了一个过去用来举行科举考试的考场，这个考场有25,000个考间。过去在科举考试期间每个考生一人一间，封闭起来，考生在里面答题、煮饭、睡觉，考试通常要持续八天。杜威对考场的布局，科举考试的各个程序都进行了十分详细的描述。在科举考试被废除后，这个考场就被废弃了，杜威看到考场被拆得七零八落，破破烂烂，心中感慨：中国处处都显示出对教育的迫切需要，大多数人由于不能得到应有的教

---

① John and Alice Dewey. *Letters From China and Japan.* New York: E. P. Dutton & Company, 1920: 195.

育，只能生活在社会的最底层，但却没有人愿意来努力做一点点改进，像这样的科举考场设施本来很容易用来改建学校，可是却被拆掉，废弃在那里。不仅仅是科举考场，杜威在参观北京的几所孔庙时也有类似的感慨，那些偌大的庙宇，在五四运动提出"打倒孔家店"后，几乎一年到头都看不到有人来参观，但它们却只是白白地闲置在那里，庙宇里积满了灰尘，却也无人过问，改作他用。在杜威看来，这些都是中国教育中严重官僚主义的体现。

1919年7月4日，杜威参观了北京高等师范学校，工程系系主任负责接待，告诉他们，工程系的一些学生利用这个暑假，给学校盖了3幢教室，学生自己计划、设计、检查、施工，甚至亲自做木工。系主任还带他们到了施工现场，杜威对于学生们学以致用、自己动手表示十分赞许。

在北京停留期间，1919年8月，杜威还到天津参加了为期两天的全国大学校长教育会议，这个会议是为讨论结束学生们从五四运动开始的罢课，商讨秋季开学相关事宜而召开的。会议中，杜威看到，绝大多数校长的发言都是比较保守的，他们对于学生罢课、参加政治活动基本上持反对态度，他们对于学校重新开学一事则表现得小心谨慎，他们觉得学生们在经过了几个月的罢课，参与政治斗争活动后回到学校，不可能会再像以前那样情愿被动地接受学校的管理制度，严格遵守学校的纪律，这些学生们极有可能会像几个月前要求参与政府决策一样要求参与学校的各项管理。少数持自由主义观点的校长主张，学生们要求参与学校的管理并不是坏事，学校应该在一定程度上同意这一要求，这些自由派人士认为，学生们在五四运动中的经历有很大的教育价值，他们同意一个新的观点，那就是应该改进学校的教学和管理，以适应新的社会环境。

会议期间，杜威参观了南开大学，那时这所学校已经开办了15年，校舍建筑和学校管理已经具备了相当大的规模。接待人员向杜威介绍了这所学校15年来迅速发展起来的情况。

（二）广泛交往

杜威在接受邀请打算来中国时，就有意图要在中国"借此机会遇着一些有趣的人物"。在华逗留期间，杜威果不负此言，广泛结交了各式人物。

在南京，杜威夫妇到一个官员家里做客，见到被称作"太太"的官员妻子。这位太太大约25岁左右，或者更小一些，没有裹脚，穿着淡蓝色的长裙，头发向左右两边分开，左边戴着一朵白色的玫瑰花，她看起来很富有，可能还受过一些教育。她告诉杜威夫妇，在中国像她这样的女人一般是不会到社会上从事工作的，她的大部分时间都花在和她一样的太太们闲聊，或者整天玩纸牌消磨时间。她整日有两个仆人跟随，其中一个帮她照顾孩子，另一个负责关照她的日常生活。杜威夫妇对这位"太太"坦率地表达了他们的看法，他们劝说像她这样的中国女性应该有更多人去从事一些社会职业，事实上有很多适合女性从事的职业。就拿行医来说，在中国已有一些女性从事医疗行业，中国很需要女医生。显然，女性从家庭里走出来要得到社会的理解和承认，这在中国还需要一些时间，而这或许是中国女性摆脱受歧视地位的一种方法。

在上海，杜威夫妇还被邀请参加了一个在海军俱乐部举行的中国式婚礼。新郎、新娘穿着西式的结婚礼服，晚宴摆了9桌，男女分座，其中6桌男宾，3桌女宾和孩子（在中国女人无论走到哪里都带着她们的孩子和仆人）。在婚礼上，除了少数归国留学生外，其他男性基本上都避免同女性讲话。

与妇女地位形成对比的是孩子在中国家庭中往往得到重视。在一位中国朋友宴请宾客时，杜威夫妇发现，主人邀请的所有客人都是男性，而女主人却是由朋友14岁的女儿来充当的，她在一所英语学校上学，英语说得非常好，是一个聪明有趣的女孩。朋友家中有5个孩子，2个妻子。杜威夫妇推测，让女孩来做女主人，可能是为了避免两个妻子之间的尴尬，给客人们留下坏印象，朋友的两个妻子借口生病，都没有露面。朋友是一位谈吐不俗、举止文雅的男人，他显然非常喜欢他的孩子们，还让仆人把他最小的只有几个月大的孩子抱来给客人们看，他在谈论他的孩子们时感到很骄傲。

五四运动后期，杜威在北京结识了政府新任命的教育部部长傅岳棻。傅岳棻在五四运动前的中国教育界似乎没有什么名气，他是作为"五四运动"的调节者出任，他的前任教育部部长袁希涛由于无法控制局面而被迫辞职。傅岳棻宴请了杜威夫妇，彼此交谈了一些关于五四运动的看法，他们都认为学生运动在当时的情况下还没有完全平息下来，但他们同时也都感到真正的自由因素在当时中国看起来并不很强烈，还不足以对中国的政治产生深远影响。

杜威还通过与末代皇帝溥仪的英语老师庄士敦的交往，了解到有关溥仪的很多情况。庄士敦是苏格兰人，从1919年5月开始担任溥仪的老师，1931年离职。从庄士敦那里杜威得知，当时溥仪除了学习英语之外，还请庄士敦教授他数学、科学等方面的知识。通过庄士敦的介绍，杜威还见到了溥仪的其他三名老师，听他们讲述了一些溥仪昔日在官廷里的生活和学习情况。溥仪在官中时，每天都有很多人向他跪拜，但他却没有一个真正的玩伴。这些老师不需要向他跪拜，他们也称呼他"吾皇万岁"，但当他们走进教室时，溥仪必须起身迎候，等到老师坐下后，他才能坐下，这是一个古老的中国风俗——尊师重道，表示不论任何人对于教育、学问都应予以尊重。在杜威看来，当时已退位作为平民的溥仪，则过着更像一个典型中国学者的生活。溥仪每天阅读报纸，一直关注巴黎和会的问题。杜威认为，溥仪在他那个年龄的孩子中表现得很聪明，不仅了解很多自己国家的政治状况，而且对于当时的国际政治问题也极为关注，这在他的同龄人中是非常少见的。

杜威夫妇还在北京结识了当时中国政府中的一位外交官，并与他交了朋友，这是一位重要的政治官员，曾负责与日本政府协商巴黎和谈签约的事宜。他说中国外交目前正因此事遇到了一些麻烦。当巴黎和平谈判正在进行的时候，日本首相拜访了中国总统，得到中国总统的同意后，首相给东京政府发报告说，中国代表团已同意在会议上签订那个和约，现在这位日本首相感到很难向他的政府解释这里发生的事情。日本首相派代表去问这位同杜威交朋友的中国外交官，中国政府是不是欺骗了他，这位中国外交官回答不是。中国政府没有骗他，但日本人应该记住，在中国有一个权力要大过政府，那就是人民的权力，中国代表仅仅是遵从了中国人民的意愿。杜威和这位中国朋友都一致认为，日本人对于中国的侵略不会长久。杜威指出，同日本人的斗争的主要力量在于中国人自己。他认为，当时很多中国人过多地将希望寄托在依靠美国的力量来制服日本，对于中国来说是很不幸的。就连中国的知识分子也希望美国同日本开战，当他们认识到美国不会因为中国的原因同日本开战，便对美国产生了怨恨。作为一个美国人，杜威站在美国利益的立场上，对美国为什么不能对日本动用武力做了解释说明。他认为，如果在当时第一次世界大战刚刚结束美国便对日本动用武力，来寻求一个公平的结果，美国就会被看做是因发动对日本的挑衅而破坏得之不易的世界和平。如果是那样的话，世界舆论就会倾向于同情日本，这样在日本反攻美国时就会获得巨大的道义支持。无论中国人和美国人都很清楚，就算国际事务不能公平解决，美国自己也不会因此而失去什么，但是如果美国公开支持中国，美国就会冒天下之大不韪的危险，再加上战争还会导致美国的财政压力、食物和自然资源缺乏，也会构成威胁，这些都使美国政府不能冒险对日本采取行动。

与孙中山的交往给杜威留下了深刻的印象。[1]杜威和孙中山就中国人性格中注重理论知识学习，轻视动手去做、不愿采取实际行动的特点，就"知与行"的问题进行了带有学术意味的探讨。"昨晚我在与前总统孙逸仙共进晚餐时发现他是位哲学家。他写了一本书，很快就要出版。在书中他指出，中国的积贫积弱是因为中国人深受了古代一位哲学家的说法——'知易行难'的影响。结果他们不愿意行动，害怕在行动中犯错误而无所作为。而日本人的力量正在于，他们即便在无知时也去行动，通过自己的错误进行认知。这本书以此向人们证明，行动要比认知更为容易。"[2]孙中山指出，中国人的缺点在于他们深受"知易行难"的传统观念影响，忽略了"行"作为"知"的目的和结果

---

① Yuh-shin Li. *John Dewey and Modern Chinese Education: Prospects for a New Philosophy*. Bell & Howell Information and Learning Company, 2000：167.

② John and Alice Dewey. *Letters From China and Japan*. New York: E. P. Dutton & Company, 1920：166.

的重要作用；日本的快速发展正是在于日本人对于"行"重视，不怕犯错误，能够不断地在错误中学习。一向持有"做中学"观点的杜威对于孙中山的想法表示赞同。然而，同孙中山对于日本的快速发展流露出的羡慕之情不同，杜威看到的是日本快速发展后表现出来的军国主义倾向，对此杜威毫不掩饰自己的反感。在日本和中国之间，杜威的情感明显地倾向于中国一边。

杜威从天津返回北京途中的火车上，恰遇当时中国政府的前任财政部部长，与他在途中的交谈令杜威深感震惊。这位曾在美国获取高等数学博士学位的财政部前部长告诉杜威，封建迷信在中国依然十分盛行，在中国很多地方流传着很多有关鬼神的故事，他一路上给杜威讲了许多广为流传的"鬼神故事"。他认为，在中国要彻底破除封建迷信，就迫切需要在人民中广泛树立科学研究的精神。而杜威则认为，封建迷信在中国的盛行与中国人"重思轻做"的心理倾向有关系。

通过与各式各样中国人的交往，杜威还了解到很多中国民间风俗。比如，在中国乌龟被看成是最坏的东西，在抵制日货的时候，人们把日本人做的草帽作成乌龟的模样，把它钉在电话亭的旁边，以表示厌恶；当时在中国人们用乌龟来预报天气，所以随便寻问天是否要下雨和其他有关天气的问题是不礼貌的。到中国朋友家中做客时，杜威看到人们蒸馒头，感到很是新奇。同中国艺术家的交往使杜威感到中国人与美国人之间对于艺术理解存在的巨大差异。另外，杜威还讲到同中国朋友的交往使他对学习汉语产生了兴趣。

（三）关注中国经济

在游历的过程中，杜威除了欣赏到各地的山水美景、名胜古迹和参观了各地的著名学府之外，自然也看到了由于科学技术的不发达而致使中国经济发展落后的状况。除了农业生产还停留在主要靠人力耕种，在没有任何水利保障措施的条件下，农作物生长的状况完全由自然气候的变化所决定之外，工业的落后也是杜威来华前未曾想象到的。到处是闲置的铁矿、煤矿和油井，政府似乎根本没有能力修建铁路。在杜威看来，当时中国的工业不仅落后于美国，甚至同日本相比也落后很多。纺织厂由于缺乏科学的生产管理和技术，生产出的纺织品质量低劣，像手套、袜子和睡衣之类的纺织品都要高价从日本进口。工人在极端恶劣的条件下工作，待遇极差。即便如此，由于人口太多，能够进入工厂做工的穷人也只是少数。工农业生产的落后，造成的经济发展落后是显而易见的。在市场上到处充斥着廉价的日本货。"不是所有的穷人都能进入工厂做工，工厂早上六点就开工了，但工人们习惯于懒懒散散，不愿多干活。一天24小时两班倒，每个工人一天工作12个小时只能拿到两三角钱，童工更少，年龄小的一般不会超过九分钱，稍大一些的能拿到一角一分钱。……他们以制造瓷器闻名于世却从日本进口餐具，他们种植棉花却从日本进口棉布，他们从日本进口所有日用小物件。日本人遍布中国每一个城镇，像一张网把中国这条鱼网在其中。……中国的极度贫穷是我到这儿之前无法想象的。"①

对于中国落后的根源，杜威认为，社会制度当然是一个重要的方面，当时的中国社会存在各种不平等制度，男女不平等是其中最重要的表现。一夫多妻制和女性缠足的陋习，极大地限制了女性受教育和参加社会活动的机会，因此，要促进中国社会的发展，首先应该废除一夫多妻制和女性缠足的陋习，摆脱传统对妇女的歧视，在此基础上重要的是一定要重视妇女的教育，应设立女子学校或采取男女同校制。但是，杜威并不认为以男女不平等为主要表现的社会制度问题是导致中国落后的主要根源。因为日本社会同样存在着男女不平等问题，甚至要比中国更严重。在日本，根据法律规定，妇女严格禁止参加任何政治会议，而从中国到美国留学的女学生远比从日本去的要多得多。在杜威看来，导致中国落后的主要根源在于，中国人的民族心理特点和日常生活习俗。

中国传统中重"思"轻"做"的心理倾向，导致中国人严重缺乏主动性，总是抱有"让别人去做"（let-George-do-it）的想法。杜威以为，这种

---

① John and Alice Dewey. *Letters From China and Japan*. New York: E. P. Dutton & Company, 1920: 170.

重"思"轻"做"的心理倾向体现在日常生活的各个方面，正是中国灾难的根源。

杜威看到，中国很多受过教育的人，在靠那些体力劳动者来供养的同时，却又鄙视体力劳动和体力劳动者。在中国各地，没有公共汽车可以乘坐，人力车是主要的交通工具，在狭窄的街道上，只能用人抬轿子。人力车夫和轿夫整天忙碌却被人看不起，生活在社会的最底层。在上海，人力车夫要付九角钱才能被允许开工，他们每天实际上只能挣到几文钱，经常过着食不饱腹的日子；然而，中国的政府官员、宗教神职人员和军队中却供养着大批闲人，整日过着游手好闲的生活。

重"思"轻"做"的心理倾向，表现在中国政府对待自然资源的态度上，尽管政府了解自然资源的重要性，但并不重视自然资源的开发和利用，致使大量的自然资源落入日本人手中。当时中国的煤矿资源几乎全部被日本人占用。同中国的政府官员谈到这一问题时，他们通常的反应是把责任归咎于中国太落后，缺少交通运输设施；如果问他们为什么不修建铁路，那他们就会说，的确应该修建铁路，但因缺乏施工材料无法修建；如果对他们说为什么中国拥有大量的煤矿资源，而人们却要靠拣拾路边的野草来煮饭，那他们就会说，那是政府的事情，他们又能怎么样。

中国人的时间观念淡漠是重"思"轻"做"的心理倾向的又一个表现。在中国看不到有人匆忙行事，令杜威感到十分惊诧的是，在中国人的心目中似乎从来不会想到有"效率"这一概念的存在。即使是洽谈商业事宜，中国人通常也只用邮政快件而不用电报。杜威谈到，有一次他在南京，一位上海的朋友给他邮寄快件，这本来只需要12个小时，而他实际收到时却用了整整4天时间。不管高兴不高兴，去问为什么邮寄快件不能按时到，但在中国没有人会认真把它当作一回事。

重"思"轻"做"的心理倾向还在某种程度上导致了社会上封建迷信思想盛行。杜威发现，在中国到处都流传着各式各样的鬼神故事。在人们的半信半疑中，鬼神故事被广泛流传开来，影响渗透到人们日常生活的很多方面。

（四）五四运动见闻

1919年5月4日，即杜威来华后的第四天，中国爆发了震惊中外的五四运动。当天，参加抗议的学生们冲进亲日官员曹汝霖的住宅，并放火烧了宅院。学生们突然成为政治运动的主力，在学生们的号召下，不久商界人士和工厂工人也加入到了学生们反对日本帝国主义的爱国运动中。政府动用了很多警察镇压学生，然而，警察越是镇压学生的反抗就越激烈，一时间教师团体也同学生团体一样很快在全国组织了起来。[①]突然爆发的五四运动立刻引起了杜威的极大兴趣，对于运动发展的关注，无疑是杜威及其夫人接受北京大学的邀请将在华时间再延长一年的主要原因。[②]

5月4日，北京爆发学生运动的当天，杜威下午2时在江苏教育会演讲《平民主义的教育》。他说："现在世界的社会问题还没有解决，那过激主义如同风起云涌。这是什么缘故呢？寻根到底，就是平民没有受着切于生活的教育，所以他们对于自己的职业不觉有乐趣只觉有劳苦，一旦横决起来，自然是不可收拾了……世界社会问题的最后解决，不在增加工资，也不在减短做工时间，实在普及平民教育，使得一般工人于用力之余有机会去用脑，方才发生一种精神上的乐趣。……中国将来的幸福……完全是靠傍你们一般教育家的。"[③]

一周后，身在上海的杜威在5月12日的家书中，首次提及了他对于发生在北京的五四运动的关注和最初看法："北京的局势似乎有所缓和，学生们已被释放。……据报道，抵制日货运动已蔓延开来——在这里（上海）日元已被拒

---

① Chou Tse-tsing. *The May Fourth Movement*. Cambridge: Harvard University Press, 1960：Chapter V.

② Barry Keenan. *The Dewey Experiment in China*. Council on East Asian Studies Harvard University, 1977：29-30.

③ 记杜威博士演讲的大要 [J]. 新教育，1919（3）.

绝使用，但我对于这一运动到底能持续多久而感到疑惑。"①在上海，杜威看到，出售中国式的草帽的店铺吸引了很多行人，人们扔掉了他们头上戴的日本制造的草帽来买中国的草帽。众多的警察为了"保护"日本商人，拿着枪，背着刺刀，站在日本人开的店铺前，不允许任何人进入。杜威也看到，有些普通的中国民众对于事态的发展并没有表现出应有的关心，好像那只是学生或其他什么人的事情，与自己没有多大关系，持一种事不关己的坐等态度，一个裁缝店的店员对杜威说，抵制日货是好事，但是中国人太健忘了，很快就会将它忘记的。

杜威从报纸上得知，在北京学生的一个抗议集会中，被推选出同政府官员谈判的12名代表中有4名女性的消息，对于学生运动中体现出的男女平等表示大为赞赏。这场学生运动结局会是什么呢？杜威推测，政府当然会采取行动。但是，到那时又会怎么样呢？是学生散去，进步教师被捕，还是引起遍及全中国的学生运动？这些问题都引起了杜威的好奇和兴趣。这之后的家书中，杜威又多次提到他看到或听到的有关学生运动的进展情况。"学生委员会昨天开会通过对于政府的最后通牒——如果不答应他们提出的四五个条件，他们就将在下星期一开始罢课——这些条件包括拒绝在巴黎和约上签字、惩治那些暗地里接受日本人贿赂，与日本密结卖国条约的卖国贼，等等。依我看，学生委员会的措辞比学生的实际表现要克制多了，有消息传出说，学生们今天下午就要罢课。他们强烈反对警察禁止他们的公开集会——这也是他们根据目前的状况提出的要求之一……学生们急切地想要采取行动。"②

杜威从报纸上看到了蔡元培辞职北京大学校长，离京出走一事。对于北京学生5月4日的行动，蔡元培的看法是："此次大学校学生，因爱国之故，激

① John and Alice Dewey. *Letters From China and Japan*. New York: E. P. Dutton & Company, 1920：161.

② John and Alice Dewey. *Letters From China and Japan*. New York: E. P. Dutton & Company, 1920：163.

而为骚扰之举动。"①对于学生"纯出于爱国之热忱",他表示同情;但身为北京大学校长,他又感到学生"应以读书为要务",罢课游行是越轨。在积极保释被捕学生后,5月8日他便"引咎辞职",秘密离京。②同是教育家的杜威对蔡元培的行为表示同情和理解。

5月中下旬,杜威在南京看到,南京的学生为了号召各界人士继续抵制日货,自发组织了一个爱国团体。杜威在同南京高校的教师座谈时,教师们都主张,学生们应重点先做好两三件事,而不是制订一个无所不包的宏大计划。人的精力有限不可能同时做好很多事,如果学生们计划做的事太多,即使他们十分尽力去做,也会因遇到太多的困难而挫伤信心。杜威则表示,学生运动给中国政治的发展前景加入了新的不固定因素,使他对于中国社会未来发展的政治前景感到困惑。杜威说,他刚到中国时所见所闻的全都是令人沮丧的事情:政治的黑暗,军阀政府官员的腐败和叛国,军队缺乏必要的装备……接着,学生要求政府来处理这些事情,学生运动开始了,成千上万的学生组织起来罢课参加集会游行和演讲,给中国政治带来了震动、生机与活力。杜威看见,城市中到处都有学生在演讲,据说已经有士兵对于学生们的爱国宣传发出了响应,有些士兵在听学生们演讲时甚至流下了眼泪。有消息说,在日本人占领的山东省,士兵们发出倡议要其他各省的军队联合起来严惩那些卖国官员。当然,军队士兵也担心学生运动不能持久,为了运动能够持续下去,士兵们积极为学生们出谋划策。他们建议学生组织起来去到更多的学校、工厂和社会服务行业做更加深入的爱国宣传,他们还计划同学生们一起去做宣传。

南京政府的态度摇摆不定,使南京学生运动状况日益严重起来,很多同情学生运动的教师也为学生们担忧。5月中旬,南京政府在学生的强烈要求

---

① 蔡元培. 我在北京大学的经历. // 蔡元培选集(上册)[C]. 杭州:浙江教育出版社,1993:292.

② 蔡元培. 八年五月九日辞职出京启事. // 蔡孑民先生言行录(下册)[C]. 北平新朝社,1920:335.

下，被迫答应了采纳学生提出的一些教育改革措施；可到了5月底，南京政府却颁布了一项法案，降低教育拨款来提高政府官员的工资。这一法案立刻激起了学生的愤怒，教师们担心学生在进行有组织的罢课之前会变得失去控制，最后政府只好作出一些让步，提出要把这一法案重新作为一项提案交给政务院投票之后再做决定。但是，学生强烈要求到政务院参加投票，有传单这样写道：就像罢免北京那些卖国的军阀政客一样，把南京这些军阀政府的官员全都罢免掉，他们迟早把整个中国出卖给日本或什么其他国家。

在6月初杜威到北京时，正遇上北京军阀政府宣布对学生进行军事管制，开始逮捕大批上街游行的学生。[①]6月1日，北京军阀政府以大总统的名义发布命令：宣布曹汝霖、陆宗舆和章宗祥无过失继续留任；要求学生停止罢课。6月3日，"政府里因为学生团又上街演说，下令派军警严拿多人"[②]。由于逮捕的学生太多监狱不能容纳，便把北京大学的法学院教学楼作为临时监狱，以看押学生。

杜威对军阀政府命令军队占领大学来囚禁学生的做法表示反感，他认为这种对大学的军事占领是非法的。杜威对此事的关注，超过以往发生过的任何事件。[③]在6月4日去西山的路上，看到有学生在人群中发表演讲，杜威连忙问同行的官员，他们是否会被逮捕，听到官员回答不会后，他才放心。杜威听说有200名学生被关押在法学院教学楼里，有两名学生被带到警察局审讯，这两名学生是在演讲中被捕的。

仅在6月4日一天，北京就有几千名学生参加罢课。午后一时，北京15所女校的学生列队到总统府请愿。"记者午后三时到中央公园门首，看见女学生约有千人排队向总统府而去……到了新华门首，被总统府卫队拦住，遂举出代

---

① Chou Tse-tsing. *The May Fourth Movement*. Cambridge: Harvard University Press, 1960：148–151，374.

② 只眼. 六月三日的北京［J］. 每周评论（第25号），1919–06–08.

③ Barry Keenan. *The Dewey Experiment in China*. Council on East Asian Studies Harvard University, 1977：21.

表钱中惠、吴学恒、陶斌、赵学菊四人，进府求见。徐世昌不见，随叫陈子厚秘书代见。女学生说明要求四件事：（一）大学不能作为监狱；（二）不可拿待土匪的法子来待学生；（三）以后不得再叫军警干涉学生演说；（四）对学生只能告诫，不能虐待。"①杜威当时也看到了女学生列队去总统府的情景，在这个妇女受歧视的国度里，突然看到那么多女学生参加游行请愿，杜威感到非常吃惊。

到了6月5日，杜威听说又有很多学生被捕，北大法学院教学楼已容纳不下，学生被关进理科教学楼。杜威很关心关押在学校里学生的生活状况，听说学生们躺在地板上睡觉，在警察面前他们不仅没有表现出害怕，反而热情高涨。他们说，学校教学楼比监狱里干净多了，大家为能在这里继续集会而感到高兴。警察逮捕了兜售国货的学生，其他学生就把手工生产日本进口商品的方法教给店铺里的商人。被捕的学生越来越多，警察却无法控制局面。在这种情况下，从6月5日开始，警察只好改变方法，只驱赶听众，不再逮捕学生，"学生竟能沿街游行，手拿国旗，大叫爱国"②。当天，杜威看到，学生们在街上讲演，满街的警察却没人去干涉。

被捕的同学得到狱外学生的支持，两千名学生一起到法学院要警察将他们一同拘捕。他们在关押同学的法学院周围搭起了帐篷。在军队全部从学校撤走后，学生们却不肯离开，他们在教学楼里集会，要求政府准许他们自由演讲，如果政府不答应他们的条件，他们就不离开教学楼，因为他们会在接下来有计划的演讲中再次被捕。这种情景使杜威感到十分震惊。③

政府第一次意识到他们不能平息学生，或许也因为上海商人的罢工，迫使政府做出了让步，据说北京的商业界也准备进行罢市。学生运动取得了可喜

---

① 军警压迫中的学生运动［J］. 每周评论（第25号），1919-06-08.

② 军警压迫中的学生运动［J］. 每周评论（第25号），1919-06-08.

③ Barry Keenan. *The Dewey Experiment in China*. Council on East Asian Studies Harvard University, 1977：21-22.

的进展，学生们经过坚决要求，终于争取到了集会和发表演讲的自由。被囚禁的学生要求警察局护送他们出去，并向他们道歉，直到政府被迫向被囚禁在学校教学楼里的学生道了歉，他们才离开了教学楼。之后，杜威看到了在满是警察的街道上，学生们举着旗帜游行并演讲庆祝胜利的场面。他感到，整个事件的经过"看起来似乎像一出戏……这是个奇怪的国家。所谓共和政体，是一个笑话……但是，从某些方面来说，他们却比我们有更多的民主，撇开妇女不说，他们有完全的社会平等。而且一方面立法程序完全莫名其妙，但是另一方面，当舆论像目前这样真正表达出来的时候，它却有显著的影响"①。

　　6月5日，北京政府新任命傅岳棻为教育部部长、胡仁源为北京大学校长，以代替学生运动初始离任出走的同情学生的教育部部长傅增湘和北京大学校长蔡元培。

　　杜威记述了对于政府新任命胡仁源为北大校长一事，在北京大学师生中所引起的反响。教师们拒绝承认政府指定的新校长（指胡仁源），他们联合起来，以教师委员会的名义要求政府收回对于新校长的任命，并通知校长本人让他自动辞职。新任命的胡仁源校长原是学校工程学院的院长，他热衷于政界事务，是袁世凯政府选定的教育官员，曾在马来西亚经营橡胶的生意中赚了很多钱。学校教师们表示，他们可不愿意让一个橡胶商来做校长，他们并没有给予新任校长如他所想象的那样的尊重。学生们也极力要求政府继续留任北京大学原校长蔡元培先生。这件事上，杜威明显地站在教师和学生的一边，认为政府应该诚意挽留蔡元培继续任职北京大学校长。

　　从6月初到北京，杜威目睹了学生们通过坚持不懈的斗争最后终于赢得了胜利。"最大的胜利是，政府的官方报纸报道了下令解除被学生称作是'卖国贼'的三名政府官员的职务，开始仅罢免了'五四'当天学生们袭击了他官邸的那个官员［即曹汝霖］的职务，这当然不足以平息民愤，政府又不得不下令

_____

　　① 胡适.杜威在中国［J］.哲学译丛，1964（3）.

罢免了另外二人［章宗祥和陆宗舆］的职务。"[1]关于这一次学生斗争取得胜利的经过，杜威从6月7日开始在他的家书中做了详细的记述：从政府表示妥协开始，到政府派出代表与学生谈判，答应学生的要求；再到政府正式向学生道歉；直至学生经过斗争取得胜利后上街游行庆祝胜利。

杜威认为，从这一次学生运动中，他看到了中国未来发展的希望所在。虽然学生运动是集体的行动，也体现出中国人"没有人喜欢单独行动"的特性，但却突破了中国人传统中由"重思轻做"所导致的凡事"让别人去做"的想法。在各种不同的场合，杜威多次强调，一个国家民主的发展在于人民不总是依赖政府为他们做什么，每一个公民都有权利和义务对于与自己相关的国家事务做出自己的决定，并及时、现实地对政府的决定做出自己的反映。在他看来，这种民主在中国是非常必要的。杜威还进一步举例说，威尔逊总统的民主日演说尽管动听，可在美国人看来或许并不很现实。杜威指出，对美国、对威尔逊总统寄予太多的希望，而不想主要通过每个中国人自己的努力来挽救自己的国家，这实际上对中国也构成了一种威胁。另一方面，杜威对于美国传媒界对于学生运动的很多不真实的负面报道感到不安，作为一名美国人他毫不掩饰对于美国那些不真实新闻报道的不满："华盛顿既然在不久前派了一队专门人员到这里来实地考察，他们为什么不公开地获取信息，不报道在中国的所发生的真实情况呢？"[2]杜威自己则在美国报刊上多次发表文章，[3]客观真实地向世界介绍了中国的五四运动，给予中国爱国青年学生积极的评价和舆论上的声援，并明确表示应该支持学生反对官僚的积极的和消极的抵抗。

---

① John and Alice Dewey. *Letters From China and Japan*. New York: E. P. Dutton & Company, 1920：235–236.

② John and Alice Dewey. *Letters From China and Japan*. New York: E. P. Dutton & Company, 1920：237.

③ Dockser, Cecile Bahn, *Jonh Dewey and the MAY FOURTH MOVEMENT in China: Dewey's Social and Political Philosophy in Relation to his Encounter with China*（1919–1921），US UMI Company, 1985：Abstract.

杜威还一直关注着五四运动的结果。1919年6月3日，北京学生遭逮捕后，触发了全国响应、支援的运动。6月5日，上海开始了学生罢课、工人罢工、商人罢市的声势浩大的"三罢"斗争，"上海的新兴无产阶级转入行动。急进和爱国的学生找到了最有力的同盟者"①。直到曹汝霖、章宗祥和陆宗舆等卖国贼被罢免的消息证实后，上海的"三罢"才停止。

7月2日，杜威从报纸上得知中国代表团没有在6月28日的巴黎和会上签字，杜威为这个消息感到十分高兴。他在给孩子的家书中写道："你不知道拒签和约对中国来说意味着什么，整个政府都在为这件事忙碌，这是一个公众舆论的胜利，这个公众舆论是由学校年轻的男女学生发起的，在这件事情上美国只能感到自愧不如。"②从这件事上，杜威看到了中国的希望，因为他认为这是中国人靠自己的力量，在没有任何外国人帮助的情况下解决了问题。中国到处都是庆祝国家政府在巴黎和会上取得胜利的景象，杜威参加了拒签和约的庆祝会。杜威还听到，中国政府决定大力普及义务教育，政府说到1920年将会让60%或更多的孩子进学校接受义务教育，这使他对中国未来的发展充满了信心；但他同时又提到，中国人根深蒂固的"重思轻做"心理导致不珍惜时间、没有效率感的特性，如果不经过一次真正的变革，那终究会对中国未来的发展形成阻碍。杜威将这种"真正的变革"的希望寄托在当时中国知识界还在延续的"新文化运动"上。

二、中国之行对杜威教育思想的影响

杜威把他的中国之行称为"我所做过的最有趣、并从学术的角度来说最

---

① ［美］霍塞. 出卖的上海滩［M］. 北京：商务印书馆，1962：104.

② John and Alice Dewey. *Letters From China and Japan*. New York: E. P. Dutton & Company, 1920：266.

有益的事情"①。1918年，杜威在斯坦福大学做了一个有关人性和行为等教育哲学问题的演讲，演讲之后本打算整理出书，但因为他的中国之行，"这本书比原计划推迟了两年左右的时间出版，东方游历和其他的事务可能造成了一些耽搁，最主要的原因是杜威全部彻底重写了那些演讲"②。从1919年夏天到1921年秋天，在华两年多的时间里，杜威目睹并经历中国社会正在发生的巨变，为他整理出版有关人性和行为的演讲提供了一个观察思考的全新视角。中国之行后不久，1922年杜威出版了《人性与行为》。在《人性与行为》一书中，杜威重新探讨了习性与冲动等教育哲学概念，"从1919年杜威在日本做那一系列改造他的哲学的讲座，到1922年发表他的《人性与行为》期间，杜威对习性和习惯的观点本身也经历了一个改造的过程……在这本书中，一个令人吃惊的观点是习性是主角"③。对于"习性"等教育哲学概念的重新认识，引发了杜威关于习性与冲动的关系以及个人与社会的关系问题等一系列教育观点的转变，甚至间接影响到杜威关于一些更深层教育哲学概念探讨（如"图式"概念）。对杜威研究得非常透彻的两位美国学者爱德尔（A. Edel）与富拉沃（E. Flower）认为，杜威对习惯和习性的"与生俱来的保守的"看法的重要的转变，"显然是受了在一个革命性转变的环境下，习俗所发生的巨大变化的激励"④。应该指出，不能否认杜威中国之行前后的其他经历（包括他来中国之前到日本之行）可能对他教育思想的转变所产生的某些影响，然而，那些经历无论从时间的长度上还是印象的深度上都无法与杜威的中国之行相比。

---

① *Dewey's Influence in China*. // John Dewey: His Thought and Influence. 1960：205.

② Murray G. Murphey. *John Dewey: Human Nature and Conduct*. the Board of Trustees Southern Illinois University, Introduction 1988.

③ J. A. Boydston. *John Dewey: The Later Works 1925-1953*（Vol.7），Introduction（by A. Edel & E. Flower），Carbondale: Southern Illinois University Press, 1985：xxii.

④ J. A. Boydston. *John Dewey: The Later Works 1925-1953*（Vol.7），Introduction（by A. Edel & E. Flower）. Carbondale: Southern Illinois University Press, 1985：xxii.

根据杜威记录下来的在中国访问期间的种种见闻，可以看到，他对于中国的习俗、民族心理、学生运动中表现出来的中国人的特性、艺术美学等很多方面的关注。事实上，1919—1921年间的中国之行对于杜威思想的影响是多方面、多层次的，但是，其中最突出、最重要的还是对于他的教育思想的影响。杜威的教育思想在中国之行后发生的一些重要的转变，主要体现在1922年出版的《人性与行为》一书中杜威对于有关教育哲学中的一些基本概念的重新探讨。这也影响到杜威后来出版的一些教育著作中对于个人与社会的关系、习性与冲动的关系等重要教育问题的看法的变化。杜威来华期间恰逢五四运动爆发把新文化运动推向了高潮，目睹并感受到中国所发生的一系列巨大变化，为正在整理"人性和行为"演讲稿的杜威"提供了一个契机来重整他的这些哲学思想，并阐述了这些哲学思想观点前后的转变以及对其教育思想的影响"①。

《人性与行为》是一本并不很容易看得懂的书，问题不在于杜威的写作风格，而在于杜威无法找到恰如其分地表达他变化了的新思想的词汇，"他不得不重新赋予像'习性''冲动''目的''道德'等这类过去已被他自己和别人用滥的词汇很多新的含义"，杜威尝试把这些概念的运用从狭窄的学术研究领域推广到表现人类的本性和行为的广泛领域。

（一）对于"习性"概念的重新界定

"习性"指的是个体从一个固定社会群体约定俗成的公共知识中所习得的那部分知识，是一个比知识的含义更丰富的词，包含了带有特殊倾向性思考方式以及与之相应行动的内容。在皮尔斯那里，"习性"是一个很重要的词，他认为"大脑的习性"就等同于"信仰"②。美国学者爱德尔和富拉沃指出：中

---

① 习性与冲动——20世纪初期杜威教育思想的转变［J］.北京大学教育评论，2003（2）.

② W. Kloesel. *Writings of Charles Sanders Peirce: A Chronological Education*. Bloomington Indiana University Press, 1879–1884：163.

国之行使杜威关于习惯和习性作用的看法发生了很大的变化①，"在《人性与行为》一书中，一个令人吃惊的观点是习性是主角……在从1919年杜威在日本做那一系列改造他的哲学的讲座，到1922年出版他的《人性与行为》的过程中，杜威对习性和习惯的观点本身也经历了一个改造的过程……改变习俗的概念以及习性的组成观念，而且能够使这种改变深入持久并与习俗相容，不是一件容易的事"。而在此期间，对于杜威来说，最重要的事莫过于为期两年的中国之行。爱德尔和富拉沃这两位学者还指出：杜威在中国的文章表明他非常关注习俗及其运作。反映在《人性与行为》一书中，可以明显看到中国之行对于杜威关于"习性"概念的看法所产生的影响。

在《人性与行为》一书中，杜威在使用"习性"一词时赋予了它更多的含义，使它更加完整而系统。与之前相比，杜威摆脱了单纯从知识的角度出发来看待"习性"，更多地注意到了从整个人类社会生活的方方面面来诠释习性所反映出的各种社会现象。"在杜威这里'习性'所涵盖的现象范围是极其广泛的，不仅包括了诸如站立和行走（即使这些也是采用特定的方式的）之类人类表面的行为，而且还包括了更深层次的人类获取食物、追求异性、发动战争的方式和一定范围的社交和文化活动，甚至包括把这一系列行为贯穿起来的某一固定团体所使用的语言，和具有团体特点的运用语言进行观察事物、分析现象、抽象思维的方式。我们今天把这些为全体社会成员所分享的被杜威'习俗'的东西称为'文化'——它不仅使我们在特定环境下能够采取行动，同时也限定了在这种环境下我们所采取的行动。"②

杜威不同意英国经验主义关于个体被动接受感觉印象的说法，他认为观看、倾听、触摸、品尝都是在习惯控制下的活动，这些通过感觉器官进行的感

---

① 习性与冲动——20世纪初期杜威教育思想的转变［J］. 北京大学教育评论，2003（2）.

② Murray G. Murphey. *John Dewey. Human Nature and Conduct*. the Board of Trustees Southern Illinois University, 1988：Introduction.

知活动必定是受到习性限定的。个体是根据他（她）所处的社会团体看待、评判世界的方式来形成他（她）自己的世界观的，个体不仅分享着他（她）所在社会团体的习性，同时还分享着团体的世界观。在杜威看来，习性不仅涉及社会环境，而且涉及物质和自然环境；不仅包括思维的习惯，而且还包括行动的习惯。习性总是与物质的、自然的和社会的环境交互作用，它们同时又都受到人们所采取的具体行动的影响。就像呼吸需要肺器官和空气，才能使人体获得所需要的氧气一样，所有的习惯都是依赖于所处环境并在改变所处环境的过程中起作用的。

（二）对于"习性"和"冲动"的重新认识

在《人性与行为》中，杜威对于习性和冲动的作用提出了完全不同于前期的看法。在杜威前期的思想中，尽管也看到了习性的某些正面的作用，称习性是"高效智力的条件"[1]，认为习性有助于规范思想，从而能够使精力集中，"习性能够阻止我们的思维从主要的方面漫游到那些看起来生动多变但事实上与实践没有任何关系的事情上"[2]，但杜威更多是强调了习性的负面影响。在杜威看来，习性是习俗的奴隶，通常是个体进行创造性思考的阻碍物，代表着社会上流行的愚昧无知的陈规陋习，因此只有打破习惯的方式才能激发创造性思维。可以说，驱使个体打破习俗的枷锁，进行思想上、行动上的某种新尝试的动力因素冲动，作为习性的对立面在杜威那里得到了相当程度的肯定。杜威认为，冲动使得个体的情绪得到宣泄，是不稳定的，冲动能够通过树立个体行动的新起点来为社会带来新思想。他同时还认为，冲动是在习俗运行的基础上产生的，冲动产生后又是在同习俗发生对立的情况下才能够起作用的。新的未知的东西总是在旧的已知的事物的基础上产生，转而又与传统的、社会所认同

---

[1] Murray G. Murphey. *John Dewey. Human Nature and Conduct.* the Board of Trustees Southern Illinois University, 1988：121.

[2] 习性与冲动——20世纪初期杜威教育思想的转变［J］. 北京大学教育评论，2003（2）.

的行为或思维方式发生冲突，在冲动与习性之间存在着动态的张力。①

在中国之行之后，杜威的上述看法发生了一些改变，他把习性和冲动各自所具有的正负两方面影响等同了起来。在《人性与行为》一书中，杜威写道："固定的习性对我们所有的知觉、认知、想象、回忆、判断、设想和推理都有很重要的作用。"②习性作为某一社会团体中人们最普遍的认识，它所具有的正负两方面就像一枚硬币同时具有正反两面一样，是同时发挥作用的：一方面，习性代表着一个社会团体所获得的最有力的知识，使这个社会的成员能够预期并计划未来；另一方面，习性屏蔽了其他的可能性。在习性的影响下，人们往往会注重结果而忽视过程，在更有效地取得预定结果的同时忽略了那些可能导致更重大发现的细节。而作为习性对立物的冲动也是如此，在引导人们深入某一现象从而发现那些更有辨别性、更特殊的知识，成为一种与正统习俗相对抗的力量，对社会的成长和保持良好状态起着重要的作用；同时它又处于"永无休止的搅动"状况，冲动会发散和湮没，③导致精力的滥用和浪费。由此，杜威认识到，单纯从习性和冲动自身区分正负两方面的影响是徒劳无益的。为了避免过分的守成或漫无目的的冲动，其关键是要在个人和社会两个水平上建立一种习性和冲动的有益的平衡。简言之，杜威在这个令人困惑的问题上寻求一个中间的解决办法："在把船系在港口直到它变成一个腐烂的废船或放任它随波逐流之间，有另外一个解决办法。"④

---

① John Dewey. *The School and Society, The Child and the Curriculum*, Centennial Publication of the University of Chicago Press, 1990; John Dewey: *Democracy and Education*（Chapter 1,4,8,9）, The Macmillan Company, 1916.

② Murray G. Murphey. *John Dewey: Human Nature and Conduct*. the Board of Trustees Southern Illinois University, 1988：124.

③ Murray G. Murphey. *John Dewey: Human Nature and Conduct*. the Board of Trustees Southern Illinois University, 1988：124.

④ Murray G. Murphey. *John Dewey: Human Nature and Conduct*. the Board of Trustees Southern Illinois University, 1988：117.

（三）对于个人与社会关系的重新认识

通过习性与冲动的各自影响和它们之间相互关系的重新认识，促使杜威对与之相关的个人于社会关系问题的重新认识和进一步探讨。正如爱德尔和富拉沃这两位学者指出的：来华访问时期正是杜威重新思考他的有关个人与社会的"并肩"概念的时期，杜威的阐述观点在1919年前后经历了一个重要的转变。①

杜威认为，习性在下一代人中留传，是社会团体里上一代人教导的结果，同样的习俗被教授给团体中不同的儿童；习性的代代相传使每一个个体因此得到了社会化，这不仅导致了人类社会的起源而且还使得人类社会得以延续。杜威强调指出："当冲动开始蓄意对抗现存习俗的时候，就是思想个性化的开始。"②1919年访问中国的时候，杜威正在思考一个有关个人与社会关系的具体问题：哲学家和教育家在促进社会进步的过程中究竟应当发挥什么样的作用？1919年9—10月在北京所作的《社会哲学和政治哲学》演讲中，杜威明确提出所谓个人和社会冲突究竟有什么意义？③他列举了以往哲学关于这个问题的两种不同观点：一种观点认为，个人先于社会而存在，社会因个人的存在而产生，社会应该服务于个人；另一种观点则认为，个人生活在社会中，不能脱离社会而存在，个人的发展在相当程度上取决于社会的进步，因此个人应该服务于社会。在他看来，上述两种观点都有失偏颇，他赞同一种"第三者"的哲学：认为社会和个人之间存在着有机的联系，是相互关联的，社会要求个人的"服务与服从"，同时社会也服务于个人。④

1919年前后杜威在思想上经历了巨大转变的事实，解释了他早期著作与

---

① 习性与冲动——20世纪初期杜威教育思想的转变［J］.北京大学教育评论，2003（2）.

② Murray G. Murphey. *John Dewey: Human Nature and Conduct*. the Board of Trustees Southern Illinois University, 1988：62.

③［美］杜威.社会哲学与政治哲学.//杜威五大演讲［M］.合肥：安徽教育出版社，1999：16.

④［美］杜威.社会哲学与政治哲学.//杜威五大演讲［M］.合肥：安徽教育出版社，1999：80.

晚期著作不一致的问题。^①在杜威的早期著作中，出于对冲动的重视，杜威把个人看做是衡量一切的准则，认为事物如何能够被个体拿来使用是检测一切事物的标准。而在中国之行后出版的《人性与行为》一书中，杜威则提出，具有相对稳定性的习性和进行新探索的冲动在个人和社会两个层面上互为条件，共同发挥作用。相对普遍的社会习性之中总是蕴涵着偶发的个体冲动，而偶发的个体冲动又有转化成社会习性的可能。从个人方面来说，习性是个体冲动进行探索的基础，同时也是个体冲动完成探索并得到社会承认之后的结果，"一直是事件之前和之后的附属物"^②。个体冲动的探索结果只有转化为社会公认的习俗，才能更好地服务于社会。在这个转化的过程中，个体冲动需要对自身进行必要的规范，舍弃其中某些与社会习俗不相符合的部分。从社会方面来说，一方面，如果某个社会认为已经解决了它的所有问题而将其习俗固定下来，那对这个社会来说是非常危险的，"固定信仰的确立是一个不断进步的过程，没有任何一个信仰是稳定到不再需要进一步探索的"^③；另一方面，社会习俗又不可避免地会对个体冲动产生排斥，这就要求社会规定或是社会成员间约定俗成一个准则来对个体冲动进行考察和选择，选择保留那些有利于社会进步的个体冲动，消除阻碍社会进步的个体冲动。其中，保证衡量准则的公正性是关键。杜威认为，在多数情况下，社会是运用成员间约定俗成的准则（习俗）来考察和选取个人提出的新观点的，个人探索所得到的新观点在通过社会准则的检验之前，无论意义多么重大都只能作为一种假设出现，特别是如果它与社会

---

① 习性与冲动——20世纪初期杜威教育思想的转变［J］.北京大学教育评论，2003（2）.

② Murray G. Murphey. *John Dewey: Human Nature and Conduct*. the Board of Trustees Southern Illinois University, 1988：62.

③ John Dewey. *Logic: The Theory of Inquiry*. // J. A. Boydston（ed）: John Dewey: The Later Works, 1925–1953（Vol.12），Carbondale: Southern Illinois University Press, 1982：16.

约定俗成的习俗产生分歧的时候。^①这就是说，个体冲动只有在最大程度上得到社会准则的认可，才能最有效地发挥作用；而社会也只有充分利用其成员的个体冲动，才能更好地促进它的发展。在这里，杜威摆脱了以往偏重个人与社会概念之间的对立，更强调了个人与社会之间相辅相成的统一关系，实现了他的把社会与个人完全结合的目标。

（四）认识基础的改变

当代美国教育家理查德·帕瓦特认为，就杜威访问中国的意义而言，"中国对杜威思想的影响比杜威对中国的影响要大得多"^②，关键是中国之行促使杜威在基本认知方式上发生了根本性的转变。

在杜威的早期著作中，他的很多关于教育方面的论述明显倾向于"儿童中心"和"以活动为基础的"，这显然同当时杜威对于冲动与习性、个人与社会等概念以及它们之间的关系的理解是一致的，其根源在于他当时的基本认知方法。杜威认为，"概念"不是存在于人的头脑中对于外界事物的反映，它既不存在于人的头脑中，也不是客观地存在于世界，而是存在于这两者之间的某处。其内容一部分属于认知方面，一部分属于知觉方面，不停地在大脑和世界之间来回穿梭，"概念是'可穿越肌肤的'"^③。那么，概念究竟又是从何而来的呢？早期杜威的认识基础是归纳主义。所谓归纳主义，是指人们以一系列经验事物或知识素材为依据，寻找出其服从的基本规律或共同规律，并假设同类事物中的其他事物也服从这些规律，从而将这些规律作为预测同类事物的基本原理的一种认知方式。从归纳主义的观点出发，杜威认为："知识建构是从具

---

① John Dewey. *Logic: The Theory of Inquiry*. // J. A. Boydston（ed）: John Dewey: The Later Works, 1925–1953（Vol.12）, Carbondale: Southern Illinois University Press, 1982：484.

② 习性与冲动——20世纪初期杜威教育思想的转变［J］. 北京大学教育评论，2003（2）.

③ A. F. Bentley. *The Human Skin: Philosophy's Last Line of Defense*. // S. Ratner（ed.）: Inquiry into Inquries: Essays in Social Theories by Arthur A. F. Bentley, Boston：Beacon Press, 1954：190–230.

体到抽象，从个别到一般，从输入模式的细节到概念的分类。"①在他看来，知识的学习建构主要是个人的事情，每个人都以不同于他人的独有的方式从低到高建构起自己的知识体系，个性化因素在知识建构的过程中起者至关重要的作用。在中国之行后，随着杜威对于冲动与习性、个人与社会关系看法的改变，对于之前信奉的归纳主义方法，杜威也越来越表示怀疑，他越来越感到在习性与冲动、社会与个人之间知识产生和建构相互渗透、相辅相成的关系。之后，杜威几乎完全放弃了归纳主义，在1933年出版的《我们如何思维——再论反思性思维与教育过程的关系》一书中，杜威甚至明确提出："概念不是从现成事物中抽取共同性质而形成的……概念不是把很多具有特定意义且早被人们完全理解的事物拿来，将它们一个对一个、一点对一点地加以比较，直到排除相异的性质，保留这些事物所具有的核心。"②这种认识基础的改变，对"杜威的教育思想产生了重要影响，他越来越重视社会因素对教与学的作用"③。因此，在杜威的晚期著作中，已经找不到诸如"儿童中心"和"以活动为基础的"之类理论的影子；相反，他开始更加强调教师为学生提供发挥主动思考的教学情景的重要作用。

第3节　对现代中国教育家的影响

杜威通过他的哲学和教育著作，以及他对中国的访问和讲演，对包括胡

① 习性与冲动——20世纪初期杜威教育思想的转变 [J].北京大学教育评论，2003（2）.

② [美]杜威.我们怎样思维.//我们怎样思维·经验与教育 [C].姜文闵，译.北京：人民教育出版社，1991：129.

③ 习性与冲动——20世纪初期杜威教育思想的转变 [J].北京大学教育评论，2003（2）.

适、陶行知、陈鹤琴、黄炎培、叶圣陶、俞子夷等在内的近现代中国教育家产生了广泛的影响。其中，胡适、陶行知、陈鹤琴都师承于杜威，是现代中国新教育运动的推动者，但他们在思想方法或教育观点上从杜威那里受到的影响程度并不一样。陶行知和陈鹤琴对杜威实用主义教育思想并不是照抄照搬，而是在一定程度上吸取了杜威的学说中的合理因素，并在各具特色的教育思想形成中对杜威的学说进行了改造。

一、对胡适"新教育"的影响

胡适是中国近现代学者、教育家。他从1915年9月至1917年6月在哥伦比亚大学学习。学习期间，胡适选修了杜威主讲的2门课程："伦理学之流派"和"社会政治学"。杜威也是他撰写博士学位论文的导师。回国后，他在五四时期发表了很多介绍实用主义的文章，成了杜威实用主义哲学和教育思想在中国的最有力的传播者之一。

1. 批判传统学校教育

在提倡"文学革命"以及将国语教育推广和普及到民众的过程中，胡适系统地梳理和批判了中国传统的旧教育。他认为，中国传统的旧教育扼杀儿童个性的发展，忽视儿童独立人格的培养。在这种传统的旧教育下，培养出来的人既不能做事又没有自主的人格，也不能去改造社会和推动社会进步。

胡适认为，中国传统的旧教育要求中小学读经书，与社会进步无关。随着科举制度的兴起，儒家经书成了封建社会学校教育的基本教材和科举考试的主要依据。"在今日妄谈读经，或提倡中小学读经，都是无知之谈，不值得普通人的一笑。"[1]在他看来，儿童在学校里不必花很多时间去读经书。

胡适还认为，中国传统的旧教育方法是对儿童幼小心灵的严重摧残。在

---

[1] 胡适论学近著（一集，卷四）［C］.上海：商务印书馆，1935.

对中国传统的旧教育进行审视后，他强调："吾国旧教育之大病，在于放弃官能之教练，诵读习字之外，他无所授。"①在胡适看来，传统的旧教育无视儿童的生理和心理特点，一味教他们背死书，其结果是压抑了儿童的发展。总之，传统的旧教育"完全违背了儿童心理，只教儿童念死书、下死劲"②。

2. 强调教育和生活、学校和社会的联系

对于杜威提出的"教育即生活"，胡适是信守不移的。他在《实验主义》一文中写道："我这一篇所说杜威的新教育理论，千言万语，只是要打破从前的阶级教育，归到平民主义的教育……平民主义的教育的根本观念是：教育即是生活，教育即是继续不断地重新组织经验，要使经验的意义格外增加，要使个人主宰后来经验的能力格外增加。"③在胡适看来，教育必须与实际生活需要密切配合，从宽广的生活中摄取教育的素养，把教育的目的与教育的进行视为一件事。

对于杜威的"学校即社会"，胡适不仅是赞同的，而且在理论上进行积极的宣传。在他看来，学校教育必须照顾到实际生活的需要，注意课程的实用。1936年，胡适在致友人信中写道："中国的旧式教育既不能教人做事的能力，更不能教人做人的道德……从母亲、奶妈、什役……到整个的社会——当然也包括学校——都是训练做人的场所……课堂的生活当然是知识技能的生活居绝大部分。课堂以外的生活，才是做人的训练。凡游戏，社交，开会，竞赛，选举，自治，互助，旅游，过团体生活等等，才是训练做人的机会。"④

3. 推崇实用主义方法论

胡适十分赞赏杜威的课程与教学理论。他认为，课程与教学必须满足儿童的活动本能以便能充分发展儿童个人的各种兴趣，调动其一切潜能资质。胡

---

① 胡适留学日记［C］.上海：商务印书馆，1947：856.

② 胡适文存（三集，卷九）［C］.上海：亚东图书馆，1930.

③ 葛懋春，李兴芝.胡适哲学思想资料选（上）［C］.上海：华东师范大学出版社，1981：90.

④ 胡适来往书信选（中册）［C］.北京：中华书局，1979：307-308.

适强调："做学问的人应当看自己性之所近，拣选所要做的学问，拣定以后，当存一人'为真理而求真理'的态度。"①

在治学方法上，胡适提出了"十字真言"，即"大胆地假设，小心地求证"②。实际上，这是对杜威的"思维五步"的概括。胡适强调："杜威哲学的最大目的，只是怎样能使人类养成那种'创造的智慧'，使人应付种种环境充分满意。换句话说，杜威的哲学的最大目的是怎样使人有创造的思想力。"③"学校的生活须要养成这种活动的思想力，养成杜威所常说的'创造的智慧'。"④在思索和分析的基础上，胡适有时把杜威的"思维五步"并归为三步："细心搜集事实，大胆提出假设，再细心求实证"⑤。有时又分作四步："怀疑、事实、证据、真理"。但更多的是分为两步：假设，求证。

4. 主张教育以儿童为中心

胡适认为，天真烂漫是儿童的本性。因此，在学校教育过程中，教育者应依循儿童的生理和心理特点，考虑儿童的兴趣爱好和人格个性。胡适强调："教育之宗旨在发展人身所固有之材性。目之于视，耳之于听，口之于言，声之于歌，手之于技，其为天赋不可放弃之材性一也。岂可一概视为小道而听其荒芜残废哉？教育之方法首在鼓舞儿童之兴趣。今日乃摧残其兴趣，禁之罚之，不令发生，不可谓非千古之大谬哉！"⑥在胡适看来，儿童的教育应该根

---

① 胡适. 给毛子水的一封信. // 新文学评论. 北京：新文化出版社，1923.

② 胡适口述. 胡适的自传. // 胡适哲学思想资料选（下）［C］. 上海：华东师范大学出版社，1981：110.

③ 葛懋春，李兴芝. 胡适哲学思想资料选（上）［C］. 上海：华东师范大学出版社，1981：72.

④ 葛懋春，李兴芝. 胡适哲学思想资料选（上）［C］. 上海：华东师范大学出版社，1981：85.

⑤ 葛懋春，李兴芝. 胡适哲学思想资料选（上）［C］. 上海：华东师范大学出版社，1981：217.

⑥ 胡适留学日记［C］. 上海：商务印书馆，1947：857.

据儿童的生理和心理特点这是一个基本原则。那种不顾儿童生理和心理特点的学校，实际上是虐待儿童，增加学校生活的苦痛。在胡适作为主要起草人的1922年"新学制"草案中，就体现了教育以儿童为中心的精神。

胡适要求教师热心参与儿童的各种文体活动，与儿童打成一片，既教书，又育人。在学校教育过程中，教师应该注意使儿童学会运用工具，即获得求知的工具和生活的工具，同时帮助儿童养成良好的学习习惯。

二、对陶行知"生活教育"的影响

陶行知是中国近现代教育家。他从1915年9月至1917年8月在哥伦比亚大学学习。学习期间，他以教育行政学为基础，选听了杜威的"学校与社会"、克伯屈的"教育哲学"、孟禄的"教育史"、坎德尔的"各国学校制度的社会基础"等课程。其中，杜威教授的课程对陶行知的影响最大。他后来自称为杜威的"受业弟子"[①]。回国后，他在南京高等师范学校教育科任教。杜威访问南京时，他作为主人和翻译同杜威有了一次直接的接触。自《新教育》创刊后，陶行知便在其专栏中宣称支持进步主义，后又担任该杂志编辑。

1. 批判传统学校教育

在以科学和民主为旗帜的新文化运动中，陶行知积极批判和改革传统的旧教育。反对传统教育是陶行知从美国留学回来后要做的三件事之一。他认为，传统的旧教育是沿袭陈法，应循守旧，致使"先生是教死书，死教书，教书死；学生是读死书，死读书，读书死"[②]。传统的旧教育只听教师讲，不许学生问，不教学生用脑，也不教学生动手，而把学生关在学校课堂里，其结

---

①［日］斋腾秋男."生活教育"理论形成的过程.// 周洪宇.陶行知研究在海外［C］.北京：人民教育出版社，1991：270.

②中央教育科学研究所.陶行知教育文选［C］.北京：教育科学出版社，1981：147.

果是摧残学生的生活力和创造力。陶行知尖锐地指出：在这条路线下的中国传统的学校教育实际上走的是"灭亡之路"①。

陶行知还认为，传统学校教育是脱离生活的，也是脱离生产劳动的。传统学校教育是"教人吃饭不种稻，穿衣不种棉，住房不造林。它教人羡慕奢华，看不起农务……它教农夫子弟变成书呆子"②。在陶行知看来，传统学校教育与生活隔离，便成为空洞的教育、消费的教育、死的教育。而且，传统学校教育是贵族教育，是少数人的、脱离社会大众的小众教育。

2. "生活即教育"、"社会即学校"③

从批判中国传统的旧教育出发，陶行知提出了生活教育。在《谈生活教育》一文中，他强调："从字义上说：生活教育是给生活以教育，用生活来教育，为生活向前向上的需要而教育。从生活与教育的关系上说：是生活决定教育。从效力上说：教育要通过生活才能发出力量而成为真正的教育。"④在陶行知看来，由于生活教育是人类社会原来就有的，因此，生活便是教育。对于一个人来说，生活教育与生俱来，与生同去，过怎样的生活就接受怎样的教育。

在生活教育理论指导下，陶行知确立了五个目标：健康生活、劳动生活、科学生活、艺术生活、改造社会的生活。在《生活教育的特质》一文中，他详细地分析了生活教育的特点：一是生活的。要从生活的斗争中获得真理。二是行动的。行动产生理论，发展理论；理论为的是要指导行动，引导整个生活进入更高的境界。三是大众的。大众可以在生活里找教育，为生活而教育。四是前进的。要用前进的生活引导落后的生活，要大家一起来过前进的生活，受前进的教育。五是世界的。整个世界所有的地方都是生活的场所，凡是生活

---

① 中央教育科学研究所.陶行知教育文选［C］.北京：教育科学出版社，1981：143.

② 中央教育科学研究所.陶行知教育文选［C］.北京：教育科学出版社，1981：57.

③ 中央教育科学研究所.陶行知教育文选［C］.北京：教育科学出版社，1981：109–110.

④ 中央教育科学研究所.陶行知教育文选［C］.北京：教育科学出版社，1981：267.

的场所都是我们教育自己的场所。六是有历史联系的。要把历史的教训和个人或集体的生活联系起来，而不能停留在自我或少数同伴的生活上，跌在狭义的经验论的泥沟里。①

尽管陶行知提倡"生活即教育"，但是他并没有否定读书。他认为，在"生活即教育"的原则下，书是有地位的，过什么生活就用什么书。书是需要读的，但不能不用。

陶行知同时提出"社会即学校"。他强调："以社会为学校，学校与社会打成一片……社会含有学校的意味，学校含有社会的意味。"②学校只是社会的一部分。学校必须与社会生活发展的需要相适应，学校必须通过社会生活实践才能提供有效的教育。因此，"社会即学校"意味着学校教育要伸向大自然、大社会，与社会生活实践相结合，打破封闭式的学校教育。陶行知明确指出学校"不能应用社会的力量便是无能的教育，不了解社会的需要便是盲目的教育"③。所以，在从事乡村教育时，他尤其强调乡村学校要以乡村实际生活为中心，建设适合乡村生活需要的学校。

在"社会即学校"的指导思想下，陶行知认为，社会是人民大众唯一的学校。马路、弄堂、乡村、工厂、茶馆、酒楼、戏院等都可以成为人民大众的课堂。在20世纪30年代时，他还提出了"工学团"的思想并付诸实践，"将工场、学校、社会打成一片，产生了一个改造乡村的富有生活力的新细胞"④。

对于杜威提出的"教育即生活""教育即社会"，陶行知是持批判态度的。他认为，杜威的观点只是把社会生活中的东西搬一点到学校里作点缀，就是在鸟笼里放上一二根树枝一样。"要先能做到'社会即学校'，然后才能讲'学校即社会'；要先能做到'生活即教育'，然后才能讲'教育即生活'。

① 华中师范大学教科所.陶行知全集（第3卷）［C］.长沙：湖南教育出版社，1985：25-28.

② 华中师范大学教科所.陶行知全集（第2卷）［C］.长沙：湖南教育出版社，1985：617.

③ 华中师范大学教科所.陶行知全集（第2卷）［C］.长沙：湖南教育出版社，1985：712.

④ 中央教育科学研究所.陶行知教育文选［C］.北京：教育科学出版社，1981：138.

要这样的学校才是学校，要这样的教育才是教育。"①

3. 主张"教学做合一"②

在课程教材上，陶行知认为，应该让儿童学习"活的""真的""用的"书，而不是去读"死的""假的""读的"书。在他看来，不是不要读书，而是要读有用的书。在《教学做合一的教科书》一文中，陶行知就提出了70种有关生活的例子，并据此编写"教学做指导"教材。他还强调儿童获得文化工具，把语文、数学、外语、科学方法的掌握看作是开发文化宝库的钥匙，使儿童能获得驾驭自然的力量，去认识自然，学会试验和创造。

在教学上，陶行知明确指出"教学做合一"。1927年，他在《教学做合一》一文中正式系统阐述了这一理论。他认为，教与学都必须以做为中心，实行"教学做合一"。"教学做合一"有两种含义：一是方法；二是生活的说明，因为在实际生活中处处都有"教学做合一"，三者结合为统一的整体；三是紧密相连，并以"做"为核心。

"教学做合一"以生活为中心，是为现实生活教育的目的。"所有的问题都是从生活中发生出来的。从生活中发生出来的困难和疑问，才是实际的问题；用这种实际的问题来求解决才是实际的学问。"③通过"教学做合一"，促进儿童的手脑并用，有利于儿童的发展。

4. 强调"先生创造学生，学生创造先生"④

在学校生活中，陶行知认为，了解儿童和理解儿童是教育的前提条件。儿童有自己的特点，也有自己的需要，教师不能像大人一样对待儿童。在《儿童年献歌》中，陶行知写道："不要你哄，不要你捧，只要你懂——懂得我们

---

① 华中师范大学教科所.陶行知全集（第2卷）［C］.长沙：湖南教育出版社，1985：633.
② 中央教育科学研究所.陶行知教育文选［C］.北京：教育科学出版社，1981：76.
③ 中央教育科学研究所.陶行知教育文选［C］.北京：教育科学出版社，1981：88.
④ 中央教育科学研究所.陶行知教育文选［C］.北京：教育科学出版社，1981：298.

还是小儿童，不要教成小老翁。"[①]教师只有懂得儿童，才不会扼杀儿童的才能幼苗和创造生机。儿童天性好问又好动，求知欲强，有动手制作的兴趣，教师最主要的责任是了解儿童和理解儿童。

陶行知还认为，要相信儿童的力量，解放儿童的创造力。"我们发现了儿童有创造力，认识了儿童有创造力，就必须进一步把儿童的创造力解放出来。"[②]由此，陶行知提出"六大解放"，即解放儿童的眼睛、解放儿童的头脑、解放儿童的双手、解放儿童的嘴、解放儿童的空间、解放儿童的时间，使儿童更好地接触大自然、大社会，发展儿童的创造力。

在强调儿童为主体的同时，陶行知并没有否定教师的作用。教师的任务就是根据儿童的生理和心理特点，引导儿童的发展。"我们教育儿童，就是要根据儿童的需要和力量为转移。"[③]"要晓得受教的人在生长的历程中之能力需要，然后才能晓得要教他什么和怎样教他。"[④]在陶行知看来，最重要的是要有创造性的教师和创造性的教师集体。

三、对陈鹤琴"活教育"的影响

陈鹤琴是中国近现代教育家。他从1917年9月至1919年6月在哥伦比亚大学学习，专攻教育与心理。学习期间，陈鹤琴选听了孟禄的"教育史"、克伯屈的"教育哲学"、桑代克的"实验教育心理学"等课程。其中，杜威的学生克伯屈教授的课程给陈鹤琴留下了深刻的印象，并使他在思想上受到很大的影响。回国后，陈鹤琴应聘在南京高等师范学校教育科任教，成为陶行知的同事，并共倡新教育和改革旧教育。

---

① 华中师范大学教科所.陶行知全集（第3卷）［C］.长沙：湖南教育出版社，1985：33.
② 中央教育科学研究所.陶行知教育文选［C］.北京：教育科学出版社，1981：306.
③ 华中师范大学教科所.陶行知全集（第1卷）［C］.长沙：湖南教育出版社，1985：176.
④ 中央教育科学研究所.陶行知教育文选［C］.北京：教育科学出版社，1981：42.

1. 批判传统学校教育

在科学与民主的思潮以及在陶行知教育思想的影响下，陈鹤琴对中国的传统学校教育进行了批判。他认为，中国的传统学校教育是一种死气沉沉、腐化的教育。传统学校教育"把'学校'与'社会'、'自然'隔离……把学校变成'知识的牢狱'"①。在陈鹤琴看来，这种传统学校教育使得儿童被禁锢在书本的牢笼里，机械地、被动地接受课本知识，其结果使儿童变成了只知道捧着书本死读的书呆子。因此，"一天到晚要儿童在这渺小的书本世界里面去求知识，去求学问，去学做人，岂不是等于梦想吗？"②

在陈鹤琴看来，传统学校的教学完全是"先生讲，学生听"，牵着学生的鼻子，采用注入式和填鸭式手段，要求儿童死记硬背书本上的知识。在整个传统学校里，充斥了那种使儿童不好动、不好问、不用思想的沉闷空气。陈鹤琴强调指出："不让儿童自己去做他所能做的事情，不让儿童去想他所能想的事情，等于阻止了儿童身心的发展。"③传统的耳提面命的教学方法是最笨拙的教学方法，对儿童的创造力是极大的摧残。

2. 提出"活教育"④

陈鹤琴认为，教育是培养人的社会活动，与社会生活之间存在着密切的联系。他强调说："人之所以异于其他的动物，就是因为人是一种社会的动物。自有人类历史以来，人就必定在人与人之间互相发生关系。怎么使这个关系正确而完好地建立起来，以通过这个关系参与共同生活，通力合作以谋控制自然，改进社会，使个人及全人类得到幸福，便是一个做人的问题。所以活教育要讲做人，应当努力去学习如何做人，如何求得社会的进步，人类的发展。"⑤

①北京市教育科学研究所.陈鹤琴教育文集（下卷）［C］.北京：北京出版社，1985：657.
②北京市教育科学研究所.陈鹤琴教育文集（下卷）［C］.北京：北京出版社，1985：657.
③北京市教育科学研究所.陈鹤琴教育文集（上卷）［C］.北京：北京出版社，1985：522.
④北京市教育科学研究所.陈鹤琴全集（第5卷）［C］.南京：江苏教育出版社，1991：24.
⑤北京市教育科学研究所.陈鹤琴全集（第5卷）［C］.南京：江苏教育出版社，1991：62.

对于杜威的"教育即生活"和"学校即社会"的观点，陈鹤琴持赞同态度。他曾说："教育是生活。这是近来实验主义派的教育学说最胜之点，也可以说是近世教育最进步之点。从这条原则上看来，对于为成人而教育儿童，因预备成人生活而教育儿童等学说，都不攻自破。"①在阐述"活教育"的理论时，陈鹤琴也指出："那就是将儿童放在适当的环境里去发展他的生活，儿童必须从直接经验中，去学习，去求知识，去求技能，去做人。"②

在陈鹤琴看来，"活教育"应该成为一种适合时代需要的教育制度。"活教育"的实施包括一切教育在内。他明确指出，做现代中国人要有五个条件：一是要有健全的身体，二是要有建设的能力，三是要有创造的能力，四是要能够合作，五是要有服务精神。

3. 强调活动课程和做中学

陈鹤琴认为，在课程上，为了丰富儿童对自然社会的了解，应该把大自然、大社会看作活教材。对于儿童，大自然、大社会就是他们生活的世界。从儿童所熟悉的生活环境中获得的经验和知识是最生动直观、最形象鲜明的，最能激起儿童的兴趣。但是，陈鹤琴并没有否定书本在教学中的地位。"并不是因为读书本才变成书呆子的，而是因为他们只晓得一味读书，而不去和真正的书——大自然、大社会接触，才变成书呆子的。"③

"活教育"的课程采取以活动为中心编制或活动单元的形式。陈鹤琴提出了"五指活动"的课程体系，包括健康活动、社会活动、科学活动、艺术活动、文学活动。之所以称"五指活动"，表示这五种活动像一只手的五个指头而相互联系构成一个整体。

在教学上，陈鹤琴提出了"一切教学，集中在'做'。做中教，做中

---

① 北京市教育科学研究所.陈鹤琴全集（第2卷）［C］.南京：江苏教育出版社，1991：91.
② 北京市教育科学研究所.陈鹤琴全集（第4卷）［C］.南京：江苏教育出版社，1991：202.
③ 北京市教育科学研究所.陈鹤琴全集（第4卷）［C］.南京：江苏教育出版社，1991：365.

学，做中求进步"①，其中"做"是出发点。"一切的学习，不论是肌肉的，不论是感觉的，不论是神经的，都要靠'做'的。"②在他看来，在学校的各种教学中，都不应该直接把各种结果告诉儿童，而应该让儿童自己去试验和思考，去求结果。在做的过程中，儿童可以通过直观教具或直接观察，获得直接和感性的经验。与此同时，在做的过程中，既使儿童的学习兴趣得到了激发，又使儿童以及师生之间得到相互启发和相互促进。

至于教学过程，陈鹤琴认为，它分为4个步骤：实验观察、阅读参考、创作发表、批评检讨。其中，作为教学过程的第一个步骤的实验观察是最重要的。"活教育的教学……就是注重直接经验。这种直接的经验就是使人进步的最大动力。直接的经验也就是活教育教学方法的第一个原则。"③

4. 主张"一切为儿童，一切为教育"④

陈鹤琴认为，在学校生活中，必须加强对儿童心理的研究。针对20世纪20年代人们普遍认为"儿童是与成人一样"的观念，陈鹤琴明确指出，不准儿童游戏，并迫使儿童的一举一动都应学成人的样子，实际上违背了儿童的天性。在《儿童心理及教育儿童之方法》一文中，陈鹤琴把儿童的心理特征概括为"四心"，即好动心、模仿心、好奇心、游戏心。在《家庭教育》一书中，他把儿童的心理归结为七个特点，即好游戏、好模仿、好奇、喜欢成功、喜欢野外生活、喜欢合群、喜欢称赞。

陈鹤琴提出了新的儿童观，主张正确地看待儿童。教师必须尊重儿童的独立性和自主性，同时必须培养儿童的自尊和自爱心。

在对儿童进行教育时，陈鹤琴认为，应该把教师了解儿童和研究儿童看作其前提和基础。只有在了解儿童之后，对儿童的教育才能切实有效。"儿

① 北京市教育科学研究所.陈鹤琴全集（第5卷）［C］.南京：江苏教育出版社，1991：31.
② 北京市教育科学研究所.陈鹤琴全集（第5卷）［C］.南京：江苏教育出版社，1991：76.
③ 北京市教育科学研究所.陈鹤琴全集（第4卷）［C］.南京：江苏教育出版社，1991：367.
④ 王伦信.陈鹤琴教育思想研究［M］.沈阳：辽宁教育出版社，1995：190.

童不是'小人'，儿童的心理与成人的心理不同，儿童时期不仅作为成人之预备，也具有他的本身价值，我们应当尊敬儿童的人格，爱护他的烂漫天真。"①在肯定教育中儿童主体地位的同时，应该注意教师如何去发挥其作用。"凡儿童能够学的而又应当学的，我们都应当教他。"②

四、对黄炎培"大职业教育"的影响

黄炎培是中国近现代民主革命家、教育家。25岁在川沙开办当地第一所县立学校，后又开办上海广明小学、广明师范学校以及浦东中学等。1913年被推举为江苏省教育会副会长，并长期主持会务。1917年在上海发起成立中华职业教育社，开辟了中国教育史的一个新纪元。1918年创办中华职业学校和《教育与职业》月刊。在杜威教育思想的影响下，发表《学校教育采用实用主义之商榷》《提出大职业教育主义征求同志意见》等文章。作为中国近现代职业教育的倡导者，推动了我国职业教育的发展。

1. 提倡实用主义教育

对于美国教育家杜威的实用主义教育思想，黄炎培是持赞成态度的。1918年8月，他在《教育杂志》上发表了《学校教育采用实用主义之商榷》，明确提倡实用主义教育。

批判传统教育是杜威实用主义教育思想的出发点。尽管教育本义并不是要学生静而不动，而是使本不活动者能够进行活动并有奋发的现象，但今之教育惟不如是，这使黄炎培对当时学校制度的疑念越积越深。因此，在《学校教育采用实用主义之商榷》一文中，他首先批判当时中国旧教育与社会生活分离的现象。他明确指出："乃观今之学子，往往受学校教育之岁月愈深，其厌苦

---

① 北京市教育科学研究所.陈鹤琴全集（第1卷）[C].南京：江苏教育出版社，1991：9.
② 北京市教育科学研究所.陈鹤琴教育文集（下卷）[C].北京：北京出版社，1985：11.

家庭鄙薄社会之思想愈烈，扞格之情状亦愈者。而自在家庭社会间，所谓道德身体技能知识、所得于学校教育堪以实地运用处，亦殊殊碌碌无以自见。即以知识论，惯作论说文字，而于通常之存问书函，意或弗能达也，能举拿破仑、华盛顿之名，而亲友间之互相称谓，弗能笔诸书也；习算术及诸等矣，权度在前弗能用也；习理科略知植物科名矣，而庭除之草不辩其为何草也，家具之材不辩其为何木也。……普通诸学科不能使之活用于实地之业务，此外，管理训练亦未能陶怡之，使适于实际之生活。"①由此，黄炎培强调教育要与社会生活相联系。"一言蔽之，即打破平面的教育，而为立体的教育。易言之，盖欲渐改文字的教育，而为实物的教育。"②

此后，黄炎培还发表了《小学校实用主义表解》《实用主义小学教育法》《实用主义产出之第一年》《实用主义产出之第三年》等文章，不仅述说了实用主义在当时中国的飞速进步，而且提出要对实用主义之真精神进行悉心研究。1919年5月初在江苏教育会亲自聆听杜威的演说后，他还写下了自己的感想："既见博士夫妇，则大喜。博士所倡之要义，则平民教育是也。其言曰：'教育之我为事，不惟训练人之脑，尤当训练人之手。……故手、脑二者联络训练，一方增进世界之文明，一方发展个人天赋之能力，而生活之事寓其中焉'。"③从上可以看出，黄炎培确实希望实用主义教育在近代中国得到推广。

此外，在《东西两大陆教育不同之根本谈》一文中，黄炎培还基于求知识于世界的视角对中美教育的不同进行了讨论。首先，美国教育大都依据自

① 黄炎培. 学校教育采用实用主义之商榷. // 中华职业教育社. 黄炎培教育文选［C］. 上海：上海教育出版社，1985：14–15.

② 黄炎培. 学校教育采用实用主义之商榷. // 中华职业教育社. 黄炎培教育文选［C］. 上海：上海教育出版社，1985：18.

③ 黄炎培. 我之最近感想. // 中华职业教育社. 黄炎培教育文选［C］. 上海：上海教育出版社，1985：79.

然，而当时中国教育依据强制；其次，美国教育大都个别差异，而当时中国教育依据划一；第三，美国教育最重视创造，而当时中国教育惟重视模仿；最后，美国教育最重视公众，而当时中国教育惟重一己。在黄炎培看来，在美国，教育和生活是不分离的。中美两国教育的不同致使两者教育上一切设施存在很大的差异。

2. 发展职业教育和倡导大职业教育

在担任江苏省都督府教育司长期间，黄炎培就奔走各地调查教育行政现状，制定教育计划，并在《江苏教育行政月报》上发表《告教育界用人者》，愿与教育界同志共勉之。自1917年成立中华职业教育社后，他转而积极发展职业教育，因为他认为职业教育就是实用教育。

黄炎培认为，职业教育有四个目的：其一，谋个性之发展；其二，为个人谋生之准备；其三，为个人服务社会之准备；其四，为世界、国家增进生产力之准备。在职业教育中，应该理论和实习并授。在《中华职业教育社成立五周年间之感想》一文中，他对职业教育的宗旨表述得更为清楚："职业教育，将使受教育者各得一技之长，以从事于社会生产事业，藉获适当之生活；同时更注意于共同之大目标，即养成青年自求知识之能力、巩固之意志、优美之感情，不惟以之应用于职业，且能进而协助社会、国家，为其健全优良之分子也。"①概括起来，职业教育的目的就是要实现一个民生幸福的社会。

在发展职业教育计划上，黄炎培曾帮助制定河南职业教育进行计划、江苏职业教育计划、改进安徽职业教育办法、云南职业教育进行之意见等，其计划包括农业教育、工业教育、商业教育、女子家政教育等四个方面。在职业教育实施上，他提出两点：一是，须在对各国职业教育制度比较研究之后确立职业教育制度；二是，须在提倡职业教育时审择职业的种类及其性质。在职业教

---

① 黄炎培. 中华职业教育社成立五周年间之感想. // 中华职业教育社. 黄炎培教育文选 [C]. 上海：上海教育出版社，1985：101.

育原则上，他提出了三个原则：其一，须绝对地因地制宜和因材施教；其二，须向职业社会里边去设施；其三，宜从平民社会入手。在保证职业教育有效上，他提出必须下三大决心：一是，须下决心为大多数平民谋幸福；二是，须下决心脚踏实地用极辟实的功夫去做；三是，须下决心精切研究人情、环境并努力与民众合作。

在中华职业教育社举办第一届职业学校作品展览会时，黄炎培明确指出，这种展览会既有教育价值（诸如创作精神、美术观念、技术改良），也有适应社会需要（诸如增裕生计、有益社会）。

黄炎培还强调职业指导是职业教育的先决问题，其有两个标准："一个是职业心理，一个是社会状况。职业心理，是要请专门家研究的……社会状况，是要调查的……"①其中，"职业心理"在当时中国职业教育界是有新意的。在他看来，"研究职业教育，注重于职业心理学，此可谓世界思潮之新趋向"②。中华职业教育社1931年还译印了美国学者的《职业心理学》一书。与此同时，黄炎培还强调了"职业陶怡"。在他看来，"仅仅教学生职业，而于精神的陶怡全不注意，把一种很好的教育变成器械的教育，一些儿没有自动的习惯和共同生活的修养"③。

为了更好地发展职业教育，黄炎培还提出了女子职业教育，推广女子师范学校；以及强调职业补习教育，把它称为职业教育的一条康庄大道；此外，还提出了贫儿职业教育的主张。

最重要的是，黄炎培倡导了大职业教育，亦称为"大职业教育主义"。④

① 黄炎培.《职业指导号》的介绍语. // 中华职业教育社. 黄炎培教育文选［C］.上海：上海教育出版社，1985：80.

② 黄炎培. 职业教育谈. // 中华职业教育社. 黄炎培教育文选［C］.上海：上海教育出版社，1985：61.

③ 黄炎培.《学生自治号》发行的旨趣. // 中华职业教育社. 黄炎培教育文选［C］.上海：上海教育出版社，1985：94.

④ 黄炎培. 提出大职业教育主义征求同志意见. // 中华职业教育社. 黄炎培教育文选［C］.上海：上海教育出版社，1985：156.

他提出了三句话："（一）只从职业学校做功夫，不能发达职业教育。（二）只从教育界做功夫，不能发达职业教育。（三）只从农工商业界做功夫，不能发达职业教育。"①其中，第一句话就是，要求职业教育和普通教育结合，如果职业教育与普通教育没有关系，不互助，不合作，那就会使职业教育范围越划越小，界限越分越严，因为单讲职业教育发展是不会有希望的。黄炎培甚至提出"职业教育普通化"②。在他看来，普通教育与职业教育应该各依适当的比例而发展，职业教育至少宜与普通教育方面为平衡的进展。在普通中学中，可以添设职业科或附设职业科。"如〔杜威〕博士言，二者直当认为一物，而非别职业教育于普通教育之外。"③在职业教育中，"提倡职业神圣之学说，发挥职业平等之精神，务先于普通教育植其基础"④。在《中华职业教育社宣言书》一文中，黄炎培更是提出："主旨三端：曰推广职业教育；曰改良职业教育；曰改良普通教育，为适于职业之准备……改良职业教育必同时改良普通教育。"⑤在这一方面，黄炎培显然受到了杜威职业教育思想的影响。

五、对俞子夷"生活教学"的影响

俞子夷是中国近现代教育家。曾赴日本（1909）和欧美国家（1913）考

---

① 黄炎培. 提出大职业教育主义征求同志意见. // 中华职业教育社. 黄炎培教育文选［C］. 上海：上海教育出版社，1985：154.

② 黄炎培. 第七届全国职业学校联合会里几个问题. // 中华职业教育社. 黄炎培教育文选［C］. 上海：上海教育出版社，1985：176.

③ 黄炎培. 我之最近感想. // 中华职业教育社. 黄炎培教育文选［C］. 上海：上海教育出版社，1985：79.

④ 黄炎培. 职业教育实施之希望. // 中华职业教育社. 黄炎培教育文选［C］. 上海：上海教育出版社，1985：48.

⑤ 黄炎培. 中华职业教育社宣言书. // 中华职业教育社. 黄炎培教育文选［C］. 上海：上海教育出版社，1985：54-55.

察教育，尤其对杜威教育思想产生了浓厚的兴趣。他曾指出："杜威讲学以后，就流传了一种教育上的新学说——实验主义。"①俞子夷先在江苏第一师范附小开展课程教学改革；后在南京高师任教育科教授，并在附小主持设计教学法实验；1929年起任浙江大学教育系教授。他对当时中国每一种新的教学方法的引入和推广都作出了积极贡献。作为教育实验运动的引领者、教育测验的创始人，他从事中小学算术教学研究50多年，推动了近现代学校的改革。

1. 倡导生活教学观

俞子夷以深厚的爱国之情投身小学教育，倡导生活教学观，怀着对学生的深深的爱，在一线教学工作中和学生同吃、同住、同学习、同探索。他认为，爱是生活教学的基点。教育是爱的事业，没有爱就没有教育。世上的爱有许多种，师爱是无私的博大的爱。教师对学生的关爱，可以让他了解他们的生活，他们的趣味性情，他们的喜怒哀乐，他们的生活习惯，等等。俞子夷后来深情地回忆了他的教学生涯："人生顶快的莫如爱！我真爱他们。他们也真爱我。……好孩子！现在个个都成长了，有了事业；我们那时的相爱真和亲骨肉一般！"②

俞子夷认为，使命感是生活教学的原动力。教育是一个肩负重要的社会责任的职业，教师应该有强烈的爱国情怀和培养人才的使命感，因为改造社会必须先从改变个人开始。只有这样，才能使教师从生活中取材，引导学生研究生活中的自然现象，注重在生活中获得实际经验，以培养学生的科学探索精神和求实学习态度。

俞子夷还认为，包容是生活教学创新的关键。创新来自多种主张、观点、理论和实践的交流融合、兼学并收。他就以自己的实际教学经验为基础，

① 俞子夷. 初等教育的新趋势. // 董远骞，施毓英. 俞子夷教育论著选［C］. 北京：人民教育出版社，1991：112.
② 俞子夷. 二十年前乡村学校生活里的我. // 董远骞，施毓英. 董俞子夷教育论著选［C］. 北京：人民教育出版社，1991：148-152.

积极探索各种教学方法,诸如五段教学法、单级教学法、分团教学法、自学辅导法、设计教学法等,并形成了独具特色的教学主张。因此,他深入浅出地说:"盐是咸的,糖是甜的,醋是酸的……各味适当的配合了,便成美味,比咸、甜、醋等等单味要好得多。'博采众长''不拘成法'是我们小学教员应当取的态度。"①

2. 探究有智慧的教学方法

在长期的教学实践基础上,俞子夷始终在探究有智慧的教学方法,体现了他在教学方法上认真实践的态度和兼容并蓄的精神。

首先,论述了旧教学法和新教学法的冲突。俞子夷认为,旧教学法和新教学法是有区别的,前者强调记忆、知识、先原理、人工的,后者强调思考、行为、先有问题、自然的。他强调指出:"要知道启发是头,练习是尾。旧法无头有尾,学生只知道练习的当然,而不知道练习的所以然。其弊,就是盲目的练习,觉得练习是痛苦而没有什么兴味。所以努力少而成效缓;并且练习的习惯也是一种机械的技能罢了。新法有头无尾。学生学时有兴味,明白其所以然。但是一明白,便要换教材;有必须成为习惯而要自由运用的,也没有机会练习了。所以学生不必努力,结果,当养成的习惯技能都不纯熟。"②在俞子夷看来,传统的旧的教学方法在教学过程中只是学生的种种桎梏。不能采用注入的方式来阻碍学生的思考机会,但完全不顾练习的教学法却是残缺不全的教学法。此外,他还讨论了学生学习时心理态度的不同。新教学法的兴味被误用了或滥用了,就使兴味和开心、有趣混淆了。所谓真兴味,决不是不肯努力的。在上每一课时,如果教师能够想出一个中心问题,激起学生一种本能的行为,那么学生一定肯努力学习,教师的帮助就可以使学生的努力不至于浪费。

---

① 俞子夷.小学实施道尔顿制的批评.// 董远骞,施毓英.俞子夷教育论著选 [C].北京:人民教育出版社,1991:148-152.

② 俞子夷.小学教学法上的新旧冲突.// 董远骞,施毓英.俞子夷教育论著选 [C].北京:人民教育出版社,1991:55-56.

其次，推广设计教学法。俞子夷撰写了《设计教学法》（1922）一文，后来又出版了《设计教学法的理论和实验》（1924）一书，对美国教育家克伯屈的设计教学法的来源、定义、内容、步骤、价值等方面进行了论述。他认为，设计教学法是利用对人生有益的设计使学生自己发展的，因此它是做的、思考的、练习的、欣赏的。从设计教学法的实施来讲，分目的、计划、实行、批评四个步骤。在俞子夷看来。设计教学法事实上是专门训练才能好的学生。在审查设计教学法时，应该注意教师的活动，如鼓励全班创造设计和考察设计，坚持达到原来的目的，养成学生的团体精神，引导学生正确思考，便于学生进行研究，等等；同时，也应该注意学生的活动，如学生提出设计和陈述设计，学生分工和合作，等等。在审查设计的价值时，设计的目的在于生活上是实用的，道德上是公正的，智慧上是增进的，在动作上是积极的；设计的需要是从实际生活产生的。

还有，阐释教学法的科学观和艺术观。俞子夷认为，教学法是艺术，又是科学。教师的活动是领导学生生长发展的，比戏剧家、文学家、美术家等等什么都困难，都复杂。与此同时，教师的活动更要懂心的科学，比工程师、医生、矿师等等什么都困难，都复杂。通过小学算学教学实践，他概括了以下四点：一是教材要实在，合于学生的生活；二是学习要有兴味，使学生肯努力；三是思考要从经验上建设而归纳；四是练习要根据科学研究的结果。

3. 强调教育儿童化

俞子夷认为，在教育中中应该强调儿童化，也就是说，教师要设身处地、体贴入微地为儿童着想。教育儿童就好比带他们走一条路。而且，教育儿童是一种对人的工作，仅仅懂得原理原则是不济事的，还需要有应用的方法，才能解决问题。因此，在他看来，凡是儿童环境里的人物，能够影响儿童行为的变动的，都是在教育儿童，他们都是教师。在《儿童的教师》一文中，他这样写道："教师应付儿童，完全是一种领导。领导他们玩，在玩中学；领导他们向困难的问题进攻，在困难中谋解决，得到成功的愉快。所谓诱，便是这等领导的意思。领导要适合各被领导儿童的需要。这就是所谓'循循'。能循循的，才是善诱。教师往往心急，常常嫌儿童太笨。教师往往爱聪明的儿童，把笨的儿童掉开不管。教师往往不记得自己幼时学习的快慢，痛恨儿童不能一教就会。其实，聪明的儿童，能自己教育自己，不必我们多花力气。最要我们领导的，却是些笨的儿童；愈笨愈是需要。世间唯有最聪明的教师，才会得替笨的儿童想出笨的学习方法来领导他们。这便是儿童化。"①

① 俞子夷. 儿童的教师. // 董远骞，施毓英. 俞子夷教育论著选［C］. 北京：人民教育出版社，1991：243.

第 2 章　杜威与新中国教育

新中国成立后，在中国发展需要和新的世界格局下，各种社会因素交织在一起，杜威实用主义教育思想在新中国教育中遭到"彻底批判"的厄运似乎已是在劫难逃。

第 1 节　新中国教育发展中的"杜威批判"

20世纪中期，对杜威教育思想的批判几乎是在全世界范围展开的（其中包括美国）。作为走向"对话"的一个前提，"［批判性］思维始于疑难或不确定，它表明一种探索、搜索和寻觅的态度，而不是掌握和占有的态度。通过思维的批判过程，真正的知识得到了修正和扩充"①。然而，在中国教育界，当"杜威批判"由于政治原因走向极端时，便不仅仅"表明一种探索、搜索和寻觅的态度"，而且成了"掌握和占有的态度"。这一"知识得到修正"的过程，触及中国教育界每一位杜威研究者的"灵魂深处"，为了达到一定的政治目的，给中国的杜威教育思想批判增添了格外的艰辛和痛苦的意味。

---

① ［美］杜威.民主主义和教育［M］.王承绪，译.北京：人民教育出版社，2001：310-311.

新中国成立后的教育是在不断的"批判"中发展起来的。从建国初对杜威教育的"批判"到"文革"中对建国初十七年教育的"批判",再到"文革"结束后对"文革"教育的"批判",这在某种程度上也印证了一种说法:"从五四开始,批判传统就成了我们的传统。"其中的"杜威批判",则是这种"批判"中的典型一例,似乎是如果不全盘否定杜威教育思想就不可能产生出真正的"新中国教育"。

"新的观念总有一种青春的力量和生气,很容易将旧的观念连根除掉……这种斩草除根的举动很可能已经留下了严重的缺陷……如果我们必须结束人文主义时代,我们也该知道应该把哪些部分保存下来。"①从新中国教育的"杜威批判"中,应该认识到,以"复调式"对话的态度来接纳和包容各种不同的思想和理论才能赋予中国教育强大的生命力,而二元对立式的非此即彼的"批判"通常会由于"漠视了现实并危及了教育的本质概念",使教育发展面临衰落的危险。然而,充分尊重各种教育思想,并将它们融会贯通到自己理论中的最基本的前提是,首先要接纳和包容的是自己,包容自己的现在和过去。

在新中国教育近三十年的"杜威批判"中,一个最突出的特点是,以政治意识形态的斗争为出发点和归宿,而不是以新中国教育发展的客观需要为前提、从教育的角度入手的。随着新中国的建立就开始的"杜威批判",不仅把杜威划归到与无产阶级对立的资产阶级阵营中,作为一个"可怕的、邪恶的人",成了新中国教育批判的对象;而且在这种以阶级斗争为纲的教育批判中,每一位教育界知名人士都不得不表明自己对杜威的批判态度。杜威被批判得一无是处。这样极端的批判的结果,对杜威、杜威教育思想、美国教育并没有多大的影响,最终批倒和砸烂的却是中国的教育家、中国的教育思想和中国的教育。

以"阶级斗争为纲"的新中国教育的"杜威批判",在深层次上反映了中

---

① [法]涂尔干.道德教育[M].陈光金,等译.上海:上海人民出版社,2001:378.

国传统的民族心理。当阶级斗争的政治路线成为新中国社会生活各个方面唯一的指导思想，而主宰新中国经济、文化、教育等一切领域时，"独白"的单一视角所带有的无法避免的局限性暴露无遗，使本该是反对盲从、反对奴隶主义的理性批判走向了非理性的情绪宣泄。

一、新中国教育"杜威批判"的过程

新中国成立后的国际政治中的处境与立场，决定了新中国教育"杜威批判"的一个显著特点是：带有强烈的政治意识形态导向。在"划清阶级界限"的前提下，一些早年从事杜威教育思想研究的教育家不得不进行"深刻的反思与检讨"，承认"自己过去的教育思想仅仅从生理和心理上来了解人，而没有从人的阶级性来认识人……是反动的，教育活动是错误的"[①]，这一过程本身是痛苦的。

（一）"杜威批判"前奏：批判"资产阶级改良主义教育家"陶行知

中国近现代著名的教育家和教育理论家陶行知1914年赴美留学，先入伊利诺伊大学攻读政治专业，次年获得政治硕士学位后，即转入哥伦比亚大学师范学院攻读教育。在那里他遇到了美国教育家杜威和孟禄。陶行知颇得杜威"平民教育"主张的真谛，在归国途中就满怀豪情称"要使全国人民有受教育的机会"[②]。回国后，陶行知先后任教于南京高等师范学校、东南大学。为了达到"教育救国"之目的，他立志以普及乡村教育来改造农业人口占绝大多数的中国社会，积极倡导新教育运动并深入到乡村田间亲自去实践平民教育的主张，创办了南京晓庄乡村师范学校及山海工学团、育才学校等乡村教育组织。

---

① 陈鹤琴. 我对"活教育"的再检讨. // 人民教育社. "活教育"批判［C］. 北京：人民教育出版社，1955：245.

② 陶行知. 陶行知全集（第9卷）［C］. 成都：四川教育出版社，1991：735.

陶行知"正视中国的问题，则超越了杜威"，被称作是"杜威最有创造力的学生"[①]。

陶行知对于中国近现代教育的改造始终没有离开当时中国政治变革的需要。正因如此，他的教育实践和生活教育理论不仅给当时的中国教育带来生机和活力，而且对当时处于"星火燎原"之势的中国共产党和中国革命产生了相当重大的影响。"'五四'以后，中国共产党的一些创建者参加了革命运动，就先在城市专心致志地搞工人运动。那时陶行知先生提倡乡村运动。恽代英同志给中国共产党领导同志写信说，我们也可以学陶行知到乡村里搞一搞。不仅如此，1942年2月，直属中共领导的中央研究院肯定了陶行知的生活教育理论的进步性和人民性，并拿来作为中共新民主主义教育的理论，同时在中共所属的各解放区实际教育活动中推广运用。"[②]

1946年7月，陶行知病逝。鉴于陶行知在中国近现代教育改革和探索新民主主义教育方面所做出的贡献，中国共产党给予他很高的评价，毛泽东和周恩来分别题词："伟大的人民教育家"、"一个无保留追随党的党外布尔什维克"。同时出于当时反对以蒋介石为首的国民党政府的政治斗争需要，在全国的解放区内联合各方力量，掀起了声势浩大的追悼陶行知活动。1946年8月11日，中共中央与陕甘宁边区政府各界代表两千余人，在延安举行追悼大会。会场中央有毛泽东敬献的花圈，上题："痛悼伟大的人民教育家，陶行知先生千古"。陆定一在会上代表中共中央发言，赞扬陶行知的教育思想"正是新民主主义的教育思想，正是为人民服务的教育思想"[③]。

---

① 费正清.陶行知与杜威.//陶行知研究在海外［C］.1991：397.

② 周恩来.周恩来选集（上卷）［C］.北京：人民出版社，1980：333.

③ 中央教育科学研究所.陶行知教育文选［C］.北京：教育科学出版社，1981：前言.另：1946年8月11日中共中央在延安为陶行知举行追悼会后不久，1946年12月9日在美国纽约也举行了陶行知追悼会，追悼会由杜威博士和冯玉祥将军担任名誉主席，美国一些著名学者分别就演陶行知一生事迹发表演说以示悼念，这一悼念活动在当时曾引起海内外的广泛关注。

　　然而，在1947年之后，情况就悄悄地发生了变化。先是纪念陶行知的集会规模逐渐变小，出席会议的领导人物的职务也越来越低；后来甚至一些解放区的"教育工作者对陶氏表示了轻蔑的态度，公开在杂志上讽刺他是爬行的经验主义者，说他是'教育救国论'者"[①]。对于这种说法，陶行知的学生、时任苏皖边区教育厅副厅长的戴伯韬立即给予了反驳，在1947年10月的《陶行知的生平及其学说》一文中，戴伯韬充分肯定了作为教育家的陶行知在中国近代教育中所作出的贡献，再次重申了在1946年延安陶行知追悼会上陆定一同志对陶行知的高度评价，并通过对陶行知的教育主张与新民主主义教育的详细分析，更进一步肯定了陶行知是"新民主主义教育理论与实践的创始者之一"[②]的说法。

　　新中国建立后不久，1950年7月陶行知逝世四周年之际，《人民教育》推出了"革命的教育家陶行知先生"专号以示纪念。专号中除了肯定陶行知倡导的"平民教育"中所表现出的民主精神和他在新民主主义教育中的贡献之外，也看到了由于所处时代造成的陶行知教育思想的局限，提出"今后批判地接受陶行知的教育学说遗产，成为全国教育界的重大工作"[③]。

　　随着事态的发展，从文艺界批判电影《武训传》开始，1951年5月20日发表在《人民日报》的社论《应当重视电影〈武训传〉的讨论》，成了新中国教育界对陶行知教育思想从"批判地接受"到"彻底地批判"的转折点。

　　武训（1838—1896）原名武七，山东堂邑（今山东聊城西）人。早年丧父，家境清贫，以行乞事母，被称为孝丐。母亲去世之后，以行乞、绩麻和放高利贷为业，以所积资财在堂邑柳林集兴办义学。后又在馆陶、高唐、临清等地设立4所义学，并跪请教师认真教育，勉励学生刻苦攻读，得到山东巡抚张

①　戴伯韬.陶行知的生平及其学说［M］.北京：人民出版社，1982：127.
②　戴伯韬.陶行知的生平及其学说［M］.北京：人民出版社，1982：134.
③　章开源，唐文权.平凡的神圣——陶行知［M］.武汉：湖北教育出版社，1992：12.

曜的奖励，清政府授以"义学正"名号，赏穿黄马褂。陶行知回国后，对在现代中国推行平民教育运动之步履维艰深有感触，盛赞武训在清末便体会到穷人读书识字的必要性，几十年苦行兴学的远见笃行。电影《武训传》是在1944年陶行知托请当时的左翼文化工作者孙瑜编剧并执导的一部影片。1948年夏天开始选用赵丹和黄宗英主演，由中国制片厂筹摄，新中国成立后又经孙瑜修改，于1950年10月由昆仑影业公司完成。这是一部以武训的生平事迹为主要内容的传记影片。影片以细腻的叙述方式，展示了少年武训的苦难生活和他从青年时代起由"行乞兴学"而终于获得"苦操奇行""千古一人"美誉的一生经历。

1951年2月，电影《武训传》在上海和南京公开上映，观众反响热烈，受到舆论界的好评。2月下旬，该片在北京中南海放映专场，许多中共中央领导应邀观看，其中包括周恩来、朱德、胡乔木等人。根据孙瑜的回忆，这次放映应该说是成功的："《武训传》在中南海放映，长达三小时。我注意到，大厅里反应良好，映完后获得不少的掌声。朱德同志微笑着从老远的坐间走过来和我握手，说了一句：'很有教育意义'，在周恩来提了若干修改意见后，便正式在北京公映，并且获得成功，一时佳评如潮。"[①]

但很快形势发生了逆转。事隔两月，在1951年4月20日召开的政务院第81次汇报会的"1950年全国文化艺术工作报告与1951年计划要点"的总结汇报中，《武训传》被点名批评，认为该片"是一部对历史人物与历史传统作了不正确表现的、在思想上错误的影片"[②]。4月25日出版的《文艺报》四卷一期在醒目位置刊登了一组批判文章，其中有《不足为训的武训》和《建议教育界讨论〈武训传〉》。从整体来看，这组文章虽然批判了由于所处时代而造成的武训精神的阶级局限性，但对陶行知称赞武训不畏艰辛在穷苦农民中推行教育的行为还表示是可以理解的。然而仅过了半个月，5月10日出版的《文艺报》

---

① 戴知贤.文坛三公案［M］.郑州：河南人民出版社，1989：192.
② 章开源，唐文权.平凡的神圣——陶行知［M］.武汉：湖北教育出版社，1992：14.

四卷二期发表的《试论陶行知先生表扬"武训精神"有无积极作用》一文①，却突然把这场批判的锋芒转向了陶行知。该文章尖锐地指出："不管是今天或是昨天，'武训精神'都是不值得表扬的，陶行知先生在蒋介石反动统治下表扬'武训精神'，也没有什么'积极作用'，在某种意义上说，在反动统治下宣扬'武训精神'，比起今天人民取得了政权之后宣扬'武训精神'，它的危害绝不可能更小些。相反，倒不如说是可能更大些。"②6天之后，5月16日的《人民日报》全文转载了这篇文章。20日的《人民日报》在头版醒目位置刊出社论《应当重视电影〈武训传的讨论〉》，社论严厉地指出：《武训传》所提出的问题带有根本的性质。像武训那样的人，处在清朝末年中国人民反对外国侵略者和反对国内的反动封建统治者的伟大争斗的时代，根本不去触动封建经济基础及其上层建筑的一根毫毛，反而狂热地宣传封建文化，并为了取得自己所没有的宣传封建文化的地位，就对反动的封建统治者竭尽奴颜婢膝的能事，这种丑恶的行为，难道是我们所应当歌颂的吗？向着人民群众歌颂这种丑恶的行为，甚至打出"为人民服务"的革命旗号来歌颂，甚至用革命的农民斗争的失败作为反衬来歌颂，这难道是我们所能够容忍的吗？承认或者容忍这种歌颂，就是承认或者容忍污蔑农民革命斗争，污蔑历史，污蔑中国民族的反动宣传为正当的宣传。这无疑是不指名地批判陶行知宣扬武训精神是"反动宣传"，"应当展开关于电影《武训传》及其他有关武训的著作和论文的讨论，求得彻底地澄清在这个问题上的混乱思想"③。当日《人民日报》在"党的生活"栏目中，以《共产党员应当参加关于〈武训传〉的批判》为标题，号召全体党员要"积极起来自觉地同错误思想进行斗争"④。

---

① 杨耳是当时中国新民主主义青年团中央宣传部副部长许立群的笔名。

② 章开源，唐文权.平凡的神圣——陶行知［M］.武汉：湖北教育出版社，1992：23.

③ 毛泽东.应当重视电影〈武训传〉的讨论. // 毛泽东选集（第5卷）［C］.北京：人民出版社，1977：53-54.

④ 人民日报，1951-05-20.

斗争的硝烟顿时弥漫了整个教育界。1951年6月1日出版的《人民教育》刊登了题为《展开〈武训传〉的讨论，打倒武训精神》的社论，号召全体教育工作者都要以《武训传》为镜子"照照自己"，无论是赞颂或发表意见者，都"应该检查自己的思想，分析自己的错误，严肃地做公开的自我批评"①。6月2日，《人民日报》发表题为《清除武训一类的错误思想》一文，认为清除陶行知的错误教育思想是这一次思想斗争的"基本内容和重要内容。……陶行知的教育思想是感染有武训思想的。……陶行知的教育思想是应该受到检查的若干种旧教育思想之一，不应该因为他本人尽力于反国民党的革命斗争而迁就他的教育思想，无原则地加以原谅或赞成"②。6月5日，教育部发出《关于开展电影〈武训传〉和"武训精神"的讨论与批判的指示》，指示说："武训精神模糊了革命立场观点，成为人民教育事业前进的严重思想障碍，因此，予以科学的、系统的批判是十分重要的。"③7月16日，教育部又发布《关于各地以武训命名的学校立即更换校名的通知》。从8月1日起《人民教育》开始对陶行知提倡的"小先生制"和黑龙江省在建国初创办的一所倡导陶行知教育思想的学校——"萌芽学校"展开争鸣，对陶行知的生活教育理论进行了大批判。各种媒体都相继开展了各种形式的批判活动，对武训教育活动的"反动实质"和陶行知歌颂武训的"阶级根源"作了"历史的阶级分析"。

至此，一位曾被全党尊敬的人民教育家陶行知先生，在他逝世五周年之际，却因为曾经赞扬过武训而遭到全盘否定，他的教育思想及其教育实践也被定为杜威之徒和资产阶级改良主义者而被彻底抹杀，甚至连其墓碑都要被砸碎。教育界很多宣扬过陶行知教育思想和曾经师从陶行知的人都受到牵连。1951年5月1日，中共中央教育部机关杂志《人民教育》改组，老教育家成仿

---

① 人民教育，1951（6）.

② 人民日报，1951-06-02.

③ 人民日报，1951-06-05.

吾和叶圣陶被免去正、副主任委员之职。从中央到地方各教育部门中担任领导职务的陶门子弟，纷纷被批判、作检查，甚至免职。教育部任司长的张宗麟和方与严被划为"右派"除职。安徽省教育厅副厅长操震球、上海市教育局局长戴伯韬、重庆育才学校校长孙铭勋和教务主任戴自俺均被免职。而陶门子弟中的张劲夫、刘季平、张健、王洞若、董纯才、徐明清等早已参加共产党、建国后已为党的高级干部，也不得不在形式上与陶行知及其教育思想划清界限。就连当时身为教育部部长的民主人士马叙伦，作为陶行知的生前好友也不得不认真检讨，承认自己的错误。在1951年7月1日出版的《人民教育》中，马叙伦署名"方直"发表了题为《我过去表扬过武训的自我检讨》一文进行自我批判，文中称批判电影《武训传》是"澄清教育思想上混乱的一个起点"，今后"研究与批评陶行知先生教育思想"则是教育界的一大重要任务。这样，《人民教育》就成为批判陶行知教育思想的主要阵地。自1951年10月至1953年5月，《人民教育》几乎每期都有批判陶行知的文章或陶门子弟的自我批判、检讨之文，其中不乏上纲上线者。例如，1951年12月出版的《人民教育》上刊有署名潘开沛、题为《陶行知教育思想中几个问题的商榷》的文章，指责陶行知一生"最主要的经济依靠（阶级依靠）是资本家、反动政府、国民党内的反动派"，而其教育思想则"从始到终基本上都是贯串杜威的学说和阶级调和以及发展资本主义生产的资产阶级改良主义的观点"。

（二）"杜威批判"展开：批判"帝国主义奴才、买办文人"胡适

如果说在新中国成立后对陶行知进行批判的过程中，"杜威批判"还只是间接涉及、若隐若现，那么，在随后进行的对"帝国主义奴才、买办文人"胡适的批判，则把"杜威批判"从幕后拉到了台前。

早在新中国成立前，中国共产党人对于胡适思想的政治倾向就了如指掌。胡绳先生1937年3月在《新学识》杂志上发表的《胡适论》一文中，用马克思主义的观点批评胡适，他写道："正如我们不应当过分夸大他的思想中的进步处，我们也不应当过分夸大他的缺点……我们还是应该承认，在他的错

误的思想方法中也有着合理的成分。""我们也得注意：在胡适的书里的实用主义是用来打击封建的宗法社会的传统的"，"而且比较起有些买空卖空的'学者''政客'来，倒还是胡适的遇事不苟且，尊重事实，注重具体问题这种态度是值得在战斗中间学习的。"[①]20世纪30年代中国共产党人在对胡适思想中反马克思主义倾向进行严肃批判时，所持的态度应该说是比较公允、客观的。

新中国成立初期，鉴于胡适在国共冲突中所选择的立场，一些从政治上对胡适进行指责的文章见诸报刊。这些文章包括：《颠倒黑白的无耻奴才美帝走狗胡适顾维钧竟为西洋公约辩护》（新华社，1949年3月29日），《美帝走狗胡适团紧跟吹牛乞求美国主子救命》（新华社，1949年4月28日），《给胡适之一封公开信》（陈垣，1949年5月11日），《留美侨胞十九团体抗议美制蒋机暴行警告胡适等逆叛国活动》（新华社，1949年9月4日），《留美华侨二十五个团体联名发信警告胡适》（新华社，1949年10月22日）等。对胡适离华去美发出指责警告后，便也"随他去了"，胡适的名字在国内相对沉寂了一段时间。

胡适再次被"揪出来"成为众矢之的是在5年后继批判陶行知之后的"知识分子思想改造运动"中。批判胡适是从批判胡适的学生俞平伯的《红楼梦》研究开始的。俞平伯是我国现代著名文学家，早年毕业于北京大学，1921年他受胡适的影响开始研究《红楼梦》。俞平伯在《红楼梦》研究上的成果很多，举凡考证、校订和批评都有涉及，是蜚声中外的"红学"家。五四运动以来，学术界把俞平伯视为与胡适齐名的新红学代表人物。1952年应棠棣出版社之邀，俞平伯将他出版于1923年的著作《红楼梦辨》加以增删、修改，改名《红楼梦研究》出版。在这期间，他还写了一些评介和研究《红楼梦》的文章。对于俞平伯的观点和研究方法，青年批评家李希凡、蓝翎在《关于〈红楼梦简论〉及其他》等文章中提出批评。他们的文章最初发表时，发生了一些波折，后来在山东大学的《文史哲》上得以刊出（1954年第9期）。《文艺报》在被

---

① 胡绳. 胡适论［J］. 新学识. 1937（3）.

指定转载这一文章时，主编冯雪峰撰写的按语，态度有些暧昧（"作者的意见显然还有不够周密和不够全面的地方，但他们这样去认识《红楼梦》基本上是正确的"）。这一切，成为发动批判俞平伯运动的导火线。1954年10月16日，中央政治局收到来自毛泽东的一封名为《关于〈红楼梦〉研究问题的信》，支持对俞平伯的批判，李希凡、蓝翎的文章被称作是"三十多年以来向所谓红楼梦研究权威作家的错误观点的第一次认真的开火"，提出要开展反对"胡适派资产阶级唯心论的斗争"[①]。当时中共中央宣传部文艺处的林默涵在1954年11月5日内部大会上明确阐述了当时批判俞平伯背后的真实动机："胡适是资产阶级中唯一比较大的学者，中国的资产阶级很可怜，没有多少学者，他是最有影响的。现在我们批判俞平伯，实际上是对他的老根胡适思想进行彻底的批判，对知识分子思想改造等都很有意义。"[②]

果然，批判俞平伯之后，随即进行了对胡适在教育学、文学、政治学、哲学、史学等领域的批判，很快成为这场轰轰烈烈的知识分子思想改造运动的焦点。为了同"帝国主义、国民党反动派的教育思想"作斗争，为了深挖混乱思想的根源，明确立场划清阶级界限，胡适被冠以"反动教育家"之名，成了万炮齐轰的对象。在当时的教育界，几乎所有知名学者、教授都写了批判文章，借此半无奈半真诚地表示要彻底改造自己的决心。从收集到的当时在中央和地方的各大报刊上发表的批判胡适的400多篇文章中，涉及对胡适教育思想批判的有20篇左右。在这些批判文章中，有的文章表现了认真的"学术"态度，有的文章是用词粗暴、无限上纲，有的文章则属不得已的避重就轻、言不由衷。

曾任北京大学校长的胡适或许想不到朝他开火的"第一枪"恰恰是来自

① 毛泽东.关于《红楼梦》研究问题的信. // 毛泽东选集（第5卷）［C］.北京：人民出版社，1977：134-135.

② 陈徒手.旧时月色下的俞平伯［J］.读书，1999（10）.

北京大学哲学系的学生王若水。被陆超祺先生称赞为"不信神，不怕鬼，认准了真理就往前闯"的王若水先生后来谈起往事时，对自己被指定为"枪"的角色颇感遗憾与无奈。"1954年11月初的某一天，邓拓要我写一篇批判胡适的文章，而且要我第二天就交卷。当时报纸上正在批判俞平伯的《红楼梦研究》。邓拓转达了中央的指示说：俞平伯所用的方法是胡适的方法；现在要把对俞平伯的批判转变为对胡适思想的批判，首先要批胡适的实用主义。大概邓拓认为我是北大出身的，又是哲学系学生，而且那时的校长就是胡适，所以他把这个任务分配给我……要得这样急，我却毫无思想准备，只好匆匆忙忙跑到图书馆借了几本胡适、杜威、詹姆斯的著作，就连夜突击写起来了。我也记不得是第二天还是第三天交卷，总之很快就在11月7日的《人民日报》上登出来了，题为《肃清胡适反动哲学的遗毒》，这是批判胡适的第一篇文章。"[①]

1955年2月，在"胡适批判"的高潮中，曾任华东军政委员会文化部副部长、上海市委宣传部部长的彭柏山发表了一篇名为《论胡适政治思想的反动本质》的批判文章[②]，文章质问："胡适究竟是怎么样的一个人呢？简单地说，他是一个极端卑鄙的资产阶级个人主义的政治阴谋家。"文章把胡适在北京大学任校长时所奉行的"学术自由、发展个性"的治校思想当成他提倡"个人主义"反动政治主张的证据，尖锐地批判"这种所谓的思想，实质上是在于一方面把资产阶级对劳动人民的剥削，说成是资产阶级的'天才'的个性的发展；一方面用发展个性的幌子来阴谋拆散劳动人民的集体行动。所以，它就是法西斯主义形成的基础，是资产阶级的极端反动的理论"。胡适在中国"宣传这种在世界范围内已经成为极端反动的个人主义思想，一方面为中国后来的法西斯主义开辟了道路，同时也就是胡适用来反对马克思主义的武器……胡适的思想，是买办资产阶级思想，是以个人主义作为基本原则，以实用主义作为理

---

① 谢泳. 胡适思想批判与《胡适思想批判资料》[J]. 开放时代，2006（6）.
② 彭柏山. 论胡适政治思想的反动本质 [J]. 解放日报，1955-02-07.

论基础，以改良主义作为他在政治上进行反人民活动的阴谋手段。所有这些，也正是旧中国的帝国主义、封建主义、官僚资本主义的生产性质和生产方式的集中反映"。在对胡适的个人主义作了激烈的批判后，作者接着指出要警惕国内残留的"个人主义"余毒，"必须从思想上清除各种各样的个人主义、唯心主义、改良主义等等……必须进一步展开斗争"。就在这篇文章发表后仅三个月，彭柏山于5月中旬在上海被捕，罪名是"胡风反革命集团成员"。事实上，这样的事并不只是发生在彭柏山身上，在随后一次又一次的运动中，绝大部分曾经批判过胡适的人都不同程度地受到冲击、打击甚至迫害。

中国的胡适批判进行得如火如荼，身在大洋彼岸美国纽约的胡适却是隔岸观火。20世纪30年代胡适笑谈："我受了十年的骂，从来不怨恨骂我的人，有时他们骂的不中肯，我反替他们着急。有时他们骂得太过火了，反损骂者自己的人格，我更替他们不安。"到了50年代，他又说："我挨了几十年的骂，从来不生气，并且欢迎之至。"但接下来的"批判"估计让他无论如何都不能潇洒地"欢迎"了。他怎么也不会想到，他的儿子竟会朝他飞来"投枪"，称他是"帝国主义的走狗"。1951年，胡思杜在《中国青年》上发表了文章《对我父亲——胡适的批判》："他对反对派的赤胆忠心，终于挽救不了人民公敌的颓运，全国胜利来临时，他离开了北京，离开了中国……从阶级分析上，我明确了他是反动阶级的忠臣，人民的敌人。在政治上，他是没有进步性的……这一系列反人民的罪恶和他的有限的（动机在于在中国开辟资本主义道路的）反封建的进步作用相比，后者是太卑微不足道的。"[①]

（三）"杜威批判"深入：批判"美帝国主义反动教育家"杜威

新中国建立初期，杜威被看做是教育领域斗争的对象。1951年2月，曹孚

---

① 胡思杜的这篇批判的译文曾载于《香港精英》。1950年12月24日，根据美国学者格里德的分析，胡思杜对他父亲胡适猛烈批判的目的可能主要是为了恢复他自己的思想上的政治上的权利.（［美］格里德.胡适与中国的文艺复兴［M］.鲁奇，译.南京：江苏人民出版社，1996：392.）

在《人民教育》杂志上发表《约翰·杜威批判导言》[①]，表明中国教育与杜威"划清了界限"。在文章中，作者把杜威教育思想置于反马克思主义的"反动政治立场"上来进行批判，作者认为，从马克思主义传入中国之日起，直到新中国建立后马克思主义被确立为人民共和国各项事业（包括教育）的指导思想，就一直受到了杜威所宣扬的实用主义思想的抵制和干扰，特别是在教育界，杜威的教育思想"支配中国教育三十年"，"足以迷惑人，足以吓唬人"，对中国教育有着深刻的影响；再者，"杜威是资产阶级世界中最有盛名的教育哲学家……'射人先射马'，批判杜威是新旧思想战线上的一个重要战场"。[②]

曹孚把杜威的教育理论分为两个方面，即社会哲学和方法论。从分析杜威教育理论中社会哲学方面的生长论、进步论、无定论、智慧论、知识论、经验论出发，说明杜威的教育思想与马克思主义教育思想在根本上是"水火不相容的"，马克思主义教育思想主张教育是有目的、有意识的，无产阶级教育的目的就是要为实现共产主义的社会理想服务和做准备；而杜威却主张教育无目的论，反对教师将未来新社会的具体图案以及争取那新社会现实的政治纲领揭示给学生。在社会哲学思想上，杜威与马克思主义者的"根本对立"具体表现有：马克思主义主张用阶级斗争的暴力手段推翻旧制度，而杜威却主张通过教育或其他非暴力手段"一点一点"地逐步改造社会；马克思主义认为资本竞争的目的和结果是资本家榨取更多的剩余价值，这必然导致工人越来越贫困，而杜威却将达尔文的进化学说运用于社会的进化，认为人与人之间、阶级与阶级之间、民族与民族间的竞争是合理的，资本竞争会使工人变得越来越富裕，会使社会越来越进步；马克思主义宣称自然的发展，社会的变化是有着必然性，

① 此文在1951年3月由人民教育出版社出版发行了单行本，名为《杜威批判引论》，首次印刷发行了1500册。
② 曹孚.杜威批判引论［M］.北京：人民教育出版社，1951：1.

遵循着一定的规律的，资本主义一定会被社会主义所取代，共产主义必将在全世界赢得最后的胜利，而杜威却认为变化是无处不在没有规律的，社会的变化是无定的，不可预知的，具有不确定性。在揭示杜威教育学说从整体上看是适应垄断资本主义的需要而产生的，作者又借苏联教育史家之口肯定了杜威在反对教育中的形式主义上的若干积极方面；在断言杜威教育理论中的社会哲学方面的"反动性显而易见"后，作者又委婉地肯定了杜威教育理论中方法论方面"甚至还包含有某些在形式主义意义上的积极东西"①。作者甚至还有意无意地特别为陶行知做了开脱，"假使陶行知先生在早期，曾经在他的教育理论与实践中，接受过大量的杜威主义的话，他是拿它来同中国教育中之形式主义斗争的"②。

　　撇开文中的政治色彩，作者从教育理论的角度对杜威教育思想进行批判性的再认识，应该说还是有一定深度的，所取得的学术成就也应该得到肯定。例如，批判杜威的生长论是"无方向的生长"③，指出"将生物学中'生长'的概念应用于人类教育是危险的。在无生物、生物与人类之间，不仅有着量的不同，而且有着质的差异。科学规律作用于这三者并不机械地一致"④；批判杜威的进步论是"混进步与变动为一谈"⑤，"只承认渐变，否认突变"⑥；批判杜威的无定论是"只承认变化的偶然性而不承认必然性"；批判杜威的智慧论，只在行动与反思的联系中承认智慧的生成与作用，看不到"顿悟"式智慧的产生和作用；批判杜威的知识论，强调直接知识的重要性，而对间接知识的相对忽视；批判杜威的经验论，过分强调重视儿童"兴趣"的与实际生活相联系的"活动教学"，而轻

---

① 曹孚. 杜威批判引论［M］. 北京：人民教育出版社，1951：56-57.

② 曹孚. 杜威批判引论［M］. 北京：人民教育出版社，1951：56.

③ 曹孚. 杜威批判引论［M］. 北京：人民教育出版社，1951：2.

④ 曹孚. 杜威批判引论［M］. 北京：人民教育出版社，1951：2.

⑤ 曹孚. 杜威批判引论［M］. 北京：人民教育出版社，1951：10.

⑥ 曹孚. 杜威批判引论［M］. 北京：人民教育出版社，1951：10.

视需要学生的"意志努力"与深入进行科学理论学习的"学科教学",等等①。这些"批判"在今天看来仍具有一定的合理性。

随着批判的深入,中国教育界对杜威的批判也发展到了极端。杜威被说成是"世界反动势力中最凶恶的人物""帝国主义反动势力的代言人""美国垄断资产阶级的御用学者""华尔街豢养的走卒""中国人民和全世界爱好和平、爱好自由的人民的凶恶敌人"等。杜威的教育学说也被贴上了"为现代美国反动派服务的教育学""彻头彻尾的反科学的、反人民的、极端反动的学说"的标签,遭到彻底的批判。1955年至1956年间"杜威批判"达到了高潮,教育界几乎所有的知名学者都发表了批判文章。

在杜威成为批判的靶子时,杜威的另一位中国学生陈鹤琴也没能逃过批判。在批判杜威教育思想的同时,"活教育"理论的创始人陈鹤琴也受到了猛烈的批判,被迫对"活教育"进行检讨。"由于我了解的'人'是抽象的,没有阶级性与政治性……我提出'活教育'的目的'做人、做中国人、做现代中国人'或者'做世界人',表面好像是'超阶级''超政治'的,实际上还是'有阶级''有政治'。其阶级性则属于剥削阶级,其政治则属于反动政权。"②为了进一步肃清杜威教育思想在中国教育中的流毒,陈鹤琴在自己的《认罪书》中,被迫对杜威进行"控诉":"杜威有毒的实用主义教育哲学是怎样在中国得以传播的呢?主要是通过杜威在中国鼓吹其实用主义哲学和反动教育思想的演讲来传播,当然也通过杜威反动思想的策源地——哥伦比亚大学来传播。因为在过去30年中,大批中国留学生陆续从哥伦比亚大学学成归国,并从那儿捎回了杜威所有反动的、主观唯心主义的、实用主义的教育思想……作为一个深受杜威反动教育思想毒害的学生,作为一个杜威教育思想的实力劝导者和推行者,我现在公开控诉现代教育史上最大的伪善者和骗子——杜

---

① 曹孚.杜威批判引论 [M].北京:人民教育出版社,1951:51.

② 人民教育社."活教育"批判 [M].北京:人民教育出版社,1955:60.

威！"①

1957年，胡适的儿子、本已与胡适"划清了界限"的胡思杜，被划为"右派"后自杀身亡。随着胡思杜的离去，胡适当日在中国极力引荐的"思杜"信念也在一片"批判"声中一同化作了轻烟，飘逝而去了。此后整整20年，杜威和他的教育思想几乎每一次都是以"批判对象"的反面形象出现在中国教育中的。

二、新中国教育"杜威批判"的原因

新中国建立后，中国教育对待杜威和他的教育思想从"崇拜"到"批判"发生了翻天覆地的转变。如此急剧的变化发生在当时的中国教育界，要回答这个问题，不能不考虑新中国建立前后中美关系这一政治话题。

（一）对美政策变化的政治需要

从中国的角度看，美国是个谜；从美国的角度看，中国也是个谜。中美两国的正式交往始于1784年，几乎是在美国独立战争的同时，美国派出第一艘远驶中国的商船——"中国皇后"号，打开了中美两国间的海上通道，中美开始了相互了解和认识的漫漫历程。两百多年来，中美两国间关系起伏不定、变化莫测，反映出由于历史经历、社会制度、思想意识、生活方式、文化传承的迥然相异而造成两国间相互了解的肤浅。美国对中国的态度经常处于自相矛盾的混乱之中，对华政策变化莫名其妙：一面派遣传教士"拯救中国人的灵魂"，一面又参与侵略中国的战争；一面鼓动中国人移民美国成为修建铁路的廉价劳动力，一面又宣称亚洲人为劣等种族而禁止移居美国；一面鼓励中国走"民主"的道路，一面却又支持蒋介石的独裁政府。

---

① 漆新贵. 杜威对中国教育的影响：一种批判性评价［J］. 渝西学院学报（社科版），1997（3）.

到了1936年，美国记者埃德加·斯诺（Edgar Snow）冒险冲破国民党的封锁，到延安拜访了毛泽东和他领导下的中国共产党。两年后，斯诺将他的访谈经过写成了传世之作《西行漫记》，极为热情地赞扬了延安的共产主义运动，与国民党统治的普遍腐败和绝望进行了鲜明的对比。另外，《西行漫记》中还透露了中国共产党公开表明对于苏联保持独立和愿意与美国携手抗日的态度。斯诺报告的内容传到华盛顿，美国得知中国共产党对美国的态度和积极努力后，美国政府产生了短暂的迷惑与犹豫，但美国政府最终还是难于接受去支持共产党领导下的一支农民军队。

20世纪三四十年代，中国共产党对美国的看法经历了一个比较明显的转变过程。五四运动之后，日本加紧了对中国的侵略，1931年9月18日日本军国主义者侵占了中国东北，悍然挑起侵华战争，中国人民曾寄希望于美国的道义声援和物质支持。同杜威早在五四运动时就指出的，中国对美国在"巴黎和会"上寄予过高的希望一样，结果难免令中国人感到失望和抱怨。美国不可能像中国人希望的那样"路见不平，拔刀相助"，它是以自己的利益来制订行动准则的。1935年以前，在中国共产党看来，美国作为帝国主义国家，和日本是一丘之貉，同样是压迫、掠夺中国的强盗。它虽与日本有矛盾，但并不愿意帮助中国，而是趁火打劫。1937年7月7日，日本发动了全面侵华战争，严重损害了英美在华的政治、经济利益，美日矛盾不断升级。中国共产党对美国的认识有了变化，把美国看作世界上主要的民主国家之一，提出美国应援助中国，但也担心美国搞"远东慕尼黑"①。事实证明，中国共产党的这种担心并非是多

① 1938年，德国兵不血刃吞并奥地利，冲破了凡尔赛体系对德国的束缚，竟然没有受到英、法的干涉。之后，希特勒便把侵略矛头指向捷克斯洛伐克，要求割占苏台德区。英法一方面逼捷克斯洛伐克让步，另一方面英国首相张伯伦三次到德国，答应德国一次比一次多的领土要求。为解决捷克斯洛伐克问题，英、法、德、意四国在德国的慕尼黑召开会议，而当事国捷克斯洛伐克被排斥在会外。会议签订了《慕尼黑协定》。经过慕尼黑会议，捷克斯洛伐克的利益被英法出卖了。此后，凡是为了自私目的而出卖他国的行为，都被称为"慕尼黑阴谋"。

余的，在1941年"珍珠港事件"前的美日谈判中，美国确有以中国做牺牲品，以妥协日本的趋向。①美国对华态度的摇摆不定在这个时期得到了明显的体现。1940年12月，美国总统罗斯福向全体美国人民宣告："在亚洲，中华民族进行的另一场伟大防御战争则在拖住日本人……我们有些人乐意相信欧洲和亚洲的战争同我们无关。然而，不使欧洲和亚洲战争制造者得以控制通向本半球的海洋，乃是对我们最为生死攸关的问题……我们必须成为民主制度的伟大兵工厂。"②不管美国是出于正义的立场还是出于保全自己不卷入远东战事的打算，美国当时确实为中国提供了一些政治、军事和经济上的援助③，1932年为中国捐躯的"洋烈士"④肖特更是令中国人民难以忘记。

1941年的"珍珠港事件"后，美日矛盾变得不可两立，美国则选择了更为友好的态度来对待中国。1942年10月9日，英、美宣布放弃其在华侵略特权。1943年1月11日，中美新约正式签订，确定了中国与美国间的友邦平等地位。在这种情况下，中共中央明确承认美国是民主国家，采取了积极、灵活的对美态度。

正是在这种政治背景下，从1942年起，延安决定接受陶行知的教育思想与实践作为新民主主义教育理论开始，直到1945年抗日战争胜利，陶行知的教育思想与实践在陕甘宁边区备受推崇。这中间固然有陕甘宁边区教育发展实际需要的客观原因，更直接的原因是中国共产党出于对美外交、对民主人士统战的政治需要。

———————

① 有关这一方面的历史研究见：丁则勤，等. 美日的私人议和活动与〈日美谅解案〉的形成［J］. 历史研究，1986（5）；丁则勤，等. 太平洋战争前美国在美日谈判第一阶段的远东政策［J］. 历史研究，1989（1）. 更多的研究参见丁则勤、丁克迅的合作研究成果。

② 关在汉. 罗斯福选集［C］. 北京：商务印书馆，1982：261-269.

③ 其中在1940年前主要有1933年的"棉麦贷款"和1938年的"桐油贷款"等。

④ 鲁迅. 伪自由书［M］. 北京：人民出版社，1973：13. 肖特是美国民航的一位飞行员，1932年"一·二八"事变时，在中国苏州上空见到日本飞机正在狂轰滥炸，激于义愤，单枪匹马与日本侵略者鏖战，终以身殉，献出了年轻的生命。

随着1945年抗日战争的胜利，美国对华政策彻底滑向蒋介石一边，美国越来越多地干预中国内部事务，美国从其自身利益和全球战略出发不顾中国人民的愿望和要求，一味支持蒋介石独裁政府，不仅摧残了中美关系健康发展的基础，而且严重损害了中美人民在抗日战争中建立起来的友谊。在中国人民眼中，"友邦"仅在一年后便变成了"美帝"、"纸老虎"和"死敌"。1946年到1949年，美国特使的袒蒋抑共、美军士兵在华的恣意妄为、美国政府的援蒋助战政策都深深地伤害了中国人民的感情，"从争取中国人民的好感的角度而论，美国的政策是突出的失败了"①。

从1944年到1949年仅5年的时间里，中国共产党和中国人民对美国的认识发生很大的转变。"1944年8月，毛泽东亲自为延安《解放日报》修改审定了题为〈欢迎美军观察组的战友们〉的社论。1949年8月，毛泽东又亲自为《人民日报》撰写评论〈别了，司徒雷登〉。从'欢迎'到'别了'，这四个字准确地概括了5年之中中国共产党与美国交往的历史和对美政策演变的过程。"②

这四个用来概括中美政治交往变化的字同时支配了中国教育界对待美国教育态度的急转直下。从那时起，中国共产党领导下的中国教育就开始了从"崇拜"到"批判"的转向，逐渐远离了杜威，抛弃了胡适和陶行知等人引入国门的杜威教育思想。

随着中国共产党宣布对美国政治态度的转变，中国共产党领导下的解放区教育在对待陶行知教育思想的态度也悄悄地发生了转向。1946年在延安的陶行知追悼大会上，陶行知的教育思想与实践被作为新民主主义教育理论，并冠以解放区教育的"旗手"、理论的"源泉"、新民主主义教育的"基石"等赞词。没过几个月，1947年在解放区教育工作者中就出现了"轻蔑"陶行知教育

---

① [美]萝西·博格. 美国失去中国好感. // 杨玉圣. 中国人的美国观——一个历史的考察[M]. 上海：复旦大学出版社，1996：224.

② [美]哈里·哈丁，袁明. 中美关系史上沉重的一页[M]. 北京：北京大学出版社，1989：77.

思想的态度，甚至有"爬行的经验主义者""教育救国论者"之类的言辞出现在公开发行的杂志上。

转变还表现在解放区的教育政策上。1945年9月2日，晋察冀边委会在对新解放区的教育工作的规定中，明确规定要"实行民族的、民主的、科学的、大众的文化教育政策"[①]。1946年蒋介石在美国的支持下悍然发动对解放区的全面进攻后，7月冀东行署召开教育会议，会议确定"必须根据实际情况转变思想，批判正统观念……开展教育改革和调整知识分子政策"[②]。1947年12月16日，晋察冀边区教育系统根据中共中央公布的《中国土地法大纲》发出《各级学校在平分土地过程中如何进行教育的指示》，突出强调了对中小学教师、干部、学生提高阶级觉悟问题。继而在随后冀东行署发布的《关于知识青年到蒋管区上学的处理办法的指示》中，则明确提出要把青年学生教育问题作为政治斗争的重要形式。1948年7月14日，冀东行署教育厅发布《关于重整教育行政组织加强知识分子工作开展群众教育的意见》，在具体措施上规定，贯彻党对知识分子的政策，坚持争取、改造、教育旧知识分子，培养新知识分子的方针。1950年6月召开的中共七届三中全会上，毛泽东说："有步骤地谨慎地进行旧有学校教育事业和旧有社会文化事业的改革工作……"[③]，"对知识分子……要使用他们，同时对他们进行教育改造"[④]。至此，陶行知、胡适等人实际上已被划入"旧知识分子"之列了。他们和他们宣传的杜威教育思想在新中国教育中被"改造"乃至被"打倒"的命运已可见端倪。

① 崔相录. 东方教育的崛起——毛泽东教育思想与中国教育70年［M］. 郑州：河南教育出版社，1993：159.

② 崔相录. 东方教育的崛起——毛泽东教育思想与中国教育70年［M］. 郑州：河南教育出版社，1993：162.

③ 毛泽东. 为争取国家财政经济状况的基本好转而斗争. // 毛泽东选集（第5卷）［C］. 1977：19-23.

④ 毛泽东. 不要四面出击. // 毛泽东选集（第5卷）［C］. 1977：53-54.

（二）意识形态的决定作用

1949年6月30日，毛泽东发表《论人民民主专政》，明确表明了新中国对于苏联和帝国主义国家的不同态度，提出了"一边倒"的外交方针。

1949年4月23日，人民解放军占领南京，解放战争胜利在望。一些英联邦国家和北约国家出于本国利益的考虑，商定准备给予新中国"事实上的承认"。这时的美国不仅拒不承认中国的新政权，还依仗它在西方世界的"领袖地位"，极力阻止其他欧美国家对新中国的承认，试图建立起孤立共产党新政权的共同阵线，将新中国排除在国际政治之外。在当时的情况下，美国不仅没有放弃对蒋介石的支持，还在台湾问题上大做文章，并利用贸易限制等手段对新中国进行经济上的封锁，"从美国的对华政策和美在华人员的种种活动中，丝毫看不出它有自动放弃干涉中国内政、放弃颠覆新生政权的可能性"①。从中国共产党方面来讲，即使面对美国表现出来的敌意，也没有彻底关闭中美接触的大门，而是采取了"既不拒绝，亦不主动"的态度。1949年7月24日，中共中央致南京市委并华东局《同意袁仲贤与克仁斯特继续谈判办法》密电，曾附带对在南京的美驻华大使司徒雷登如有可能访问北平一事作出明确指示："如果司徒雷登及傅泾波②仍请求来燕京，我可照原议准其乘火车并派人送其来平，如其不提，我们亦置之不理。"③

①袁盈.略述五十年代初期的中美关系［J］.首都师范大学学报（社会科学版），1996（3）.
②司徒雷登的翻译。
③刘超.媒体揭开历史谜团：是谁错失了中美建交的机遇［EB/OL］2004-02-12.http://www.chinanews.com.cn/n/2004-02-012/12/26/4000870.html.

中美敌对并非中共拒绝同美国接触，而是麦卡锡主义①恐怖笼罩美国之前，美国政要踟蹰不前的结果。美国政府担心承认新中国会使毛泽东和中国共产党在国际上声望大增，杜鲁门总统考虑再三，由于害怕司徒雷登访问北平会引起美国国内政治舆论的混乱，导致美国政府处于两难境地，最后决定阻止司徒雷登同中国共产党发生接触。杜鲁门通过国务卿艾奇逊向司徒雷登发出指示："根据最高层的考虑，指示你在任何情况下都不能访问北平。"②麦卡锡主义是造成中美敌对的最重要原因。1949年10月1日，当毛泽东站在天安门城楼上宣告中华人民共和国成立时，中美对立的框架就已确立了，"华盛顿与北京成了不共戴天的死敌，不到一年，他们便在朝鲜以兵戎相见了"③。

"一边倒"的外交政策是中国共产党面对美国反共排华、孤立新中国的全面封锁政策，作出的合乎逻辑的反应。作为特定时代的产物，"一边倒"政策虽有其时代的局限性，但在当时的情况下，却是唯一的选择。事实上，新中国的"一边倒"决策并不意味着放弃独立自主原则。历史事实证明，"我们的外交立场有一个基本的立场，即中华民族独立自主、自力更生的立场"④。

新中国建立初的50年代，在"政治挂帅""教育为无产阶级政治服务"的

---

① "麦卡锡主义"一词始于1950年，词根来自美国共和党参议员约瑟夫·麦卡锡的姓。1950年至1954年，威斯康星州议员麦卡锡和他的同伙在美国国内制造的"共产党恐慌"。1950年2月9日，麦卡锡在西弗吉尼亚州首府惠灵一家妇女俱乐部的活动上当众展示了一份据称列有205名共产党人的名单，并声称美国国务卿早就知道有这样一份名单，可名单上的人至今仍在国务院内左右美国的外交政策。此话犹如晴天霹雳，令美国上下一片哗然。在麦卡锡导演的"挖掘叛徒"的政治迫害运动中，许多官员受到牵连，被赶出办公室。在"麦卡锡主义"的影响下，"反共"成了美国的惟一选择。麦卡锡在中国问题上的发难，导致艾森豪威尔、肯尼迪和约翰逊几届美国政府一直采取非常僵硬的东亚政策，谁也不敢主动提出与中华人民共和国进行接触。中国人民的老朋友埃德加·斯诺也因受到"麦卡锡主义"的迫害，不得不偕同夫人离开美国，远走瑞士，最终客死他乡。
② 媒体揭开历史谜团是谁错失了中美建交的机遇 ［EB/OL］中新网2004-02-12.
③ ［美］迈克尔·沙勒.二十世纪的美国和中国 ［M］.王扬子，刘湖，译.北京：光明日报出版社，1985：131.
④ 陶文钊.中美关系史1911—1950 ［M］.重庆：重庆出版社，1993：484.

路线下，教育被视为是向国民提供新的政治意识形态和政治目标的最有效工具，教育领域成了阶级斗争的实践阵地。新中国教育界最早对杜威的批判始于对陶行知教育思想的批判，批判了建国前解放区流行的 "新民主主义教育思想是毛泽东和陶行知共同创造的"说法，标志着新中国教育从新民主主义向社会主义的政治路线的转变。"把陶行知的教育思想与毛主席的教育思想画上等号，混淆起来，没有把陶行知的教育思想加以分析与批判，没有把陶行知的教育思想和无产阶级的教育思想严格地从本质上区别开来。"[1]把陶行知的教育思想定性为"资产阶级改良主义"进行批判，也为"一边倒"的教育政策实施开辟了道路。"对陶行知教育思想的批判，在很大程度上是为了清除'五四'之后在文教界和知识分子中占主流地位的西方文化、美国文化的影响，为建立苏式的官方意识形态扫清道路。"[2]

自1951年批判陶行知开始，新中国教育理论界对以杜威为代表的"资产阶级唯心主义教育思想"的批判就一直没有停过。1954年，通过批判俞平伯也批判了胡适的唯心主义；1955年，批判的矛头直接指向杜威；1958年，批判深入到杜威教育理论的"心理学"基础，在一场波及全国的心理学批判运动中心理学成了"资产阶级方向"的伪科学；1960年，批判从杜威追溯到夸美纽斯，"挖了资产阶级教育思想的'老祖坟'"（陆定一语）。1963—1964年，南京市特级教师斯霞"爱的教育"由于强调了注重孩子们心理特点的"母爱""童心"教育，因此被视为资产阶级唯心主义的"人性论"而遭到批判。

随着新中国教育领域政治斗争的不断升级，"一边倒"的政治决策被直接贯彻到新中国教育领域时，教育成了"阶级斗争的工具""无产阶级专政的工具"。杜威这位来自"美帝国主义"的世界知名教育家成为新中国教育"斗争""专政"的对象，似乎是必然的。尤其是在1952年苏联国家教育书籍出版

---

① 学习. 1951（3）.

② 杨东平. 艰难的日出——中国现代教育的20世纪［M］. 上海：文汇出版社，2003：144.

部出版发行苏联教育家谢伏金的《为现代美国反动派服务的杜威教育学》一书后，新中国教育界对杜威和杜威教育理论的批判更是在随后的几年中达到了高潮。其结果是，在此后的近三十年里，杜威教育在中国教育界沉寂了。

第2节　"杜威批判"对新中国教育的影响

与中国教育对待杜威和其教育思想态度变化不定形成鲜明对比的是，自访华之后，杜威对中国的兴趣大增，直到1952年去世。在杜威的家庭招待会上，中国名人和学生一直都是他客人中的重要分子①。新中国教育的"杜威批判"对杜威来说更是毫发未伤，但是在中国教育的发展中留下了深刻的印记，产生了深远的影响。

五四运动之后，旧的文化教育传统被连根铲除，没能从中国教育的实际问题中探索出一条具有"中国特色"的本土化教育发展的出路，造成了"杜威教育思想支配中国教育界三十年"②的局面。新中国建立后的"杜威批判"仍然不是中国教育根据自身教育发展的客观规律进行本土化探索的结果，而是作为政治斗争的工具。"资产阶级"的杜威和他的教育思想被批倒、砸烂了，新中国教育领域又一次出现了"真空"。很快，"一边倒"的政治决策便通过国家的强制力量直接决定了新中国教育的"全盘苏化"，即用苏联的教育模式来填补

---

① 据传，杜威丧偶后，有一次举行家庭招待会，一位中国学生不善饮酒，却偏好两杯；不意一时酩酊大醉，竟在杜威卧榻之上鼾睡起来。等到酒醒之后，他所看到的，不是"杨柳岸、晓风残月"，却是杜老头的胡须飘飘。他居然与杜大师同榻睡了一夜。一时传为趣谈。（胡适.胡适口译自传［M］.唐德刚，译注.上海：华东师范大学出版社，1993：107.）

② 曹孚.杜威批判引论［M］.北京：人民教育出版社，1951：1.

新中国教领域出现的"真空"。

一、从"杜威批判"到学习凯洛夫《教育学》

在"一边倒"政治政策的主导下，新中国成立初始就开始派遣人员到苏联和东欧国家留学，从1950年下半年起，中国同波兰、捷克斯洛伐克、罗马尼亚、匈牙利、保加利亚互派留学生。1951年8月，首批留学生375人到苏联留学，到1953年共派出留学生1321人；1954年至1956年派出留学生9438人，毕业回国8197人[①]。早于向苏联派遣留学生，为了及时配合"杜威批判"的顺利进行，先以行政命令的方式，在教育领域大力推行当时在苏联教育理论界占主导地位的教育思想和教育理论，以取代曾"支配中国教育界"的杜威教育思想。

1950年12月，出版了苏联教育家伊·阿·凯洛夫（И. А. Кайров）的《教育学》，到1957年，凯洛夫的《教育学》在中国的印数达到了50万册。按照指示，全国各地的师范院校、教师进修学校、教育干部培训部门等把凯洛夫的《教育学》作为指定教材。1970年由上海大批判写作组撰写的《谁改造谁——评凯洛夫的〈教育学〉》一文中称："陆定一一语道破了其中的'奥妙'：凯洛夫《教育学》的'好处就是代替了杜威'。"[②]

凯洛夫1917年毕业于莫斯科大学数理系，20世纪20年代起从事教育工作，开始从事农业教育，1933年调到联共（布）中央教育处工作；1937年任莫斯科大学教育学教研室主任；1942—1950年在《苏维埃教育学》杂志社任主编；1944年被授予俄罗斯联邦教育科学院院士称号，并任俄罗斯联邦教育科学院副院长；1946年又晋升为院长，任职整整二十年；在1949—1956年还兼任了

---

① 中国教育报，1998–10–31.

② 上海大批判写作组.谁改造谁——评凯洛夫的〈教育学〉[J].红旗，1970（2）.

俄罗斯联邦教育部部长。20世纪四五十年代，凯洛夫在苏联教育界占有举足轻重的地位。1948年和1956年出版的由凯洛夫主编的《教育学》（分上、下两册）是凯洛夫教育思想的集中体现，也是当时苏联教育理论界占主导地位教育思想和教育理论的系统表述。凯洛夫的《教育学》是苏联20世纪30年代后期形成的教育学思想体系的综合表述，是对20世纪20年代杜威教育思想对苏联教育产生重大影响的纠偏。

　　20世纪20年代是苏联教育巨变转型、快速发展的时期。十月革命前，沙皇俄国的教育十分落后，教育中的双轨制、等级性、宗教性、民族歧视致使文盲占全国人口的近80%；居住在俄国的71个民族，有48个没有文字，4/5的儿童是文盲①。1917年十月革命胜利后，新生的苏维埃共和国从当年11月开始了教育改革运动。20世纪20年代正好是杜威实用主义教育理论盛行的时期，可以说整个20年代的苏联教育改革都是在杜威教育理论的指导下进行的。1928年6月，杜威在美苏文化协会主办的，作为由25名美国教育家组成的非官方旅行团的成员之一，访问了苏联。杜威教育思想对苏联教育改革的影响也因此达到了顶点。

　　1917年11月9日，全俄中央委员会批准成立苏联国家教育委员会以代替革命前的国民教育部，领导苏联的教育工作，同时任命教育人民委员卢那察尔斯基担任委员会主席。在国家教育委员会的领导下，1918年开始筹建新的学校体制，国家教育委员会学校改革司司长列别申斯基首先提出草案，建议建立旨在普及普通教育的新型学校——统一劳动学校，根据杜威的"教育即生活"理论，实施培养学生生活能力的综合技术教育，变"读书学校"为"劳动学校"。统一劳动学校采取自治的原则，取消教科书和班级授课制，学生不分年级全部分组参加劳动，并在劳动中进行学习，强调劳动的生活意义。1918年10

---

① ［苏］凯洛夫.苏联的国民教育［M］.人民教育出版社教育编译室，译.北京：人民教育出版社，1958：4.

月举行的全俄教育工作第一次大会通过了这一草案，会后又公布了《统一劳动学校规程》和《统一劳动学校基本原则》两个文件，以法令法规的形式保障了统一劳动学校的顺利运行。

进入20世纪20年代，苏联统一劳动学校在实践运行的过程中，受到杜威"儿童中心""做中学"教育理论和杜威"实验学校"的影响，进行了一系列教育理论与实践的探索。在充分考虑到儿童的心理特征、儿童的本性要求的基础上，1923年国家教育委员会负责制定中小学教育大纲的科学教育组公布了一种新的"单元教学大纲"①。单元教学大纲将所学知识分为自然、劳动、社会三部分，以生产劳动为中心，打破了学科界限，把生活中的重要事件划分为若干"生活的单元"，按"单元"组织教学。制定这种教学大纲的目的在于，打破旧学校中教学沉闷、脱离实际的传统，摆脱教育理论脱离教育实践的局面，致力于将教学与政治、社会生活有机地联系起来。"单元教学大纲"制定后，与其相适应的"道尔顿制教学法""设计教学法"等教学组织形式也被从美国引入了苏联。在教育理论方面，20年代苏联的教育理论界出现了反对教育中的暴力与压制，要求以儿童个性的自由发展为主要内容的"自由教育论"、以研究儿童为中心的"儿童学"，以及主张由社会的"自发教育"来代替"有组织的学校教育"。

1927年，苏联出版了十月革命胜利后的第一本教育学书籍——《苏俄新教育》②，在这本依据杜威实用主义教育理论的基本原则所编写的教育学著作中，把杜威的"实验学校"译为"劳动学校"，直接与苏联"统一劳动学校"联系起来，认为它们的一致之处就是把杜威"做中学"作为教学的指导原则。

总的说来，20世纪20年代在杜威实用主义教育理论指导下的苏联教育改

---

① 亦称"综合课教学大纲"。

② 此书是由苏联教育家平克微奇（1884—1939）撰写的。平克微奇在十月革命前就从事教育工作，当时他是苏联国家学术委员会成员之一，同时担任莫斯科第二大学的校长。

革改造了旧的教育制度，奠定了社会主义教育体系的初步基础，加强了教育与生产、理论与实践的联系，使苏联的教育在短时期内得到了迅速发展。教育的迅速发展又对苏联的政治、经济等社会生活各个方面的发展起了促进作用。但是，改革进行了一段时间之后，杜威教育理论和苏联社会之间的文化冲突逐渐暴露出来，文化背景、教育传统、社会氛围的巨大差异都使得苏联20年代的教育改革难以持续下去。其冲突最明显的体现是：杜威教育理论中的民主信念与苏联高度集权的政治传统、高度集中的计划经济体制、刻板教条的思想文化范式和崇拜权威的民族心理之间的矛盾不可调和，难容彼此。

从1931年起，为了适应本国的政治、经济和民族心理，苏联教育改革转变到与20年代截然相反的方向，杜威教育理论成为被否定的对象。斯大林发表讲话明确指出：教育要为社会主义经济建设服务，强调培养经济建设需要的专门技术人才的重要性，并提出"技术决定一切""干部决定一切"的口号。1931年9月5日，联共（布）中央和苏联政府颁布《关于小学和中学的决定》（以下简称《九五决定》），是指导30年代苏联教育改革和发展国民教育的纲领性文件。

《九五决定》主要对20年代的教育改革进行了总结，指出其中的不足。《九五决定》对20年代在杜威教育理论指导下建立起来的"劳动学校"、"单元教学大纲"、"道尔顿制教学法"、"设计教学法"以及"自由教育论"、"儿童学"等进行了批判和否定，提出"各科教学，特别是物理学、化学和数学的讲授，应当按照严格规定的、缜密制定的教学计划、教学大纲，并且按照严格规定的日课表来进行"[①]。

《九五决定》颁布后，为了进一步批判资产阶级教育思潮，肃清杜威教育理论的"流毒"，苏联政府又陆续发布了一系列有关教育改革的决定。主要有：《关于中小学教学大纲和教学制度的决定》（1932年），《关于中小学教科

---

① 人民教育出版社.苏联普通教育法令选译［C］.北京：人民教育出版社，1956：19.

书的决定》（1933年），《关于苏联中小学结构的决定》（1934年），《关于准备实施七年制综合技术义务教育的决定》（1934年），《关于教育人民委员部系统中的儿童学曲解的决定》（1936年），《关于中小学校教师个人称号的决定》（1936年），《高等学校标准规程》（1939年）等。这些决定强化了教科书、教学大纲、课堂教学和教师在教育教学中的重要地位，在否定20年代教育改革的基础上，全盘否定了杜威和其实用主义教育思想。

凯洛夫在编撰《教育学》一书时，指导思想主要有三[1]：一是马列主义的阶级斗争理论；二是20世纪30年代苏联政府教育改革的各项决定所体现的精神；三是与杜威教育理论形成鲜明对比的赫尔巴特教育理论。其中，30年代苏联政府教育改革的决定精神构成了凯洛夫《教育学》的核心内容。凯洛夫明确表示，他主编的《教育学》"是以先进的、革命的理论——马克思列宁主义——为依据的……遵循马克思列宁主义创始人关于教育的学说和共产党有关教育问题的决议"[2]来建立适应苏联社会主义需要的苏维埃教育学的。

除了受到当时苏联政治的影响，凯洛夫《教育学》强调教育的阶级性之外，从教育理论方面来说，凯洛夫《教育学》与赫尔巴特教育理论一脉相承，属于"主知主义"，而与杜威的经验主义相对。凯洛夫进一步强化了赫尔巴特教育理论中传统的"教师、教材、课堂"三中心说，强调系统知识的传授、以教师为主导的班级授课，甚至对每一个教学的具体步骤都做了明确的规定，采取更加刻板、教条的教学形式。

---

① [苏] 凯洛夫.教育学 [M].陈侠，等译.北京：人民教育出版社，1962：前言.
② [苏] 凯洛夫.教育学 [M].陈侠，等译.北京：人民教育出版社，1962：前言.

二、教育实践"全盘苏化"及推广苏联模式

20世纪50年代初，凯洛夫的《教育学》一经传入中国，便开始强制推行，风行了整个中国教育界。正当中国教育轰轰烈烈进行"杜威批判"时，凯洛夫《教育学》除了本身作为20年代指导苏联教育改革的杜威实用主义教育的对立面出现，其主张的教学方法和价值体系与重思轻做，重视书本知识而轻视实际操作，与中国传统教育中的教学方法和价值取向一拍即合。1952年起，中国教育开始全面推广苏联教育模式，很快在幼儿园、小学、中学、大学里，课程设置、教学计划、教材和规章制度莫不效仿苏联。

在"一边倒"政策的指导下，新中国建立初期就效仿苏联建立起了高度集权的管理体制和高度集中的计划经济体制。1952年中国教育"全盘苏化"后，中国教育中传统的社会化、多样化的教育格局也被高度集权的教育体制所取代。1952年6月，毛泽东批示："如有可能，应全部接管私立中小学。"[1]教育部开始将1412所私立中学和8925所私立小学全部改为公立，由政府统一管理。到1956年接管工作结束，各级各类学校均由国家举办。从孔子的私学开始就活跃在中国教育史上的民间教育机构从此销声匿迹，民间办学传统至此中断。

1952年，高等教育领域也通过大规模的院系调整，按照苏联模式建立起了与政治、经济体制相适应的高等教育制度。高等教育教育计划直接与国民经济计划联系起来，按着产业部门、生产项目，甚至制造的产品种类来设立学院、系所、专业。高等教育中削弱文科教育的做法，因而出现了严重的"重理轻文"现象。新中国建立起高度集中、部门办学、大学统一招生和统一分配的高等教育管理体制。

由于对杜威"资产阶级"教育思想批判得太急、太切，填补"杜威批

---

① 中华人民共和国教育大事记（1949—1982）［M］.北京：教育科学出版社，1983：59.

判"在中国教育指导思想上留下的空白又完全是直接拿来苏联凯洛夫的《教育学》，来不及消化和吸收，导致中国教育实践中出现盲目照搬、机械套用苏联教育模式的严重问题。

第3章　杜威与改革开放时期的中国教育

　　20世纪的中国教育，经过20—40年代的"杜威引入"，50年代—1965年的"杜威批判"，以及80年代以来的"重新评价杜威"。杜威还是杜威，然而，"在兜了一个大圈子后，我们又回到了类似'五四'时期的起跑线上"[①]，重新引进、研究、评价杜威的教育思想——重新搭建与杜威进行对话的平台。

　　"类似"仅仅是"类似"，应该看到，改革开放的中国教育开始"重新评价杜威"的过程，使中国教育在"杜威研究"上达到了一个新的发展水平，尤其是在最近时期出现了一些突破性的进展[②]。对于杜威教育思想本身进行全面阐释，揭示杜威教育思想在世界范围的传播过程以及对世界教育产生的多方面影响（特别是在中国的传播和对中国教育的影响），在当今中国教育改革提倡的"素质教育"和新课程改革中，将杜威教育思想与其他国外教育家的教育思想进行比较研究所取得的研究成果，确实是"五四"时期的"杜威研究"不可比拟的。很明显，在研究范围的广度上，"重新评价杜威"已使中国教育的"杜威研究"远远超过了"五四"时期，达到了一种新的水平。

　　但是，所取得的成绩远远不足以让我们沾沾自喜。应该看到，20世纪80年代后，在"以经济建设为中心"的改革开放政治经济路线指导下，急切的

---

　　① 刘放桐. 重新认识和评价杜威. // 新旧个人主义［M］. 1997：8.
　　② 2002年单中惠教授的《现代教育的探索——杜威与实用主义教育思想》一书可以看作是中国教育界最近时期"杜威研究"具有代表性的新成果。

"赶超"意识和以科学技术教育和精英教育为重的教育价值取向，伴随着高考制度、出国留学制度、重点学校制度等各项教育制度的全面恢复重建，一方面使中国社会出现了前所未有的尊重知识、尊重人才的新风尚；另一方面也导致中国教育出现了严重的"应试教育"倾向。在这种背景下，再提"重新评价杜威教育思想"，不仅仅是一个重新"引进"杜威教育思想、重新搭建与杜威"对话"平台的过程，更应该是一个在深入研究杜威和其他国家教育思想的过程中，吸取其他国家教育理论的养料来构建起我们自己的教育理论的过程。这是一个不断反思、逐渐走向"对话"的过程，在这个过程中应该认识到"如果我们不向历史学习，我们就将被迫重演历史"①。中国教育的"杜威研究"走过了"崇拜"，又走过了"批判"，走到今天，不可否认"尊奉"杜威和他的教育思想是走向与之"对话"的一个条件，一个过程，一种表现，但只有"尊奉"却是远远达不到"对话"的目的。"既是对话，也就难免争执、冲突以至悖逆。"②因此，在"尊奉"的基础上，通过"对话"深入认识到杜威教育思想与中国教育之间所存在的距离、差异和对立，同时反观中国教育自身并对自己有一个清醒的认识，这无疑能够促进中国教育研究通过独立思考，形成具有中国特色的教育研究"范式"，构建具有中国特色的教育理论。这样看来，完整准确地复述杜威理论已不是中国教育"重新认识杜威"的最终目的，甚至客观地品评中国教育"杜威研究"的得失功过也仅仅成了一种前提。中国教育与杜威走向"对话"的目的，正是通过与包括杜威教育思想在内的古今中外众多教育思想的"对话"，以实现中国教育理论自身的建构与创新。

---

① 韦政通. 中国的智慧 [M]. 长春: 吉林文史出版社，1988：2.
② 赵一凡. 贝尔学术思想评价（中译本序言）. // [美] 丹尼尔·贝尔. 资本主义文化矛盾 [M]. 赵一凡，等译. 上海: 三联书店，1989：5.

第1节　"重新评价"杜威教育思想

1976年10月，以"四人帮"成员被逮捕为标志，结束了历时10年之久的"文化大革命"。中国教育从拨乱反正、解放思想、治理整顿到全面改革又走过了三十多年。其中，理论与实践、个人与社会、效率与公平、大众与精英、传统与西化等教育历史发展中的种种"矛盾"仍然时时在困惑着中国教育。中国教育的钟摆不能总是在被人为对立起来的赫尔巴特的"传统教育"与杜威的"现代教育"之间来回摆动，因此，"重新评价"杜威教育思想的提出与实践过程，既是中国教育改革开放的一个具体步骤，同时也是探索中国教育未来发展的一项重要尝试。

一、"重新评价"杜威教育思想的缘起

"文化大革命"结束后，1976年11月23日，《光明日报》刊登了《毛泽东的教育方针岂容篡改》的文章，从批判"文化大革命"中"宁要一个没有文化的劳动者"的教育主张开始，对"文革"教育中轻视知识、轻视知识分子、轻视正规系统的学校教育等"极左"的教育观念逐一进行了彻底清算。

（一）教育领域：解放思想

1977年高等学校统一招生制度的恢复是教育领域开始拨乱反正的重要标志。1977年8月，教育部召开高等学校招生会议，会后下达了《关于1977年高等学校招生工作的意见》。《意见》规定：从1977年开始，废除"文革"时期高等学校招生中实行的免试推荐工农兵学员的方法，实行全国统一的入学考试，根据成绩择优录取。考虑到"文革"期间被耽搁的一代青年，教育部规定

报考年龄放宽到30周岁。实际上，在1977年的考生中，各类社会知识青年，包括上山下乡青年、工人、干部、退伍军人、农民等占到了考生总数的60%—70%。从1978年开始，研究生教育也得到恢复，当年全国各类高校和研究机构共招收研究生10708人①。

　　1977年11月18日，《人民日报》发表署名为"教育部大批判组"的文章《教育战线的一场大论战——批判"四人帮"炮制的"两个估计"》。否定"两个估计"，预示着对待知识分子政策的改变。1978年11月，中共中央决定，为"文革"期间受到不公正待遇的社会人士平反。教育领域大批在"文革"中受到迫害的知识分子也得到了平反昭雪。②

　　1978年5月11日，《光明日报》发表特约评论员文章《实践是检验真理的唯一标准》，随后被《人民日报》《解放军报》全文转发，全国展开了一场声势浩大的"有关真理标准问题的大讨论"。"大讨论"的结果是冲破了"文革"时期"极左"思想的禁锢，极大地解放了思想，开阔了眼界。这一结果最明显的体现是在政治经济领域。1978年12月，中国共产党第十一届三中全会召开，会议明确提出将以往"以阶级斗争为纲"的政治路线转移到"以经济建设为中心"的轨道上来，中国从此进入了改革开放的新时代。

　　教育领域的思想解放显然要落后于政治经济领域。对"文革"教育的否定，对轻视知识、轻视知识分子、轻视学校教育的批判造成了教育领域指导思想的缺失，教育界出现了重返建国初期十七年教育的思想倾向。针对这种倾向，1979年10月，《教育研究》发表特约评论员文章《补好真理标准讨论这一

---

① 中华人民共和国教育大事记（1949—1982）[M].北京：教育科学出版社，1983：548.
② 据统计，贵州省普通教育系统到"文革"结束时，受到不公正待遇的教师占教职工总数的13%，高教系统的冤假错案71235起，至1984年已全部得到改正。陕西省高校中受到冤假错案牵连的3516人，1978年全部得到平反。1979年春，被错划为"右派"的1240名师生员工全部得到纠正。上海市高校平反各种冤假错案1373起。（毛礼锐，沈灌群.中国教育通史（第6卷）[M].济南：山东教育出版社，1989：258.）

课，教育问题要来一次大讨论》，文章指出，"在教育战线上，关于实践是检验真理的唯一标准问题，还没有很好展开讨论，更谈不上深入，必须认真补上这一课……三十年来，关于教育的理论、方针、政策、方法究竟有没有问题？有什么问题？……回到文化大革命前就是出路吗？文化大革命前的一套同文化大革命中的一套不是毫无联系的……要弄清三十年教育问题上的是非，必须坚持实践标准"；[①]文章还强调，在用实践来检验教育理论之前，首先不得不承认，我们"至今还没有自成体系的"教育学理论，我们"需要在教育实践中探索和总结"我们自己的"教育科学体系"，在此之前，迫切需要对新中国三十年教育的结果的教育指导思想进行检验。树立实践的权威是弄清是非，抵制和反对教育中错误指导思想的必要前提。

一石激起千层浪，《补好真理标准讨论这一课，教育问题要来一次大讨论》一文发表后，中国教育界开始以《教育研究》杂志为阵地，围绕建国三十年来的教育实际经验，对教育本质、教育方针、教育指导思想等一系列教育问题展开了一场轰轰烈烈的大讨论。讨论的结果直接反映在1980年12月教育部召开的教育工作座谈会中。广大与会的教育工作者一致认为，新中国成立以来，在整个国民经济计划中，教育没有摆到应有的地位，未能同经济协调发展；政治运动不断冲击学校正常的教学工作，把用功读书说成白专道路；搞唯成分论，把知识分子列入资产阶级范畴，教师地位低下；强调"外行领导内行"，助长了工作中的瞎指挥现象；在教育发展上追求高指标，不量力而行，造成教育发展大起大落；对人类文化遗产持虚无主义态度，只讲批判，不讲继承。[②]

通过大讨论，中国教育实际上否定了建国三十年来"教育是阶级斗争的

---

① 本刊特约评论员. 补好真理标准讨论这一课，教育问题要来一次大讨论 [J]. 教育研究，1979（4）.

② 毛礼锐，沈灌群. 中国教育通史（第6卷）[M]. 济南：山东教育出版社，1989：285-286.

工具"的指导思想，认为根据新中国成立三十年教育实践的检验证明，这种说法是不准确、不科学的。1985年5月颁发的《中共中央关于教育体制改革的决定》，根据以经济建设为中心的政治经济路线，正式提出改革开放新时期中国教育的指导思想："教育必须为社会主义建设服务，社会主义建设必须依靠教育。"①

教育领域这一场"有关真理标准的讨论"使中国教育界清醒意识到，"同发达国家相比，我们的科学技术和教育整整落后了二十年"②。中国教育缺乏自成体系的教育理论，但要立竿见影从教育实践中探索总结出我们自己的教育理论似乎并不大可能，因此，实际情况是，在否定"教育是阶级斗争的工具"的指导思想的基础上，构建出的新时期中国教育理论在很大程度上只不过是建国初期17年凯洛夫教育学原理的翻版（一直沿用至今）。就这样，从否定"文革"教育开始，中国的教育理论似乎又摆向了赫尔巴特。③

同建国初期17年教育又有明显不同的是，虽然改革开放的中国教育在指导思想上偏向赫尔巴特，但中国教育研究并没有完全一边倒。在改革开放的新形势下，中国教育界感到"很有必要对西方世界各个方面的状况有更新和更深刻的认识，从中汲取经验教训，以促进我们事业的更好发展"④。学术界的思想解放运动给教育带来新的生机，20世纪80年代开始"第二次西学东渐"，继五四运动之后又一次大规模地翻译、介绍近现代西方思想，掀起了向西方学习

① 邓小平.建设有中国特色的社会主义（增订本）［M］.北京：人民出版社，1987：21.
② 邓小平.邓小平文选（第2卷）［M］.北京：人民出版社，1994：40.
③ 据调查，我国1957年到2003年相差50年的正规高校教育学教材在内容上几乎没有什么大的变化，这些教材大体上都是按照凯洛夫教育学原理编写的。
④ 刘放桐.重新认识和评价杜威.// 杜威.新旧个人主义［M］.孙有中，等译.上海：上海社会科学院出版社，1997：代序.

的热潮。①到20世纪80年代中后期，杜威的名字已经在中国大学的校园里再次响亮起来。②

（二）《教育研究》的创刊

在改革开放、解放思想的大潮流影响下，中国教育界提出对杜威教育思想进行重新认识，是以《教育研究》杂志为阵地开始的。

1979年4月《教育研究》创刊。在创刊号上，"编者的话"先以乐观的态度表明，中国教育经过拨乱反正，已经开始复苏，"两年来，教育科学方面佳音频传，中央教育科学研究所和地方、高校研究所的重建或新建，师范院校教育系和教育课程的恢复，全国教育科学发展规划会议的召开，标志着教育科学的春天已经翩然来临"③。接下来，编者指明了办刊宗旨："提倡解放思想，开展学术讨论"。为了实现这一宗旨，作者强调要"打开门窗，流通空气，吸取古今中外的学术营养"，不仅要让外边的风吹进来，还要打开历史之门，检查历史仓库中有用的东西。不知是有意还是巧合，紧随其后，刊出的就是毛礼锐先生的《从五四运动时期的教育看我国当前的教育》一文。文章提出，一个历史人物、特别是教育家，决不是简简单单说打倒就能打倒的，并特别以杜威为例作了说明："杜威的'民主主义教育'思想，为什么在'五四'时期受到广大教育家的欢迎？……必须要做具体分析。"④尽管文章在整体上还没有放弃对杜威教育思想的批判立场，却表明了应该深入研究、具体分析，以一种科学的态度对待杜威教育思想的学术研究取向。

---

① 据对北京地区主要出版社统计，从1949年至1984年的35年中，平均每年出版社科新书大约250种，其中翻译著作只占很小一部分。1985年，翻译、出版了社会科学著作399种，1986年为477种，1987年为600多种，1988年仅第三季度就翻译出版了600多种。（杨德广. 西方思潮与当代大学生［M］. 郑州：河南人民出版社，1991：19.）

② 据1988年对上海市高校1000名大学生就他们所熟悉的西方学者进行调查，杜威名列第九。（杨德广. 西方思潮与当代大学生［M］. 郑州：河南人民出版社，1991：9.）

③ 教育研究，1979（1）：编者的话.

④ 毛礼锐. 从五四运动时期的教育看我国当前的教育［J］. 教育研究，1979（1）.

重新肯定陶行知教育思想的观点出现，最终成为提出"重新评价杜威"的先导。1979年8月的《教育研究》发表了《人民教育家陶行知教育思想的进步作用》一文，是"文革"后第一次公开为在"文革"期间被称作"资产阶级改良教育家"的陶行知重新正名。文章开篇就提出，过去对陶行知教育思想的讨论，"批判多了一些，肯定少了一些"①。作者高度评价教育家陶行知先生，分六个方面考察了陶行知教育思想中的进步作用，民主教育、科学精神、教育与人民生活实际结合都是陶行知教育思想进步作用的具体体现。然而有趣的是，在认真考察、充分肯定陶行知教育思想的这篇近万字的文章中，对陶行知教育思想影响最大的杜威，却只有几处被用作对比提及："杜威是'教育即生活'的代表，而陶先生则是'生活即教育'的代表"；"（陶行知的）'生活教育'不是像杜威那样没有目的，是为政治斗争服务"。此后不久，1980年1月、2月《教育研究》又连续发表了《全面正确评价陶行知先生的教育思想》和《要重视陶行知教育思想的研究》两篇文章，对如何对待陶行知教育思想展开了学术讨论。结果，重新肯定陶行知教育思想成为主流，相应地，对待杜威的态度也悄悄地起了变化，在强调"陶行知的立场和杜威根本不同，教育思想也有本质区别"的前提下，不再避讳陶行知曾师从杜威并受其影响的客观事实："陶行知是资产阶级教育家杜威的学生，他们之间有一定的师承关系。"②

事实上，早在1979年12月举行的全国教育史研究第一届年会上，与会者就已经对"如何看待杜威和他的教育思想"在新时期外国教育史学科建设中的重要意义达成了共识，"由于杜威研究在外国教育史研究中的重要地位，由于对杜威的评价涉及一系列重要的理论问题，又由于杜威研究中长期存在的问题和争议集中反映了外国教育史学科当前所面临的困惑……对杜威的讨论意义已

---

① 毛礼锐.人民教育家陶行知教育思想的进步作用［J］.教育研究，1979（3）.
② 胡小明.要重视陶行知教育思想的研究［J］.教育研究，1980（2）.

经大大超过了杜威研究的范畴"①。因此，在杜威经过了"五四"时期的盲目崇拜和建国后三十年的彻底批判之后，改革开放时期的中国教育应该如何看待杜威显得更为重要。1979年10月，中国教育界认识到要"补好真理标准讨论这一课，教育问题要来一次大讨论"之后，"感到迫切需要重新认识杜威等现代西方思想家和他们的理论的本来面貌……"，并"应当抱着实事求是的态度重新研究和评价现代西方思想家及其理论"。②在重新肯定陶行知教育思想的基础上，1980年，赵祥麟先生率先发表《评杜威实用主义教育思想》和《重新评价杜威实用主义教育思想》③，成为对杜威教育思想重新评价的"第一枪"，标志着改革开放时期的中国教育在"杜威研究"领域进入了一个新的阶段。

二、"重新评价"杜威教育思想的过程

从《评杜威实用主义教育思想》一文的发表开始，改革开放时期的中国教育开始从学术研究的角度出发，对杜威和他的教育思想进行重新认识、客观评价。

在这篇文章中，赵祥麟先生一开始就表明了一种不同于之前重新肯定陶行知教育思想的讨论中，将杜威与陶行知区别对待的立场："多年来有个说法，即'一分为二'只能应用于过去的历史上的人物及其思想，对于现代西方资产阶级人物及其思想是不适用的；他们只是'我们斗争的对立面'、'反面教员'，等等，只能是'批判'、'清除'，不能'一分为二'。这种说法实际上是

---

① 张斌贤.近十年杜威研究的新发展［J］.教育史研究，1990（2）.

② 刘放桐.重新认识和评价杜威.// 新旧个人主义［M］.孙有中，等译.上海：上海社会科学院出版社，1997：5.

③ 赵祥麟.重新评价杜威实用主义教育思想［J］.华东师范大学学报（社会科学版），1980（2）.

历史领域中'极左'思潮影响的一种表现。"①他认为，建国后对杜威实用主义教育思想的批判在很大程度上是"以政治斗争代替学术讨论和批判……为批判而批判"，缺乏科学根据。文章全面系统地总结了杜威的实用主义教育思想体系，并特别指出，要客观地分析杜威和他的教育思想离不开对美国社会变迁和现状的了解，"杜威作为一个资产阶级社会改良主义者，是比哪一个教育家都时刻注视着美国资本主义社会演变中所发生的种种激烈的变化，注视着它的过去、现在和将来。他的整个教育理论是与美国资本主义社会的现实需要紧密联系，而且为维护这个制度的安全服务的。离开了这一点，杜威教育理论的许多方面便成为不可理解的东西"②。

在重新评价杜威教育思想的历史地位的同时，赵祥麟先生还对杜威教育思想和以往一直被看作是其对立面的赫尔巴特教育思想之间的关系，也表现出一种不同于此前研究的新倾向。他认为，杜威是在承认赫尔巴特教育理论贡献的基础上，对其中的不足寻求补充的，"杜威认为赫尔巴特教育理论……使教学摆脱了陈规和偶然性，而成为有一定的目的程序的事情。赫尔巴特比任何教育家都特别注意教材问题。它的弱点在于给儿童所提供的材料'从外面和上面'所强加的，而不是在儿童活动基础上产生的"③。由此，杜威才强调教育要重视儿童，重视生活，将教育过程看作是社会过程，在儿童参与社会生活的过程中，塑造他们的性格、行为、习惯和倾向性。

《评杜威实用主义教育思想》一文的发表，不仅标志着"文革"后中国教育的"杜威研究"从废墟上开始重建，而且它冲破了以往中国教育从政治立场出发对待杜威教育思想的态度，开创了真正从教育的角度、基于学术立场上认识和评价杜威教育思想的先河。

① 赵祥麟. 评杜威实用主义教育思想 [J]. 教育研究，1980（5）.

② 赵祥麟. 评杜威实用主义教育思想 [J]. 教育研究，1980（5）.

③ 赵祥麟. 评杜威实用主义教育思想 [J]. 教育研究，1980（5）.

　　1982年5月，在西安举行的全国教育史研究会第二届年会上，关于杜威和赫尔巴特教育思想的评价成为会议的主要议题之一。① 这届年会的"杜威研究"同上届相比是在不同的水平和层次上进行的。"如果说上届年会主要是从外部、从一般思想观念和原则上为杜威研究排除障碍、扫清道路，从而提供了'批判的武器'，那么，这届年会则深入到杜威思想内部，从杜威思想的历史渊源，从杜威教育学说与其哲学、心理学、伦理学和社会学之间的相互联系，从杜威思想的广泛影响等角度进行了一次'武器的批判'。"②

　　会议之后，从年会论文中摘选了14篇汇编成《杜威、赫尔巴特教育思想研究》论文集，由山东教育出版社出版。其中，关于杜威研究的文章占了大多数，共有10篇。具体包括陈景磐的《〈杜威的道德思想批判〉的补充》、赵祥麟的《杜威芝加哥实验的设计和理论述评》、孟宪德的《论杜威教育哲学体系在教育史上的地位》、张法琨的《"传统教育"与"现代教育"的一致性初议——杜威、赫尔巴特教育思想的异同》、陈科美的《杜威教育哲学的重新探讨》、吴元训的《试评杜威的"从做中学"》、王天一的《杜威教育思想探究》、夏之莲的《杜威提出的一些教育、教学课题应认真研究》等具有较高水平的学术论文。1981年，赵祥麟、王承绪教授在1977年编译的《杜威教育论著选》的基础上重新作了修订，再次出版发行，成为当时"杜威著作中最为详尽、丰富的中文选集"③。以上述杜威研究成果的出现为标志，20世纪80年代，中国教育界开始从杜威教育思想所涉及的方方面面，全面系统地对杜威教育思想进行了"重新评价"。

　　这个"重新评价"杜威教育思想的过程中的一个突出的特点是：在这个

---

　　① 会议共有6个主要议题，其他五个分别为：关于老解放区教育经验的讨论；关于杨贤江教育思想的研究；关于徐特立教育思想的研究；关于陶行知教育思想的评价；关于孔子教育思想的评价。

　　② 张斌贤.近十年杜威研究的新发展［J］.教育史研究，1990（2）.

　　③ 张斌贤.近十年杜威研究的新发展［J］.教育史研究，1990（2）.

过程中，不再把赫尔巴特教育思想作为杜威教育思想的对立物，而是将两者并列起来一同进行"重新评价"。在《"传统教育"与"现代教育"的一致性初议——杜威、赫尔巴特教育思想的异同》一文中[①]，华东师范大学的张法琨提出："近一个世纪以来，'传统教育'与'现代教育'一直被人们看作是两种决然对立的教育体系。其实，它们不仅具有对立性，而且存在一致性……'传统教育'和'现代教育'两大学派及其理论的产生和发展，都有其深刻的社会基础和思想基础。这两种教育理论都在许多方面共同反映了教育的客观规律。"[②]文章从"传统教育"与"现代教育"的指导思想和发展过程中实际情况出发，分析了这两个派别"在激烈争论中的相互吸收和相互补充"。文章针对在当时教育问题"大讨论"中出现的"必须清除传统教育的影响、把教师从'三中心'束缚下解放出来"之类的言辞，说明以往的中国教育在对待杜威和赫尔巴特教育思想时，"非此即彼"二元对立思维方式产生的危害。"在打倒'四人帮'以后不久，有些同志却提出'要批判现代教育的理论'、'三中心'是学校工作的基本规律等等主张。这种非此即彼地看待'传统教育'和'现代教育'的现象不应当再继续下去了。我国1958年'教育革命'的前前后后，从一个极端走向另一个极端的历史经验，不应当忘记。否则，就会继续给教育事业的发展带来不必要的损失。"[③]经过"重新评价"，中国教育终于在改革开放初期冲破了以往对杜威教育思想和赫尔巴特教育思想之间的二元对立式的思

---

① 此文是张法琨教授1982年发表在《教育研究》第1期的《"五步法"与"四段论"简析》一文的基础上，进行更深入研究的结果。在《"五步法"与"四段论"简析》中，张法琨教授主要是从教学法方面指出，杜威的"五步法"和赫尔巴特的"四段论"，虽有明显的区别，但亦不乏类似之处；两者并非绝对相互排斥，而是可以互为补充地加以运用的。参见：张法琨. "五步法"与"四段论"简析［J］. 教育研究，1982（1）.

② 张法琨. "传统教育"与"现代教育"的一致性初议——杜威、赫尔巴特教育思想的异同. // 中国教育史研究会. 杜威、赫尔巴特教育思想研究［C］. 济南：山东教育出版社，1985：215.

③ 张法琨. "传统教育"与"现代教育"的一致性初议——杜威、赫尔巴特教育思想的异同. // 中国教育史研究会. 杜威、赫尔巴特教育思想研究［C］. 济南：山东教育出版社，1985：215.

维方式，找到了他们之间"对话"的可能与途径。

　　总的说来，20世纪80年代前期对杜威教育思想的重新评价，在改革开放新时期的"杜威研究"中起到了重建和启后的双重作用。"虽然这个时期杜威研究的直接出发点是纠正过去的各种错误认识，但其基本导向是指向未来的……没有（这个时期）对杜威的重新评价，便不会产生以后几年对杜威的更为广泛研究……这个时期所提出的一些思想、观点乃至分析框架，都直接成为日后杜威研究的思想材料和思想形式。"①

　　当时的"杜威研究"中有一种颇具代表性的观点，认为从"五四"时期以来，在中国教育70多年的"杜威研究"中，之所以出现对杜威教育思想"有完全不同的评价，固然有政治的原因，而没有深入研究杜威的教育学说体系是一个重要的原因"②。这种观点成为20世纪80年代后期中国教育对杜威教育思想重新评价向纵深方向开展的直接动因。

　　从历时性的角度来看，自1985年起，中国教育的"杜威研究"进入了"建国三十多年来前所未有的繁荣时期"，研究成果层出不穷，研究范围拓展，程度更加深入。③在关于杜威的职业教育思想、教师观、教学认识方法、课程论、创造性思维训练、教育价值取向、教育改革学说等方面，均有专门论述的文章发表。④对于杜威的政治立场这样"敏感"的问题上，也有人提出了

　　① 张斌贤. 近十年杜威研究的新发展［J］. 教育史研究，1990（2）.

　　② 孟宪德. 论杜威教育哲学体系在教育史上的地位. // 中国教育史研究会. 杜威、赫尔巴特教育思想研究［C］. 济南：山东教育出版社，1985：1.

　　③ 据不完全统计，从1980年到1989年9月，国内公开发表和出版的与杜威研究直接有关的论著大约70种，前五年约为18种，占总数的25.7%，1985—1989年为50余种，占74.3%。参见：张斌贤. 近十年杜威研究的新发展［J］. 教育史研究，1990（2）.

　　④ 见张伟俊. 杜威的教师观述评［J］. 上海师范大学学报（哲社版），1985（1）；董泽芳. 试析杜威的职业教育观［J］. 研究生学报，1986（1）；王佩雄. 杜威教育改革观发微［J］. 外国教育动态，1986（5）；王新科. 杜威论创造性思维态度的训练［J］. 外国教育动态，1987（5）；季萍. 杜威教育价值说［J］. 教育史研究，1989（2）；张勇. 杜威教育理论中辩证法之我见［J］. 教育研究，1989（2）；刘新科. 杜威教育思想再认识［J］. 教育史研究，1989（2）.

与此前"杜威研究"中完全不同的结论。在《杜威政治态度新析》（1987）一文中，作者通过考察分析杜威对于美国垄断资本主义的批判，对于中国"新文化运动"和苏联"十月革命"的赞赏，得出结论，认为杜威并不是"帝国主义的反动御用文人"，这在当时的教育界产生了不小的震动。

从共时性的角度来看，20世纪80年代中后期中国教育界的思想解放运动在当时恰好进入高潮期，各种教育刊物如雨后春笋般兴办起来，西方教育思想源源不断地涌入。相比之下，20世纪80年代前期形成的中国教育"杜威研究"热潮反而有所减退。其原因主要是史料的缺乏，当时用来研究杜威教育思想的史料仅局限于解放前翻译出版的《思维与教学》（1936）、《教育哲学》（1935）、《教育科学之源泉》（1932）、《今日的教育》（1946）；"文革"前翻译出版的《经验与自然》（1960）、《人的问题》（1965）、《自由与文化》（1964）和"文革"后翻译编辑的《杜威教育论著选》（1981）等。对于研究人员来说，停留在这有限的几本杜威著作中，想要全面深刻地认识、分析和探讨杜威博大精深的教育思想，显然是"巧妇难为无米之炊"。在当时，中国教育的"杜威研究"已经意识到了这个问题的重要，做了一些建设性的基础工作，如翻译介绍了国外其他教育学者对杜威的评价和当时美国教育界对杜威教育思想的评价。[1]单中惠教授编译出版了杜威传记资料《杜威传》（1987）[2]，这本书后来几乎成了我国学术界所有"杜威研究"必备的基础性资料。换另一个角度看，当时的状况也为20世纪90年代后的中国教育"杜威研究"留下了亟待完成的课题。

自20世纪90年代至今，大量与杜威研究相关的原著被翻译过来，为中国教育的"杜威研究"注入了新的活力。主要有：王承绪译《民主主义与教育》

---

[1] 见布鲁纳，伟俊、钟会，译.杜威教育哲学之我见［J］.外国教育研究，1985（4）；目前美国教育界对杜威教育思想的评价［J］.教育情报参考，1986（19）.

[2] 简·杜威.杜威传［C］.单中惠，编译.合肥：安徽教育出版社，1987；在当代西方教育思想大师杜威诞辰150周年之际，该书2009年出版了修订版。

（1990），姜文闵译《我们怎样思维·经验与教育》（1991），赵祥麟等译《学校与社会·明日之学校》（1994），孙有中译《新旧个人主义：杜威文选》（1997），胡适、唐擘黄译《哲学的改造》（1999），胡适口译《杜威五大讲演》（1999），傅统先译《确定性的寻求——关于知与行关系的研究》（2004），王承绪、赵祥麟译《杜威学校》（1994），单中惠、马晓斌译《学校的变革》（1994），等等。

这个时期中国教育的"杜威研究"中的一个引人注目之处，是涌现出了一批有关"杜威研究"为选题方向的硕博士论文。主要有：陈怡《杜威政治哲学研究》（博士论文，2002），褚洪启《教育观念的变革》（博士论文，1998），元青《杜威与中国》，（博士论文，2001），顾红亮《杜威哲学对近代中国哲学之影响》（博士论文，1994），孙有中《杜威社会思想研究——美国转型时期的个案分析》（博士论文，1994），向蓓莉《自由主义视野中的杜威及教育思想》（博士论文，1999），夏英林《实用主义在中国》（博士论文，1994），赵秀福《杜威实用主义美学思想研究》（博士论文，2001），等等。这些论文无论是从广度还是深度上都大幅度提升了中国教育"杜威研究"的学术水平。2002年出版的杜威教育研究专著《现代教育的探索——杜威与实用主义教育思想》是中国教育最近时期全面研究杜威教育思想具有代表性的新成果。[1]

这个时期中国教育的"杜威研究"在深度和广度上，无论从历时性还是共时性的角度来说，都名副其实地到达了极盛。中国教育的"杜威研究"越来越朝着多样化的方向发展，对杜威教育思想的各个方面进行阐释、分析的文章层出不穷。主要有：单中惠《杜威反思性思维与教学理论浅析》（《清华大学教育研究》2002年第1期）和《"从做中学"新论》（《华东师范大学学报》教

---

[1] 单中惠. 现代教育的探索［M］. 北京：人民教育出版社，2002. 此书被誉为是"一部全面研究杜威教育思想体系的佳作"。参见：诸惠芳. 重新解读杜威——〈现代教育的探索〉评介［J］. 课程·教材·教法，2003（2）.

科版2002年第3期），夏正江《杜威教育理论略论》（《教育理论与实践》1994年第2期），王本余《论杜威的职业教育思想》（《南京师范大学学报》1996年第2期），韩洪举《杜威现代教育思想解析》（《中国成人教育》2001年第2期），朱国仁《民主主义社会的学校道德教育——杜威学校道德教育思想述评》（《清华大学教育研究》2000年第4期），许映建《生活教育理论对实施"素质教育"的意义》（《上海师范大学学报》哲社版1999年第10期），曹正善《试论杜威教育思想的系统观》（《江西教育科研》1998年第2期），张学智《教育的变迁与改革——杜威教育思想在当代学校教育中的地位》（《比较教育研究》1995年第1期），等等。

对杜威教育理论产生的社会根源、文化根源也有深入的探究。主要有：刘志江《杜威的教育观及其哲学基础论析》（《深圳大学学报》人文版1999年第3期），汪世堂《杜威实用主义教育思想产生的文化与社会根源探微》（《天水师范学院学报》1997年第1期），孙有中《杜威对美国资本主义出路的探索》，（《美国研究》1999年第4期），陈怡《试论杜威经验的方法对传统经验概念的重建》（《哲学研究》1999年第3期），陈锐《论杜威教育哲学的社会历史与文化基础》（《杭州师范学院学报》1998年第5期），等等。

杜威教育学说在世界范围内的传播过程、产生的影响，杜威教育思想与中国教育的关系也受到了相当多的关注，特别是最近对于"五四"时期杜威教育思想在中国的传播过程，对近代中国教育制度和教育思想的影响，以及杜威教育思想在中国现代教育改革中的作用等，都有学者进行了系统的研究。主要有：单中惠《杜威教育思想在日本》（《外国教育研究》2002年第2期），张汝伦《杜威在中国的命运》（《读书》2003年第7期），元青《杜威的中国之行及其影响》（《近代史研究》2001年第2期）和《五四时期杜威关于中国改革与发展的主张评述》（《天津社会科学》2002年第1期），漆新贵《杜威对中国教育的影响：一种批判性评价》（《渝西学院学报》社科版1997年第3期），中岛隆博、龚颖《"中国哲学史"的谱系学——杜威的发生学方法与胡适》(《中国哲学史》2004年第3期)，黄书光《陶行知：杜威教育理论的改造与超越》(《科学课》2003年第2期)，王剑《胡适与杜威的中国之行》(《社会科学研究》2003年第1期)，等等。

此外，近期中国教育的"杜威研究"还出现了一个新的取向：将杜威与其他教育家在很多方面进行比较研究，这些比较不只是局限在与杜威主要观点有相似之处的思想家，还扩展到了与一些过去被看做与杜威的思想表面看来并无多大关系，甚至是相对立的思想家之间的比较。主要有：徐小洲、张敏《杜威对赫尔巴特教育思想的批判与继承》(《华东师范大学学报》教科版1997年第1期)，檀传宝《政治信仰与道德素养有效性的探索——杜威与苏霍姆林斯基德育思想的几点共性》(《教育发展研究》1998年第9期)，朱映雪《毛泽东与杜威德育思想比较》(《重庆三峡学院学报》2002年第1期)，何杨勇、汪刘生《"从做中学"与"以理论为主导"——杜威与赞可夫教学思想比较》(《当代教育论坛》2002年第4期)，徐学福《杜威与施瓦布的科学本质观与科学教育观比较》(《外国教育研究》2004年第7期)，张桂芳、庞丹《波普尔哲学的杜威起源——波普尔与杜威认知模式之比较》(《社会科学辑刊》2004年第5期)，喻春立《试比较杜威与朗格郎的终身教育思想》(《外国教育研究》2000年第1期)，等等。

然而不容忽视的是，20世纪90年代中国教育的"杜威研究"在极度的繁荣背后，也暴露出某些问题，其中突出的一个问题就是：过于看重杜威教育思想在中国教育中的"实用"，太急切地想要用杜威的教育思想运用于中国教育。自"五四"以来中国教育的"杜威研究"中就一直存在的"忽视由于传统的思维习惯和民族心理的不同，而造成的产生于美国的杜威思想与中国教育之间差距"的问题，再一次浮现出来，并随着"杜威研究"的不断深入而越来越严重，把杜威教育思想当成是实施素质教育的指导思想；把杜威有关课程的主张直接用于正在进行中的新一轮课程改革，杜威的活动教学思想也似乎成了中国中小学生"减负"的"灵丹妙药"……大有将杜威教育思想当做解决当今中国教育中存在的各种问题的"一条出路"，而忘记了"不应要求教育史的研究对任课教师的实践产生直接的影响"的经验教训。[①]这一时期的"杜威研究"表现出巨大的热情，但似乎缺少了必要的理性思考。

过于看重杜威教育思想的"实用"，直接导致了20世纪90年代中国教育"杜威研究"中另一个问题的产生。这就是，随着一批杜威"经典"教育论著被翻译重新引入中国教育中，有相当一部分"杜威研究"是在以中国教育的实践为素材来套解、阐释杜威的教育理论，而不是立足中国教育的实践，以广泛吸取的杜威等外国教育家的教育思想为养料，通过与世界上出现过或存在着的各种不同教育学说的"复调式对话"，致力于构建出一种扎根中国社会土壤、体现中国教育特色的"本土化"中国教育理论。这不仅发生在"杜威研究"中，而且几乎成了中国教育学界对待西方理论的一种普遍态度。进入21世纪后，这种现象已经引起了中国教育学界的关注[②]。

三、重新认识杜威对中国教育影响的分析评价

20世纪80年代，中国进入改革开放时期，在"以经济建设为中心"的政

---

① ［英］迪尔登. 教育领域中的理论与实践. // 瞿葆奎. 教育学文集·教育与教育学 ［C］. 北京：人民教育出版社，1993：535.

② 吴康宁教授提出，"有意义的"教育思想必须基于实践，对中国教育真正具有引导的思想最终只能形成于本土境脉与本土实践之中，不能用具有浓厚西方文化色彩的价值取向、思维习惯与言说方式来套解中国的社会现实和归引中国人的教育实践。（参见吴康宁：《"有意义的"教育思想从何而来——由教育学界"尊奉"西方话语的现象引发的思考》，《教育研究》2004年第5期）无独有偶，叶澜教授也认为，欲实现教育研究的本土化，首先要有"中国问题"，而"中国问题"的产生与获得又仰赖于研究者"中国经验"的积累和体认。以往的问题在于，研究者要么是从西方问题中推演、生产出中国问题，要么是以西方问题来解说和裁度中国经验，缺失的是基于中国经验之上的中国问题。"中国经验"的获取不仅需要对与教育直接相关的学校实际运行状况有所了解，也需要观察和体悟教育背后在传统与现实中交融的中国社会文化的基本状态，不仅需要在书斋中认知和思考中国教育，更需要有切身的大量的教育现场经历。有了这些，研究者对于"中国问题"的叙述和言说，就有了根基和底气，教育研究中的"中国功夫"才能逐步为外国同行所认同。（叶澜主编：《中国教育学科年度发展报告·2001》，上海教育出版社2002年版，第30页。）

治经济路线指导下，由于意识到与西方国家的经济差距，迫切的"赶超"心情导致了教育中以科学技术教育和精英教育为重的价值取向。

随着高考制度、出国留学制度、重点学校制度等各项教育制度的全面恢复、重建，一方面，全社会出现了前所未有的尊重知识、尊重人才的新风尚；另一方面，在各级各类普通教育中集中教育资源，迅速培养经济建设人才的现象愈演愈烈。建国初期十七年教育中，教育计划与国民经济计划紧密相连的高度计划模式、人才培养中重理轻文模式、高等教育毕业生统一分配模式等都再一次重新返回到了中国教育中。中国教育的主导思想似乎又转向了赫尔巴特，正当此时，提出了重新认识杜威、重新评价杜威教育思想在中国教育理论中的重要影响。赫尔巴特教育思想和杜威教育思想，作为"两种在许多方面共同反映了教育的客观规律"[①]而侧重点不同的教育理论并存于中国教育中，通过争鸣与对话，促进了教育研究中对于教育实践认识的深化，无疑有助于具有中国特色的教育理论的构建。

（一）重新认识"传统教育"与"现代教育"

改革开放时期中国教育的重新认识杜威与其他各个时期相比，最大的不同就是，在重新认识杜威的同时也重新认识了赫尔巴特，以及重新认识了"传统教育"与"现代教育"之间的关系。

自19世纪末杜威将赫尔巴特的教育思想体系划归"传统教育"，而将他自己的教育思想体系冠之于"现代教育"之后，现代教育思潮就在传统教育派与现代教育派之间此起彼伏的斗争中向前发展着，影响了许多国家的教育改革与发展。由于各国的教育理论家，都曾经把杜威教育学说和赫尔巴特教育学说引向极端，在20世纪整整一个世纪的时间里，许多国家的教育改革都出现过在"传统教育"和"现代教育"之间来回摇摆、此消彼长的现象。例如，美国

---

① 张法琨. "传统教育"与"现代教育"的一致性初议——杜威、赫尔巴特教育思想的异同. // 中国教育史研究会. 杜威、赫尔巴特教育思想研究［C］. 济南：山东教育出版社，1985：227.

20年代和60年代的教育改革、苏联20年代和30年代的教育改革、中国建国初期十七年教育和"文革"时期教育等，往往批了"赫尔巴特"而注重"实际"之后又忽视了"书本"，或批了"杜威"而注重"书本"之后又忽视了"实际"。①

因此，在如何重新认识"传统教育"与"现代教育"的关系上，仅仅以重新认识杜威为前提显然是不够的，同样重要的前提是要重新认识赫尔巴特。

事实上，改革开放时期，重新认识赫尔巴特和杜威是同时进行的，只是程度上的不同而已。②改革开放初期的两届教育史年会上，几乎都是把赫尔巴特研究和杜威研究相提并论的。③在研究和探讨中，有观点明确提出，在赫尔巴特的教育思想体系中揭示了某些教育教学规律，赫尔巴特的教育理论之所以"至今尚未泯灭，主要原因是他的教育、教学理论的某些部分，经过世界百年教育实践证明是符合科学的，起了指导教育实际活动和教学工作的一定作用"④。赫尔巴特究竟揭示了哪些教育教学规律？同杜威相比又有什么不同呢？

教育教学是由教师和学生共同组成的活动，两者相辅相成、缺一不可。教育学的基本问题是古今相同的，即什么是好的教育、应当怎样教和怎样学。⑤基于这个基本问题，对于教育学规律的探索从夸美纽斯开始就明确为

---

① 张法琨."五步法"与"四段论"简析［J］.教育研究，1982（1）.

② 出现研究程度不同的问题，其原因很多，其中原始资料的缺乏是很重要的原因，相比对于懂得英文的教育研究人员来说，懂得德文者要少得多，直接从德文翻译过来的赫尔巴特教育论著寥寥无几，赫尔巴特的早期教育学论著《普通教育学》一书也是从英译本转译而来的，而更能体现赫尔巴特教育思想全貌的晚期著作《教育原理纲要》则直到最近才有中译本。（张斌贤，刘传德.浅谈外国教育史研究中的几个问题［J］.教育研究，1986（4））

③ 在《杜威、赫尔巴特教育思想研究》论文集里，收录的1982年第二届教育史年会的14篇论文中，有4篇是专门研究赫尔巴特教育思想的，有一篇是关于杜威和赫尔巴特教育思想比较的。

④ 谢觉一.赫尔巴特教育思想评价刍议.// 中国教育史研究会.杜威、赫尔巴特教育思想研究［C］.济南：山东教育出版社，1985：165.

⑤ 杨东平.艰难的日出——中国现代教育的20世纪［M］.上海：文汇出版社，2003：344.

"寻找一种教学方法，使得教员因此可以少教，但是学生可以多学"①。赫尔巴特和杜威恰恰是侧重点不同并相互补充地进行了探索，赫尔巴特侧重于"学生可以多学"，杜威侧重于"教员可以少教"。以此为基础，赫尔巴特重视知识积累的结果，杜威重视获取知识的过程。这两个方面其实并不矛盾，而是相互促进、相互补充，构成教育教学规律的整体。

赫尔巴特和杜威都是以心理学为基础来构建教育理论的。②赫尔巴特从观念心理学出发，把教学过程分为四个阶段：明了、联合、系统和方法。感知新观念，通过统觉，新观念被旧观念同化得到联系和扩大的感知，再到运用；教学过程重视课堂、教师、书本的作用，是以学生的直接知识为起点，引起学习的兴趣，通过课堂上教师系统传授书本上的间接知识，使学生获取知识的总量在较短的时期里有较大幅度的增加。赫尔巴特的知识教学是以课堂为主要形式、书本为主要内容，知识积累的结果是以"量"为具体衡量标准的，这就使得教学过程中教师的教、学生的学、教学结果的考察都具有极大的可操作性。因此，被称为"传统教育"的赫尔巴特教育理论影响深远、基础坚固，"就连美国这样一个实用主义教育思想的发源地，而且是一个比较开放的多元化的国家，'传统教育'思想和班级上课制的教学组织形式，仍然在全国占着重要的地位"③。

杜威的"现代教育"理论体系，是以儿童心理学为基础构建起来的。杜威归纳了教学的五个步骤：情境、问题、观察、解决和应用。学生在实际生活中发现问题，通过自己的观察分析，发挥自己的想象力来解决问题，并将自己解决问题的方法创造性地运用到现实生活的其他方面。在这个过程中，课堂、

---

① ［捷］夸美纽斯.大教学论［M］.傅任敢，译.北京：人民教育出版社，1984：扉页.

② 杜威认为，"赫尔巴特主义似乎在本质上是一种教师心理学，而不是儿童心理学"。（杜威.与意志训练有关的兴趣.// 杜威全集·早期著作（第5卷）［C］.华东师范大学出版社，2010：106.）

③ 黄济.对"传统教育"和"现代教育"都应实事求是［M］.教育理论与实践，1985（2）.

书本都成了学生自我创造、主动探索，获取直接知识的参照物；教师成了"助手"，不再把他认为是重要的知识强制地灌输给学生，因此可以"少教"。与赫尔巴特注重知识的积累结果相比，杜威更重视知识探求的过程，在探求知识的过程中，发挥学生的独创性、探索精神，学生的学习结果是以学习过程中学生能力的发挥为衡量标准的。然而，杜威的教育教学方法无论是在创设学习的情境、学生在自由活动中的学习过程，还是对学生学习结果的"质"的检验方面都是难以把握的，操作起来很容易走向规律的反面——学生学得更少而不是更多。

理论上，赫尔巴特教育思想体系和杜威教育思想体系，两者不仅不是矛盾的，而且是互为条件、相辅相成的。事实上，在他们各自强调教育教学规律不同方面的时候，并没有完全忽视另一面，无论是赫尔巴特还是杜威都没有把教师教的过程和学生学的过程、知识积累的结果和过程完全割裂开来。赫尔巴特曾明确指出："使听者仅仅处于被动状态，并强迫他痛苦地否认自己活动的一切方式，本身就是使人厌恶与感到受压抑的。所以一种连贯的讲课必须通过使学生始终保持急切的期待心理来激发学生，或者，假如教育者在什么地方不能做到这一点（在对儿童教学时，要做到这一点是困难的），那么他就不要把讲课连贯下去，而允许学生穿插意见打断教学，或者由自己启发学生穿插意见。教师在必须确保正在进行的工作能顺利进行下去的范围内，可以给学生最大限度的自由，这种方式乃是最好的方式。"[①] "关于复杂的事物，应使儿童心灵特别探索其各种形式（只要有可能的话），以使儿童预见到它们联系的途径并自己去探索——这是非常重要的。"[②] 杜威也不是单纯重视学生直接获取知识的过程，"直接观察自然比较生动活泼，但是也有局限性。无论如

---

① [德] 赫尔巴特. 普通教育学·教育学讲授纲要 [C]. 李其龙，译. 北京：人民教育出版社，1989：84-85.

② [德] 赫尔巴特. 普通教育学·教育学讲授纲要 [C]. 李其龙，译. 北京：人民教育出版社，1989：106.

何，一个人应能利用别人的经验，以弥补个人直接经验的狭隘性，这是教育的一个必要组成部分"①。"个人直接经验的范围是非常有限的。如果没有代表不在目前的、遥远的媒介物的介入，我们的经验几乎将停留在野蛮人的经验的水平上。从野蛮到文明，每一步都有赖于媒介物的发明，这些媒介物拓宽了纯粹直接经验的范围，把它和只能用符号表示的事物联系起来，使它具有深刻而又比较广泛的意义。毫无疑问，这个事实就是有人把没有教养的人和文盲等同起来的原因。所以我们依靠文字，借以获得有效的有代表性的经验或间接经验。"②

然而到了教育实践中，由于赫尔巴特的"传统教育"理论在实际操作过程的便利，往往具有优势地位。教育领域司空见惯、反复出现的现象是：越是赫尔巴特的教育教学理论盛行之处，受到杜威倡导的"现代教育"的批判越激烈。这实际上丝毫不足为奇，原因正在于"传统教育"只是反映了教育教学规律的一个方面，如果缺少"现代教育"所探求的教育教学规律的另一个方面，那它所揭示的教育教学规律就是残缺的、不完整的。

（二）认识中国教育中的赫尔巴特"传统教育"与杜威"现代教育"

从近代废科举、兴学校开始，中国教育真正开始大量引进西方教育思想、学说和理论著作始于甲午战争后，从日本传入的，"从1898年到1914年这段时间，人们可以看到日本在中国的历史进程中的重大影响"③。当时赫尔巴特教育理论正风行世界教育界，"在很长时间里，人们便把'赫尔巴特'理论和'科学教育理论'作为同义词"④。在日本，赫尔巴特"尤为风靡一时，当时几有不通其说，不能为教育家之现象"。于是，在日本明治时期教育出版界

①［美］杜威.民主主义与教育［M］.王承绪，译.北京：人民教育出版社，2002：172.
②［美］杜威.民主主义与教育［M］.王承绪，译.北京：人民教育出版社，2002：250.
③［美］费正清.剑桥中国晚清史［M］.下卷.北京：中国社会科学出版社，1985：393–394.
④［德］弗·鲍尔生.德国教育史［M］.滕大春，滕大生，译.北京：人民教育出版社，1986：165.

占主导地位的日本赫尔巴特学派教育理论著作，正好成了中国接受的对象，并通过各种途径传入了中国，对中国教育的理论和实际产生了深远影响。①

到了20世纪二三十年代，杜威实用主义教育思想对于中国教育产生了影响，但并没有形成学习和接受赫尔巴特教育理论体系"那样明显的一种模式占优势的情形"②。特别是在普通中小学的实际教学中，"传统教育"虽然受到了一些冲击，但在实施"现代教育"的过程中发现在教学、成绩考察、处理个别差异、操练、系统知识获得、团体教学和训育诸多方面存在的问题和困难之后，"传统教育"依然盛行。③

新中国成立初到"文革"前十七年的中国教育，全面学习苏联，引入的凯洛夫《教育学》，基本上还是属于赫尔巴特教育理论体系。在"文革"中教育首当其冲成了革命的对象，从否定凯洛夫《教育学》到否定赫尔巴特，最终全面否定的是那十七年的中国教育，"与十七年对着干"成了教育革命中的时髦口号，杜威教育理论体系被推向极端，交白卷英雄出现了、考试取消了、教师成了"改造"对象……

正是在这样的背景下，改革开放初期，以"与十七年对着干"和"把十七年当作理想境界"为表现形式，"现代教育"与"传统教育"之间的论争在中国教育中又重新拉开了帷幕。"文革"教育革命的惨痛教训，似乎已经在实践的检验中验证了"与十七年对着干"的错误，争论的焦点就落在了"把十七年当作理想境界"上。

如果十七年是理想境界，那么"文化大革命"又是从何而起的呢？是一夜之间从天而降的吗？当然不是。事实上，"文化大革命"与"文化大革命"前的17年有着扯不断的联系，"文革"教育革命中的某些做法也不过是十七年

---

① 周谷平.近代西方教育理论在中国的传播［M］.广州：广东教育出版社，1989：27.

② 周谷平.近代西方教育理论在中国的传播［M］.广州：广东教育出版社，1989：183.

③ 廖世承.东大附中道尔顿制实验报告［M］.上海：商务印书馆，1925：172-185.

教育中就存在的现象的极端发展而已，教育失去相对独立性、知识分子政治地位低下，其实正是"文革"教育革命中教育以"阶级斗争为纲"、将知识分子贬为"臭老九"的前奏。

　　遗憾的是，尽管改革开放后中国教育界意识到建国初期十七年教育并非完美，但这种认识只停留在非常肤浅的层面上，当时对于十七年教育不足之处的认识通常被简单化为对"传统教育"的批判。例如，当时有一种比较普遍的观点，认为要汲取十七年教育中的经验教训就是要清除"传统教育"的影响。"解放以后，苏联凯洛夫主编的《教育学》传到我国，这本《教育学》的教学论对18、19世纪资产阶级教育家，特别是赫尔巴特的'传统教育'的教学理论，百般推崇，全面肯定，并运用于苏联学校教育中。因此，传统教育的教学论思想又通过凯洛夫的教育学和苏联教育经验广泛地影响着新中国学校的教学……'传统教育'的教学体系存在着束缚学生生动活泼主动地发展和限制正常地进行德育和体育的弊病，与我国的教育方针相抵触，所以必须清除'传统教育'教学思想的影响。"① 现在看来，如此论断是很不确切的，且不论其中暴露出对于赫尔巴特教育理论体系缺乏深入了解和结论的武断，更重要的是它反映了一种将建国初期十七年教育经验轻描淡写、简单处理的教育研究倾向。

　　正是这种轻率的态度，使得改革开放的中国教育对建国初期十七年教育实践缺乏从理论层面上进行深刻的论证、分析和总结，对所得出的结论又缺乏在教育实践中的必要检验过程，终使建国初期十七年教育中存在的某些弊端在改革开放的中国教育中又一次重演。

　　1985年5月颁布的《中共中央关于教育体制改革的决定》中提出了与"以经济建设为中心"的政治路线相一致的新的教育指导方针："教育必须为社会

---

① 何宗传.清除"传统教育"影响，引导学生主动学习［J］.教育研究，1982（2）.

主义建设服务，社会主义建设必须依靠教育。"①尽管《决定》同时规定了保证教育优先发展的"两个增长"②，但由于缺乏具体增长量的规定，实际上并没有得到很好的实施。建国初期十七年教育中经济优先发展、教育为国民经济服务，知识分子经济地位低下的问题，随着改革开放经济体制的改革，经济活动成为从政府到民间的实际重心，到了20世纪80年代末，终于导致了"知识越多越贫困"——知识的严重贬值，引发了中国教育的新一轮"危机"③。在经济利益的驱使下，一股新的"读书无用论"在全国范围急剧膨胀，教育的神圣殿堂面临着猛烈的冲击。

当中国的教育研究还在赫尔巴特还是杜威、"传统教育"还是"现代教育"之间争论不休时，中国教育当下实践中产生的问题，不论是在赫尔巴特或杜威、"传统教育"或"现代教育"、"旧经典"或"新经典"里都找不到现成答案。中国教育只能根据自己的情况进行适合自我发展的教育改革探索，这种探索不再是简单地在赫尔巴特"传统教育"和杜威"现代教育"之间做取舍，而是要考虑到当下社会生活的各个方面，政治、经济、文化等的协调发展，综合来自历史传统、外来影响、当下教育实际需要等各个方面的影响。其中并没有排除杜威某些教育主张的影响，当然在来自众多方面的影响因素中，杜威仅仅是众多产生影响的外国教育家之一。

认识到改革开放时期经济改革、社会变迁中教育改革不能适应社会、经

---

① 人民日报，1985-05-29.
② "两个增长"，即中央和地方政府教育拨款的增长要高于财政经常性收入的增长，并使按在校人数平均的教育经费逐步增长。
③ 这一说法取自于1989年2月民盟中央主席费孝通致中共中央总书记的信函。信中说："我国教育今天实际上已经陷入危机。"（人民日报，1989-03-16）

济发展的明显滞后①，1993年2月，国务院发布了《中国教育改革和发展纲要》，重新强调"教育是社会主义现代化建设的基础，必须坚持把教育摆在优先发展的战略地位"。《纲要》提出，要提高教师待遇，"保证教师工资和生均公用经费有所增长"②，并首次明确规定了增长的具体数量目标③。

至此，中国教育中的赫尔巴特"传统教育"和杜威"现代教育"之争终于告一段落，之前中国教育习惯于试图在杜威或赫尔巴特或某个权威那里，寻找"一劳永逸"终极解决的思维方式明显发生了改变。历史服务于现实，根据当下教育实践中产生的问题，注重借鉴历史、探索自己的出路，预示着中国教育在同杜威等外国教育家"对话"的道路上迈出了关键的一步，④而这一步又在"应试教育"与"素质教育"的争论中经历了一次实际的检验。

（三）认识"应试教育"到"素质教育"的转轨

20世纪70年代末，恢复高考制度，紧接着伴随而来的是高考重压下，学生负担过重。1978年邓小平在全国教育工作会议的讲话中指出："学生负担太重是不好的，今后仍然要采取有效措施来防止和纠正。但是同样明显的是，要极大地提高科学文化水平，没有'三老四严'的作风，没有从难从严的要求，没有严格训练，也不能达到目的。"⑤这种急切的赶超型教育价值取向，使得

---

① 事实上，这是世界各国社会变革中经常会遇到的情况。一方面，社会变迁的成因中未必总会含有教育的作用；另一方面，社会变迁迟早会引起教育变迁。关于教育在社会变迁中的作用，杜威的看法则是：教育变革是适应正在形成中的新社会的需要的一种努力，成功的教育改革能够消除教育和社会隔离的特点，即学校为雏形社会，成为整个社会进化的重要组成部分。（John Dewey. *The School and Society*, Chapter 1: The School and Society Progress, The University of Chicago, 1990：6-29.）

② 即"第三个增长"。

③ 规定国家财政性教育经费支出占国民生产总值的比例在20世纪末达到4%，各级财政支出中教育经费所占的比例，在"八五"期间逐步提高到全国不低于15%。

④ 事实上，20世纪80年代初中国文化界的"第二次西学东渐"为中国教育能够在这个时期与外国教育和外国教育家之间进行广泛的"对话"搭建了平台，创造了条件。

⑤ 邓小平. 邓小平文选（第2卷）［C］.北京：人民出版社，1994：40.

中国教育很快就明显地偏向了"以'目的'为逻辑起点的"赫尔巴特教育教学体系。①

1980年12月，在普通教育中，比普及基础教育的提出造成更广泛、更深远影响的一项重要举措是：重新建立中小学重点学校制度。重点学校制度的建立造成了基础教育阶段激烈的升学竞争，导致学生负担过重现象愈演愈烈，因而使得基础教育蜕变为只是为了考试而进行的"片面追求升学率"教育。到了20世纪90年代，这种以考试为中心的教育更加制度化、系统化，从基础教育到高等教育均被纳入其中，形成了高度严密、运行完备的体系——"应试教育"。当考试分数成为衡量学生学习结果的唯一指标时，赫尔巴特注重"学生多学"的教育教学体系已被"应试教育"推向了极端。

"素质教育"正是针对"应试教育"所暴露出的种种弊端而提出的。"素质教育"一词产生的确切时间、究竟是什么人最早开始使用它，与它所揭示出的中国教育实践的问题和造成的影响相比，显得并不重要。这个20世纪80年代中期出现于教育实践第一线的纯粹"本土化"的词汇，能够逐渐"为大家接受"②，其反映出的是广大普通民众对于教育现状的认识和改变教育中某些不合理做法的一种呼吁。

那么，究竟什么是"素质教育"？素质教育的出现揭示了教育实践中的哪些问题？素质教育在理论基础和实践运行中是否与杜威教育思想有联系？如果有，那又是怎样联系的呢？

定义素质教育要先从素质的含义说起。"素质"一词是生理学、心理学范围的概念，即遗传素质，指"人或事物在某些方面的本来特点和原有基础。在心理学上，指人的先天的解剖生理特点，主要是感觉器官和神经系统方面的特

---

① 王坤庆.论赫尔巴特教育学的方法论特征［J］.教育研究，2004（8）.

② 崔相录."素质教育"实施方法［M］.济南：山东教育出版社，"序"，1998：2.

点。是人的心理发展的生理条件，但不能决定人的心理内容和发展水平"①。后来在使用的过程中，素质的概念逐渐发生了一些变化，演变为用来表示未来发展的主体可能性，也就是通常所说的发展潜力或发展潜能，而原来素质概念的外延则缩小为专指遗传素质。素质教育提出后，素质则用来泛指在先天与后天共同作用下形成的人的身心发展的总水平，"着重表示人在先天生理基础上，受后天环境、教育的影响，通过个体自身的认识与社会实践，养成的比较稳定的身心发展的基本品质，或称之为素养"②。与此相联系，1997年国家教委在《关于当前积极推进中小学实施"素质教育"的若干意见》中，把"素质教育"明确定义为："'素质教育'是以提高民族素质为宗旨的教育。它是依据《教育法》规定的国家教育方针，着眼于受教育者及社会长远发展的要求，以面向全体学生、全面提高学生的基本素质为根本宗旨，以注重培养受教育者的态度、能力，促进他们在德智体等方面生动、活泼、主动地发展为基本特征的教育。"

"素质教育"从民间观点到国家政策经历了一个过程。这个产生于普通民众中的非学术性术语一出现，就引起了教育理论界的争论。早在20世纪50年代就提出了"全面发展"的教育方针，是否有必要再创造"素质教育"这个新名词？"素质教育"与"全面发展教育"之间有怎样的关系？

在1999年召开的全国教育工作会议上颁发的《中共中央、国务院关于深化教育改革，全面推进"素质教育"的决定》中，明确提出实施"素质教育"，也就是全面贯彻党的教育方针，以提高国民素质为根本宗旨，以培养学生的创新精神和实践能力为重点"。"素质教育"就是"全面发展

---

① 辞海［C］.上海：上海辞书出版社，1989：3200.
② 郭文安，王道俊.试论有关青少年学生素质的几个问题［J］.教育研究，1994（4）.另有观点认为，"素质"是指"公民或某种专门人才的基本品质，如国民素质、民族素质、干部素质、教师素质、作家素质等，都是个体在后天环境、教育影响下形成的"。参见：顾明远.教育大辞典［C］.上海：上海教育出版社，1990（1）1：27.

教育"在改革开放时期的具体化形式，作为针对"应试教育"的矫正与补充。同"应试教育"以考试为手段、以分数为标准、以选拔为目的，注重教育教学结果和知识量的积累不同的是；"素质教育"的侧重点是以学生为主体、以人为本、以发展为目的，重视在教育教学的过程中实现学生个体的可持续发展。

很明显，"素质教育"是从中国教育发展的实际需要中产生的，它的出发点和最终目的是指向当下中国教育实践的。但从"素质教育"提出的教育理念和教育模式来看，作为对将赫尔巴特教育教学体系推向极端的"应试教育"纠偏救失，从杜威教育思想中汲取养料是必然的。

"应试教育"通常暴露出来的弊端是，教育目标的片面化导致了教育的严重功利色彩。为了重视升学和就业的需要只重视知识的传授，而忽视能力和心理素质的培养；只重视少数精英的选拔，而忽视大众化的普通教育；只重视教育为政治经济服务的工具价值、而忽视了教育培养人的本质属性；只重视根据社会需要培养统一的共性，忽视主体性和个性的发挥，因而严重妨碍了全面发展教育方针的贯彻和执行。

为了纠正"应试教育"的种种弊端，"素质教育"的核心就是要实施以人为本的教育，注重学生的个体差异，根据不同儿童所具有先天素质发展的潜能，以学生为中心组织教育措施，通过因材施教促成人尽其才。这与20世纪30年代杜威针对"传统教育"中压抑儿童和束缚儿童发展的现象，提出要把儿童看做是教育的出发点，提出"我们应把儿童变为太阳，教育的各种措施围绕着这个中心转，儿童是中心，教育的各种措施围绕着他们组织起来"①，如出一辙。

针对"应试教育"的精英化倾向，"素质教育"提出教育应该面向全体。

---

① ［美］杜威.学校与社会.// 杜威教育论著选［C］.赵祥麟，王承绪，编译.上海：华东师范大学出版社，1981：32.

它不应只是英才教育，还应该是国民教育；它不应只是选拔教育，还应该是普及教育。这同杜威"作为教育指导力量的民主信念"[①]明显表现出内在的一致和相似。

"素质教育"提出要全面发展和整体发展，来改变"应试教育"中只重知识教学的片面性，而杜威同样对传统学校教育中只重知识、忽视智慧培养进行了批评。"知识与智慧的区分，是多年来存在的老问题，然而还需要不断地重新提出来。知识仅仅是已经获得并储存起来的学问；而智慧则是运用学问去指导改善生活的各种能力……在学校里，当注意积累知识时，却时常疏忽了发展智慧的观念和良好的判断力。学校的目标似乎经常是——让学生成为所谓的'无用知识的百科全书'。"[②]

同以往中国教育对待杜威教育思想不同的是，"素质教育"借鉴杜威的教育理论，并不简单地在于这是杜威提出的，而在于其中反映出来的对于教育学规律的探索。就这一点而言，古今中外对于教育学规律进行的探索浩如烟海，杜威也只不过是沧海一粟，因此，"素质教育"不可能也不应该仅仅从杜威那里汲取有益的营养。

关键是，在"素质教育"能够以开放的姿态广泛吸收来自各个方面的营养的同时，它有一个"根"。"素质教育"与以往中国教育改革最大的不同是：它从一出现就反映了中国广大普通民众对教育发展的愿望，而不是自上而下政策宣传的结果。从中国人的文化传统、思维习惯和心理特点中，都可以找到它赖以生存的土壤，赋予它赖以成长的生命力。事实上，"素质教育"虽然是在当代中国出现的一个"新"名词，但对于它所倡导的教育理论和模式的探索从

---

①［美］简·杜威. 约翰·杜威. // 杜威传（修订版）［C］. 单中惠, 编译. 合肥：安徽教育出版社，2009：35.

②［美］杜威. 我们怎样思维. // 我们怎样思维·经验与教育［C］. 姜文闵, 译. 北京：人民教育出版社，1991：53.

中国古代就开始了。孔子提出"人能弘道、非道弘人"①，重视发挥受教育者主体作用的教育主张；提出"有教无类"②，平等对待每一个人的办学方针。墨子更是突破前人"述而不作"的樊篱，主张创造性学习，"吾以为古之善者则诛（同述）之，今之善者则作之，欲善之益多也"③。孟子坚持标准、提倡主动学习的"中道而立，能者从之"④。老子崇尚顺应个性发展的施教原则，"道之尊，德之贵，夫莫之命而常自然"⑤。到了现代的"新文化运动"时期，蔡元培、胡适等教育家又在继承"程、朱理学遗风"⑥和融合西方教育思想的基础上，提出崇尚学术自由、发展学生个性的教育主张。

同样，"应试教育"既然能够盛行不衰，也不仅仅因为它反映出来某些赫尔巴特或其他什么外国教育家对教育学规律的探索，更重要的原因或许是，在中国人的文化传统、思维习惯、心理特点中，自有"应试教育"适应生长的土壤。"应试教育"所反映出来的中国文化传统中，"万般皆下品，唯有读书高""两耳不闻窗外事，一心只读圣贤书""尊师重道"等对知识、对知识分子的重视，科举考试的人才选拔制度，"学而优则仕"⑦的教育价值取向等，"早已经成为中国人的国民性、生活哲学和民族文化的有机元素，或者说是中华民族的文化基因，因而并不是可以人为地取舍予夺的"⑧。

对"应试教育"和"素质教育"有了如此的认识之后，再看从"应试教

---

① 论语·卫灵公.

② 论语·卫灵公.

③ 墨子·耕柱.

④ 孟子·尽心上.

⑤ 道德经·五十一章.

⑥ 胡适语。胡适还曾说："总的来说，在我所写的所有文章中，对孔子及其早期弟子如孟子，我表现出了相当高度的尊重。而且我对新儒学的奠基人之一朱熹也是非常尊重的。"（《胡适与中国的文艺复兴》，第17页.）

⑦ 论语·子张.

⑧ 杨东平. 艰难的日出——中国现代教育的20世纪［C］. 上海：文汇出版社，2003：333.

育"到"素质教育"的"转轨"，就显得不仅论证不足而且缺乏一定的可操作性。

"应试教育"应该被彻底取代吗？回顾历史，在19世纪初期当我们废除科举制度时，西方国家却借鉴中国的科举制度而建立了现代文官考试制度；而我们到了20世纪末建立公务员考试制度时，却又不得不回头借鉴西方的文官考试制度。"文革"期间废除考试制度，追求建立"五七公社"教育理想，结果造成的却是中国教育空前的灾难和倒退。

从"应试教育"到"素质教育"，"转轨"又如何能够实现呢？历史早已证明，教育以发展每一个人的先天素质为出发点几乎是不可能的，每一个人都是独一无二的，人的先天素质发展具有无限的可能性。历史上曾有多少理想主义教育家曾想以儿童的本能全面地和谐地得到发展去设计教育，但都落空了。就连曾持有"儿童中心"观点的杜威都认为，与人们所想象的他开办的芝加哥大学实验学校提供了"儿童中心"的办学模式相反，这所实验学校恰恰是"社会中心"的，把"教育的社会方面"放在了第一位。其原因是，在杜威看来，"儿童中心"是指要根据儿童心理发展的规律，采取适当的方法来实施对儿童的教育，"儿童中心"并不能作为教育的目的，儿童个体心理的发展最终还是在社会中通过参与各种社会活动的过程中实现的。教育目的只能是"社会中心"的，"在于培养个人和别人共同生活和合作共事的能力"①。

事实上，在现代文明高度发展的今天，就是想要回到孔子时代的"因材施教"，也绝非是轻而易举的事。班级授课制依然是世界教育包括美国教育在内，采取的主要教学方式。在这个意义上，"素质教育"只能是"一个

---

① ［美］杜威.芝加哥实验的理论.// 杜威教育论著选［C］.赵祥麟、王承绪，编译.上海：华东师范大学出版社，1981：322.

目标、一种理想、一个过程"①。但我们也应该认识到，这种"目标、理想、过程"绝不是可有可无的。"素质教育"与其说是"转轨"，不如说是弥补了"应试教育"的某些缺失和不足，对于消除"应试教育"中所出现的种种弊端和阻止"应试教育"走向极端都起了重要作用，指明了未来教育发展的方向和努力实现的目标。

在"应试教育"和"素质教育"之间，就如同在赫尔巴特教育理论和杜威教育理论之间一样，或许根本就不是截然对立的，它们不过是中国教育从不同的侧重方面来探索教育学规律的共同本质而已。如此看来，当下中国教育实践中出现"'素质教育'轰轰烈烈，'应试教育'扎扎实实"的现象反倒不足为怪，能够分别从"应试教育"与"素质教育"中提取有益的成分，达到两者间的取长补短、共生共存，或许正是促进中国教育持续发展的有效途径。

第 2 节　杜威教育思想与新课程改革

为了纠正和弥补"应试教育"带来的种种弊端，实施侧重于促进学生主动发展的"素质教育"，便成为新时期中国教育改革的重要内容。而作为决定教育改革成败的关键问题——课程改革，同样也就被看成了实施"素质教育"的核心。在对我国教育课程现状调查研究和国际比较研究的基础上，2001年6月教育部颁布了《基础教育课程改革纲要（试行）》（以下简称《纲要》），新中国成立后的第八次基础教育课程改革（即新课程改革）正式进入实验、推广阶段。

---

① 杨东平. 艰难的日出——中国现代教育的20世纪［C］. 上海：文汇出版社，2003：285.

一、杜威课程理论：新课程改革理念的"参照物"

尽管实施"素质教育"存在着无法避免的困难，在教育实践中仍然取得了一些实质性的进展。"愉快教育""成功教育""和谐教育""情景教育""创造教育"等教育改革的探索①，都为"素质教育"提供了很好的成功经验。经过一系列的探索和实验，最终被"素质教育"推到风口浪尖，在全国范围内产生广泛而深刻影响的是新一轮基础教育课程改革。

自1991年12月底苏联解体开始，世界政治、经济新格局的形成使每一个国家的生存、发展意识都得到前所未有的强化。在20世纪初期经历过"落后就要挨打"的中国，对于新的国际关系中所处的地位自然是格外地关注，要参与以经济为核心的国际竞争，实现民族振兴，实施"人才战略"，其突破口还在教育。综观当今世界各国方兴未艾的教育改革，都有一个明显的特点：课程改

---

① 愉快教育：以浙江省东阳市实验小学为典范，通过课程改革设置"趣味数学课"、"器乐课"、"听说训练课"和"信息课"调节学生的兴趣，实施音、形、色并举的立体型教学法，使学生在课堂上轻松愉快地活动；加强课外兴趣小组，让学生在愉快的活动中发展特长、塑造个性。

成功教育：学校教师对学生抱有积极的期望和要求，为学生创造各种成功的机会，不断帮助学生成功，使他们在成功中建立积极的心理状态，形成自我教育、自主学习的内部动机机制，开发自我潜能，促使学生主动参与教育教学活动。对学生实施鼓励性评价，使学生产生积极的自我期望和要求，主动争取成功的机会，并自我激励。

和谐教育包括三个方面：一是以师生关系为主的学校人际关系的和谐；二是课堂为主的学校教学活动中教与学两个过程的和谐；三是指学校、家庭和社会三方面教育关系的和谐。

情景教育：在语文教学中使用创设情景的办法来提高教学效果。1978年由江苏省南通师范第二附小的特级语文教师李吉林开始研究和实践。情景教育分四个阶段、四个特点和五个要素。四个阶段是：（1）创设情景，进行片段语言训练阶段；（2）带入情景，提供作文题材阶段；（3）运用情景，进行审美教育的阶段；（4）凭借情景，促进整体发展的阶段。四个特点是：形真、情切、意远、理蕴。五个要素是：诱发主动性、强化感受性、着眼发展性、渗透教育性、贯穿实践性。

创造教育：最早由上海闸北区和田路小学探索和实施。1980年学校提出以提高素质为目标，以"创造教育"为突破口，以开展科技发明为中心内容的教育改革，大力开发各种兴趣小组，增强学生的创造思维。学校总结出"和田创造12技法"：加一加、减一减、缩一缩、变一变、改一改、联一联、学一学、代一代、搬一搬、反一反、定一定。

革总是被作为教育改革的开端，并被作为教育改革的核心和关键。"人们把课程看作是许多社会问题包括政治问题、经济问题的原因或补救方法，在出现社会危机、政治危机及经济萧条时，对课程的兴趣尤为强烈。"[1]

从中国教育自身的发展状况来看，改革开放以来，随着科学技术的进步和社会的变迁，对人的生活和生存状况的关注成为社会发展的必然要求。在世纪之交，通过对教育和教学的反思，使人们认识到学生在教育中的独特地位，以人为本，关注每个学生个体在教育和教学中的地位、作用及其价值的实现也成为"体现时代要求"的一个重要方面。[2]但现实中，严重的"应试教育"倾向对基础教育造成的影响触目惊心。学生的全面发展无法落实、身心健康受到危害。学生之间、学校之间、教师之间的恶性竞争，使得中小学教育与当代社会发展个性化、民主化趋势产生了严重的脱节[3]，这就促使了新课程改革的开始。

"素质教育"所提倡的教育主张与杜威教育教育理论之间，所应对问题的相似决定了它们两者间探索教育规律侧重点的类似。那么，新课程改革和杜威课程理论之间在所要解决的问题、达到的目标、具体课程的设置、安排等方面是否也存在着某些相似之处？如果有某些相似之处，那面对类似的问题杜威会怎样去解决的？最终取得了怎样的结果？应该如何看待杜威课程理论的意义所在？有关这些问题的探讨与分析，对于已进入全面实施阶段的新课程改革无疑

---

① 美国学者R. 维因所言。（汪霞. 国外中小学课程演进［M］. 济南：山东教育出版社，1988：55.）

② 在2001年6月教育部颁布的《基础教育课程改革纲要（试行）》中提出，新课程的培养目标"应体现时代要求"。

③ 杨九俊，吴永军. 建设新课程：从理解到行动（通识卷）［M］. 南京：江苏教育出版社，2003：17.

具有借鉴意义。①

具体来看，新课程改革要应对的"应试教育"课程体系暴露出的弊端主要包括：在传授过程中偏重书本知识的倾向，"难、繁、偏、旧"的内容过多；在结构设置上偏重学科本位，科目过多和缺乏整合；在学生学习过程中偏重强调接受学习、死记硬背、机械训练；在评价体系中偏重甄别与选拔的功能和缺乏灵活性的过于集中的管理体制。②杜威的课程理论着力解决的"传统教育"存在的问题主要表现在，随着社会的发展，"知识不再是凝固不变的东西，它已经成为变动不定的东西。它是在社会自身的一切潮流之中积极地活动着"③，导致了"教师中心""书本中心""课堂中心"的传统教育课程体系已不能适应当时美国社会发展。在杜威看来，传统课程体系的弊端具体表现在：忽视儿童心理发展过程的特点，照搬学科知识的逻辑体系，与儿童已经看到的、感受到的和爱好的事物缺乏有机的联系，不能使儿童感觉到学习的需要和兴趣，所学的东西成为单纯形式的和符号的、僵死的和贫乏的东西，单纯依靠纯粹的记忆和机械的陈规旧套，不利于儿童逻辑推理能力、抽象思维能力和归纳总结能力的充分发展。④从这里可以看到，新课程改革和杜威课程论针对的课程设置、内容、传授和学习过程等问题上均有相似之处。但解决课程管理体制方面存在的问题，则是新课程改革要特别面对的。因此，在新课程改革

---

① 新课程改革工作进程主要划分了三个阶段：酝酿准备阶段、试点实验阶段和全面推广阶段。2001年6月，以《基础教育课程改革纲要（试行）》颁布为标志，新课程改革进入第一阶段；从2002年9月开始，新课程改革进入第二阶段，49种中小学新课程实验教材在实验区试用，全国实验规模达到起始年级学生数的10%~15%；2004年秋季，在对实验区工作进行全面评估和广泛交流的基础上，课程改革工作进入全面推广阶段，起始年级使用新课程的学生数达到同年级学生数的65%~70%。从2005年起，中小学阶段各起始年级原则上都要进入新课程。

② 基础教育课程改革纲要（试行）（2001），"课程改革的目标".

③ ［美］杜威.学校与社会.// 杜威教育论著选［C］.赵祥麟，王承绪，编译.上海：华东师范大学出版社，1981：26.

④ ［美］杜威.民主主义与教育［M］.王承绪，译.北京：人民教育出版社，2002：197-308.

中，众多教育学者和学校教师开始阅读杜威、认识杜威、理解杜威、借鉴杜威，因为杜威教育不仅是世界的，而且也是中国的。

将杜威课程理论和《纲要》中新课程改革的目标进行比较，在设置综合课程，提倡课程设置符合学生心理发展水平，对于激发学生的学习兴趣予以高度关注，重视养成学生主动学习的态度，强调培养学生的各种能力等目标方面表现出一定程度的相似，但是新课程改革还实行国家统一布局、分级管理，具有灵活性的同时又不失整体规划的优势。它们都提出对于学生学习的兴趣予以高度关注，但程度不同：杜威把儿童兴趣作为课程设置的出发点，主张将知识"还原为儿童经验"；而新课程改革仍把终身学习必备的基础知识和技能作为课程设置的基础，通过"精选"来达到关注学生兴趣的目的。对于学生能力的培养，杜威主要是为了解决当下实际问题；而新课程改革更着眼于促进学生未来的发展。另外，新课程改革还特别提出了课程评价要发挥促进教师素养提升、教学实践改进的功能这一保障课程改革实施的关键措施。①

根据所要实现的目标，杜威在课程理论和实践中又是怎样来划分课程结构的呢？在芝加哥大学实验学校里，杜威是把课程分三个阶段来加以设计的：

---

① 面对所要解决的问题，杜威课程理论拟就实现的课程目标主要有三：一、打破传统课程设置中的学科界限，以儿童在现实社会生活中遇到的实际问题为核心开设综合课程，最重要的是课程要实现儿童适应社会的目的；二、从儿童的兴趣和需要出发，按照儿童心理发展的顺序来编排组织；三、主张开设"经验课程"和"活动课程"，主张将知识尽可能地"还原为儿童的经验"，强调通过儿童的活动和探究来学习，培养他们解决问题的能力。（［美］杜威. 我的教育信条. // 杜威教育论著选［C］. 1981：3-14，以及《民主主义与教育》、《儿童与课程》、《学校与社会》等著作中的相关论述.）而《纲要》中提出新课程改革的目标为：整体设置九年一贯的课程门类和课时比例，设置综合课程，加强课程内容与学生生活以及现代社会和科技发展的联系；实行国家、地方、学校三级课程管理，适应不同地区和学生发展的需求；关注学生的学习兴趣和经验，精选终身学习必备的基础知识和技能；强调形成积极主动的学习态度，使获得基础知识与基本技能的过程同时成为学会学习和形成正确价值观的过程，培养学生搜集和处理信息的能力、获取新知识的能力、分析和解决问题的能力以及交流与合作的能力；发挥评价促进学生发展、教师提高和改进教学实践的功能。（基础教育课程改革纲要（试行）（2001），课程改革的目标）

4—8岁为第一阶段，8、9—11、12岁为第二阶段，12—15岁为第三阶段。通过研究，杜威认为，在第一阶段，儿童心理特点主要有三：一是更容易从直接的活动中获取经验，而较少获得间接经验；二是儿童在直接活动中获得的经验通常是具有整体性的综合经验，一般还达不到将这些综合经验按照逻辑进行分类，构成有系统的经验积累；三是在这个阶段儿童表现出一些与其他阶段不同的心理需求和兴趣，这些需求和兴趣直接决定了这个阶段儿童独特的行为内容和方式。根据这些心理特点，杜威在实验学校里，对于这个阶段的儿童，主要采取通过活动或作业的形式来组织综合课程，在这个时期，社区生活对儿童产生多方面的影响，在与其他儿童的实际交往中，儿童学习说话和做事，儿童所获得的经验主要用来处理他当下遇到的困难，而不是为了有意识地积累起来增加智慧，他们很少对获得的经验进行分析、归类、总结。随着儿童活动的增加，遇到需要解决的问题和问题的复杂程度都不断增加，在应对问题的过程中，儿童的目的意识逐渐强烈起来，儿童心理发展开始进入了第二阶段。在第二阶段，儿童需要和兴趣的指向更加明确，为了完成一件感兴趣的事，儿童能够长时间地将注意力集中在此事上；为了获得一个想得到的结果，儿童能够做出较长时间的持久努力。对明确结果的强烈追求，以至于可以把需要一个较长时间完成的活动或作业作为目标，并在儿童去努力实现这个目标之前，向其传授实现目标所必需的基本知识和技能。根据第二个阶段儿童心理特点，开设课程应根据学生的兴趣，提供给学生的是一些较为复杂的活动或作业，在完成这些活动或作业的过程中，儿童可能会不断地遇到需要解决的问题，为了解决问题，儿童就需要掌握一些基本的方法（如简单的读、写、算技能），因此可以提供必要的间接知识——书本知识的教学，并注意这些知识应难易适度，既不应超过儿童意志努力所能控制的范围，也要有助于儿童意志努力程度逐渐提高，以便于使儿童的发展顺利过渡到第三个阶段。在第三阶段，儿童开始对获得的经验进行分化，儿童的理智控制能力、抽象思维、分析能力都有很大提高，·课程应该以分科的形式设置，根据学科学习要求，让学生系统学习各个学科所要掌握的知识和运用知识的方法，并注意在学生学习知识、运用知识的过程中，养成他们科学思维的习惯。此外，在这个阶段，不同儿童根据自己独特的生活遭遇对所得的独特经验进行分化的过程，使他的个性兴趣、需要愈加鲜明起来，考虑到使儿童个性的充分发展还应设置一定科目的选修课。①

杜威课程论和新课程改革所应对问题、达到的目标、具体课程的设置、安排等方面存在的某些相似之处，使杜威的课程理论和以杜威课程理论为指导思想的20世纪20年代美国基础教育课程改革成为新课程改革最重要的"参照物"。

在20世纪20年代美国基础教育课程改革中，杜威的"活动课程"、克伯屈的"设计教学法"、帕克赫斯特的"道尔顿制"都大为流行，儿童的社会生活成为课程设置的唯一中心。其结果是：一方面，大大激发了学生学习的兴趣和实际操作的主动性，加强了所学知识与现实生活的联系，"做中学"成为学生增长知识和锻炼能力的有效方式；另一方面，由于课程改革削弱了基础知识和基本技能的学习，取消了考核学生学业结果的严格标准，使得中小学纪律涣散，学生不愿为了学习系统知识做意志上的艰苦努力，导致美国基础教育质量严重下降。到20世纪50年代后，这次课程改革遭到来自美国社会各方的批评和指责，也就是说，以杜威课程论为指导思想的这次美国基础教育教育课程改革，经过近三十年的教育实践验证，结果并不见得怎么成功。这是杜威课程理论的错误吗？当然不是。早在1896—1903年间，杜威为了"检验作为工作假

---

① 《纲要》规定，小学阶段以综合课程为主，这主要是考虑到小学阶段学生心理发展特点，尽量使所传授的知识与社会生活发生联系，以唤起学习的兴趣；初中阶段设置分科与综合相结合的课程，创造条件开设选修课程；高中以分科课程为主。在开设必修课的同时，设置丰富多样的选修课程，开设技术类课程。积极试行学分制管理。从小学至高中设置综合实践活动并作为必修课程，开设选修课主要是为了促进学生的个性发展。从《纲要》规定的课程结构来看，杜威根据不同阶段儿童心理特点来设置课程的理论与实践显然对新课程改革中制定的课程结构有一定的影响。

设的某些来自哲学和心理学的思想"①而创办的芝加哥大学实验学校中，通过"使原理可行的方法所做的一次演示"就已经证实过了其课程论"原理的可行性"②。因此，其关键还在这个原理使用的过程中如何把握好恰当的"度"。这样看来，杜威在不同阶段的儿童心理发展需要与基础教育课程设置之间试图寻找最恰当平衡的努力，与其说是其课程理论所取得的成就，不如说是他为之后的课程理论研究和探讨提出了一个永恒的课题。

二、新课程改革中"杜威研究"的分析评价

20世纪50年代后，世界范围的课程改革成为一种更加专业化的行动，③因此，课程改革除了考虑到"适应"社会发展过程中，政治、经济、文化、教育的各种需要之外，还重视课程改革"促进"课程自身发展的功能，专业的课程研究、设计、论证体系在课程改革方案的制定过程中起到重要作用。

从1996年7月开始，教育部对于基础教育课程实施情况组织了大规模的全国性调查。④根据调查反映的课程体系存在的问题，1998年后，教育部组织大批教育理论工作者对英国、美国、加拿大、德国、日本、澳大利亚、韩国、俄罗斯、瑞典、芬兰、新西兰、印度、巴西、埃及等国家基础教育改革情况进行

---

① ［美］杜威.芝加哥实验的理论.// 杜威教育论著选［C］.赵详麟，王承绪，编译.上海：华东师范大学出版社，1981：319.

② ［美］杜威.学校与社会.// 学校与社会·明日之学校［C］.赵祥麟，等，译.北京：人民教育出版社，1994：72.

③ 江山野.简明国际教育百科全书·课程［C］.北京：教育科学出版社，1997：13.

④ 调查实施的课程是1992年开始执行（1994年修订）的义务教育课程方案。调查涉及全国9个省市的城镇、农村的16000多名学生、2000多名教师和校长，以及全国政协教科文卫委员会的大部分委员。调查发现，课程体系存在的主要问题有：课程功能上过于注重知识传授，课程结构过于强调学科本位，课程内容"繁、难、偏、旧"，课程评价过于注重甄别和选拔，课程管理过于集中。（杨九俊，吴永军.建设新课程：从理解到行动（通识卷）［M］.南京：江苏教育出版社，2003：251.）

了广泛考察和研究，而主导各国课程改革的教育思想则被当作其中重要的研究对象，教育民主化思想、回归生活的教育哲学、建构主义思想、后现代思想、人本主义思想、终身教育思想等均成为新课程改革前期调研的热点问题。对于整个20世纪世界课程改革产生过广泛而深刻影响的杜威课程理论，自然也受到了格外的关注。

从20世纪90年代后期到新课程改革的指导性文件《基础教育课程改革纲要（试行）》颁布之前的这段时间里，有相当数量的有关分析、阐述杜威课程理论方面的学术论文发表。主要有：季苹《杜威的"活动课程"》（《教育科学研究》1997年第5期），但武刚《杜威的活动课程理论评述》（《高等函授学报》哲社版1996年第4期），侯怀银《杜威的课程观评述》（《课程·教材·教法》1999年第10期），刘英健《杜威课程论的本质特征》（《沈阳师范学院学报》社科版1997年第2期），诸宏启《论杜威课程理论中的"经验"概念》（《课程·教材·教法》1999年第1期）、《对杜威课程理论的再认识》（《课程·教材·教法》2000年第7期），郭晓明《课程设计的若干心理学原理》（《怀化师专学报》1998年第8期），等等。

这些学术论文对于杜威课程论的主要观点，特别是杜威"活动课程"的理论基础、具体设置方法、现实意义都进行了非常详尽的论述分析。对于与杜威课程理论相关的教育思想的研究也很充分全面。应该说，这些研究在后来《纲要》的制定过程中，确实提供了不少有益的借鉴和启示，但同时也应该注意的是，这些研究多侧重于对杜威课程理论和教育思想本身的剖析和总结，相比之下，对于杜威课程理论、教育思想产生所具备的政治、文化、经济前提背景，它所适应的美国教育的时代特征，以杜威课程理论为指导思想的19世纪末20世纪初杜威创办的"芝加哥大学实验学校"实验成功的经验和20世纪20年代美国基础教育课程改革失败的原因，以及在中国教育的历史和新课程改革中，杜威课程理论具有怎样的"可行性"等，缺乏更进一步的深入论证说明。[①]与之相对应，在《纲要》的制定过程中，曾反复强调要使新课程改革在理论、观念、实施策略上要与"国际接轨"，具有一定的"超前性"，"吸收世界各国课程改革的先进思想和深刻思考，使我国基础教育课程改革站在世界发展的前沿"[②]。但对于世界各国课程改革的那些"先进思想"，除了形式上的引进外，对于它们所反映出的教育教学中规律性的探索，我们的研究还是不够的。如果对这些"先进思想"本身只停留在介绍、引进、初探的层次上，缺乏深入系统的理论研究，那怎么能够做到通过广泛借鉴这些"先进思想"来进行一定时期的教育实验，总结归纳出我们自己的结论——构建我们自己的教育理论。

再看看从新世纪伊始《纲要》颁布至今的"杜威研究"。从中国期刊全文数据收集的论文来看，在《纲要》颁布之后，把杜威教育思想与新课程改革直接联系起来进行论述的文章仅有5篇，分别是：万荣根、李亚春《杜威活动课程的本质特征及现实意义》（《黔东南民族师专学报》2001年第4期），赖建辉、周志强《浅析杜威的课程论思想》（《井冈山师范学院学报》2002年第1期），娄立志、韩登亮《杜威课程观的当代价值》（《南洋师范学院学报》2003年第1期），肖明全《杜威活动课程的现实意义》（《当代教育科学》2003年第8期），李传永《杜威"教育无目的论"对新课改的启示》（《山东教育学

[①] 在新课程改革的教育研究中，杜威教育思想的研究仅仅作为新课程改革指导思想确定过程中借鉴的因素之一，研究中所反映出来的问题却是带有一定普遍性的，对于教育民主化思想、回归生活的教育哲学、建构主义教育思想、后现代教育思想、人本主义教育思想、终身教育思想等研究的过程中，相比对于这些教育思想本身的研究来说，对于这些教育思想在形成背景、实践运用、产生影响等方面的深入研究相对还很不够。从历时性的角度来看，很多研究成果甚至表现出很大的重复性，缺少在前人研究基础上做出进一步深入研究的系统承续性；从共时性的角度来看，研究者的观点常常各执一端、互不通约，缺少通过对同一问题不同观点之间的交流、切磋、商榷，以提高学术研究成果。

[②] 张民生.谈基础教育课程改革纲要（试行）［N］.中国教育报，2001-09-19.

院学报》2003年第3期）。与《纲要》颁布之前的6年的文章相比，专题研究杜威教育思想的文章有所减少，而从相关领域进行跨学科研究杜威教育思想的文章却增加了很多。

还有很大部分的研究成果做不到把杜威教育思想或课程理论作为实施素质教育或新课程改革的"参照物"，无法以平等"对话"的态度来进行分析论述。一般说来，"尊奉"仍然是新课程改革中研究杜威教育思想或其他西方教育思想所持有的一种较为普遍态度。类似的现象之所以会在中国教育的"杜威研究"中屡次反复以不同的形式出现，其原因有很多，其中"我国教育界素来有'赶时髦''一阵风'的毛病，不作理论上的研究，不作长期的实验和总结，热衷于采用，也轻易于抛弃……对于所谓'新生'事物，往往盲从成风，摇摆不定"[①]的"轻率态度"或许是一个重要的原因。这种"轻率态度"不仅使得对于像杜威等一些外国教育家教育思想的研究缺乏严密深入、一脉相承的体系，而且更重要的是使得我们的教育研究在相当程度上"迷失"了自我。

新课程改革过程的"杜威研究"暴露出来的上述问题，从侧面反映了当前我们教育研究中一个迫切需要引起重视的问题：对于教育中遇到的实际问题，我们的教育研究在整体上缺乏一套从发现问题到检验结论正确性所必需的顺序与规范，以保证研究活动具有我们自己特点的科学研究"范式"[②]。就拿"素质教育"来说，这个来自广大民众的"本土化"呼吁，如今能够在中国教育中进行的"轰轰烈烈"[③]，必然有适合它生长的民族文化土壤，教育历史发展的传统根基，必然也反映出对于某些教育规律性问题的探索。而对于这些深层次理论问题的研究，我们的教育界显然做得还很不够，至于将"素质教育"的探索得出的结论有计划地运用于教育实践进行检验，再进一步运用科学的方

---

① 毛礼锐. 从五四运动时期的教育看我国当前的教育［J］. 教育研究，1979（1）.

② 叶澜. 教育研究方法论初探［M］. 上海：上海教育出版社，1999：11.

③ 应该看到，直到今天这种"轰轰烈烈"在相当大的程度上，还停留在教育口号、标语等等教育宣传和一些比较宽泛而不深入的理论研究和尝试性的教育实践层面上。

法对检验的结果分析论证，以期最终形成相对比较完整的理论体系，似乎就愈加困难。要改变这种状况其实并不如想象的那么容易，除了需要社会政治、经济、文化发展提供必要的研究条件和氛围及相当数量的物质保障之外，在教育研究领域要真正创建一个新的（或是转变一个旧的）研究"范式"常常需要研究者付出长时期的艰苦努力，从研究的承续性角度来看，甚至常常是凝聚了一代人或几代人毕生的心血。①如果以为仅仅靠走捷径，将杜威或其他外国教育家研究的成果介绍和搬运过来，就可以使我们的教育改革在一夜之间"站在世界教育发展的前沿"，那是不现实的。

———————

① 关于这一点，杜威对实用主义教育思想的研究便是生动的一例。杜威在皮尔士、詹姆斯对于"实用主义"这一"土生土长"的美国哲学的研究基础上，对于他的美国式教育理论——实用主义教育思想的研究和实验，几乎穷尽了他一生的精力。

第4章 新世纪以来的杜威教育研究

自新世纪以来，中国教育的"杜威研究"进入了更为繁荣的时期。据统计，在中国期刊网以"杜威"为检索词，从1994年1月至2009年12月，研究论文有491篇，其中教育有356篇，哲学92篇，伦理学21篇，政治学22篇。显而易见，教育领域的"杜威研究"占据绝对优势地位，比例高达73%。近年来，我国教育领域的"杜威研究"更是呈井喷式状态，"论文成果的数量惊人"[①]。这种异常蓬勃的发展势态又以2016年杜威《民主主义与教育》一书出版一百周年为契机达到了一个新的高潮。据中国知网的数据统计，自2009年开始，杜威研究论文突破400篇，到2016年每年杜威研究论文都以超过400篇的数量增长（2015年高达500篇），在2010年至2016年7年间共发表杜威研究论文3224篇，其中与教育相关的论文1985篇，占据全部论文的62%。

此外，还有大量与杜威相关的学术著作和译著出版发行。2009年前后，为了纪念杜威诞辰150周年及其"中国之行"90周年，北京大学出版社出版了"实用主义研究丛书"，具体包括：《杜威与美国民主》《阅读杜威——为后现代做的阐释》《理解杜威——自然与协作的智慧》《杜威与道德想象力》《造就道德——伦理学理论的实用主义重构》《杜威的艺术、经验与自然理论》《杜威：宗教信仰与民主人本主义》等。当然，在与杜威相关的译著成果中，最为重要的、最为引人注目的当属复旦大学哲学学院刘放桐教授主编，集

---

① 张斌贤.杜威：当代审视［J］.教育学报，2016（2）.

复旦大学、北京大学、清华大学、中国人民大学、北京师范大学、武汉大学、南京大学、浙江大学、华东师范大学、黑龙江大学和上海社会科学院等高校与科研机构近百名专家学者参与翻译的《杜威全集》38卷。这是世界范围内第一个中文译本，前后共花费了11年。

　　面对如此浩瀚的文献资料，想要对新世纪以来的杜威教育研究进行全面而深入的分析总结几乎是不可能的，挂一漏万实不可避免。然而，我们却可以转到这种现象背后对一些问题进行反思：新世纪中国如此兴旺的"杜威研究"特别是教育领域的"杜威研究"因何而起？新世纪中国"杜威研究"的重要性如何体现？以及"杜威教育研究"的未来趋向如何？

　　事实上，中国教育的"杜威研究"历程也反映了世界教育的潮流和趋势。教育思想传遍世界、著作被翻译成35国文字的杜威，无疑是世界教育领域最具影响力的教育家之一，他的教育思想在世界各国教育中的传播和影响理应受到关注。美国杜威研究知名学者、南伊利诺伊大学杜威研究中主任拉里·希克曼（Larry A. Hickman）明确指出了原因所在："人类已经进入到21世纪的第二个十年，为什么当今的人们依然认为，约翰·杜威的观念与当今的众多问题具有相关性？……如果暂时搁下对杜威的怀念之情，我们还有什么充分的理由来着眼于现状继续研读杜威呢？"[①]

　　毕竟不仅仅是在中国，而且在全世界，在杜威离开后的这六十年中，人类社会的发展经历了科技、文化、经济、气候和环境保护等方方面面的巨大变化，各国都面临着数不清各式各样"现代"，甚至"后现代"问题的冲击。不仅在中国，而且在世界范围内曾遭受过冷遇的"杜威研究"，缘何在世界范围内再次成为"显学"（特别是在教育领域）？这显然是我们反思当前和今后"杜威研究"的一个不容回避的根本性问题。

---

　　① ［美］希克曼. 杜威留给21世纪的遗产. // 王成兵. 永远年轻的杜威——希克曼教授讲杜威［C］. 北京：中国政法大学出版社，2015：1.

第1节 对杜威教育思想的再认识

根据中国知网的数据统计，在2010年至2016年间近2000篇有关杜威教育研究的论文中，从理论视角解读杜威的论文高达1200多篇。而与初等教育、中等教育、高等教育以及职业教育等各级各类教育相关的论文总共不足900篇，其中有关初等教育的论文（142篇）甚至低于高等教育的论文（174篇）和职业教育的论文（145篇）。大量学术论文从教育学、哲学、政治学甚至是美学和宗教学的视角，进一步阐释、解读杜威的"经验""生长""探究""课程""民主""确定性""共同体"等概念及具体运用；还有些学术论文对杜威的"教育无目的""做中学""新个人主义""教育即生长""儿童中心""艺术及经验"等观点进行了概括、阐释和分析。从共时性横向研究的角度进行研究，是这一时期我国杜威教育研究的一个较为突出特点。纵观这一时期的杜威教育研究，所涉及的杜威理论研究范围有了明显的拓展，尤其突出表现在对于杜威艺术美学思想的研究。据中国知网的数据统计，在139篇与杜威美学相关的研究论文中，2000年前只有9篇，占论文总数的6%；其余94%的论文（130篇）均为2000年后的研究成果。

1. 更全面地"认识杜威"

王凤玉、单中惠从世界各国教育学者对杜威《民主主义与教育》一书的形成背景、主要内容和学术影响三方面的论述，充分肯定了《民主主义与教育》的教育经典地位，全景式地展现了杜威及其教育思想的世界性影响。世界教育领域之所以对杜威和他的《民主主义与教育》有如此高的评价，或许就在于杜威在这本书中所体现的一种"时代精神"——它"是一个新的时代的一个振奋人心的宣言"（澳大利亚新英格兰大学教授鲍温语），正如美国教育史学家克雷明所言："既是那个时代的反映，又是对那个时代的批判"，"为教育革新运动带来了新的活力"，给当时美国的进步教育运动"指出了方向"。①

涂诗万对于美国本土"杜威研究"近二十年来的成果的综述，基于美国教育"杜威研究"的文献研究进展，对政治学、哲学、美学和宗教学领域的美国教育"杜威研究"的新成果进行整理评述，乐观地得出结论：近二十年美国教育"杜威研究"反映了"人类面对高度现代性社会的共同挑战，开始公正地、全面地研究杜威教育思想的世界性趋势"②。其后，又对杜威教育思想在中国的研究成果进行了总结，在《重新发现杜威：中国近20年杜威研究新进展》一文中，分别从政治（沟通马克思与杜威）、文化（沟通杜威与传统文化）、哲学（民主主义）、伦理学、美学和宗教，列举引述了百余种中国近二十年来"杜威研究"成果中的各种新观点、新认识，指出中国近二十年的"杜威研究"对于"杜威的评价更加理性、全面，对杜威思想的认识更加深入"③。

吴燕蕾则聚焦于杜威的"民主教育思想"对近二十年来美国的研究进行了综述，分别对美国学者从民主、社会、文化、伦理、宗教、哲学、美学、教育等多维度论述的杜威"参与式民主"教育思想进行了整理分析；并提出美国学者关于杜威"民主教育思想"的研究之所以都把"'参与式民主思想'作为思考的基本背景"，那是和"时代处境有关"。指出，"当前国际局势的意识形态之争渐趋微弱，在资本全球化的背景下，全世界不同文化群体和族群都面临共同的问题：生态问题、核武器问题、恐怖组织问题，等等"，过去人们常把

① 王凤玉，单中惠.世界教育学者眼中的《民主主义与教育》［J］.教育研究，2016（6）：123.

② 涂诗万.美国近二十年杜威教育思想研究新进展［J］.教育学报，2012（4）：100.

③ 涂诗万.重新发现杜威：中国近二十年杜威研究新进展［J］.中国人民大学学刊，2016（9）：92.

这些问题的产生归于"宗教冲突",现在认识到其根本上还是"人的问题"。因此,杜威强调在教育中坚持人人"参与"而不是"被代理"的民主形式,无疑是突破"精英式民主的方式在现实中遭遇的困境",是解决各种危机的最佳选择。尽管论文本身仍属于共时性横向的研究,但作者最后还给出了杜威民主教育研究的一个"方向性"路径:"直接把杜威的民主教育思想放到杜威所处的时代背景以及他要处理的问题当中去理解"①。很明显,从共时性横向研究的角度展开研究,可能会使我们更加全方位的重新"发现"杜威,但任何一个人的成长都不是一蹴而成的,每个人都有自己独特的成长经历,有他自身观点的形成过程,作为教育家的杜威也不例外。为了达到对杜威的"了解"比以往更加"深入"的目的,一些学者也从历时性纵向的角度对杜威进行了重新"发现"。

2. 更深入地"认识杜威"

丁永为提出,将以往"杜威研究"中"较为刻板和静态认识"杜威的平常视界,转换到重视"杜威教育思想的生长之旅"的"行动着的"视界来研究杜威;从"将杜威著作中某一命题和概念,从其字面意义上翻译过来,然后进行逻辑分析"的"固化""通用"研究范式,转换到对"杜威进行文本撰写时具体面临的社会和教育环境,以及杜威究竟试图通过著述解决何种具体问题或与谁进行辩论"的研究。同时他还指出,我国教育"杜威研究"受到"冷遇",不是"我们不再需要杜威",而是跟"难以推陈出新"的平常视界研究范式有关系。②

王坤庆、卢洁莹则将杜威的"民主教育思想"放入西方文化语境"民主"的整体发展脉络中来解读,指出杜威对于世界教育的贡献在于:摆脱了以往西方哲学的"僵化思维模式","从民主社会建设的高度理解教育,通过'理

---

① 吴燕蕾.美国近二十年杜威民主教育思想研究综述 [J].教育学术月刊,2014(7):28.

② 丁永为.视界转换:重新认识杜威 [J].上海教育科研,2012(8):24–27.

性培养'的教育目标、'知识'的教育内容和'深究'的教育方法弥合了'精英教育'和'民众教育'的分裂,保证了我们已经确定的生活中好的东西的安全"。①

徐莉提出,从杜威理论所揭示的一系列教育本质问题为支点构建起"杜威教育理论大厦全貌",能够突破以往杜威研究中由于"方法论上的碎片化"所导致的将"杜威的理论一部分一部分地抽出来,变成静止僵化的碎片",从而使"杜威理论被割裂和肢解"的弊端。就支撑杜威"庞大有机整体"的教育本质问题而言,作者认为,主要有:"教育究竟是什么(真正教育必须面对的基本问题)?""真正教育的出发点和归宿是什么(教育与人的关系、与社会的关系)?"和"实施真正教育的场所和制度应该是怎样的(学校概念的发展转变和学校事物的演化发展)?"②

在杜威《民主主义与教育》一书出版100周年之际,德国洪堡大学底特里希·本纳教授通过自身研究杜威的经历提供了一个纵向"杜威研究"的具体案例。他从德语语境对于杜威《民主主义与教育》一书的解读出发,通过阐述德国教育界不同学者各自"从特殊角度"解读杜威教育学,"无法整合为一个统一的、协调一致的描述",认识到自己以往由于受到各种不同解读的影响,"没能对杜威的思想产生一种较为深刻的认识",于是他逐渐探索形成了自己深刻认识杜威的一个方法和途径——"在一种将古希腊和现代联系起来、同时又区分开的教育思想问题史的问题设置中去解读杜威,将他视为一个为这个问题史的发展作出重要贡献的人,才对他的思想产生了较深刻理解"。③底特里希·本纳还认为,杜威教育哲学是"以现代教育的自身逻辑以及进行着自我启蒙的公众对教育的反思"为主题,通过对一脉相承的西方哲学发展历史中柏拉

---

① 王坤庆,卢洁莹.民主、民主国家及其教育思想——兼论杜威的教育民主思想[J].2015(6):10.

② 徐莉.教育是什么——在工业文明即将远去时重读杜威[J].2015(1):51-55.

③ 底特里希·本纳,彭韬.德语语境中的杜威教育学[J].全球教育展望,2017(2)3.

图、亚里士多德、卢梭、康德、赫尔巴特和黑格尔等人所研究的经典哲学问题进行深入研究梳理脉络的基础上，产生自己的问题意识，形成自己的立场和观点的，以"现代教育的自身逻辑以及进行着自我启蒙的公众对教育的反思"为主体，对于"国家需要哪种教育""民主需要哪种教育""进行自我教化的人需要哪种社会""教育和民主的公共特性在哪里"等问题给出自己的答案。"通过诘问、问题史"将杜威的教育哲学系统地联系成为一个整体，杜威便不再被片面地看作是"一个改革教育学实践的教条主义者"[①]。

第 2 节　新世纪杜威教育研究的重要性

"重新评价杜威"——进一步全面、深入理解杜威及其理论，显然是当代"杜威研究"必不可少的前提条件。然而，在经历了各种波折之后，究竟是什么原因在世界范围内再次兴起"杜威研究"热潮？很多学者沿着这一思路进行了探索研究。

赵康发表了相关系列论文，较为详细系统地论述了杜威教育思想在德国、英国的传播历程，并运用相关理论研究框架对杜威教育思想的影响进行分析。其中，他在《杜威教育思想跨时空传播与吸收的历史比较研究述评（1996—2012）》[②]一文中，以1996年为起点到2012年间杜威教育思想在世界各国传播、影响的相关文献进行了分析研究，通过对杜威教育思想在中国、在

---

① 底特里希·本纳，彭韬.德语语境中的杜威教育学［J］.全球教育展望，2017（2）5.

② 赵康.杜威教育思想跨时空传播与吸收的历史比较研究述评（1996—2012）.比较教育研究，2015（2）.

欧洲等国的传播的比较，对多国现代化建构中的影响、跨时空影响，以及在不同国家被吸收、诠释和篡改进行比较的大量国内外研究成果进行综合评价，不仅指出在对世界教育影响的"杜威研究"中，"教育史研究与比较教育研究的彼此融合显得甚为重要"，而且更重要的是还指出"分析和解释需要在每个被考察社会的教育话语中"，从而进一步肯定了德国比较教育学家于根·施韦尔的说法："（某国的）教育系统把自己打开求诸于外国的例子，不单单是客观地记录当代其他国家的教育实践的历史，而是希望把这种向外参照获得的意义作为教训或榜样，为教育政策的概念界定提供激励因素和新动力，或者为因教育改革而需要的选择原则提供参照框架！"简而言之，不同国家教育领域的"杜威研究"正是因为其自身教育发展的需要。

（一）中国立场上的比较

中国学者翻译杜威著作或研究杜威理论对于其他国家的"重要性"，所站的角度必然是中国的，比较自然在其中。

2010—2015年，华东师范大学出版社出版的《杜威全集》38卷中译本，被看做是杜威与中国关系史上"杜威归来"的新的里程碑，不仅为新世纪重新研究和挖掘杜威丰富的思想内涵奠定了坚实的基础，而且也从基础文献资料的建设方面诠释了新世纪"杜威研究"的重要性。

在《杜威全集》的"中文版序"中，刘放桐教授不仅以杜威的主要成长经历和主要著作为脉络引介了杜威其人，还将杜威哲学基本倾向的积极意义从三方面进行了阐述："第一，杜威把对现实生活和实践的关注当作哲学的根本意义所在。第二，杜威哲学改造适应和引领了西方哲学由近代到现代转向的潮流。第三，杜威的哲学改造与马克思在哲学上的革命变更存在某种相通之处"。更重要的是，他还从三个方面专门论述了重新研究杜威哲学在当代中国的积极意义："第一，有利于对马克思主义哲学有更为全面和深刻的理解。第二，有利于对中国传统文化的批判继承。第三，有利于促进对各门社会人文学科的研究"。其中，在中国传统儒学与杜威哲学的比较中，他提出儒学所强调的"以人为本""经世致用""公而忘私""以和为贵""己所不欲，勿施于人"等观念都与杜威哲学的某些观念在一定程度上是相通的，这些都为杜威哲学在中国被接受提供了前提条件。同时"研究杜威的实用主义思想，对于更清晰地理解儒家思想，特别是分清其中具有'普世价值'的成分与被神圣化和神秘化的成分，发扬前者，拒斥后者，能起到促进作用"①。在宣告"杜威归来"②及其意义之后，刘放桐教授还清醒地指出：不是要全面肯定杜威，"无论是在哲学和教育或者其他方面，杜威都有很大的局限性，需要我们通过具体研究加以识别"③。

关松林对杜威教育思想在日本传播过程的研究中，指出这一过程不仅促使了杜威教育思想在日本的发展，同时也对日本教育的发展"做出了独特的贡献，促进了日本教育哲学的变革，助推了日本教育现实的改变，加速了日本教育制度的建立"④。

还有一些研究成果通过将杜威与其他中外哲学家、教育家的比较研究，来说明杜威理论在不同研究领域的独到之处。与以往的研究相比，其比较的范围和领域有了非常显著的拓展，从与康德、卢梭、马克思、孔子、陶行知、黄炎培、胡适到王守仁、凯洛夫、蒙台梭利、布迪厄、克罗齐、李普曼等人的比较，涉及哲学、社会学、历史学、政治学、美学、传播学、教育学、教学法、教师观等诸多领域。

（二）论证方法的借鉴

值得注意的是，在《杜威全集》的"中文版序"中，刘放桐教授主要从哲学的角度，通过对杜威的思想理论和中国传统文化观念异同的比较，指出了

① 刘放桐.杜威全集中文版序.// 杜威.杜威全集［C］.上海：华东师范大学出版社，2010：1-14.

② 刘放桐.杜威归来［J］.教育与职业，2014（6）：113.

③ 刘放桐.杜威全集中文版序.// 杜威全集［C］.上海：华东师范大学出版社，2010：11.

④ 关松林.杜威教育思想在日本的发展［J］.教育研究，2011（1）：96.

新世纪"杜威研究"的重要性。

石中英则从教育视域出发论述了"杜威研究"的重要，指出杜威"作为百年来影响最大的教育哲学家"，除了他的教育哲学所涉及的内容博大精深之外，论述教育哲学的方式对于其思想理论在广泛传播的过程中广为众人所接受起到了一定的作用。杜威是如何开展自己的教育哲学论述的？有何"独特性"和"重要性"？与大量论证阐述相关杜威理论内容的研究成果相比，这一方面的研究明显薄弱，"迄今为止学术界的探索并不很多"。石中英在对为数不多的三篇相关论文：贾斯柏·哈特《杜威的哲学方法及其对于其教育哲学的影响》（1980），李春玲《相互倚赖和相互联系的统一的观念——杜威教育哲学方法论的核心》（2001），以及李雨馨《二元调和：杜威的教育哲学研究方法》（2014）进行综述核心观点的基础上，循着他们"探究杜威是如何开展教育哲学论述"这一研究思路，主要就对杜威《民主主义与教育》一书中相关内容的分析，指出杜威"在展开自己的教育哲学论述过程中，综合使用了现象学方法、发生学方法、概念分析法、辩证法以及反省思维等多种方法。现象学的方法帮助杜威摆脱了传统哲学二元论的纠缠，确立了有意识的行动（或经验）在其教育哲学论述中的本体论地位。发生学的方法显示了杜威深受达尔文进化论思想的影响，关注到了各种事件的生长性、连续性和情境性，使得杜威的教育哲学论述更加贴近现实生活。各种概念分析方法的使用使得杜威逃脱了传统概念意义与用法的陷阱，并基于自己的实用主义立场赋予许多概念以崭新的意义……至于反省思维方法更是直接地以人们行为中的困惑或问题为出发点，融科学的精神、哲学的精神与实践的精神为一体，消弭了科学与哲学的边界、理论与实践的隔阂、知识与行动的对立，形成了杜威教育哲学的独特风格"[1]。相比"逻辑从未发展成为完备之科学"[2]的中国传统论述方式，杜威的这种论

---

[1] 石中英.杜威教育哲学论述的方法［J］.教育学报，2017（1）：3.

[2] 林语堂.吾国与吾民［M］.上海：华龄出版社，1995：87.

述方法显然有着重要的借鉴意义。

（三）基础教育实践需要

"杜威研究"的重要性更是体现在基础教育中实践教育教学研究领域。根据中国知网的数据统计，自2000年以来至今，仅中等教育中有关"杜威研究"的论文就有775篇，其中涉及的研究领域既有从基础教育改革方面谈杜威理论影响的，如安金玲《杜威的教育思想及其对基础教育改革的影响》（2008）、蒋良富《论杜威教育思想对中国基础教育的影响》（2004）等；又有从教育教学方面来阐述杜威教育理论的，如单中惠《"从做中学"新论》（2002）等；还有运用杜威"心理学"原理的教学方法来组织教学的实际案例，如赵冬青、戴勋、吴晗清《基于杜威"心理学"方法的化学教学案例研究》等。此外，还有涉及各门具体学科教学的研究成果。

特别值得注意的是，自2000年至今在中等教育领域"杜威研究"中涌现出大量的硕士论文。据中国知网的数据统计，"杜威研究"论文有373篇，在论文总数（775篇）中占据48%多，其内容几乎涉及所有中等教育的学科领域，甚至跨学科研究，如《高中生物教学中基于杜威德育理论的德育实施研究》。相比之下，博士论文的数量却很少，只有8篇，在"杜威研究"论文中占据1%左右，但其内容涉及中小学"学业负担问题""情境体验教学"等，对于学校教育中出现的实际问题具有极强的针对性。

事实上，杜威当年为了彻底改变学校教育压制儿童自由和儿童发展、使儿童深感痛苦的状况，为了彻底改变学校教育脱离社会和脱离儿童的现象，不仅撰写了大量的论著从理论上予以批判，而且还在芝加哥大学创办了"实验学校"用来检验和实践他的教育理论。正如《杜威学校》中文本译者所言："实际上杜威关于实验学校的设计和理论是他的教育理论在实践中的检验和应用。"①

---

① ［美］凯瑟琳·坎普·梅休，等.杜威学校［M］.王承绪，赵祥麟，等，译."译者前言".北京：教育科学出版社，2007：1.

在当下我国中小学"应试教育"现象依旧盛行，儿童"受逼迫"学习的现象并未得到实质性改善，甚至还有可能会变得更加严重的情况下，以往的"杜威研究"中不太受到重视的杜威实验学校实践开始受到了重视。2007年由教育科学出版社出版的单中惠主编的"杜威教育丛书"，其中再版了由美国教育学者梅休等著、王承绪和赵祥麟等译的《杜威学校》一书。著者梅休等作为"杜威学校"的教师，"根据自己的亲身经验和第一手资料对实验学校的设计、理论和实验情况"，在该书中对开办了8年的杜威学校实验"作了最详尽的记述和阐明"。①再如，2016年，高玲在《教育的实验室：杜威学校》一文中，尝试通过对大量史料分析"梳理杜威学校的8年校史，探析其教育理念及其在课程和教学上的具体实践"②。不言而喻，在目前的"杜威研究"中，却少有关于杜威学校的专门研究，因此，有关杜威学校的研究确实为我国基础教育改革提供了可资借鉴的学校变革实践研究成果。

21世纪以来，世界各国的教育都存在着挑战和危机显然是不争的事实，这使得杜威教育研究在当前人类社会发展背景下格外重要起来。其关键还是如美国知名杜威研究学者拉里·希克曼所言："杜威对教育的洞悉在如今的教育领域显得空前重要，虽然也有例外，但是，教育政策和实践却与杜威为之奋斗的通识人文教育计划背道而驰。"③当代中国教育的挑战和危机既有同世界各国相一致的方面，也有自身的独特之处。面对应试教育普遍盛行，唯分数至上，学生被当成学习机器，超级"高考工厂"学校，"填鸭式"教学，等等，不仅要重新赋予中国教育"杜威研究"的特殊重要性，而且要从"杜威研究"中不断获得教育智慧，使教育中的这些弊病从根本上得到改变。

---

① [美]凯瑟琳·坎普·梅休，等.杜威学校［M］.王承绪，赵祥麟，等，译."译者前言".北京：教育科学出版社，2007：1.

② 高玲.教育的实验室：杜威学校［J］.教育科学研究，2016（3）：74.

③ [美]希克曼.杜威留给21世纪的遗产. // 永远年轻的杜威——希克曼教授讲杜威［C］.王成兵，等译.北京：中国政法大学出版社，2015：13.

第 3 节　杜威教育研究的未来趋向

在2016年纪念杜威《民主主义与教育》出版100周年之际，单中惠撰文指出，杜威既注重教育理论又注重教育实践，他有关学校变革与社会变革关系、以学生发展为教育目标、课程教材心理化、行动和思维与教学关系、师生合作教育过程的探索，不仅在以往和当前世界各国的教育改革中发挥了并正在发挥着重要作用，而且在未来的教育改革中仍然具有重要的借鉴价值。比如，就学校变革和社会变革而言，杜威指出："社会生活的变化既对学校教育产生重要的影响，又对学校教育提出新的要求；学校教育通过变革以适应社会生活变化是一个最重要的问题；学校教育的一切变革并不是偶然发生的，而是出于社会发展的需要；面对巨大变化的社会生活，教育者应该清醒地意识自己的时代使命。"①

那么，在当今的社会生活变革中，如何通过学校教育改革把"人"培养成各项事业的主体？社会发展需要究竟对学校教育提出了哪些新的要求？在前所未有的改革开放进程中如何通过切实有效的学校教育树立起学生的社会主义核心价值观，全面提升全民族的精神境界？教师应该清醒意识到自己所肩负着哪些时代使命？一系列问题应该成为中国教育"杜威研究"的未来趋向。这无疑会为中国社会改革和教育改革提供理论上与实践上的借鉴和启示。

张伟通过对杜威等人教育思想的回顾反思，指出"思想之所以崇高在于

---

① 单中惠. 杜威教育学说的永恒价值——纪念《民主主义与教育》出版一百周年［J］. 河北师范大学学报（教科版），2017（1）：74.

其对于人们所具有的永恒价值",这将有助于"真正把握所处教育世界的演变历程与未来走向"——"一种教育理念想要真正地掀起一场声势浩大的教育思潮,进而引发社会层面的教育改革,除了自身应具备深邃的思想魅力外,还要紧紧地贴合时代发展的迫切要求"。杜威根据他对教育、社会和人性的理解,构建起了他的教育理论体系。杜威的设想是:"民主教育是一个人们进行探究的共同体,如果民主教育的改革能够成功,那么其结果将不仅是对现有制度的糟粕方面进行基本改造,更是对整个制度的理论根基进行一场翻天覆地式的革新……一个社会只有明确了自身想要在未来实现的愿景,才能准确地为教育的现实选择厘定一个存在意义,否则任何对教育的改革都会因盲目和短视而陷入困境。"①

周勇从追溯中国教育"杜威研究"的源头开始进行梳理,来说明研究杜威何以仍会被当代中国教育学界诸多学者视为大事。他提出,今天的杜威研究"无需重复30年代或80年代兴起的杜威研究(即深入解读杜威教育理论本身的种种内涵),而不妨尝试跳出杜威的那些理论,直接向杜威这个人学习"。应该看到,"为弄清变革中的美国社会,未来美国需要什么样的新教育,杜威至少持续探索了16年……这样一个以'十年磨一剑'的心志思索美国剧烈社会变迁需要什么样的'新教育'的教育学家"理应值得我们研究学习。"杜威及其著作可以激励当代中国教育学者也去深入中国近三十年的剧烈社会变迁,并在此基础上思索当代中国社会需要什么样的新教育……像杜威研究美国社会变迁及教育改革那样研究当代中国社会变迁及其需要的教育"②。这也给未来的中国教育"杜威研究"指出了一个研究方向。

当前,"核心素养"已成为我国基础教育改革中落实素质教育、深化课程

---

① 张伟. 教育、社会与人性的三重变奏——杜威与布迪厄教育理念刍议［J］. 北京社会科学, 2016(5): 103.

② 周勇. 杜威与中国教育学［J］. 全球教育展望, 2017(2): 103.

改革的关键要素。美国教育家凯瑟琳·埃尔金（Catherine Z. Elgin）将"人性繁盛"作为教育的核心素养，明显与我国2016年9月正式发布的以培养"全面发展的人"为核心的中国学生发展核心素养有着相似性和一致性。埃尔金认为，在人获得"人性繁盛"的多样化方式中，"杜威民主思想之核心'集体审议'具有重要的教育价值"，"民主审议是一种人们应采取的一起工作的方式，通过它人们解决共同的问题并获致集体的善。而且它的好处远大于此，因为杜威的民主审议本质上是教育性的。它是一种——也许是最好的一种——彼此相互学习的途径"。①不难看出，这种民主审议是一种自主性合作探索的过程，它既是认知的，又是道德的，是实现个人善与共同善之融合进而达到"人性繁盛"的核心素养。

在2016年颁布的《中国学生发展六大核心素养》中，文化基础、自主发展、社会参与三大方面与杜威教育理论中有关学校教育应该适应于儿童的发展、要与儿童的社会生活密切联系之间，是否有着某些内在的联系？以培养"核心素养"为目的的课程教学改革与杜威的设计教学之间是否也存在着某些联系？还有应该如何看待、评价和发展近现代教育家胡适、陶行知、陈鹤琴、黄炎培、俞子夷等人在学习运用杜威教育思想的过程中对于学生各种能力培养所作的各种探索？等等，都是有待于进一步研究的课题。

应该看到，杜威和他的教育理论不仅未脱离当前的教育，而且仍然与当前的教育密切相关，愿意投身于社会改革和教育改革的理论研究者和实践工作者应该能够从"杜威教育研究"中得到智慧和启示，并运用这些智慧和启示来推进社会改革和教育改革。

---

① ［美］凯瑟琳·埃尔金. 教育的目的 ［J］. 教育发展研究，2016（18）：1.

本编小结

一、"传统"与"西化"

20世纪初期，将杜威教育思想引入中国是中国现代教育史上具有划时代意义的"大事件"。在此之前，有着悠久历史的中国教育，虽然积累了丰富的经验，独具特色，形成了优良的文化传统，在不同历史阶段涌现出了异彩纷呈的教育思想，但到了近代社会，当把教育现象作为一门独立的学科来研究时，却远远落后于西方世界。直到1896年，就连极力主张引进"西学"的维新派人士梁启超还固执地把西方的"教育学"课程排斥在外，"至其所以为教之道，则微言妙义，略具于《学记》之篇，循而用之，殆庶几矣"①，认为只要领会了《学记》中所讲述的教育原理，能够举一反三运用就足够了。因此妨碍了近代中国将教育理论上升到学科教育研究层面的，恰恰是古代教育的优良传统。"传统"与"西化"这两个纠缠不清的命题，在现代中国教育学科创建之初，就成了不断困扰中国教育研究的一个两难选择。②

在很大程度上，也正是出于对悠久历史、灿烂文化的过分骄傲和闭关自守导致近代中国遭受了一系列灾难性战争。从自认为中华文明相当于整个世界

---

① 梁启超. 论师范. // 朱有瓛. 中国近代学制史料（第1辑·下册）［C］. 上海：华东师范大学出版社，1986：982.

② 关于这个两难选择，杨念群教授曾举过一个生动的例证："五四"时期中国知识分子中形式上最为保守的新儒家梁漱溟却恰恰是利用欧洲观念史的思路来定位中国传统文化的价值。（赵汀阳. 哲学的中国表述［C］. 吉林大学理论法学研究中心. http：// www.legaltheory.com.cn.）

文明到面对西方世界经济、军事上的绝对优势自愿拜倒在西方文明的脚下，高呼将孔孟老墨丢进茅厕，痛斥传统文化一无是处，正是战争带来的创伤和屈辱，造成了19世纪后期到20世纪初期近代中国面对西方文明由闭锁不纳到全盘接受直至顶礼膜拜。在这样的文化背景下，近代中国教育提出向西方学习。

"'引进'教育理论成为中国近代以来教育理论演变的一大特征。近百年来，社会几经风雨，教育几经曲折，许多东西发生了变化，但教育学科领域内'引进'这个似乎从'娘胎'里带来的记号难以抹去。这真可谓是先天不足造成的持久后果！"①

说来可叹，20世纪初期中国教育最早引入的西方教育理论并不是直接来自西方的"杜威"，而是转道来自日本的"赫尔巴特"。而随后的"杜威引入"的重大意义，不仅改变了中国教育从日本间接学习西方的现象，而且更重要的是使中国教育改变了之前从日本引进"赫尔巴特"的过程中"无组织、无选择、本末不具、派别不明、唯以多为贵"的状况②。在引进杜威的过程中，中国教育有了自己的一些初步思考和探索③。从这个角度来说，自那时起，中国教育就为了与杜威教育思想走向"对话"做出了一些试探性的尝试。在经历了近百年的探索后我们发现，尽管"对话"的态度是中国教育"杜威研究"的明智选择，但真正的困惑却来自为什么中国教育与杜威教育思想走向"对话"的道路走起来是那么坎坷不平、困难重重。把一切希望寄托在政治变革上，这使20世纪80年代前的中国教育"杜威研究"在崇拜与批判的"独白"之间左摇右摆。作为"对话"关键的"平等的态度"不复存在，通过"对话"来认识自我，达到促使自我实现、成长和超越的目的也就根本无从谈起。

客观地评价历史，如果说20世纪前期的"杜威引入"除了导致中国教育

---

① 教育研究方法论初探 [M].上海：上海教育出版社，1999：91-92.

② 梁启超.清末学术概论 [M].北京：中华书局，1954：71.

③ 在这一方面，陶行知等人通过从师杜威，在中国教育实践中进行的一系列试图适合中国国情的教育实验和探索，是突出的表现。

的全盘西化之外没有给中国教育带来有益的影响，那肯定是不公正的。同样地，如果认为20世纪中期中国教育的"杜威批判"一无是处，那也是不确切的。

20世纪前期的"杜威引入"给现代中国教育带来的从教育实践到教育理论研究上的重大影响，在今天的中国教育界几乎已是无人不知的事实。①如果我们不把眼光停留在事情的表面，再做进一步的探究，就会发现杜威教育思想之所以能够对近代中国教育产生如此重大的影响，其最根本的原因或许是杜威教育思想从根本上冲击了当时中国教育研究中的传统思维方式。"道可道，非常道。"②以重意会（经验体会）、重精神力量为主要内涵的传统思维方式表现在中国传统教育中，教育概念的释义、教育经验的概述、教育信条的确立成为传统教育思想和主张（严格地说还构不成系统理论）的主要表达形式。杜威教育思想中强烈的问题意识，对于教育现象从心理学、伦理学、哲学角度所进行的逻辑严密的论证体系，注重教育实验的科学态度等，展现出来的是完全不同于传统教育思想的另一番全然新异的教育景象。正是在这种局面下，问题出现了：面对杜威以他的论证方式展现出来的"新"景象，我们是否就要把原来用自己的"道可道"方式意会到的"旧"情景看得面目全非，毫无是处？事实上，20世纪初期以其标榜的"科学"、"民主"受到国人青睐的杜威教育思想，在"支配了中国教育三十年"后，又被新中国教育"彻底打倒"。

20世纪80年代后，"文化霸权"一词的出现，让世界看到的是西方在经济方面的优势导致的军事、政治、文化上的一系列权利，使它拥有了对于全球文化的解释权。福柯的"知识\权利"理论无疑会更有助于我们清楚地认识这个问题。认识到问题的关键与紧迫，1987年党的十三大首次把"以经济建设为中

---

① 从20世纪80年代以来出版的有关近代中国教育历史的著作中，一般都涉及了当时杜威来华和他所宣传的实用主义教育思想对当时中国教育的影响（评价主要侧重于积极的方面）。另外，还有许多详细介绍杜威来华及分析杜威教育思想对中国教育影响的论文发表。

② 老子.道德经·第一章.

心"写进党的路线，并提出"教育为社会主义建设服务，社会主义建设依靠教育"①，密切了教育与经济的关系。在这个时候，中国教育界提出了"重新评价杜威"。

从杜威的立场来看，中国与他宣扬的"民主"、"科学"相距甚远，杜威无疑是推崇美国式民主的（尽管他也看出了其中的某些不足之处）②。如果只有杜威的宣传，没有在广大接受者中引起的轰动和轰动之后带来的感情上的冲动——当时中国社会的许多名人都把杜威所宣传的主张看作是救中国于水火之中的"一条出路"，中国教育也不至于在一夜之间完全"抄袭"美国教育。再来看20世纪80年代后的第二次"西学东渐"，中国教育在"重新评价杜威"的过程中出现的"尊奉"现象，从教育的视角足以使中国知识人再一次重新审视西方的"文化霸权"。

透过当前中国知识人对于这种"文化霸权"的痛心疾首，再看建国后初期的三十多年，对陶行知的批判、对胡适的批判、对杜威的批判、对凯洛夫的批判等一系列发端于因不满电影《武训传》中"武训所表现出的'奴性'"而进行的"批判"③，除了政治上的原因，是否也包含了对于当时就已出现而未加确切命名的"文化霸权"现象深恶痛绝的一种表达？然而，当来自各个方面的原因将这种"表达"推向极端之后，对于中国教育来说，彻底的"杜威批判"带来的却是灾难，这同样也应该值得中国教育引以为戒。

二、"借鉴"与"创新"

历史是一面镜子。21世纪之初，回顾20世纪中国教育近一个世纪的"杜

---

① 邓小平.建设有中国特色的社会主义［M］.增订本.1987：21.
② 袁刚，等.民治主义与现代社会：杜威在华讲演集［C］.北京：北京大学出版社，2004：17.
③ 何显明.超越与回归——毛泽东的心路里程［M］.上海：学林出版社，2002：112-113.

威研究"，对于构建中国特色的教育理论来说应该是有所借鉴的。因此，20世纪初期的"杜威引入"，20世纪50年代—1965年的"杜威批判"，20世纪80年代后的"重新评价杜威"，都是值得思考和研究的问题。

在众多创建"本土化"教育理论的呼吁中，大都强烈主张要立足于"我们自己的文化"，构建出一种"我们自己的教育"，但问题是：究竟什么样的教育是"我们自己的"，确实存在着一种固定不变的"本土化"吗？各种不同的文化沿着各自历史发展的脉络追本溯源寻找"本土化"，却有一个共同的发现：每一种文化都是在不断地与其他文化的交流与学习的过程中向前发展的。"每一个固定的时刻我们所认为的'我们'的文化，实际上都是当时文化记忆的'总体化'，它具有特定的选择性。在现代世界中，'我们的文化'从来就不可能是纯粹由'本地生产的'，都包含着先前对外来文化的借鉴以及影响，并且在成为这个总体化和部分之后，才仿佛变得'自然而本土'。"①其实，文化的发展一直都是在取舍之间的选择中进行的，与文化有密切联系的教育当然也不能不受此影响。环顾当今世界，有哪一个国家的教育是纯粹"本土化"的？有哪一个国家的教育理论都是本国"自己生产的"？又有哪一个教育家的教育思想在构建的过程中不曾受到"本土"以外教育主张和思想的广泛影响的？如此看来，在面对教育上的众多"文本"时，如何能够作出确实明智的"选择"，就成了接下来决定用什么样的态度来对待所"选定"进行交流的对象的前提，而要作出明智的"选择"，首先需要对于自我要有一个清醒的认识。

19世纪前的中国把自己看做是世界的中心，骄傲自大、孤芳自赏，以"孔孟之道"为核心内容、以"传授—记诵"为主要教学方法、以科举入仕为唯一教育目的的传统教育历经数世不衰。但是，鸦片战争后的一系列战争

---

① 赵修义.解读汤林森的《文化帝国主义》.// ［英］汤林森.文化帝国主义［M］.冯建三，译.上海：上海人民出版社，1999：11.

的惨痛，使中国人在开始"睁眼看世界"之时，却怎么也找不回不卑不亢的心态，对西方列强既痛恨又羡慕，因而表现在中国文化中，要么是"全盘西化"，要么是"反西化"。①中国教育受此影响，也深陷于这种矛盾之中而不能自拔。这种状况一方面造成了中国教育的盲从心理，崇拜西方、崇拜苏联、崇拜所有被看做是"权威"的"权威"；另一方面也激发了中国教育强烈的批判意识，批判"传统教育"、批判"全盘西化"、批判儒家道学、批判"杜威"，批判一切可以批判的东西。"文革"时期的教育革命将这种批判精神贯彻到底，批判发展成砸烂，教育家和教育理论统统被砸烂了，教育本身也被砸烂了。情感淹没了理智，中国教育距离真正的"教育"也就越来越远。

应该说，20世纪80年代后"重新评价杜威"的过程，同时也是中国教育不断找回自我的过程。"重新评价杜威"使中国教育认识到：杜威作为一位具有世界性影响的美国教育家，他的教育思想既不应该被看做是"正面权威"而"支配中国教育三十年"，也不应该被树成"反面典型"而"彻底打到"。杜威教育思想产生于美国，却由于对教育现象某些本质性规律的探索而享誉全世界，恰恰反映了未来世界发展的一种趋势——"21世纪要求生活在地球的人们拥有一种极为重要的态度：要从全球的角度看人类的条件。某个地方即时的需求和所关心的问题，将越来越同世界上其他许多地方的需要以及所关心的问题紧密地联系在一起。"②

在"重新评价杜威"之后，中国"素质教育"理念的提出，新课程改革

---

① 事实上，"五四"时期的"传统派"人物，也都是接受过西式教育的知识分子，他们对于"传统文化"的维护，本意并不见得真正是要继承和发扬"传统"，而多是出于对"全盘西化"主张的反感，不自觉地向"传统"靠拢的，他们用西方的理论来论证"传统"时，用意或许仅仅是为了"反西化"。

② ［美］范斯科特，等. 社会与教育的未来. // 瞿葆奎. 教育学文集·国际教育展望［C］. 北京：人民教育出版社，1993：69.

的实施，都说明中国教育已经开始更多以世界教育发展趋势为标准（而不再是单纯从民族感情的角度出发），理性分析和研究杜威等外国教育家的教育思想，为中国教育未来的改革发展提供借鉴。在各种声音、各种理论之间，根据不同发展阶段的不同需求，中国教育应不断地寻找一种动态的平衡，而不是将一种自认为是"正确"的教育理论作为一劳永逸的固定模式而发展到极端。这标志着中国特色教育理论已经在构建之中。

为了使具有中国特色教育理论能够成为世界教育理论的重要部分，关键的问题不是在"传统"与"西化"之间争论不休。从现阶段的"重新评价杜威"可以看出，尽管在当下中国教育界尊奉西方话语的现象仍然非常明显，但过多的批判也并无很大的实际意义，更重要的是，在借鉴杜威等外国教育家的教育思想之后，必须明确中国教育理论在原来的基础上有什么新的发展，即中国教育理论的创新。摆在中国教育面前的问题是，不论是用西方的话语体系还是传统的形式，要有更多的中国教育理论能够通过自己所观察到、感受到、体验到的中国教育现实，来形成自己的思考，发出自己内心的声音，建构出体现自己特点和反映时代发展的教育思想。

三、"独白"到"对话"

贯穿于近一个世纪的中国教育"杜威研究"过程中的"传统"与"西化"的斗争、"借鉴"与"创新"的困惑表明，20世纪初期"杜威引入"、20世纪50年代—1965年的"杜威批判"、20世纪80年代后"重新评价杜威"，均反映了教育与政治、经济和文化的关系。应该看到，当"传统"与"西化"以二元对立的形式出现在中国教育中，一方总是企图战胜另一方而以"独白"的姿态出现时，无论是政治、文化还是经济，"独白"带给中国教育的都是衰落，而不是兴旺。

"夫和实生物，同则不继。以他平他谓之和，故能丰长而物归之，若以同禋同，尽乃弃矣。故先王以金木水火土杂，以成百物……"①多种多样的物种共生共存是促进生物界进化的自然之道。同样，多种不同教育观点主张相互交融、相互作用，在发展中达到一种动态的平衡，也是促进中国教育可持续发展的途径。

因此，摆脱"独白"实现复调式的"对话"是构建具有中国特色教育理论的必然要求。当中国教育的"杜威研究"摆脱了各种形式的二元对立，"传统"与"西化"两者之间不再是水火不容、截然对立，而能够互容互长，取长补短，共生共存，平等对话；当教育与政治、经济、文化之间保持密切联系的同时又真正具有自己的相对独立性，在"对话"的过程中达到多种不同"视野"的融合，使中国教育在认识和超越原有视野的基础上形成新的视野，才可能最终实现教育和政治、经济、文化发展相适应的共同发展。

在构建具有中国特色教育理论中，"创新"虽是中国教育学界向往和追求的境界，但却离不开"借鉴"作为基础。"创造只能来自各种不同信息、不同文化、不同要素的对话，而不是凭空出现。"②教育理论的构建亦是如此。如果杜威不曾做过10年"欧洲学术思想的门徒"，如果杜威在接受他者思想方面不是"易受影响的"③，如果杜威面对他所遭遇到的众多教育"文本"进行加工取舍时不能持有一种兼容并蓄、平等对话的心态，那很难想象他怎么能实现"从绝对主义到实验主义"的转变，他怎么能够在"其后的50年成了杜威"④。

---

① 国语·郑语.

② 滕守尧.生态式艺术教育与人的可持续发展［J］.民族艺术，2001（1）.

③ ［美］杜威.从绝对主义到实验主义.// 杜威传（修订版）［C］.单中惠，编译.合肥：安徽教育出版社，2009：49.

④ ［美］塞顿·霍尔大学教授培里（Thomas Beery）将杜威的学术发展划分为三个阶段"10年的门徒身份，10年的摆脱影响和崭露头角，其后50年杜威成了杜威"。// 杜威传（修订版）［C］.单中惠，编译.合肥：安徽教育出版社，2009：185.

因此，构建具有中国特色教育理论，"对话"不仅仅是一个必要的前提条件、一条可行途径，更重要的是，它还反映出一种心态。

从现代中国教育的"杜威引入"开始，在国内外学术界关于"杜威与中国"的研究中，与在杜威中国之行对于中国思想、文化、教育界影响方面不断涌现出的研究成果相比，在中国之行对于杜威思想的影响方面的研究却寥若晨星。在中国教育近一个世纪的"杜威研究"中，不论是从20世纪20年代到新中国成立前杜威教育思想"支配中国教育三十年"，还是新中国成立后至1965年的"杜威批判"，从正面到反面，杜威都是被看做是"权威"来对待的，即便是改革开放时期"重新评价杜威"之后，在对待杜威等西方教育家依然盛行的"尊奉"态度以及由此产生的强烈的"反尊奉"态度，甚至中国学术界对于西方"文化霸权"现象的高度敏感和极度关注，也许在某种程度上暴露出中国教育研究在心态上的失衡。

这样看来，对杜威及其他外国教育家的教育思想进行广泛深入研究的过程，其实也应该是一个我们的教育研究深刻认识、反思自己的过程：对照他人研究的过程、结果和经过实践的检验所得出的经验教训，通过对我们自己的教育传统和教育现状进行认真而系统的梳理，我们对于自己的教育理论有一个清醒的认识，明白其中哪些部分是需要继续发扬的，哪些部分是需要加以改进的。只有在这个基础上，"借鉴"才更具有针对性，才能更好地取他人之长补己之短，而不至于盲目尊奉外国，不至于屡次重复过去的"推倒—重来"模式；同时更有效地从世界先进教育理论中吸取养料，使我们的教育理论研究更具有旺盛的生命力。或许在这个过程中，发现我们自己所具有的优势，确保它们能够留下来并传下去，努力使这些优势在传承的过程中随着时代的发展而得到充分的发展，这要比时时寻找自己的不足，试图求得"以借他山之石攻玉"更为重要。在深刻认识和反思自己的基础上，立足于我们自己的教育传统，克服种种困难，在我们自己的土壤中精心培育出适合于在我们自己人文环境下生长的教育研究之树，构建一种具有中国特色的教育研究"范式"，或许才是我们的教育研究能够得以茁壮成长的可行途径。也就是说，只有借助于对外来教育理论的深入研究、开展广泛的平等"对话"，在先有对"自我"有一个清醒认识的前提下，才能通过更有效地广泛地吸取外界营养来保持自己旺盛的生命力。从这个角度来看，与杜威教育思想"对话"本身也就成了一个促使我们真正形成独立思考、尝试构建自己的教育理论的过程，是"一种实践，一种探寻并不断走向生命中的真正的恒久的途径，而这种恒久同时就是我真正的自我"①。

杜威在70岁生日庆典上解释自己在美国生活和思想史上的地位时，这样描述："某一个人，他对于周围事物的变化有点敏感，他对于什么东西正在消失或者死亡以及什么东西正在发生或者在发展中有些鉴别力。而且他凭着这种反应，预言将来会发生某些事情。"②事实上，对于教育理论和实践研究人员来说，要构建出一种体现本土特色教育理论，仅仅"有点敏感"、"有些鉴别力"还是不够的。更重要的是，在对待"传统教育"与"现代教育"的关系上、在"借鉴"与"创新"的过程中，持有一种平等平和、兼容并蓄的"对话"心态。

---

① ［美］史蒂芬·罗.再看西方［M］.林泽铨，刘景联，译."中文版作者序".上海：上海译文出版社，1998：1.

② 赵祥麟.评杜威实用主义教育思想［J］.教育研究，1980（5）.

结语：杜威教育在日本和中国影响之比较

自到哥伦比亚大学任教后，美国教育家杜威在这所大学富有激励作用的创造性氛围中，先后出版《学校与社会》（1899）、《教育中的道德原理》（1909）、《教育中的兴趣与努力》（1910）、《明日之学校》（1912）等著作，渐渐在美国教育界产生了巨大的影响。1916年《民主主义与教育》这本巨著的问世，不仅是他的实用主义教育思想体系确立的标志，而且是他在20世纪美国教育界最重要地位确立的标志。随着这些教育著作在世界上一些国家的翻译出版，杜威开始在世界上产生了越来越大的学术影响。在某种意义上，杜威完成了在教育学术上从美国走向世界的准备。

除他的哲学和教育著作在世界各国翻译出版外，在20世纪的第二个十年，杜威还通过他自己的访问旅行开始了他从美国走向世界的历程，因而在某种程度上更扩大了他的哲学和教育思想的世界性影响。1919年的远东之行，就是这个历程的开始。在这次远东之行中，杜威先后访问旅行了日本（1919）和中国（1919—1921）。后来，他又访问旅行了土耳其（1924）、墨西哥（1926）、苏联（1928）等国家。

对于旅行的意义和作用，杜威本人有着独特的看法。在结束日本和中国之行后不久，他就在1921年第3期的《改造》杂志上发表的《国家之间相互理解中的一些因素》一文中这样写道："人们都知道旅行有一种开阔眼界的功效，至少在旅行者愿意让他的心态保持开放的情况下是这样。从旅行中获得启发的数量，通常取决于旅行者启程之地的文明与他到达的这个国家的文明之间所存在的差异的大小。两者越不相像，学习的机会就越多。但是，与此同时，这种不相似性也给学习造成了困难……不过，幸运的是，许多人都对变化与新奇事物存有一种天然的喜好，因此很容易受到不同于他们习以为常的那些事物的吸引，即使他们并不理解这些事物。所以，如果外部自然景色引人入胜，各种习俗别有风致，城市不因脏乱颓败而使人生厌，那么，大多数旅行者都会把他们的所见作为享受，即使他们并未从中获得深刻的新理解。"①在他看来，如何能使通过旅行与另一个国家的接触成为在教育上获得洞见与理解的真正手段，这对世界的和平与进步来说是一个重要问题。

一、杜威急切渴望且很难忘的远东之行

在西方人眼中，东方是一块十分神秘而又值得向往的土地。对杜威来说，这也不例外。在他的国外旅行中，远东之行实际上成了时间最长和印象最深的一次访问旅行。期间，他先在日本访问旅行，紧接着又在中国访问旅行。

1918年冬季，杜威正好在加利福尼亚大学开设讲座，他很想趁此机会能够到日本进行一次随意的休闲旅行。他的心情是急切渴望的。1918年12月9日，杜威在给友人莱文森（Salmon O. Levinson）的信中就说："杜威夫人和我永远不可能像现在这样近的接近日本；而且随着岁月的流逝，如果我们现在不去，那或许永远都不会有机会了。"②后来，他在《东海的两边》一文中还这样写道，即便只是为了使自己的知识完备起来，每个想去日本看看的人也应当去中国看看，因为"日本和中国的地理位置如此靠近，然而与它们有关的各种事实看起来恰好是对立的，这都是要人们终生体验的东西"③。

---

① [美] 杜威. 国家之间相互理解中的一些因素. // 杜威全集·中期著作第13卷 [C]. 赵协真，译. 上海：华东师范大学出版社，2012：229.

② John Dewey to Salmon O. Levinson, 1918.12.21. Butler Library.

③ [美] 杜威. 东海的两边. // 杜威全集·中期著作第11卷 [C]. 马迅，译. 上海：华东师范大学出版社，2012：149.

在日本和中国的哥伦比亚大学留学生的安排下，杜威的这次远东之行事实上变成了一次学术性访问旅行。对于这次远东之行，他的女儿伊夫琳（Evelyn Dewey）曾作了这样的概括性论述："1919年的早些时候，杜威与夫人艾丽丝离开美国进行了一次日本之行。之所以急切地着手安排这次旅行，那是因为他们多年来就打算无论如何都要去东半球看一看。这次旅行仅仅是为了休闲，但就在他们离开旧金山之前，杜威教授收到了电报邀请他去东京帝国大学开设讲座，并随后再到日本其他一些地方做些讲演。于是，他们在日本旅行访问了三四个月，度过了一段最愉快的时光。由于在日本受到如此出乎意料的礼遇而使其高兴的心情成倍增长，因此，他们在5月时又决定去中国，至少在回美国之前在那里待上几周时间。当时中国正在为一种统一独立的民主制度而进行的斗争，强烈地吸引了杜威夫妇，因而使他们改变了在1919年夏天返回美国的计划。杜威教授向哥伦比亚大学校方申请一年的休假获得了批准，所以他与夫人艾丽丝仍然待在中国。他们共同进行讲演和讨论，尽力把西方民主的一些情况传递给中国这个古老的国家，同时也享受着一种有乐趣的体验。正如这些家书所显示的，他们将这种经历作为对自己人生的一次极大丰富。"①

很有趣的是，杜威还写到旅行者们通常会分成两类：一类旅行者是对新印象不敏感和缺乏审美趣味，并批评他们的所见；另一类旅行者是从他们的所见中感到持久的快乐，从与其所熟悉的东西不相象中拓展了自己的眼界，并带着他曾经到过的那个国家的积极兴趣归来。从杜威在远东之行中或远东之行后的言行来看，他显然应该归为"另一类旅行者"之列。

1. 杜威教育思想在访问日本和中国前的传播

在杜威远东之行前，他的哲学和教育思想已经在日本和中国开始了早期传播，他的一些著作也在这两个国家中得到了翻译出版。应该说，这是为杜威

---

① John Dewey and Alice Chipman Dewey. *Letters from China and Japan.* edited by Evelyn Dewey. Preface. New York: E. P. Dutton & Company, 1920: v.

得以在日本和中国访问旅行的思想准备。

就日本而言,从明治维新教育改革起,随着其他西方文化和教育思想传入日本,杜威的学说在19世纪80年代末也传入了日本。在美国波士顿大学留学回国的元良右二郎1888年在《宇宙》杂志上发表的《美国心理学近况》一文,是日本正式刊物第一次介绍杜威学说。以元良右二郎为代表的日本早期杜威研究学者努力介绍杜威及实用主义。他们大多是留美学生。在杜威的教育著作中,最早在日本翻译出版的《学校与社会》是1901年由上野阳一翻译的;他的《民主主义与教育》出版两年后由田制佐重在日本翻译出版了。除此之外,在杜威教育思想的影响下,日本还出现了一些实验学校。

就中国来讲,其教育改革虽然在时间上要比日本迟一些,但在民国初年,随着"科学"和"民主"的提倡,不少近代中国教育家也渴望包括杜威教育思想在内的西方教育理论的传入。正如毛泽东所言:"自从1840年鸦片战争失败那时起,先进的中国人,经过千辛万苦,向西方国家寻找真理。"[①]因此,在杜威中国之行前,一些中国学者已经在刊物上介绍他的实用主义教育思想。其中,蔡元培因1912年2月发表的《对于新教育之意见》而成为在中国最早介绍杜威实用主义教育思想的学者;1901年创刊的《教育世界》和1909年创刊的《教育杂志》成了推动西方教育理论以及杜威实用主义教育思想在中国传播的重要刊物。杜威在题为《中国与西方——评〈中国问题〉》的评论文章中更是这样指出:"与西方的接触,在中国引起了一种再度觉醒的躁动、一次真正的文艺复兴。"[②]

2. 日本和中国在杜威远东之行前的准备

杜威日本之行只是他自己安排的一次随意的休闲旅行,而且直到临行前

---

① 毛泽东. 毛泽东选集(第4卷)[C]. 北京:人民出版社,1991:1469.
② [美]杜威. 中国与西方——评《中国问题》. // 杜威全集·中期著作第15卷[C]. 汪家堂,等译. 2015:182.《中国问题》一书由英国哲学家和教育家罗素(Bertrand Russell)所著。

他才收到帝国大学的正式邀请，所以，日本接待杜威的准备不仅是不充分的，甚至可以说是有点仓促的。但是，无论在日常生活上，还是在学术活动上，筹备这个行程的负责人小野荣二郎（曾在密歇根大学获得政治学博士学位），以及在经济上资助的涉泽荣一男爵（曾分别于1902、1910、1915年在美国留学）还是进行了很好的安排。例如，杜威与夫人抵达东京后不久就被安排住在设备齐全的新渡户家里。在1919年2月给孩子的家书中，他还作了一些描述：这套漂亮的寓所位于一个小山坡的美丽庭园内，一间大卧室、一小化妆间和一间书房；远处可看见奇妙的富士山、周围的丘陵以及更远处的平原；一条运河恰好从我们的山脚下流过，沿运河是从前闻名遐迩的樱花园。

杜威中国之行改变了他原先的设想，使得他的远东之行的时间被延长了。当杜威在日本期间，他收到胡适、陶行知的来信，盛情邀请他来华讲学。赴欧洲考察教育的郭秉文路过日本时，也专门拜会杜威表达了这个愿望。杜威主要是在北京大学开设讲座，具体时间为1919年6月至1920年3月。中国五个进步教育团体提供的经济资助，为杜威的中国之行筹得了足够的经费。因此，相对杜威的日本之行，在他的中国之行中，中国接待杜威的准备更为充分。杜威抵达中国后，一直由几位中国知识界人士组成的接待委员会照顾着，他们大多是从美国归来的留学生。杜威后来又两次向哥伦比亚大学校方续假，中国接待方还同意支付哥伦比亚大学停止发给他的薪水。1919年4月23日，杜威在日本神户给友人巴恩斯（Albert C. Barnes）的信中这样写道："如果延长假期能够确定下来，那我想留下来。我在中国这一年时间里，也将能够真正地学习东方的一些东西。他们非常尊重知识分子，达到了一种迷信的地步，这也是他们有价值的资产。"[1]

杜威对访问中国这个世界上最古老的东方国家是十分向往的，他也明显地对中国及其所面临的各种问题产生了直接的兴趣；加上杜威抵达中国时，这

---

[1] John Dewey to Albert C. Barnes, Kobe, 1919.04.23. Butler Library.

些旨在复兴中国的范围广泛的运动立即引起了他的关注，因此，延长待在中国的时间更是满足了杜威对中国了解的愿望。这不仅可以使他有更深一层了解中国的机会和时间，而且可以使他认真地观察和解读着身边所发生的一切。在《中国是一个国家吗？》一文中，杜威就写到了自己之所以对中国产生兴趣的原因："从政治与经济上来说，中国确实是另一个世界、一个巨大而持久的世界，以及无人知其将往何处去的世界。正是这些事实的组合，才使人类事务的观察家产生难以抗拒地去琢磨中国的兴趣。"①他在《老中国与新中国》一文中也指出："这正是一种学术现象，值得去研究、推测、探究和思考。当今世界没有哪个地方所发生的事情——包括正沉浸在改造阵痛中的欧洲，能和中国的现状相提并论。"②与此同时，也应该看到，中国知识界的人士对包括杜威哲学和教育思想在内的西方新思想也十分感兴趣。可以说，"在世界上似乎没有任何一个国家像中国一样，学生们如此一致而急切地对思想中现代的新东西感兴趣，尤其是对有关社会与经济问题的思想感兴趣"③。

3. 杜威在日本和中国的讲演及效果

由于在日本只待了不到三个月（1919年2月9日至4月28日），而在中国待了两年多（1919年4月30日至1921年8月2日），因此，杜威在日本讲演的次数和时间远远少于在中国的讲演。杜威在日本的讲演主要是哲学方面，杜威在中国的讲演主要是教育方面。

（1）杜威在日本的讲演及效果

杜威在日本的讲演，主要是在东京帝国大学和京都帝国大学开设讲座，

---

① ［美］杜威. 中国是一个国家吗？// 杜威全集·中期著作第13卷［C］. 赵协真，译. 上海：华东师范大学出版社，2012：67.

② John Dewey. *Old China and New*. // Collected Works of John Dewey. The Middle Works, Vol.13. Carbondale: Southern Illinois University Press, 1983：94.

③ ［美］杜威. 日本的公众舆论. // 杜威全集·中期著作第13卷［C］. 赵协真，译. 上海：华东师范大学出版社，2012：224.

以及在京都、大阪、神户等地对教师们作的一些讲演。他在东京帝国大学讲座的主题是《现代哲学的地位——有关哲学改造的一些问题》。其中包括：《关于哲学含义的而一些有争论的观念》《思辨的知识与行动的知识》《哲学改造的社会原因》《现代科学与哲学改造》《关于经验和理性的已变化的概念》《影响逻辑的改造》《影响道德和教育的改造》《影响社会哲学的改造》等8次讲演。这些讲演1920年以《哲学的改造》为书名在美国出版，但其中各章标题进行了一些调整。杜威在该书的前言注释中提及，他试图对当时哲学中的观念和思维方法的改造作出一些阐释，目的在于对新旧哲学问题进行概要性的对比。

由于杜威的盛名和事前的宣传，因此东京帝国大学第一次讲座吸引了约1000人，其中大多数是东京市内高等院校的教师和学生，还有不少外国留学生。在3次讲座后，听众仍然较多，大约500人。但随着讲座的继续进行，听众渐渐变得越来越少，到最后听众只有三四十人了。当然，通过讲座和讲演，杜威和日本知识界的许多人士有了一面之交。

（2）杜威在中国的讲演及效果

在中国，杜威主要是在北京大学和北京高等师范学校举办讲座。除外，他还到上海、天津等十多个省市进行不同主题的讲演。杜威在北京大学的讲座主题包括：《社会哲学与政治哲学》（16次）、《教育哲学》（16次）、《思想之派别》（18次）、《三位现代哲学家——威廉·詹姆斯、亨利·柏格森、伯特兰·罗素》（6次）以及《伦理讲演纪略》（12次）。这些讲座都是以英语进行的，由胡适翻译并记录，以备日报及学术杂志刊载之用。每次讲座，杜威都会事先把讲座的摘要打印成文，将其交给译员以便翻译。这五个影响最为广泛的讲座（共68次）1920年6月被汇编成书，其书名为《杜威五大演讲》。至1921年7月已重印11次，可见该书在当时中国知识界的畅销。

与在日本的讲演相比，杜威在中国各地所作的教育讲演中，所涉及的方面是更广泛的。具体来说，他的教育讲演涉及教育哲学、社会教育、学校教育、平民教育、职业教育、大学教育、现代教育、伦理教育、学生自治、教师职责等方面。杜威的学生胡适1959年在《杜威在中国》一文中回忆道："经过了40年，我最近重读了大部分他讲演的中文译稿，我还能感到这位大思想家和导师的生气勃勃的风姿和真诚。他在课堂上或者在听讲的广大听众面前总是字斟句酌。"①

杜威在华教育讲演呈现出以下四个特点：

一是体现教育理念新颖性。与旧的教育思想相比，杜威作为一位强调教育革新的现代教育思想代表人物，在华教育讲演所阐释的教育理念无疑是具有新颖性的。这种新颖性在他的在华教育讲演中无处不在，诸如，教育哲学对教育的指挥引导，学校生活就是一种社会生活，身体健康是各种事业的基本，教师应研究教育的心理要素，自动教育促使创造力的发展，注重知行合一是真正的教育，应使教材适合儿童经验，一切教育都带有职业的性质，道德是教育的最高最后目的，教师的领袖责任和职业精神，等等。也许，更值得人们注意的是，这种新颖性除体现在杜威所阐释的教育理念上，还体现在杜威讨论教育问题的广度和深度上。

二是联系中国的教育实际。杜威在华教育讲演中，注意联系当时中国的教育情况。通过对近代中国的访问，他近距离地了解到当时中国各地开办义务学校的情况，他强调指出，中国有它自己的情形，要解决其教育问题，就要有中国的教育，以便把天资很好的人民中的本能完全发挥出来。杜威在他的教育讲演中还讲到，他常常同蔡元培先生谈论到：教育如屋架，政府如檩顶，国民如基础，必须基础牢固，屋才能巩固。

三是运用很多的实际例子。杜威在对华教育讲演中，运用了很多的实际例子来说明他的教育思想。其中，既有自然界的例子，如儿童的好奇心好像是

---

① 胡适.杜威在中国. // 杜威传（修订版）［C］.单中惠，编译.合肥：安徽教育出版社，2009：384.

吸铁石等；也有社会界的例子，如旧式知识论正同守财奴的积财观念等。既有他国的例子，如美国有一个函授学校登出教人学游泳的广告，但只是发各种游泳讲义教人在空气中练习，其结果是人后来跳到水中就沉到水底；也有中国的例子，学校教授儿童就像老鸦喂小鸦时只管装进去。既有现在的例子，如给儿童讲电气应从现在的电灯、电报、电话、汽车中的电池等引导；也有过去的例子，如寓言中一个主人把许多钱分给三个仆人后，他们三人分别采取不同做法而得到不同结果。

四是采用通俗幽默的话语。人们在阅读杜威在华教育讲演时的感受，显然会得到与阅读杜威教育著作时的不同感受。其原因就在于：在华教育讲演中，杜威采用了不少通俗幽默的话语，因而能使人们更好地理解和领悟他的教育思想。例如，在比较中国的传统教育和美国的传统教育时，杜威这样说，因为中国学生在高声朗读背书时他的身体在动，而美国学生在静坐朗读背书时他的身体是不动的，所以，中国的传统教育还是比美国的传统教育好一点。又如，在批判传统教育时，杜威提到："美国有一种农家，养鸡鸭出卖。卖的时候，常常把鸡鸭喂得饱饱的，可以多卖一点钱。但是鸡鸭喂饱了，便不肯再吃了，所以，他们特地造一种管子，插进鸡鸭喉咙里，把食物硬灌下去，使它们更胖更重。现在的教授方法，就是硬装食物到鸡鸭肚子里去的方法。考试的方法，就好像农夫用秤称鸡鸭的重量，看它们已经装够了没有。"杜威甚至还讲了古希腊的一个笑话：一个名叫普鲁拉提士的人开了一个旅馆，所用的床都是一样的尺寸。如果旅客身体比床长，就将旅客的身体截去一段；如果旅客身体比床短，就将旅客的身体扯得同床一般长。

无论杜威走到中国哪里，他都受到了大批听众的关注。中国学生把杜威的讲座和讲演看成一种起激励作用的教育经验，杜威本人也非常乐意和中国学生进行交流并向他们请教。在北京大学，杜威的到来无疑成了学术繁荣的催化剂。有时讲演，出席的听讲者非常踊跃，几乎座无虚席。虽然参加五四运动的学生宣布罢课，但是他的讲座和讲演并没有遭受任何抵制。通过在各地的讲座和讲演，杜威不仅可以与中国知识界人士有了更广泛的交流，而且也有机会与非学术界的人们交谈。这些地方的报纸对杜威的讲演活动也进行了充分的报道。美国杜威研究知名学者乔治·戴克威曾（George Dykhuizen）就指出："在中国的两年时间里，由于杜威在大专院校讲座授课的日程得到了精心的策划和安排，因此，杜威不仅可以与学术界有广泛的交流，而且还有机会与非学术界的人们交谈。事实上，这也是资助团体的本意所在，通过与尽可能多的团体的交流，让杜威的观点在中国获得更多的支持。"[①]

杜威1919年11月13日在北京给友人温德尔·布什（Wendell T. Bush）的信中也提及了听众出席讲座的情况："昨天，有300名学生出席。下一次讲座来的人可能会更少，因为很多人并不是真正理解。"[②]其中，杜威预先估计"听众会更少"，这与他在日本讲座的出席情况颇有点相似；杜威还指出对于他的讲演"很多人并不是真正理解"，这也许就是杜威在中国和日本讲演中产生相似情况的原因。

二、杜威对日本和中国社会的不同感受

通过对日本和中国的访问旅行，杜威在生活习惯和方式、政治倾向和信仰、社会环境和变化上对这两个国家有了不同的感受。他来到中国后不久，就将中国和日本社会进行了对比。他的第一个感觉就是感受到日本遍地渗透的保守的军国主义势力。在《东海的两边》一文中，杜威就对他从日本到中国的旅行进行了如此评价："从日本到中国只需要三天便捷的旅程。但可怀疑，是否

---

① George Dykhuizen. *The Life and Mind of John Dewey*. Carbondale: Southern Illinois University Press, 1972：199.

② John Dewey to Wendell T. Bush, Peking，1919.11.13. Butler Library.

世界上还有其他地方，伴随另一种同等距离的行程会使人看到政治倾向和信仰上出现如此彻底的变化。它肯定要比从旧金山到上海的旅行中感受到的变化大得多。区别之处不再是生活习惯和方式上的变化，这是不言自明的事。"①在抵达中国后的第4天，杜威在给时任哥伦比亚大学校长尼古拉斯·巴特勒（Nicholas M. Butler）的信中也表达了他对中国之行的向往："他们都感到，现在对于中国的教育和智力发展是非常关键的，一位来自西方的代表、特别是美国的思想比任何其他时间对中国教育的长远发展更为有用。就我个人而言，我非常赞赏这次非同寻常的认识东方思想和环境的机会。"②

1. 杜威对日本社会的感受

从杜威的著作和书信中，人们可以知道，他在日本期间到过东京帝国大学、京都名帝国大学、女子大学、一些中小学和幼儿园，帝国剧院、帝国博物馆、帝国花园，以及名古屋的古堡、伊田神庙；看过戏剧、歌舞伎剧、能剧、艺伎晚会，以及传统女武士的剑矛操练、武士道、柔道；参观过日本古代和现代艺术品、玩偶收藏；学过日本坐姿，等等。

（1）杜威在日本访问旅行中的感受

通过对日本约三个月的访问旅行，杜威在他的著作和书信中记录并评述了对日本社会的以下感受。

一是，日本是一个领土狭小、人口众多的国家。

杜威指出，尽管日本领土狭小、人口众多，但它又是一个有开拓精神的、高效率的、开化了的现代国家，它具有组织能力、尊重法律与政府、有合理的公共服务，每个男人都在读报等。但在《日本和美国》一文中，杜威又特别指出："日本公众注意力的国际重要性并不逊于其他国家；有关外交事

---

① ［美］杜威.东海的两边.// 杜威全集·中期著作第11卷［C］.马迅，译.上海：华东师范大学出版社，2012：146.

② John Dewey to Nicholas Murray Butler，Shanghai，1919.05.03. Butler Library.

务以及他国如何看待自己国家的自我意识，或许比其他国家任何地方都要强烈。"①

二是，日本是一个正在经历着工业革命的新国家。

杜威指出，在当时的日本，工业贸易得到了迅猛的发展。在《日本的自由主义》一文中，他就写道："战争极大地加快了日本向工业转变的步伐。仅1918年，东京的工厂数量就比上一年翻了一番，尽管上一年工厂数量也有了惊人的增长。最近这五年里，日本实际上已从一个农业国转变成了工业国。"②在杜威看来，工业巨头在日本，从事着金融、贸易、航运、采矿、制造和大陆开发等活动，以便参与国际竞争；而且资本集团几乎获得了无可置疑的权力。但是，与那些更早经历工业革命的国家一样，日本也遇到了尖锐的劳工问题。

三是，自由主义在日本的出现。

杜威指出，引起他注意的是，随着自由主义的出现，政治自由和社会自由在日本开始得到广泛的认可。自由之风日渐盛行，在课堂上、在官方媒体上可以大声说出自由主义的观点。东京帝国大学的学生团体出版了一本名为《民主》的杂志，并在对民众演讲中公开宣传民主思想。由此，杜威在《日本和美国》一文中这样写道："日本的自由主义运动已向前迈出了强有力的步伐——几乎难以置信的强有力步伐。"③但他同时又认为，自由主义还面临着许多有待克服的困难。自由主义党派虽然对日本的军国主义持批判态度，但因为缺乏更多的努力、更多道德上的勇气而对之完全无能为力。在《东海的两边》一文中，杜威还不无担忧地强调指出："人们在日本到处可以发现某种无常、犹豫

---

① [美] 杜威.日本和美国. // 杜威全集·中期著作第11卷 [C].马迅，译.上海：华东师范大学出版社，2012：127.

② [美] 杜威.日本的自由主义. // 杜威全集·中期著作第11卷 [C].马迅，译.上海：华东师范大学出版社，2012：136.

③ [美] 杜威.日本和美国. // 杜威全集·中期著作第11卷 [C].马迅，译.上海：华东师范大学出版社，2012：130.

甚至脆弱的感觉。那里正在弥漫着一种难以捉摸的神经紧张的气氛，国家正处在变化的边缘，但又不知道变化会把它引向何处。人们已感觉到自由主义的到来，但真正的自由派分子被形形色色的困难所包围，尤其可见于为他们的自由主义套上一件神权罩袍的问题，统治日本的军国主义分子已如此老练地把这件罩袍扔给了皇室和政府。"①后来，日本走上军国主义道路的历史发展完全证明了杜威的担忧是正确的。

四是，日本实行军国主义独裁统治。

杜威指出，在当时的日本，不仅军国主义的政党毫不迟疑地把日本的自由主义者看作是削弱和摧折民族大业的卖国分子，而且军国主义者们一直是塑造日本公众舆论的力量。事实上，杜威在日本期间已洞见军国主义强化的趋势。在他看来，助长对其他国家的敌意和怀疑，就是一切军国主义产生的最终根源。就国际而言，军国主义独裁统治使日本不可能与整个世界进行贸易、交换商品和技术科学，在世界政治中占一席之地，使日本仍隔绝于世界形势和世界潮流之外；就国内而言，军国主义独裁统治压制了自由主义与和平主义的观点。因此，杜威在《远东的僵局》一文中明确指出，在军国主义独裁统治下，"日本在亚洲大陆上的行事方式是如此这般，以至于日本人在其所接触的每一个民族中，都引起了深深的不信任和敌意……日本人在亚洲大陆上的所作所为正是在全世界范围内埋下最终战争的种子，这仍是一个事实"②。

五是，日本人膜拜天皇的狂热。

在日本期间，杜威还感受到日本人膜拜天皇的狂热，这实际上是日本社会的一个特有现象，其中公共学校的教师可能是全日本最为狂热的爱国者。

①［美］杜威.东海的两边. // 杜威全集·中期著作第11卷［C］.马迅，译.上海：华东师范大学出版社，2012：146.

②［美］杜威.远东的僵局. // 杜威全集·中期著作第13卷［C］.赵协真，译.上海：华东师范大学出版社，2012：72.

对于膜拜天皇的狂热现象，杜威进行了毫不留情的批评。他指出，在日本，天皇几乎是公众舆论所具有的唯一一个持久而有序的中心。天皇成为一个统一而现代化的日本的象征，因为在日本事实上再没有别的东西可以团结所有人了。他还听说，不止一位教师在火灾中为了抢救天皇的画像，不是自己葬身火海，就是让学生去抢救而葬身火海。这个膜拜天皇的事实很自然地加强了军国主义在日本的优势，使得人们几乎不能以一种恒常而统一的方式来感受与思考其他东西。在杜威看来，这种膜拜天皇成了压在日本人背上摆脱不掉的东西。

杜威与夫人曾在大阪的一所高等小学观摩了5堂历史课和伦理课，看到每堂课都讨论了天皇，或者是现任的天皇，或者是某位具体的天皇以及他们对这个国家所做的贡献。这样一种宗教在日本显然是某种必需品。因此，在《日本的自由主义》一文中，他对日本膜拜天皇的狂热现象进行了较为集中的批评："日本如今已有超过一代的人接受过国家宗教和天皇崇拜的教育，因此对新的道德和思想潮流的追求从来就不像日本50年前对新的方法和制度的渴望来得那么大……'天皇的膜拜'是如此有条不紊，它已如此完整地化成了所有学生下意识的心灵机能的一部分……正是对于皇朝的情感，形成了这类近似宗教的情绪。三种神话构成了一个更大的神话。首先是由共同的血脉、共同的世系、与天神共同享有的关系构成了绝对的同一种种族观念……第二个神话是有关延续两千五百年之久——自天神创造了日本以后没有中断的皇朝世系的神话……第三个神话是头两个神话的结果……日本国民心系皇朝的风尚显而易见，公立学校中的伦理和历史教育不会伺机和这个朴素的事实过不去，毫不奇怪，崇奉这些教旨的狂热信徒们为了维护神圣天皇的形象，曾不止一次地让人们的小小不满在烟熏火燎中化为乌有。"①在杜威看来，日本人的举止说明，日本经历了

① [美]杜威.日本的自由主义.// 杜威全集·中期著作第11卷[C].马迅，译.上海：华东师范大学出版社，2012：143-145.

那么多历史变迁，却仍然墨守一种原始的神权政治。

但很有趣的是，1919年4月1日杜威在东京街上正好碰上天皇外出去早稻田大学，于是他也像3岁小孩一样一动不动地站在街边等待着。不久天皇的马车队过来了，杜威远远地瞅见了马车里的天皇。于是，在那天给孩子们的家书中，他甚至有点激动地写道："瞧，我多有运气，我耽误了一会儿也问心无愧，我见到了天皇。"①自然，作为一位外国游客，杜威对日本天皇也有着好奇的心理。当杜威后来抵达上海时，他甚至还饶有兴趣想知道在中国这个真正意义上的非常古老的国家，人们是不是也会像日本一样大量讨论"万世以系"，但他得到的结论是否定的。

（2）杜威对日本樱花和日本和服的喜爱

由于日本和中国的哥伦比亚大学留学生的安排，杜威参观了很多景色优美的地方，观看了不少在美国没有的花朵。在日本期间，给杜威印象最深的花朵是樱花。杜威能在4月访问日本显然是他的幸运，因为那正是日本樱花盛开的季节。他1919年4月1日在东京给孩子们的家书中就这样写道："这里的花园到处樱花盛开。"②没隔几天，1919年4月4日在东京给孩子们的家书中，他还表达了对樱花树有花朵却没有树叶的不理解："樱花正在盛开——这是一种我无法描述的树木。假如山茱萸树再大些，花朵再粉红些，看上去就更接近樱花树了，这是我所知道的最像樱花树的树木了。樱花树开满了花，却没有叶子。"③

除了樱花美丽这一深刻印象外，杜威的另一个深刻印象就是和服漂亮。他觉得，年轻姑娘身着颜色和图案极其艳丽的和服时，她们看似花儿盛开在古老永久的花园里。在1919年2月22日给孩子们和萨拜诺·杜威的家书中，他还

---

① *Letters from China and Japan*. 1920：85.

② *Letters from China and Japan*. 1920：85.

③ *Letters from China and Japan*. 1920：106.

这样写道："中午，我们在一所小学和幼稚园里度过，这是他们的实习学校。你看到给儿童穿的漂亮的和服是真的，所有的孩子都穿上了和服，艳丽无比，大部分是红色的，还有一部分是其他颜色的。房间里的小孩子们就像花园里有小鸟伴随的花朵那样幸福。"①

在结束日本之行之后，杜威对日本并没有留下好的印象，甚至可以说他并不喜欢日本。如果要说杜威在日本之行中有什么深刻的印象，那就是日本樱花很美丽、日本女孩身着和服很漂亮。在日本期间，为了授予杜威学者的荣誉和促进美日两国的友好关系，日本帝国政府曾声称要授予杜威"旭日东升勋章"，但杜威委婉拒绝接受这份承载了他不喜欢的非民主因素"荣誉"。正如加拿大杜威研究学者约翰斯顿（James S. Johnston）所言："访华之前，杜威在日本逗留了几个月，目睹了日本政府领导人的落后和威权本性。他既不喜欢日本的教育制度，也不喜欢日本的政治状况。但杜威的中国经历就不同了。几乎在抵达的那一刻，他就敏感地感受到了希望和社会改革的愿望。"②1921年8月初，杜威虽然在回美国的途中又在日本停留，但他的停留时间并不长，他也不准备以任何权威的口气来谈论日本。

2. 杜威对中国社会的感受

从杜威的著作和书信中，人们可以知道，他在中国期间到过北京大学、清华学院、南开大学、北京高师等学校；参加过天津和太原等地的教育会议；观赏过北京西山、颐和园、紫禁城、杭州城墙、南京江南贡院、孔庙、扬子江、崂山等地景色；看到过学生游行、新建成的北京饭店、中国杂技，以及轿子、黄包车，还有工厂里的童工和女工，等等。

在中国之行中，某些情景给杜威留下了极其深刻的印象，这是他在日本

---

① *Letters from China and Japan*. 1920：27–28.

② ［加拿大］约翰斯顿. 民主目的必须与民主手段联合吗？一种来自异文化背景的历史–哲学回答. // 涂诗万.《民主主义与教育》：百年传播与当代审视［C］. 北京：教育科学出版社，2016：121.

之行中没有见过的。例如，他1919年5月18日在南京给孩子们的家书中记述了中国的科举考场："我们参观了旧的科举考场，现在它正在被拆掉。科举考场都是些小房间（考室），大约有2.5万间。想获取功名的考生在科举考试期间就关在这些考室里。据说，考室是一长排建造的，单坡顶，建在一条公共长巷的两侧，基本是面对面敞开着。其中一些考室对着下一排考室的后墙。每个考室有2.5英尺宽，4英尺长。考室内两边墙上各有上下二条槽缝，一条是椅子的高度，另一条是桌子的高度。考生们在上面插上2.5英尺长的两块木板，作为他们的家具。他们坐卧、答题、饮食、睡觉全在这些考室里。"[①] 又如，他1919年6月1日在北京给孩子们的家书记述中了北京的紫禁城："今天早晨，我们去著名的博物馆——紫禁城（Forbidden City），这是中国唯一仍保持领先的地方。在紫禁城里，坐落着很多金碧辉煌的宫殿和谒见大厅，还有黄色的琉璃瓦以及高大的红墙……这个博物馆简直就是一个珍宝、瓷器、青铜器、翡翠的博物馆，而不是一个历史的或陈旧的博物馆。"[②]

当杜威启程远东之行时，他曾与《新共和》《亚洲》杂志有约，为它们撰写有关日本和中国的文章。但从后来的情况来看，杜威只撰写了3篇有关日本的文章，其中第一篇是发表在《日晷》1919年第6期上的《日本与美国》。然而，他在离开中国时已撰写了约40篇有关中国的文章，其中第一篇是发表在《新共和》1919年第20期上的《中国的学生反抗》。正如美国克莱蒙特学院哲学教授拉尔夫·罗斯（Ralph Rose）所言："杜威在中国的逗留，为他的大量写作提供了刺激。"[③] 美国著名传记作家杰伊·马丁（Jay Martin）在《教育人生：约翰·杜威传》一书中也指出："杜威原以为，他只是作为一个普通游客来到中国。但却收到了改革者的礼遇，成千上万的中国人渴望聆听他的真知灼

---

① *Letters from China and Japan*. 1920：187.

② *Letters from China and Japan*. 1920：207–208.

③ ［美］杜威全集·中期著作第13卷［C］. "导言"（拉尔夫·罗斯）. 赵协真，译. 上海：华东师范大学出版社，2012：13.

见。虽然一开始他以为自己两个月后还要回日本，但最终他在中国待了26个月。他在日本只发表了3篇简文，第一篇是名为《日本与美国》的比较评论。但当他刚到中国后不久，就开始着手写作，等他离开中国时，他已经开展了133次演说，在政治、文化、教育、心理学方面发表了40篇文章。"①曾出版过《明日之学校》一书的纽约达顿出版公司当时恳请杜威就中国这个题目撰写一本书或把发表在《新共和》等杂志上的相关文章编成一本文集，可惜这两者都没有实现，但它在1920年出版了杜威女儿伊夫琳（Evelyn）编的《寄自中国和日本的家书》（*Letters from China and Japan*）一书。实际上，在中国之行结束后，杜威还一直关心中国问题和事务，1927—1928年间又发表了《真正的中国危机》等文章。哥伦比亚大学哲学教授西多尔斯基（David Sidorsky）指出："杜威对中国事务的持续关心，这种关心是他从1919—1921年访问中国时开始的。"②

（1）杜威在中国访问旅行中的感受

通过对中国两年多的访问旅行，杜威在他的著作和书信中记录并评述了对中国社会的以下感受。

一是，中国是一个历史悠久辉煌、人口众多的国家。

杜威指出，中国是一个有着辉煌的历史并绵延四千年之久的国家，也是一个其人口几乎占全世界居民六分之一的国家。在中国，有太多的未经开采的资源，也有太多的人口。所以，在《老中国与新中国》一文的开头，杜威就对中国作了这样的描述："在这个星球上——现实中的星球，而不是纸面文字所说的星球——存在着一个其人口几乎占全世界居民六分之一的国家，这个国家的历史绵延四千年之久。地球上找不到任何一个其他地方能表现出一种如此具

---

① ［美］杰伊·马丁. 教育人生：约翰·杜威传［M］. 杨光富，等译. 上海：华东师范大学出版社，2020：216.

② ［美］杜威全集·晚期著作第3卷［C］. "文本说明". 孙宁，等译. 上海：华东师范大学出版社，2015：343.

有连续性和稳固性的记录。"①面对"什么阻碍了中国"这一问题，杜威提出了他的建议："在一个人口众多的国家，如果不是按照对自然资源的利用而组织起来，任何革新都会打破这艘社会之船的平衡。改革者甚至没有遭到明显的尖锐抵抗。如果遭遇到，他可能会被激发起进一步努力的斗志，然而他就这么被窒息了……中国并不停滞，它是在吸收。"②此外，杜威还看到了中国似乎经历着一段步履维艰的时刻，因为老中国或者说新中国必然会笼罩在西方生活的力量，即思想、道德、经济、金融、政治的力量之下。在他看来，这是地球上最为古老的文明自己再造与巨大的外部影响力相适应的能力问题。所以，它必须进行改制，不然就无法延续下去。

二是，中国是一个贫穷落后的农业国家。

杜威指出，当时中国仍然是一个农业社会，如同过去多少个世纪一样。与日本相比，它是落后的，它是混乱的，它是虚弱的。1919年6月20日在北京给孩子们的家书中，杜威写道：如果进行比较的话，那就会"发现中国是多么的落后，她的问题是多么的可怕"③。在他看来，看待西方生活之态度上的那种差异，在很大程度上成了日本飞速进步和中国贫穷落后的原因。为了使中国能够成为一个强国，只有通过工业和经济发展。因为能够深刻影响环境的唯一可行之道，就是引入现代工业的技术以及科学的观念和方法。所以，杜威在《工业中国》一文中强调指出："中国人的勤劳和国家的工业化之间的差距之大，举世皆无……最近六周，我游览了江苏省。上海就坐落在该省，它是中国工商业最发达的城市，拥有最多的工厂、铁路和对外贸易……工商业都在进步，或许我们有足够多的理由相信：最终它们的成长将促使改革政府，那时，

---

①［美］杜威.老中国与新中国.// 杜威全集·中期著作第13卷［C］.赵协真，译.上海：华东师范大学出版社，2012：83.

②［美］杜威.是什么阻碍了中国.// 杜威全集·中期著作第12卷［C］.刘华初.等，译.上海：华东师范大学出版社，2012：44.

③ *Letters from China and Japan*. 1920：244.

一个稳定的政府将允许工业正常发展……对中国和整个世界而言,通过工业革命要解决重中之重是方向性问题。"①但是,杜威也认识到,工业革命在当时中国尚未到来,因为极度的保守派企图在引进铁路和现代工业机械技术的同时,防止科学观念与方法的引入,还梦想着不触动旧的体制。此外,他还指出,在解决落后、混乱、虚弱的问题上,中国必须走一条截然不同于日本的道路。

三是,中国正处于西方列强的争斗之中。

杜威指出,在当时军阀统治制度下的中国,西方列强仍在充当主宰,中国的领土和资源就构成了列强争斗的背景。在西方列强面前,在沮丧中变得极度悲观和痛苦的中国显得软弱无力。在列强中,来势汹汹的日本对中国的影响是巨大的。日本人相信,他们未来的命运取决于获得足够的中国控制权,而这是确保它不落入欧洲列强之手的唯一确定的道路。因为所有的列强害怕日本以致对它的各种欲望作出让步,中国即使憎恨日本,但也必须接受这一命运,其结果是整个中国都为此而无望地呼喊。当中国代表拒签的《巴黎和约》作出了把山东让与日本的决定后,中国被击垮了。这正好印证了西方列强所鼓吹的观点:在国际事务中,强权就是公理。因此,杜威在《中国政治中的新催化剂》一文中明确指出:"中国的近代史,在很大程度上就是一部外国干涉的历史。它自然地使得本来就分裂、混乱而虚弱的中央政府变得更加糟糕。"②但是,在他看来,日本在这种形势中没有估计到中国民众的力量,也误判了中国民众的心理,使得它在赢得那些官员的同时却成了中国民众的死敌。此外,对于正处于西方列强争斗之中的中国,杜威又在《老中国与新中国》一文中大声疾呼:"除非中国被扯得四分五裂,甚至比它的邻国日本如今在精神上被扯裂的

---

① [美]杜威.工业中国.//杜威全集·中期著作第12卷[C].刘华初,等,译.上海:华东师范大学出版社,2012:56-59.

② [美]杜威.中国政治中的新催化剂.//杜威全集·中期著作第12卷[C].刘华初.等,译.上海:华东师范大学出版社,2012:37.

程度更甚，否则思想、信念和对世界看法的改变必须进行，必须创造一种新的精神。"①

四是，趋于觉醒的中国人正向西方学习。

在中国期间，杜威通过五四运动以及之前的"新文化运动"看到中国正在趋于觉醒，并预示着一个新时代的到来。他指出，就所有关乎自己处理自己的事务而言，当时的中国正在下决心与过去彻底决裂。正在出现的新信念、新观点、新的思想方法、新的社会科学与自然科学，体现了那些先进的中国人对一个新的年轻的中国的渴望。因此，对新东西十分敏感并有着积极兴趣的杜威在《中国心灵的转化》一文中写道："对一个外出漫游中四处搜寻浪漫生动景致的人来说，中国看上去好似一幅令人扫兴的图画。然而，要是用心灵的眼睛去观察，那么她处处显示出现在正上演着一部极富吸引力的大戏。"②他后来又在《中国政治中的新催化剂》一文中写道："对于研究政治与社会发展的学者来说，中国的现状就是一幅最令人兴奋的智力图景。"③从上面的两段话可以看到，杜威对正在向西方学习的中国充满期望的兴奋心情。至于中国人如何上演好这部极富吸引力的大戏，其关键是民族心灵自内部而来的转化。所以，杜威在《中国心灵的转化》一文中又强调指出："我们要多么完整地来看待思想和道德的力量，它们是多么完整地嵌入生活的结构。没有民族心灵的转化，我们无从设想中国会伴随着与西方的交往大踏步向前迈进……发展必须是自内部而来的转化性生长。它既不是外部强加的东西，也不是靠着对外国种种资源

---

① ［美］杜威. 老中国与新中国. // 杜威全集·中期著作第13卷 ［C］. 赵协真，译. 上海：华东师范大学出版社，2012：85.

② ［美］杜威. 中国心灵的转化. // 杜威全集·中期著作第11卷 ［C］. 马迅，译. 上海：华东师范大学出版社，2012：179.

③ ［美］杜威. 中国政治中的新催化剂. // 杜威全集·中期著作第12卷 ［C］. 刘华初. 等，译. 上海：华东师范大学出版社，2012：33.

的挪用。"①

五是，美国与中国的文化关系日渐加强。

作为一位美国教育家，杜威也特别关注美国与中国之间的关系，并感受到两国文化的关系正在加强。他指出，普遍说来，中国人对美国的感觉不像对其他强国那样反感，这是一个毋庸置疑的事实。美国在当时中国最多的人力和投资是在传教、教育和慈善方面。对美国来说，它的决定性成就表现在教育领域，并远远走在了这个领域的前面，因而可以为中国展现了一种特定类型的文化教育，以作为效仿的典范。美国克莱蒙特学院哲学教授拉尔夫·罗斯指出："也许美国人比欧洲人更能理解中国人。杜威最杰出的中国追随者胡适显然是这么想的，他的理由是美国人与中国人同样具有实用主义倾向。杜威认为，还存在着某种别的共同点：异质性。"②但值得注意的是，对于西方列强在中国的争斗，杜威也明确指出美国参与了毒化中国的罪行，与英国和日本一起负有对中国下药的责任。他在《美国在岔路口》一文中写道："我们能最好地帮助中国，无论我们是否喜欢它在任何特定时间里采用的特定形式。"③后来，他在《我们应该像国家对国家那样对待中国》一文中更是强调指出："我认为，我们应该立刻像国家对国家那样对待中国，而且要让其他国家寻求类似独立不依的道路……重要的事情就是彼此互不干涉，而且给每个国家一个处理自己事务的机会；而不管在我们看来，这样的处理是如何的不充分和不能胜任……只有中国人能摆平中国人自己的事务……就其自身而言，美国应该取消所有的特权和单方面的关系，以便使中国人的注意力可

---

① [美]杜威.中国心灵的转化.// 杜威全集·中期著作第11卷[C].马迅，译.上海：华东师范大学出版社，2012：177-179.

② [美]杜威全集·中期著作第13卷[C]."导言".赵协真，译.上海：华东师范大学出版社，2012：14.

③ [美]杜威.美国在岔路口.// 杜威全集·中期著作第13卷[C].赵协真，译.上海：华东师范大学出版社，2012：147.

以聚焦于改善他们自己的状况。"①

（2）杜威对中国人的看法

当杜威在日本和中国访问旅行之后，他也看到了中国人和日本人之间的区别。他甚至如此幽默地说，在日本压低嗓门说的事，到了中国便要爬上屋顶喊叫出来。但是，杜威发现他自己更加喜欢比日本人更随和和可亲的中国人，因为所到之处他总是能发现惊喜。在抵达中国4天后，即1919年5月3日，他在上海给孩子们的家书中就写道："日本留给我的印象正在渐渐褪去，而变为了具有距离感的远景；容易看到的是，使日本人受到尊敬的那些特质，同样也是让你对他们产生不快的特质。"②

从杜威的著作和书信中，可以概括他对中国人的看法。例如，中国人是柔和的、温顺的、随和的；中国人是善于适应的，既不是僵化的，也不是呆板的；中国人的保守更多的是智慧和深思；中国人已经学会了等待缓慢自然的过程得来的结果；中国人如果有机会展现的话将是非常善于交际的民族；中国人的性格特点和智力与日本人非常不同，他们希望更多的自由和更多的个性，等等。在指出上述一些方面是中国人的长处的同时，杜威也指出了中国人的弱点。例如，缺乏主动精神，习惯于让别人去做事；出于羞怯感而随波逐流；对与自己不直接相关的事情漠不关心，等等。当然，在杜威看来，优点与缺陷，长处与弱点，是互相伴随的。

但值得注意的是，杜威在《中国政治中的新催化剂》一文中指出："如果你阅读有关中国的书籍，你会发现，中国人常常被说成是'世界上最遵纪守法的人民'。"③他还引用了一位生活在檀香山中国人中的美国教师的话："如果中国

---

① ［美］杜威. 我们应该像国家对国家那样对待中国. // 杜威全集·晚期著作第2卷［C］. 张奇峰，王巧贞，译. 上海：华东师范大学出版社，2015：153–154.

② *Letters from China and Japan*. 1920：156–157.

③ ［美］杜威. 中国政治中的新催化剂. // 杜威全集·中期著作第12卷［C］. 刘华初. 等，译. 上海：华东师范大学出版社，2012：33.

人获得了盎格鲁-撒克逊人的原创力，他们将会是世界上最伟大的民族。"①

（3）杜威对中国五四运动的评价

五四运动是1919年5月4日发生在北京的以青年学生为主，广大群众、市民、工商人士等中下阶层共同参与的一场彻底的反对帝国主义、封建主义的爱国运动。这是中国新民主主义革命的开端，标志着由旧民主主义革命到新民主主义革命的转变。作为中国革命史上划时代的一个事件，促成了空前的思想解放。

在杜威抵达中国的4天后，五四运动在北京爆发了。以北京大学为代表的13所院校的学生们既是运动的发起者，也是运动的主要宣传者。与此同时，上海也是爱国学生运动的中心。在杜威看来，五四运动是一场抗议中国政府腐败和抗议日本帝国主义的全国性学生运动。参加运动的学生提出，最好是通过中国的国内建设来捍卫国家的存在，包括普及民主的教育、提高人民的生活水平、改善行业和消除贫困。正如美国学者基南（Barry Keenan）在《杜威实验在中国》（*The Dewey Experience in China*）所指出的："杜威和他的夫人在中国的整个期间，中国的情况是：大量的示威、罢课或罢工以及各界联合斗争席卷全国，知识界也参与了抗议运动。"②尽管这个运动完全出乎他的意外，但它马上引起了他的关注，并成为他后来延长时间待在中国的主要原因之一。因此，杜威抵达中国后所记录的第一个事件就是学生的抗议示威活动。例如，在《中国的学生反抗》一文中，他详细叙述了学生的行动以及当时政府的回应，并指出学生抗议示威标志着中国改革由被动接受到积极主动的转变。

在杜威看来，五四运动是中国学生反抗的一个明显标志，其最引人注目的是它的自发性和本土性，因为它是由中国学生们直接发动的。其实，这场学生运动"完全是一场本土的运动，显示出开明的中国能够做些什么，将来

---

① ［美］杜威. 是什么阻碍了中国. // 杜威全集·中期著作第12卷［C］. 刘华初. 等，译. 上海：华东师范大学出版社，2012：42.

② ［美］A. 亨利·帕苏. 杜威对世界教育的影响. // 杜威传（修订版）［C］，单中惠，编译. 合肥：安徽教育出版社，2009：214.

又会做些什么。一段时间以来盛行的悲观主义似乎破产了。人们以行动来说话，以他们的所作所为来说话。也许现在发生的是一场源自中国本身的自救运动，较之革命以来任何时候曾有过的运动，它显得更为健康、更加有序。即使这场运动不再会遇到什么事，它作为使中国真正得到治理——当它在被治理的时候——的一种方式的展示，也是值得观察和记录下来的……1919年的5月4日将是标志着新时代黎明的一天。"①在《学潮的结局》一文中，他还指出："它的自发性证明了其真正不可避免的性质，当大多数政治都表现为公开表达的时候，它不属于一种政治运动，而体现了一种新的意识、一种年轻人和年轻妇女们在文化上的觉醒，这些人通过他们的学业被唤起了对一种新的信念秩序、新的思维方法的需要。无论待运动的外在形式怎么改变或趋于崩溃，其实际内容都是会继续下去的。"②

这群中国年轻人在五四运动中的表现给杜威留下了极其深刻的印象，他们中许多人还只是孩子。所以，他1919年6月20日在北京给孩子们的家书中这样写道："很难想象我们国家14岁以上的孩子会领导一场盛大的国家政治改革运动，这使得商人和专业人士感到惭愧，转而也加入他们的行列中来。在这里，这真的发生了。"③美国杜威研究学者威斯布鲁克（Robert B. Westbrook）在《杜威与美国民主》一书中指出："当时中国的自由主义者希望重建中国社会，因此他们给予了杜威热情的欢迎，并盛赞其为民主哲学家。虽然杜威政治热情已在一战期间的争议中消耗殆尽，但他在中国收到的热烈欢迎又重振了他的政治热情。但是，他也指出，在运动期间那种激动和愤怒的情况下，人们很

①［美］杜威.中国的学生反抗. // 杜威全集·中期著作第11卷［C］.马迅，译.上海：华东师范大学出版社，2012：159–160.

②［美］杜威.学潮的结局. // 杜威全集·中期著作第12卷［C］.刘华初.等，译.上海：华东师范大学出版社，2012：22.

③ *Letters from China and Japan*. 1920：247.

难认识到学生的年轻和缺乏经验。"①

就五四运动的意义和影响而言，杜威强调指出，这场运动使得整个中国就像电击般地颤动起来。在某种意义上，它是中国政治中的新催化剂，培育出了政治上的自我意识。这将是开创一个崭新的未来政治的力量。在《中国的政治剧变》一文中，他指出："在新的一代出现以前，他们甚至怀疑变革政治的可能性。现在，他们投身于教育和社会变革中，期待若干年后，国家会明显地变得完美。"②在《学潮的结局》一文中，他还指出："如果认为学生运动就这样消亡了，那将是一个极大的错误。其积极的方面，从反对政治和军事大国的破坏转到了别的方面。它卷入了许多方面。现在正在影响着中国的知识分子和工业界……除此以外，学生组织已经进入当前的教育、社会的慈善事业，并引起了知识分子的热烈讨论。"③因此，美国杜威研究学者威斯布鲁克在《杜威与美国民主》一书中指出："在五四运动中，中国的青年学生和知识分子所展开的活动使杜威看到了国际民主进步的希望。"④

值得注意的是，在五四运动前后，马克思的理论也被翻译到中国，并受到了广泛的讨论。当时，所有的新"主义"都被论及到了。在对五四运动肯定的同时，杜威还指出，无论何种形式的社会主义，其着重点都是全社会的利益，并以全社会的利益来作为判断经济组织和企业的标准；在真正的民主社会中，个人拥有发展的机会，有自由沟通情感、认识和思考的机会；在基尔特社会主义中，也存在着一种自由社团的联盟。可见，杜威并没有完全忽略共产主

---

① ［美］威斯布鲁克. 杜威与美国民主［M］. 王红欣，译. 北京：北京大学出版社，2010：255.

② ［美］杜威. 中国的政治剧变. // 杜威全集·中期著作第12卷［C］. 刘华初. 等，译. 上海：华东师范大学出版社，2012：55.

③ ［美］杜威. 学潮的结局. // 杜威全集·中期著作第12卷［C］. 刘华初. 等，译. 上海：华东师范大学出版社，2012：19.

④ ［美］威斯布鲁克. 杜威与美国民主［M］. 王红欣，译. 北京：北京大学出版社，2010：255.

义对中国的影响。他在《中国的新文化》一文中预见性地宣称："不难想到，如果军阀对农民的暴政、压迫和腐败继续下去，必然会引起暴乱，现有秩序的追随者将会把这种暴乱贴上布尔什维克的标签。"①因此，美国杜威研究学者威斯布鲁克也指出："杜威向中国人传达了一种对社会主义寄予同情的观点。虽然对国家社会主义和马克思主义，杜威没有明显的好感。但在谈到基尔特社会主义时，他却给予了充分的肯定。"②

（4）杜威与孙中山先生的会谈

在中国期间，使杜威终生难忘的一件事情就是他与孙中山先生的会谈。1918年5月，孙中山先生辞去了大总统职位，不再名列广东七大将军之一。由于广东地区被旧式军阀所控制，因此孙中山无职可任而只能卸甲归乡，最后他来到上海定居。当杜威在华期间，孙中山先生正在谋划改造中国人民的生活，因而对思想与行为间的相互关系尤为感兴趣。1919年5月12日晚上，杜威与孙中山进行了会谈和聚餐。他们讨论了知行关系这个问题，特别是与中国人民有关的方面。

后来，杜威多次提及了与前总统孙中山一起会谈的那个愉快的夜晚，以及孙中山先生在革命及哲学方面的浓厚兴趣。在与孙中山先生会谈后一天，即5月13日，杜威就迫不及待地在他的家书中把这件事情告诉孩子们。他写道："昨天晚上和前总统孙中山一起吃饭的时候，我发觉他是一位哲学家。他写了一本书，马上就要出版了，说到中国人的弱点是源于对一位古代哲学家'知易行难'的观点的接受。因此，他们不喜欢'行'，尽管在'行'的过程中有可能获得全面的理论认识。然而，日本人的长处就在于，他们即便一无所知，还是继续'行'，并在错误中学习。中国人却害怕在行动中犯错误。因此，孙中

---

① John Dewey. *New Culture in China.* // Collected Works of John Dewey. Vol.13. Carbondale: Southern Illinois University Press, 1983：116.

②［美］威斯布鲁克. 杜威与美国民主［M］. 王红欣，译. 北京：北京大学出版社，2010：284.

山写了一本书向他的民族证明，事实上是'知难行易'。"①1929年5月，杜威在《亚洲》第20期上发表的《是什么阻碍了中国》一文中又一次提及他与孙中山先生之间愉快的会谈。他这样写道："改革与试验遭到挫折，不是因为缺乏智慧，而是因为智慧对于可能导致的错误的过度敏感、过度关心会迎来麻烦。'远离麻烦'变成了（行动中的）指导原则。在与总统孙逸仙一起愉快度过的一个晚上，他提出了关于与日本的快速发展相比中国的变化显得缓慢的理论。就像中国古谚所说：'知易行难'。孙先生这样解释，中国人把这个谚语记到了心里。"②

（5）杜威对中国牡丹花和荷花的喜爱

在中国期间，给杜威印象最深的花朵是牡丹花和荷花，并多次提及这一点，尽管他并不知道中国有很多描写牡丹花和荷花的古代诗词。

在北京期间，那里的自然风光引起了杜威的兴趣。他对于中国特有的牡丹花情有独钟，曾亲自栽种了一盆牡丹花。在杜威的家书中，他从牡丹花的培育到栽种再到园丁修剪的过程都有描述，他笑谈初次见到盛开的牡丹花，还误以为是西方的玫瑰，牡丹花蕾同白玫瑰的花蕾非常相似，但却更加芳香扑鼻。北京城里到处栽种着牡丹花，人们把牡丹花栽种在房前砖砌的长方形或椭圆形的花池里，或是院子周围的栅栏下，有的长得像树一样高，有的很小栽种在花盆里。处处是牡丹花盛开的景象，令杜威十分着迷。

杜威对荷花也很喜爱。在1919年6月25日给孩子的家书中，他这样写道："荷花池的荷花也在盛开，那玫瑰红的颜色引人入胜。当荷花的花蕾将要开放的时候，它们好像有意猛地开放，散发出阵阵清香，沁人心脾。但是，荷花从来就不是为艺术而生，只是宗教才使它变为艺术。神圣的池塘搞得非常整洁，

---

① *Letters from China and Japan*. 1920：166.

② ［美］杜威. 是什么阻碍了中国. // 杜威全集·中期著作第12卷［C］. 刘华初. 等，译. 上海：华东师范大学出版社，2012：47.

坐落在紫禁城的护城河里面。"①在同年7月27日给孩子们的家书中，他又急切地表达自己对荷花美丽的心情："这家餐馆在荷花池旁边，现在正是荷花的盛开期。我无法用语言来形容荷花的美丽，总之荷花就是荷花。"②他甚至在信中建议孩子们来年夏天能到中国看看荷花。

与日本之行相比，中国之行给杜威留下了很深刻的印象。应该说，在远东之行中，给杜威印象更为深刻的国家是中国而不是日本，他自己更为喜爱的国家也是中国而不是日本。因此，当杜威即将离开中国时，他确实是怀着依依不舍的情感，尽管其中可能有在中国待了两年多时间的因素在起作用。在1921年7月25日给孩子们的家书中，杜威及夫人情不自禁地流露出内心的真实情感："我们现在在［从济南］开往青岛的火车上，第一次感觉好像我们真的要离开中国了。一想起要离开中国，我的心情感慨万千……周五学生们来，给我们准备了一个欢送茶会，所有的地方都站满了人，几乎没有插足的地方。"③

对于杜威来说，最重要的且最有意义的是，他在《像中国人那样思考》一文中提出了自己在中国之行中形成的真知灼见："对于中国人的生活哲学的理解，不仅对明智地处理与中国有关的问题来说是至关重要的，而且对其他国家来说也有巨大的价值。并不仅仅是中国，而且是整个世界都处在变换与动荡之中。心理学家们谈到'投射'，自己被激怒的人总是去惹别人。这条原则可以应用于社会心理。各个国家如今正在把他们的麻烦和不安'投射'到中国身上，结果很容易导致鲁莽和有欠考虑的行为……说中国的那些困难突然变成世界和平与繁荣的威胁，这并不是事实。说西方国家处于把自己的麻烦聚集起来向中国倾泻的危险之中，这才是事实。"④使杜威感到十分遗憾的是，在各

---

① *Letters from China and Japan*. 1920：253.

② *Letters from China and Japan*. 1920：304.

③ John Dewey to the Dewey Family，1921.07.25. Butler Library.

④［美］杜威. 像中国人那样思考. // 杜威全集·中期著作第13卷［C］. 赵协真，译. 上海：华东师范大学出版社，2015：198.

种思想的变化如此迅速的中国，许多外国人并没有作出努力去跟上这种变化的脚步。

三、杜威教育在日本和中国的不同影响

在杜威的眼中，中国和日本都是古老的东方国家，并具有各自的文化教育发展历史。

通过他的著作的翻译出版，特别是通过他的访问旅行，杜威教育确实在日本和中国产生了影响。杜威女儿简·杜威（Jane Dewey）在《约翰·杜威传》中就明确指出："杜威在国外的旅行，在他的社会和政治观点的发展中起了决定性的作用。最有影响的是去日本和中国的旅行。"①

但是应该看到，杜威教育在日本和中国的影响并不完全相同。"日本杜威教育学派对杜威思想的研究处于想继承、发展，又不能完全展开的境地，这使得日本杜威教育学派在日本教育界的影响在某种程度上可以说不如中国杜威教育学派对中国现代教育的影响广大（那样直接，那样深远），而与中国杜威教育学派为中国教育全面进入现代化奠定基础不同，日本杜威教育学派可以说只是日本教育现代化的先驱。日本杜威教育学派没有对杜威教育思想进行广泛深入的研究，他们起到的是承载传播教育思想的作用。"② 因此，从比较的视角来看，杜威教育在中国的影响要远远超过其在日本的影响。

1. 杜威教育与日本

（1）杜威对明治维新时期后日本文化教育的看法

杜威认为，在19世纪七八十年代，日本正忙于学习西方世界这个样板，

---

① ［美］简·杜威.约翰·杜威传［M］.// 杜威传（修订版）［C］.单中惠，编译.合肥：安徽教育出版社，2009：40.

② 王颖.杜威教育学派与中国教育［M］.北京：北京理工大学出版社，2007：231.

正如一千年前它从朝鲜和中国取经一样。通过向西方学习，日本已尽可能把西方所有先进东西消化吸收，其之所以伟大实有赖于此。他在《日本的自由主义》一文中指出，那是因为"日本人具有某种在外国人看来不可测知的品质，这使他们成为地球上最严苛又最柔韧、最知足常乐又最渴望学习的人……日本就能成为一个逼真仿制品的法治国家"①。

但是，军国主义独裁统治以及膜拜天皇的狂热，特别是在1890年《天皇敕令》颁发后，它已如此完整地化成了所有学生下意识的心灵机能的一部分，这种对于皇朝的情感形成了这类几乎近似宗教的情绪，因而极大地限制了日本文化教育的发展。在当时的日本，"已有超过一代的人接受过国家宗教和天皇崇拜的教育，因此对新的道德和思想潮流的追求从来就不像日本50年前对新的方法和制度的渴望来得那么大"②。

（2）杜威教育在日本的影响

尽管日本文化教育处于军国主义独裁统治以及膜拜天皇的狂热的氛围之下，但杜威教育还是从20世纪初起开始影响了日本。具体来讲，杜威的一些教育著作在日本得到了翻译出版。例如，《论理学理论批判纲要》（1900），《学校与社会》（1901、1905年两个日文译本），《数的心理学及其在算术教学法上的应用》（1902），《民主主义与教育》（1918年日文简略本），等等。一些日本早期杜威研究学者在日本传播杜威实用主义教育思想，作为日本实用主义中心而闻名的"早稻田小组"在杜威访问日本之前更是起了重要的作用。

杜威的日本之行与当时日本国内的"新教育运动"有着密切联系。随着杜威在日本访问旅行，杜威教育在日本的影响得到了扩大，推动了他的教育著

---

① ［美］杜威. 日本的自由主义. // 杜威全集·中期著作第11卷［C］. 马迅，译. 上海：华东师范大学出版社，2012：141-142.

② ［美］杜威. 日本的自由主义. // 杜威全集·中期著作第11卷［C］. 马迅，译. 上海：华东师范大学出版社，2012：143.

作的翻译出版。其中，比较突出的是永野芳夫、田制佐重等人。永野芳夫是日本最多产、影响力度最大的一位杜威研究学者，1924年撰著出版了《杜威教育学说之研究》。田制佐重1920年翻译的《明日之学校》以及1923年翻译的《学校与社会》，都反映出他本人对杜威教育哲学的浓厚兴趣。

但是，在日本帝国政府时期，杜威的哲学和教育并未受到欢迎。因为日本军国主义专制政治，在当时使用"民主"一词是违法的，杜威的《民主主义与教育》一书的日文本就改换了书名，把副题《教育哲学导论》作为了正题。该书的翻译者帆足理一郎后来还被判入狱，其罪名是宣扬民主。因此，在第二次世界大战前，对杜威思想重要性的认识的主要来自心理学领域。日本杜威教育研究学者小林繁夫指出，1919年杜威到日本两个半月的讲学，并没有造成重大的影响；而他在此后的年代里发表的著作所传播的观点，确实影响了日本的思想。这里他所说的"此后的年代"实际上指的就是第二次世界大战后美军占领的那个时期。

杜威教育在20世纪50年代日本的影响，被日本教育学术界称之为杜威教育的"勃兴"①。日本教育协会会议上发表的很多有关杜威的论文，也说明了杜威教育在当代日本教育思想中的主导地位。在该学会的每年年会上，至少会发表一篇有关杜威的文章。1951年年会时达到了高潮，这一年有8篇论文发表。后来，该学会1961年年会时有4篇，1962年年会时有3篇。此外，杜威教育也是日本学生写论文时所热衷的研究主题。据统计，自第二次世界大战后，至少有254篇文章以及58本著作的标题中出现了杜威的名字，另有21本杜威教育著作被翻译出版。1953年，四国岛的爱媛大学便发起了一个"杜威节"；1955年6月1日，北海道大学及北海道文科大学举办了"杜威之夜"的活动。因此，1962年日本教育学者田村神治这样指出："杜威对过去18年的日本教育思想的

---

① [日] 小林繁夫. 日本的"杜威勃兴". // 杜威传（修订版）[C]. 单中惠，编译. 合肥：安徽教育出版社，2009：343-344.

重大影响是不可否认的。这种影响超过其他任何思想家的影响。"①

第二次世界大战后杜威教育学说在日本流行的的程度令人惊讶，对杜威教育思想的热衷表现得尤为突出。很多日本教育家认为，这是因为美军占领时期的日本教育政策不仅以进步教育为基础，而且也源于杜威教育思想。正如日本杜威教育研究学者小林繁夫所指出的："占领时期的教育改革政策并非有意识或审慎地以杜威为出发点，但计划的许多内容却似乎和杜威的理论相一致。更重要的是，日本人相信占领时期的政府对课程和教学方法的意见是正确的。在社会研究的新课题中，引进了'经验'和'问题'的探究，美国人自己也认为这是与杜威的哲学紧密联系的，吸引了许多人去研究杜威。"②值得注意的是，1957年成立的杜威学会（The John Dewey Society）成了二战后日本促进杜威研究的核心机构，极大地推动了杜威教育在日本的发展和影响。该学会每年都举办研究大会，至今已举办59届。

对于日本的杜威研究以及杜威教育在日本的影响，日本冈山大学副教授、杜威教育研究学者梶井一晓提出了这样的看法："虽然说杜威的思想在哲学、社会学、心理学、政治学和宗教论等方面对日本思想界产生了巨大影响，但影响最大的还是教育学。以杜威的实验主义、经验主义和民主主义为基础的教育理论不仅影响了研究领域，而且也影响了实践领域。"③

2. 杜威教育与中国

（1）对中国文化教育的看法

杜威指出，自有文字记载历史以来，中国已经延续了数千年之久。在中国，儒家学说的总体观点强调艺术、文化、人性、学习和道德努力的重要。这

① ［日］田村神治.杜威教育思想的当代意义［J］.亚洲学术期刊，1962-09-26.

② ［美］A.亨利·帕苏.杜威对世界教育的影响. // 杜威传（修订版）［C］.单中惠，编译.合肥：安徽教育出版社，2009：224.

③ ［日］梶井一晓.日本关于杜威的研究的特征和课题：如何批判地吸收杜威的思想. // 涂诗万.《民主主义与教育》：百年传播与当代审视［C］.北京：教育科学出版社，2016：100.

种儒家学说自然影响着学者和上层阶层，就像道家学说在老百姓中传播的程度那样，其实际效果也是和道家学说相似的。它创造出了对孔夫子的特别尊重，相信他对生活的持久影响力就像学生学到的东西一样。因此，在中国的教育模式中，古典学问家享有很崇高的地位。这是中国人生活的一个显著特点，也有助于说明中国人更倾向于依靠和平的理性而不是喧嚷的武力来平息事端。与此同时，杜威还指出，中国政坛上许多邪恶的东西都是纯粹无知的结果，因为现代国家各式各样精致的东西都依赖于知识和心智习惯，然而它们是慢慢成长起来的，这是一个自然而然的过程。虽然中国现在才刚刚开始学到这个经验与知识，但绝不能认为中国人民不具备成功所需要的聪明才智。从当时情况来看，中国正试图在半个世纪内完成文化、宗教、经济、科学与政治革命，而西方花了数个世纪来完成。

杜威还强调指出，尽管惯性与稳定性统治有着广阔的乡村地区，尽管过去的具体预言在变化着的中国未曾应验，但中国确实是在变化。在当时青年代表中，讨论最频繁的就是"教育是使中国复兴的唯一是手段"这个观点。他们试图给国家带来一个转变，但从来就不是想要一个西方化了的中国、一个重复和模仿欧洲或美国的中国。他们想要的是西方的知识和西方的方法，如果这些知识和方法能够得到独立的运用，那就可以用来发展和维持一个其本身不是复制品的中国。

颇为有趣的是，尽管杜威并不会讲中文，但他对中文的结构还是很感兴趣的。在1919年7月17日给孩子们的家书中，他对自己中文名字的结构作了这样的描述："在汉语里，我的姓是'杜'（Du），我的名是'威'（Wei）。'杜'是由两个汉字构成的，一个是'木'，表示树木；一个是'土'，表示土地。它们是分开写的。'威'则是由更多的部首组合在一起，其中一个汉字是'女'，一个汉字表示兵器，剩余的部分我就不清楚了。不要问我为什么中国人决定了'木'和'土'加在一起就表示'杜'，因为我也不知道。"①

此外，杜威还认为，亚洲大陆实际上就是印度和中国，它们代表着全世界两种最古老的文明，有着最密集的人口。就未来而言，可以说，随着占一半世界人口的民族意识的觉醒，它的意义将会重要得多。

（2）对中国"新文化运动"的评价

"新文化运动"是当时中国在政治、经济、思想文化以及阶级的影响下兴起的一场反孔教、反文言、抵制儒家学派的思想文化革新、文学革命运动。从时间上看，"新文化运动"是在学潮爆发前进行的，其目的是对在书籍、杂志、报纸和公众讨论中所使用的语言进行改革。这场运动序幕揭开的标志，是1919年陈独秀在上海创办的《青年杂志》。其基本口号是"德先生"（民主）和"赛先生"（科学），反对专制，反对迷信，反对旧道德，反对旧文学。

在杜威1919—1922年发表的那些与中国相关的文章中，他在《亚洲》1921年第21卷上发表的《中国的新文化》一文应该是对中国的"新文化运动"的集中论述。②

其一，杜威认为，"新文化运动"是一场鲜明的民主运动。这个运动将保守派和自由派合二为一，即将旧传统的代表和西方观念与民主制度合二为一。因为它是由民主理念热情鼓动起来的，并且是以这样的前提开始的，即民主在政治上实现之前，必须首先在教育与工业中实现。他特别指出，在这个支持文学革命的运动上，年轻的中国团结得像一个人一样。

其二，杜威认为，在"新文化运动"中，知识不是被作为一种技术装备或文化约定俗成的标志来掌握的，而是为了在社会上加以应用。对各种观念的激情超过了获得知识来支撑这些观念的坚持，但它为对知识与科学方法的不断

---

① *Letters from China and Japan.* 1920：200.

② ［美］杜威. 中国的新文化. // 杜威全集·中期著作第13卷［C］. 2012：96–106.

增强的渴望提供一种非同寻常的活力。如果中国任何一所高等学校的学生被问及他们为什么要学习某一门具体课程时，大多数学生会回答：那是为了帮助我们的国家，或为了促进社会的改革。

其三，杜威认为，在五四运动之后，中国各地的学生联合会纷纷开始创办杂志。这些杂志都是用白话，即通俗语言来写作的，并且热情提倡白话的使用。其内容是要求教育变革、对家庭体制的抨击、对社会主义的讨论、对民主观念的讨论、对各种类型的乌托邦的讨论。他们所提出的各种想法和建议都是新的，也是对旧习俗和旧传统的抛弃。

就"新文化运动"的意义而言，杜威强调指出，"新文化运动"虽然受到了外国的影响，但从本质上说，它是一场以振兴中国为目的而进行的运动，并且在中国历史上有过先例。它是一种努力追求民主和科学的过程中的一个重要阶段，这种努力将会提供中国正迫切需要的引导。在整个运动中，中国青年存在着对各种观念的渴求，这种渴求在程度上显然超过了世界上其他国家的青年对任何现有东西的追求。杜威在哥伦比亚大学所教过的那些中国留学生都参与了这场旨在近代化的新文化运动，他们中的大多数人当时已经成为致力于中国教育改革的教育学家。在杜威看来，原来东方对西方的兴趣只在于欧洲和美国的物质进步，以及在于工业机器和战争武器的方面，而没有认识到西方在其他方面更具有优势；只是在"新文化运动"及"五四运动"之后，人们才普遍地认识到，西方的观念和思维模式比西方的战舰和蒸汽机更加重要。因此，杜威指出："尽管有着各种不成熟与摇摆不定之处，但新文化运动对中国未来的希望提供了最牢固的基础之一。它无法取代更好的交通手段——铁路与公路——没有这些，这个国家无法统一起来，因而就不会强大；但是，在中国也存在对统一起来的精神的需求，而如若没有这场新的思想运动，则是不可能达到的。"①

---

① ［美］杜威. 中国的新文化.// 杜威全集·中期著作第13卷［C］. 2012：105.

（3）强调中国学校面临着改革的任务

面对当时中国学校的改革，杜威在华教育讲演中不仅给予充分强调，而且也给予了积极的支持。在1919年11月12日给友人威廉·沃特（William A. Wirt）的书信中，他就这样写道："最令人感兴趣的是，中国的公立学校正处在它的发展前夕。在中国的所有讲演中，我强调建立在最先进的教育思想和西方世界教育实践基础上的教育开始的可能性，通过运用正确的教育方法，他们的教育将会很快超越我们。"[①]

杜威认为，当时中国的教育体制并不是模仿美国通行的学校体制建立起来的，而是整个照搬了日本的体系，而日本的体系随着西方影响的进入是建立在德国体系之基础上的，再加上从法国的中央集权中借来的一些要素。因此，中国的保守主义主要是一种呆板的、死记硬背的教育体制的产物，这种教育植根于用一种僵死的语言作为教学手段。在1920年12月5日给友人巴恩斯的信中，杜威就写道："这里的学生非常善于接受知识而不是批判性的接受，他们储存知识很多而不能形成普遍性结论，到目前为止都是这样。"[②]这充分表明，中国学校面临着改革的任务。在杜威看来，中国讨论得最多的三个话题：家庭体制的改革，妇女的解放，以及工人问题，它们都是与教育改革相关的。

杜威特别指出，对于中国来讲，民主发展要求普及教育，即学校教育普及所有人，还要求从识字到某些与公民和社会行为有关的科目的学习都有一个改变。但由此形成一个新的公式：中国必须通过一场建立在观念变革基础上的社会变革而得到改变。他在《中国的新文化》一文中写道："中国需要学校，它需要并且是急需普及的初等教育。但是，这些学校里教什么，以及它们的精神和目标是什么，这将会带来很大的不同——正如德国和日本的普及教育都会

---

① John Dewey to William A. Wirt, Peking, 1919.11.12. Butler Library.

② John Dewey to Albert C. Barnes, Peking, 1920.12.05. Butler Library.

证明的那样。"①杜威还指出学校的现代设备和一流教师对中国学校改革的重要性。所以，他在《美国与中国人的教育》一文中写道："这些学校需要现代的实验室和图书馆，以及一流的训练有素的老师，他们能够训练中国人迅速地学会应用社会技艺与自然科学及数学科学中最好的那些方法。这样的人不仅能够训练学生，而且能够训练尚未完全胜任且苦于缺乏思想接触的较年轻的教师……建立一个由养成了独立思想与性格的男男女女所组成的中国。"②但是，杜威也看到了中国的许多麻烦都是由于缺乏有效的行政体制，所以，如果没有一个强大而稳固的中央政府，那中国甚至无法建造铁路和推进普及教育。

在中国期间，杜威的一些来访者都是对当时中国教育事务具有非常重要影响力的人，他们真的想去美国学习教育思想和接受教育建议。杜威认为，中国确实需要有能力理解和努力满足中国人需要的外国人来帮助办学校，但并不需要美国学校的复制品。他还引用了中国一位学生领袖在教育方面的结论："美国人的教会教育即使在它最优秀的毕业生身上，也没能培养出独立而充满活力的思想与性格。毋宁说，它造就了一类驯顺的知识分子，他把这种类型称为奴隶式的。"③因此，杜威1919年8月4日在北京给孩子们的家书中写道："上周，我去天津参加为期两天的教育会议……因此，教学应当改变，管理学校纪律的方法也要改变，以适应新的情况……必然会发生这样的结果，当他们的思想发生变化时，他们的人民将会发生更彻底的变化，所有这些方面都比日本人深刻得多。"④

（4）杜威教育在中国的影响

首先，杜威对中国的影响是多样的。当最负盛名的美国教育家杜威来到

---

① [美] 杜威.中国的新文化.// 杜威全集·中期著作第13卷［C］.2012：105-106.

② [美] 杜威.美国与中国人的教育.// 杜威全集·中期著作第13卷［C］.2012：202—203.

③ [美] 杜威.美国与中国人的教育.// 杜威全集·中期著作第13卷［C］.2012：200.

④ *Letters from China and Japan*.1920：305.

中国时，中美两国学术和教育交流的最高潮即将到来。从1919年5月到1921年7月的两年多时间，杜威在中国走了那么多地方，作教育讲座和讲演，参加教育会议和访问各类学校，确实产生了广泛的影响；与此同时，中国知识界人士也对杜威的到来表示极大的欢迎，不仅出席他的讲座和讲演，而且在感情上和理智上倾听他提出的各种新思想，并进行了认真的思考。杜威的在华讲座主要以实用主义教育为中心，显然致使实用主义教育在中国焕发了新生。毫无疑问，在杜威教育思想通过他的著作翻译出版得到传播的基础上，杜威的中国之行又使他能够与中国知识界进行了直接而深入的教育交流。但应该看到，杜威不仅对中国的影响是多样的，而且这种影响大于对日本的影响。

在为美国历史学家基南（Barry Keenan）的《杜威实验在中国》（*The Dewey Experiment in China*）一书所写的"序"中，美国知名学者施瓦茨（Benjamin I. Schwartz）教授就这样写道："杜威与现代中国的交往，是20世纪中国知识界历史中最为迷人的插曲之一。由杜威的中国信徒们，把他的思想应用到解决中国政治、社会和文化方面纷繁、复杂的问题中去，为我们提供了这一时期中国知识界所面临的严重困境的一幅奇特的画面。"[1]

美国哲学家培里（Thomas Berry）在他的《杜威对中国的影响》（*Dewey's Influence in China*）一文中更是概括性地论述了杜威的成就："杜威在中国两年的尝试中所作出的最大的唯一的努力是把中国引入一个新时代：政治上的西方自由主义、哲学上的激进经验主义和教育上的进步主义……尽管有这些困难，但杜威在他逗留中国时期的成就是很大的。在这个时期中，他自己同中国知识分子之间建立起来的思想交往的程度确实是令人惊讶的……杜威第二个显著的成就是认识到中国人具有按照自己的方式处理自己思想和解决自己

---

[1] Barry Keenan. *The Dewey Experiment in China*. Foreword by Benjamin I. Schwartz. Cambridge: Harvard University Press, 1977：v.

问题的能力……杜威的第三个成就是加强中美联系的纽带。"①这里，所提及的杜威和他的学生陶行知的交往就是一个典范。在1944年6月10日给陶行知的信中，杜威就以关怀和赞赏的口吻写道："我也非常高兴地知道您健康状况良好，教育工作也在继续进行，即便是在非常困难的情况下还在进行。"②两年之后，即1946年7月25日，中国近代教育家陶行知因脑出血去世，杜威在他的致唁电中赞扬陶行知为中国教育改革和发展作出了巨大贡献。

其次，杜威在中国的最大影响是在教育方面。相对而言，杜威对中国教育思想和实践的影响更加明显和更加持久。毫无疑问，杜威的中国之行极大推动了之前在中国就开始的对杜威教育观点的传播，以及渐渐应用于中国的学校教育之中。在杜威访华结束后，他的教育思想已成为中国最重要的教育思想之一。具体来讲，杜威对美国哥伦比亚大学的中国留学生进行了密切交往和认真指导；他的教育著作在中国得到了翻译出版；他在中国之行中作了大量的教育讲演并对中国教育改革提出了建议；中国教育学者也撰写了很多有关杜威教育学说的文章并应用于教育实践；等等。对于这一点，美国哲学家培里也明确指出："杜威在中国的最大影响正像他在美国一样，是在教育方面……他在政治上和哲学思想上的影响是一个更大趋向的一个部分，而在教育上的影响是独创的、决定性的和持久的。不仅在中国，而且在世界范围内，如果任何一个人在20世纪内对全世界的教育计划像杜威有那么广泛的影响，那是难以置信的……它的最大的影响是在中国。杜威在中国接近的主要是大学教授和学生。杜威作为一个教育家在工作上处于一种有利的环境，这种环境在某些方面比在美国还有利得多。"③

---

① Thomas Berry. *Dewey's Influence in China*. // John Blewett. John Dewey: His Thought and Influence. New York: Fordham University Press, 1960：224–225.

② John Dewey to Tao Hsing-chih，1944.06.10. Butler Library.

③ Thomas Berry. *Dewey's Influence in China*. // John Blewett. John Dewey: His Thought and Influence. New York: Fordham University Press. 1960：223.

在中国教育上，"杜威成为流行风尚，因为对中国知识分子来说，杜威的思想与现代性的定义紧密相连"①。在1949年10月20日杜威九十岁生日宴会上，他的学生、中国近代学者和教育家胡适带来了题为《来自东方的敬意》的贺词，表达了杜威在教育上对中国的影响："我们敬仰您，热爱您。我们非常感谢您在中国居住的时间比你在其他外国所居住的时间都长。您在那里安度了两年多的时间，准确地说是两年又两个月。您曾在中国11个省份的学校里生活过，与当地的教师和学生交谈过，为我们带来了新的哲学和新的教育理论。我们感谢您曾当过我们的老师，当了我们年轻中国40年的老师。您对我们学校里无数中国孩子的生活和幸福产生了影响。"②为了表彰杜威及哥伦比亚大学对中国教育做出的贡献，1939年12月20日，在纽约市举行的中美文化名人招待会上，中国政府授予杜威和时任哥伦比亚大学校长尼古拉斯·巴特勒（Nicholas M. Butler）"玉石勋章"。与拒绝日本帝国政府的"旭日东升勋章"相反，杜威高兴地接受了这枚象征中美人民友谊的勋章。

还有，与中国的交往对杜威自己产生了影响。杜威的中国之行以及他对中国的了解，实际上也对杜威自己产生了内在的影响。相比之下，杜威的日本之行以及对日本的了解，对他并没有产生这种内在影响。作为一位美国学者的视角，杜威确实很想到中国去访问旅行，所以，他在1919年开始的中国之行就被美国历史学家基南称为"一位美国哲学家的梦想成真"③。在中国期间，杜威始终怀着极大的热情、带着敏锐的眼光对中国进行观察和思考，这可以从他所撰写的有关中国的很多文章中清楚地看到。因此，杜威女儿简·杜威在她的《约翰·杜威传》中就指出："杜威一行是中国特别邀请的第一批外国讲演者，被允许与中国人进行密切的交往，以了解中国人对国内外一些问题的观

①［美］罗伯特·威斯布鲁克. 杜威与美国民主［M］. 2010：259.

②胡适. 来自东方的敬意. // 杜威传（修订版）［C］. 2009：424.

③ Barry Keenan. *The Dewey Experiment in China. Introduction*. Foreword by Benjamin I. Schwartz. Cambridge: Harvard University Press, 1977：1.

点。不管杜威对中国的影响如何，杜威在中国的访问对他自己也具有深刻的和持久的影响。杜威不仅对同他密切交往过的那些学者，而且对中国人民，表达了深切的同情和由衷的敬佩。中国仍然是杜威所深切关心的国家，仅次于他自己的国家。中国是世界上最古老的文明国家，正在为使它自己适应新的形势而斗争。杜威从美国到中国，环境的变化如此之大，以致对他的学术上的热情起了复兴的作用。"①根据杜威自己的亲身体验，他还这样对孩子们说，在东方可以学习很多东西，因此如果经济条件允许，那将送家里的一些人到中国来看看。

关于中国对杜威的影响，记录是清楚的。杜威在1920年11月7日给哥伦比亚大学哲学系主任科斯（John J. Coss）的信中就写道：去中国访问旅行，"这是我所做过的最感兴趣的和智力上最有益的一件事情"②。1967年，即杜威在中国访问旅行约46年后，曾陪伴杜威夫妇中国之行的女儿露西（Lucy Dewey）也回忆说："中国人民是极为友好的人民，他们给以无微不至的关怀。在中国的这两年是我一生中最丰富多彩和令人愉快的，对我的父母来说也有同样的感觉。"③

杜威1921年8月初离开中国时，他在感情上是十分留恋的，总想有机会再一次访问中国。1921年7月1日在北京五团体公饯会上的致辞最后表达了希望再能到北京的愿望。杜威怎么也没有想到，25年后，即1946年初，时任国会秘书的蒋梦麟先生邀请他访华，这使他感到非常兴奋。在1946年2月9日给阿瑟·本特利（Arthur F. Bentley）教授的信中，杜威高兴地写道："我已经接受官方邀请去中国6周，最有可能是在4月，作为中国政府大学教育发展的咨询者。我想，这是最值得崇敬的。我25年前在中国就有过一段愉悦的时光。在我去世

---

① ［美］简·杜威. 约翰·杜威传. // 杜威传（修订版）［C］. 2009：42.

② John Dewey to John J. Coss, 1920.11.07. Butler Library.

③ George Dykhuizen. *The Life and Mind of John Dewey*. 1973：200.

之前，没有比我再次见到中国和我的中国朋友更喜欢的事情了。"①但是，杜威还是有点担心自己的身体能否承担去中国的旅行，所以他在给医生休斯顿（W. R. Houston）的信中又这样写道："当我在中国的时候，我有这样的经历，总之我很想再看一次中国，哪怕是非常短的时间，这比我知道的任何事情都值得。因此，我希望这件事不应该看起来那么疯狂。无论如何，这件事使我转向积极的治疗。"②然而，杜威的第二次中国之行最后未能成行，这确实是十分遗憾的。因为对杜威个人来说，他既失去了再一次与中国交往的机会，也失去了再一次在中国学习的机会。

四、杜威教育在日本和中国发展的异同

杜威教育在中国和日本传播和影响的发展过程，实际上就是中国和日本教育界阅读、理解、研究、批判和吸收杜威教育思想的过程。

从比较的视角来看，杜威教育在日本和中国的发展呈现出一些共同特点：一是，在20世纪初期，中国和日本的教育变革都需要学习杜威教育学说，特别是教育界人士企求从杜威那里寻觅现代教育智慧；二是，杜威的重要教育著作大多在中国和日本得到了翻译出版，从而推动了杜威教育思想在那里的传播和影响；三是中国和日本学界人士都邀请了杜威去访问旅行，因而促成了杜威急切渴望的一次远东之行，并留下了难忘的印象。

但因为不同的国家状况、社会氛围、文化传统、经济发展、科学进步、教育背景、学校变革、民族心理诸因素，所以杜威教育在日本和中国的发展又呈现出不同特点。

第一，杜威教育在中国和日本都产生了影响，但相比之下，杜威教育在

① John Dewey to Arthur F. Bentley, 1946.02.09. Butler Library.
② John Dewey to W. R. Houston, 1946.03.16. Butler Library.

中国的影响更大、更为广泛，特别是杜威和中国知识界人士的交往更为密切。因为在20世纪初期的几十年中，一些先进的中国人为了振兴中国而迫切去了解杜威、介绍杜威和研究杜威。杜威自己这样说："我度过了非凡的两年半时间……去之前，我并没有仔细研究过中国，我来到的是一个在文化上没有开放的国度，人们知之甚少但是很幸福，这一切真的很美好……"①他还富有感情地说："这两年，是我生活中最有兴味的时期，学得也比什么时候都多。中国是一个教育的国家，外面来的人能在知识上引起好奇心，感情上引起好理想，并且也能引起同情心，故到中国来旅行者很是有益。"②

第二，在杜威的远东之行中，在中国他是一种亲历其中的感觉，即杜威自己所说的"到家了"③的感觉，而在日本他只是一种过客的感觉。因此，概括地讲，杜威对中国的感觉是喜欢，而对日本的感觉是不喜欢。其中，在日本访问旅行后杜威写的有关日本的文章很少，而在中国访问旅行后杜威写的有关中国的文章很多，就是一个例证。至于杜威拒绝日本帝国政府为他颁发的"旭日东升勋章"，而接受中国政府授予他的"玉石勋章"，更是一个明显的例证。

第三，杜威教育自20世纪初传入中国和日本至今，杜威教育在中国和日本的发展过程及呈现的发展态势是不同的。具体来讲，杜威教育在日本的发展过程可以分为三个阶段：第一个阶段是20世纪初期；第二个阶段是20世纪20年代短暂的高峰期；第三个阶段是20世纪50年代勃兴期以来。其所呈现的发展态势是盛—衰—杜威勃兴。杜威教育在中国的发展过程也可以分为三个阶段：第一个阶段是20世纪初至40年代末；第二个阶段是20世纪50年代初至70年代末；第三个阶段是20世纪80年代以来。其所呈现的发展态势是盛—衰—杜威重新评价。特别值得指出的是，在改革开放后，我国教育界人士从20世纪80年代初开

---

① ［美］杰伊·马丁.教育人生：约翰·杜威传［M］.2020：217.
② ［美］杜威.在北京五团体公饯会上致辞［J］.晨报，1921-7-1.
③ ［美］杜威.在北京五团体公饯会上致辞［J］.晨报，1921-7-1.

始了以实事求是的精神对杜威教育的重新评价，不仅对杜威教育思想进行了理性的思考，而且使杜威教育思想研究得到了深化。

第四，在20世纪50年代日本开始的杜威勃兴时期，杜威教育思想为二战后日本教育改革提供了巨大的动力。日本杜威教育研究学者更为深入地研究杜威教育思想，推动了杜威教育思想在二战后日本更为广泛的传播。特别是1957年成立的日本杜威学会，不仅发行学会刊物《日本杜威学会纪要》，而且每年举办研究大会，积极地推动了二战后日本杜威教育研究的质量提升和数量扩展。应该看到，作为日本杜威研究的核心机构，日本杜威学会无疑对杜威教育在现今日本的发展起了推动和引领的作用。

附录:《寄自日本和中国的家书》①

[美]约翰·杜威 / 艾丽丝·奇普曼·杜威

一、寄自日本的家书②

1919年2月　东京

如果想看一场盛大的、颜色黯淡的化装舞会,就看看今日的日本吧。我一直在想,如果我能随心所欲,我会在房顶上坐下或站起来向世界上的每一个人大声呼叫,让他们来观看表演。如果不是服装款式特别的话,我会认为,所有过了时的服装都到了日本,而非比利时。服装的款式和布料都很奇怪,就好像你在阁楼里翻找着旧日各种颜色和样式的衣服,然后把所有不同颜色、样式和尺寸的和服汇集到一起,配上你从未见过的男人的帽子,还有泥泞的街道。在东京你就会看到这一幕。拉黄包车的车夫穿着紧腿裤,绑着裹腿,看起来很优雅。他们穿着湿漉漉的棉布做的既不是袜子又不是鞋子的东西,整天在泥中、雪中跑着。他们或者站着,或者坐在台阶上,等待拉客人,就这样整天充满了活力。我感到很矛盾,既想坐一下这样的车,又担心语言的障碍,更不忍心让车夫去拉。他们就像安了钢制弹簧的小人,步伐轻快。我还是只坐汽车,

---

① John Dewey and Alice Chipman Dewey. *Letters from China and Japan*. edited by Evelyn Dewey. Preface. New York: E. P. Dutton & Company, 1920.

② 杨丽杰、关松林译,本部分所有的注释均为译者注。

这儿汽车不多。我已有点厌倦了新鲜事物不断带来的兴奋感。今天早晨，一个男子从一个古董店里出来，鞠躬说道："对不起，请问是杜威太太吗？我知道您，因为我在报纸上看到了照片。我们这里有许多古董，来看看好吗？我非常乐意将它们送到您住的饭店。您住在哪个房间？"再鞠躬。"请不要送到我的房间，我经常外出。有时间我会过来看看。""谢谢，夫人，请一定来，我们这里有许多珍贵的古董。"再鞠躬，"夫人，早晨好。"

　　街景和服装一样，看起来就像久远的过去遗留下来的东西。当然，东京是日本的现代化都市，但我们也应该留意它在变革时期所保留的过去的东西。但愿我能够清楚地向你描绘出穷人们看上去的样子。年龄到了13岁的孩子看上去从来没有揩过鼻涕，再加上几件和服，给人留下的印象更深。和服外套着和服，衣料用棉布和羊毛制成，颜色鲜艳，有花纹，外面的是棕色的格子图案的和服，卷起来，还是太长，于是被提到了腰上。背上还有一个小孩在和服里面晃荡着，小孩的头上是黑色的刘海，松软的头皮露了出来，从未用手帕揩过的鼻子。背着孩子的那个孩子，年龄也很小，鼻子也从未揩过——我边走，心里边惊奇地叫着，这比以往看过的戏剧更令人感到兴奋。我们对他们感到好奇，他们对我们也同样感到好奇，尽管我们住在多数外国人去的地方。除此之外，我们就像猴子，无法向司机说明白到底要去哪里。在街上找不到任何英文街名，除了几个英文标识，其他一个标识也看不懂；街道曲曲弯弯长长短短，呈环状；城里有一条大运河环绕着我们所住的那个地方，似乎每隔几分钟就从它那儿穿过一次；每次穿过它，我们就会觉得和前一次走的方向一致。你爸爸走向一个年轻人寻问这段路，年轻人穿着乌尔斯特大衣，戴着斗篷和毡帽，毡帽看上去像美国的浅底软呢男帽，只不过矮了几英寸，你爸爸问他Tei-ko-ku酒店怎么走，如果他日语发音正确的话，应该是帝国酒店。男孩转过身问道："你们是想到帝国酒店吗？"（用不太标准的英语）我们说："是的。"他说："就是那儿的大建筑物。"（用不太标准的英语）于是，我们又走过几个建筑物，路上所有穿着木屐的人都注视着我们的脚。我们终于来到了旧仓库一样的地方，这儿的费用竟和美国第五大道的酒店一样贵，而喝的粥里面却什么都没放。和任何一处老式的法国酒店一样，他们也对所提供的东西精打细算。酒店经理就像那种最有名的、引人注目的玩偶匣玩具，见到你就弹出来，每次当你从大厅走下来，就向你鞠躬，每次、每次、每次都是如此。一切都是如此滑稽、好玩。商店和我们家里的卧室一般大，有足够的空间进去，脱掉鞋子，再踏上地垫。除了外文书店，我们哪个商店都不能进，因为我们的鞋子太脏，没有时间解开鞋带脱掉鞋子，即便想要穿破我们的丝袜。我们打算买几双好看的条纹袜子再去购物。我脑子里冒出想要穿木屐的想法。

1919年2月11日　东京

今天是节日。因此我们无法去银行，但我们可以去参加一个会议，讨论全民选举和民主化的问题。据说，天皇身体欠安不能来庆贺。据我们所了解，他的病以及关于他的任何其他事情都是由大臣和女主人来安排。

我们经历的有趣的事情和印象如此之多，已经感到很难及时将它们记录下来。昨天早晨我们去散步，下午有车接我们出去，这样我们已经从表面得来的第一印象中恢复过来。我们看到了大学和幕府将军之墓，从车上望去，那些墓修得极好。明天，我们大概能去博物馆。一排排的石灯笼给人留下深刻的印象；数以百计只灯笼照亮的夜空给人以神秘、幽灵般的感觉。

如果说日本人对他们的历史不感兴趣，这种说法并不完全正确。同其他国家一样，至少受过教育的人对历史还是感兴趣的。一个朋友告诉我们关于人们对茶道兴趣的复苏。他将安排我们去看茶艺表演，但没有说去哪里。从他给我们的印象来判断，不光有表演，还有盛大的晚餐，既能表现出日本新贵的堂皇又能体现日本的品位。他告诉我们某个百万富翁最近花了16万日元，相当于8万美元，买了一只旧的用于茶道的中国茶碗。他说这些收藏家们有各种各样的收藏，每一套茶具都值上百万美元。这只特殊的茶碗是黑瓷的，装饰着鲜艳的色彩。他告诉我们还有一种茶，产于中国，是将茶树枝嫁接到柠檬树上。他有这种茶，是中国的大使送给他的，我希望能够有幸品尝一下。

说到酒店，你可能会对那位经理感兴趣，他刚刚从沃尔多夫和伦敦回来，在那些地方他一直在学习怎样和人打交道。他们提供给你爸爸的外汇率似乎是其酒店发展方式的一个标志，他们还将建更多的酒店。这家酒店在日本是一流的，目前只有大约60套房间。

总的说来，事情进展得都很顺利。8月初，讲座应该就结束了，正是开始旅游的时候。没想到冬季来东京竟是个好计划，因为这里的气候虽然算不上太好，却不是特别冷，尽管不容易看到棕榈树如何在雪中茁壮生长。日本似乎培育出一种独特的半热带植被，可以抵御冰冻和冬季。

我能预见到我们将会很忙，接下来的几周，你妈妈将比我有更多的时间进行各种观光活动。无法描述这是多么令人着迷，当然这很类似于书籍和图片，但从质量上来说，观光带来的感受不仅是真实的，而且是全方位的——不只是零散的标本。

1919年2月13日　东京

今天，我们开始了独立购物。这里说英语的人之多，英语口语程度之高令我吃惊。在大百货商场购物与在家乡一样方便——而且从受到的关注和舒适度来讲这里更使人感到方便。他们给我们包装纸或鞋套套在鞋上。设想一下，如果在芝加哥能在这样的天气里效仿日本的做法，该是何等的改观。

一番狂风暴雨式的社交、寒暄活动，尤其是昨晚的活动达到了高潮。相比之下，今天下午显得有些沉闷。让我来详细叙述一下。我们每天早晨都在8点钟吃早餐，今天我们还未吃完早餐人们就开始打进电话。两位先生用车送我们去学校，我们再次拜会了校长，他是该校的绅士，我想是儒学家。能够受到接待而不是待在车里，你妈妈对此印象颇深。不过我想，校长对于她的拜访比我的拜访更感愉快和受到恭敬。然后，我们去了我提到过的那家百货商店。到那里购物的人很多，因为价格固定，质量讲求诚信，而且如有发现别处同样商品价格比此处低廉者还有奖励。他们还说，在这里参观日本，了解服饰、装饰品、玩具，接触各种各样的人最为方便，因为来自全国的日本人都到此观光。商店来了一群被称为红地毯的农村人，人们之所以称他们为红地毯而非暖房，是因为他们在冬天里穿着用线串起来的红色床毯而不是穿大衣。到了晚上用起来可真是方便！

虽然距离3月的女儿节还早，但各大商场已经摆上了节日的商品——这是桃子节，各种穿着旧式服饰的节日玩偶——国王、王后、仆人、女佣看上去非常有趣并具有艺术性。日本已经对玩偶加以利用，而我们还没有。然后，我们又在这里吃了午饭，很普通的日本午饭，味道非常好，我们用筷子吃的饭。然后，他们送我们回酒店。2点钟的时候，一位朋友来带我们去拜会涩泽（Shibusawa）先生——我想甚至只住过一晚的外国人都知道他是谁，不过你可能不会知道他已经83岁了，皮肤却像婴儿一般，反应敏捷，思维活跃。过去的二三年，他已经不再参加其他活动，而专心于慈善事业和人道主义活动。很显然与许多美国的百万富翁所做的不一样，他所感兴趣的是知识与道德方面的活动，而不只是捐钱。他用了半个多小时的时间解释了他的生命理论（他是一名纯粹的儒学家，不是宗教狂），尤其是他正尝试着做的事情，不单纯是救济。他希望保留过去的儒学标准，并使之适应现在的经济状况；这基本上就是你也许知道的封建经济关系的道德观，他认为现代的工厂主能够对雇员采取旧式的父亲般的态度以防止日本的阶级斗争。激进派嘲笑这种观点，在美国也是一样。据所有的报道，日本还没有出现劳资问题，尽管战争带来的大量财富和工人日渐贫困已经开始使社会出现变化。到现在，工会还没有被批准成立，但政府已宣布虽然不鼓励，但不再禁止。

书归正传。还有一位朋友邀请我们到帝国剧院去看戏剧，剧院的坐椅都是欧式的，建筑物很精美也很大，与任何一个首都的剧院一样精美，和纽约的剧院一样没有做过分的装饰。4点开始表演，中场休息大约半个小时吃饭，一直持续到晚上10点。你可以带饭，吃饭时没有座位，放在腿上吃。没有一部戏剧是严格意义上的旧史剧，到目前为止，最有趣的是一部由古典剧改编的戏剧：大意是关于一匹忠诚的马和几世纪前的农夫。最没意思的是一部问题剧：主要是对现代问题的哲学论述；自我的表现权利与艺术事业；一些甚至对日本观众都没有艺术感染力的格言之类的东西。观众的理解力都很强——几乎和巴黎人一样有专业的欣赏力，很显然，这部戏剧的观众都是这样一类人。在日本，演员的演技很高超但戏剧本身缺乏艺术性，就连美国的观众也不会太关注只注重道德情感而不注重艺术感染力的剧目。但是，像那些基于老故事和旧传统的古典戏剧却更加具有戏剧性和夸张性。这个日本人还说，旧式剧院比半欧式的剧院拥有更优秀的演员。我猜想，这些半欧式剧院是由政府资助的。在帝国剧院，管弦乐队的座位是1.5美元；在全天营业的剧院里，同样的座位价格更高。甚至在帝国剧院还没有鼓掌的习惯，尽管在大幕拉下时有一两次稀稀拉拉的掌声。日本一直利用旋转舞台来进行布景变化，就和铁路的转车台起的作用一样。好了，昨天就这样结束了。不过还有一件事，昨天我们已经邀请了2位先生吃饭，把此事告诉朋友时，他们说："哦，就给他们打电话让他们改天来嘛。"看来这是日本的礼节，一天的任何时候打电话在日本也是一种礼节，于是我们就这么做了。可是，非常遗憾，今天他们来电话说今晚不能来了。

今天相对比较平静，只有4名日本客人和2名美国客人。2名日本客人，一名是女士，她是女子大学的校长；另一名是该校的年轻教师，她来自贵族家庭，已经变得非常前卫。我希望所有的孩子都要对见到的每一位日本人鞠躬，询问能否为他们做些什么。我得利用有生之年学会这里的友好和礼貌的举止行为。恐怕比阅读有趣的是写下这些事情，更不用说比阅读更有趣的是经历这些事情。但是，你可以替我们把书信保存好，待我们老了不能四处游历时拿出来翻看翻看，希望回想起那些游历时光：所到之处，人们待人如此善良，让我们飘飘然，自觉是了不起的人物，既享受到家庭般的欢乐，又体会到身处奇特的半魔力国家所产生的惊喜，这对我们来说的确是半魔力的。对于那里的大众，人不可能不对他们的快乐状态产生好奇，也不可能不认识到何谓真正的古老而拥挤的国家以及佛教与禁欲的奇异快乐是如何发展的。不要自欺欺人地认为日本是一个新生国家；我不再相信那种欣赏古董得去中国和印度的说法了。表面上可能是如此，但实际上根本不是那么一回事。任何国家都是古老的，那里生与死如同树叶生长与凋落一样，那里个体的人同树叶一样。旧世界与新世界不仅是相关的，它们和任何事物一样也是近似独立的。

我们听见外面有吹哨声，你妈妈以为是银行的信使来了，于是我按铃让门童带其进来。可是，哎呀，事情没有那么浪漫，那是通心粉小贩的叫卖声。

1919年2月　东京

下飞机后一个星期，我们到了一个小山上。它位于美丽的花园内，树上的花蕾含苞待放。李子树不久会盛开，接着是3月的山茶花，山茶花这种植物可长成很大的树木。远处可看见奇妙的富士山、周围的丘陵以及更远处的平原。一条运河恰好从我们的山脚下流过，沿运河是从前闻名遐迩的樱花园，但几年前基本上被一场风暴所毁掉。

我们独自住在一套漂亮公寓，几乎到处都是窗户，该公寓内的窗户都是玻璃窗。一间大卧室、一小化妆间和一间书房。现在，我坐在书房里，阳光从四面的窗户照射进来。尽管炭火盆完全能够暖脚、晾干头发，像现在我用炭火盆暖脚那样，但我们还是需要阳光。我们被有关现代日本的各种书籍所包围着，因此，我们读书的欲望一刻都不能等待。这个房子很大，山顶上一栋又一栋房子，其间有游廊相连，而游廊又与一个又一个房间的墙壁分离。我要拍张照片。在这所房子的最远端是X先生的图书馆，由几个房间组成，而在其尽头是举行茶道的茶室。我们的主人并非新贵，不会因举行茶道而购买价值百万美元的茶具。对此，他嗤之以鼻。不过，茶室内有一个金色漆艺茶桌，金光闪烁，还有其他几件旧家具，是祖上传下来的，现在均为无价之宝。看我们用早餐的情景，你会感到好笑。女佣於贞（O-Tei）把早餐端到阳光明媚的客厅，先吃水果。两张小漆桌可随意移动。饭菜与其上桌方式是我们西式的。

古朴的广东青花瓷碟和其他日式餐具可爱宜人。用过水果，她用两根铁杆子扎住面包，放在炭火盆上烘烤，并把烤好的面包直接用铁杆子递过来。同时她教我们日语，我们教她已知道的英语，我们每次说话她都咯咯地笑。唉，我们把烤面包放到碟子上面她却不见了踪迹。咖啡壶在边桌上，我们急着找杯子，当然也有些担心会破坏规矩。没杯子，她给忘了。过了一会儿，她又出现了，拿来了杯子，我们喝上了咖啡。随后她再次离开，用青花瓷盘端回来炒鸡蛋。然后，她一边用铁杆子递给我们一片烤好的面包，一边咯咯地笑了几声并轻柔地说话，我们从未听过那么温柔的嗓音。我告诉她烤面包掉到干净的地上不碍事，她乐得咯咯不止。于是，她去大卧室取煤气灶上的咖啡。这完全像一场美丽的戏剧，没有受到任何对效率、时间及省力器具的模糊观念的干扰。之后，两位女佣整理床铺、扫地，一人抬起沙发的一端，另一人掸沙发下面的灰尘。她们面带笑容鞠躬，对我们的一举一动都感兴趣，好像我们是她们的亲朋好友。

现在女管家进来了，一边不断地鞠躬，一边慢悠悠地说她愿意陪我去城里转一转，介绍一些情况，与此同时我教她英文。我问她是否要去教堂，她说自己不是基督徒。想象一下，那听起来多么有趣。她是X先生的秘书，新基督学院的学生，而X先生是该学院的院长。她现在进来侍奉我们用早餐。她没走，跟我们学说英文。她会很多英文，但太书面化，帮她转换成口语方式十分有趣。设法让她张口，打破日本妇女礼貌的轻声细语是我的主攻方向。昨天，我们参观了距此几步之遥的女子大学。校长成濑（Naruse）先生身患癌症，无法治愈。虽然卧床，但他仍能十分自然地谈话。他已向学生作了告别演讲。在一次讲话中，也向教师们道了别，并任命代理他现职的教务长作为接班人。这所大学开设插花、长剑和日本礼仪等课程。行政主管是一位很好的女士。她说我不仅可以来，而且可以参观自己想看的东西。

当天下午，又有来访者，其中有两位妇女：一位是R大夫，骨科医生，在当地已行医15年，是我们房东的老朋友；另一位是T小姐，在美国7年，刚刚回国。我在斯坦福大学听过她的许多情况，并给她捎过信。她在女子大学任社会学教授，但她说校方担心她开社会学课程的时机还不成熟，因此她先教英文，然后将社会学融入英文课堂，逐渐过渡到社会学。她是一位有趣的名人，有人跟她说我可能很孤独，因为你父亲不在，所以，她要带我和其他任何我想带的朋友去看戏剧。我们已去过帝国剧院，享受过涩泽先生的包厢。这次最终安排去看歌舞伎剧，我们席地而坐欣赏真正的日式表演剧，那是我非常渴望的事情。我知道，这种演出从上午11点开始一直持续到晚上10点。

1919年2月22日　东京

昨天，我们去看日式表演剧，下午1点开始，约晚上9点结束。坐在包厢里，不断地有人端上茶点，两幕戏之间有丰盛的饭食。同有些现代化的戏剧相比，我们更喜欢传统的日本戏剧。涩泽先生为我们提供了一个包厢，准确地说是两个。他的侄女和另一个亲戚外加住处的两个年轻人一同前往。我不想对传统的日本戏剧作评论，只是想说学习日本历史与传统的方法是看戏，并有人陪同解释；尽管与中世纪欧洲戏剧一样朴素，但服装却更加精致昂贵。当40名武士出现在舞台上时，场面十分壮观，衣饰货真价实，非哗众取宠之物。你妈妈比我看得多，我得4点半去协和学会——实际上我开始一点都没指望去，因为涩泽先生说他把我们安排在包厢里是因为担心我不在时你妈妈可能会寂寞！约有25名日本人和美国人出席会议。我讲了30分钟话后，在旁边的饭店用餐。之后，一起逗留了一个小时左右。

除了看戏，本周的大事还包括参观女子大学，或许你对此不以为然，可你哪知道我们都看了什么。离得不远又有人带过一次路，我们早早就动身步行前往，可是我们忙于看店铺，一直走到尽头才发现走过头了，于是折身往回走，因而迟到了。上午，我们在他们的实习小学和幼儿园度过。所有的孩子都身着非常鲜艳的和服，要多鲜艳有多鲜艳，多半为红色，夹杂一些别的颜色。小孩子们待的房间像花园，亮丽的鸟儿栖居其中，快乐无比。所有的课堂活动都很有趣，但彩色蜡笔画尤为突出。孩子们享有许多自由，不是在做毫无个性的模仿——似乎这样说是恰如其分的——在绘画和手工活动中我从未见过如此的多样化，如此少的雷同，毋庸说质量比我们孩子的平均水平高得多。孩子们没有受到明显的约束，但他们既愉快又表现得好。出乎我意料的是他们对来访者并不注意，原来以为他们会全体起立鞠躬的。如果你要想到一切正常的课上活动——包括在这所学校内的大量手工、绘画等以及到六年级期末学会1000多个汉字，既要会读又要会写，你就会有所了解孩子们有多么勤奋；当然，他们还得学会日本字。之后，我们10人共进午餐，由家政系的女生烹饪和侍奉。绝妙的午餐——配菜装饰远胜过西餐。餐后，真正的表演开始了，先是插花，分古典和现代风格。接着是示范给客人上茶点的古典礼仪，地位低者如何拜见地位高者。随后是演奏竖琴——一种放于地上的13弦竖琴，先是两名女生和一名教师演奏，然后是那位教师独奏，他是位盲人，据说是日本最好的琴师。他演奏了《溪中漂棉》，据说他很少演奏此曲，一年仅一次。哎呀，你可以听到溪水起伏荡漾拍打溪石的声音，听到女人们吟唱和击打棉布的响声。我对它的理解好于我们西乐中的泉水，我因此认为也许我的耳朵生来适应日本音阶，或缺少日本音阶。之后，我们被带到茶馆欣赏茶道。你妈妈跪坐在榻榻米上，我基本坐在椅子上。后来，我们又去体操馆观看传统女武士的剑矛操练等项目。教师是位75岁的老妇人，身体柔软灵活得像只猫，体态比任何在场的女生都优雅。我现在对被视为教养的传统礼仪和仪式极其尊敬。每一个动作都要做得完美，不全神贯注是不能做到的。现代儿童体操运动同这些礼仪相比十分令人遗憾。出了体操馆后，我们来到位于一个花园内的学生宿舍。宿舍是简朴的日式建筑，我们的女生会认为像仓库，但一切都很洁净，可以在地板的任何地方用餐；南墙皆为玻璃窗，阳光充足；女生们坐在地上学习，书桌约1.5英尺高，没有使室内显得凌乱的床铺和椅子。我们被带到其他房间后，回到餐厅，品尝了非常精制的日式佛教斋饭，饭菜都盛于小碟，包括作为甜点的甜食，五六种各不相同，制作精美；还饮用了三种茶。

这里人人讲礼貌，我们回去时要么文明得让人认不得我们，要么因看到他人不够文明而生气，也让人认不得我们了。X先生用自己的车送我们回去。我们到达大厅时，5位女佣鞠躬微笑，替我们拿拖鞋，挂衣帽，进进出出，像是去野餐。我认为，女佣们喜欢她们日常工作的这样变化，因为她们真的微笑，好像在享受自己的生命时光。如果是敷衍和做样子的话，我便成了大傻瓜。

哦，我没有向你提及此次旅行的理性思考。此外，我也太忙而没有充分时间去思考。可能在中国，它们会自然地诞生于脑海。在上封信中，我忘了告诉你，内政大臣给了我一个可续签日本铁路头等座位的月票。这里一位朋友请他给你妈妈也办一张，但他却说很抱歉，该特权无法授予妇女。于是，我是家里唯一的受赠者。我还没有机会使用，不过会创造机会的，以便体会一下那种特权的感受。

1919年2月28日　东京

我没怎么观光，只是逛街景。一般的散步锻炼有人陪着，而且线路总是不重复。有天傍晚，我们饭后来到附近一条热闹的街道——沿人行道（或准确说沿街）将书摆开的书商、小餐车、拥挤的街道与商店。到处都有电灯，一些年轻艺伎和拿着她们的日式三弦琴的女佣小跑而行。除了逛街，我们还去了电影院和一家日本料理店。这里的餐馆都是特色店。我们去的那家是面馆，我们品尝了三种面：小麦汤面、炸虾荞麦面以及海带凉面。我们俩总共花了27美分。而这个普通的小店，比任何美国饭店甚至最好的都干净。电影情节似乎比我们的复杂，当然进展较缓慢。在银幕附近的小间内有一男一女，只要演员嘴唇一动，他们就配音，这当然会有话多的可能。片中有几个打斗场面，谋杀，恶棍与被迫害的年轻未婚女子，以及有惊无险的自杀未遂。但即便有向导陪同帮助，我还是看不懂。这是简单的娱乐活动。除白天散步，我们一般去寺庙。总的来说，那里的人比寺庙有趣。有时，你也感觉到树木布局美妙，产生了像天主教堂一样的宗教宁静效果。总体上，这里的朝拜与罗马天主教的相似，其程度比其他任何宗教活动都明显。他们略显稚气：在儿童神殿看玩偶、毛毛狗、玩具风车。此外，他们的草拖鞋、草凉鞋以及重要场合穿的儿童和服都十分动人。有时，母亲剪下自己的头发，挂起来作为供品。其他事情则既有趣又令人哀叹，如将书面祷文搓成唾沫纸团唾粘到神的身上。为此，有些神像现在已罩上金属网。我已非常习惯这里的街道，能辨别多数商店，如棺材铺、桶匠铺等。使街道如此有趣的是，你可以向内观望所发生的一切。我忘记提到在街上看到的一件最有趣的事情：一位捕鸟者拿着一根长长的欧椴木杆，好像竹渔竿，一个带活动门的放鸟的筐以及其他一些工具。可是，我没看到他抓到一只鸟。

1919年3月2日　东京

今天提早写信是因为我们要去镰仓。你可能听说过50英尺高的大铜佛像吧，它就在那里。一位朋友安排我们去拜见日本最著名或学识最渊博的佛教高僧，属禅宗教派。该教派颇具哲学思想，信奉朴素生活和适当禁欲。就是这个教派，对古代武士阶层的影响最大。镰仓在横滨的另一端，是幕府将军的旧都，有许多历史性神殿等古迹。

昨天，我第一次通过翻译向教师协会约500名教师发表演讲。一个明显的事实是，在众多小学教师中，大约仅有25名女教师。晚上，我们去吃晚饭并参加了英语口语学会的招待会，有美国人和日本人，多数为日本人，男人和女人都有，是少见的社交场面。曾经听说这是东京一处日本男人和女人以社交方式自由相见的地方。会长说日本人在社交场合相见显得很矜持，至少酒过头遍之前只要讲日语就是这样的；但说英语会恢复他们在美国养成的习惯，使他们有所放松。这是语言影响心理的有趣现象。

1919年3月4日　东京

你会吃惊地发现这个国家毫无矫揉造作之态，至少我看是这样。这里，有一种我们不理解的社会民主。全日本都在谈论民主，对其理解要从立宪制政府而非打破现有政府形式的角度出发。选举代表似乎没有扩大到包括大量纳税人的程度。任何体制下纳税人是制定政策的力量，扩大选举权是目前讨论的大问题。这个问题和扩展男人的专门教育对未来立法人来说是转折点。战争期间，日本诞生了许多新的百万富翁，他们已经为男人建立了新的职业学校。440名学生即将被送到国外不同的国家生活，津贴丰厚，其中没有一位女性。在任何专项提案中，都没提及女性，甚至没提到妇女的需求。

昨天开始是这样度过的：因为是著名的玩偶节，早晨我为一个看上去不怎么样的洋娃娃做了件衣服，它是我为一个小姑娘费劲找到的，完全是美国风格。另一个是一个可笑的仿制品，仿制的是美国婴儿，看上去却像半个日本人。尽管我能找到做长衣服的料子为它着装，但还是照原样送人了。他们邀请我到家里看他们的展示。一些玩偶有200年的历史，是娘家祖辈流传下来的。我要找到有关这个节日的一些文献，因为内容太多而无法写清楚。但人会即刻喜欢上玩偶倒是事实；它们不像我们的洋娃娃那样没有生气，而是艺术品，象征着民族生活的各个不同阶段。小姑娘们很喜欢自己的玩偶。要是我对此事前有所了解的话，我会知道拿什么礼物来日本了，不会像现在这样感到无助。如果你来，就带洋娃娃。

下午，我应邀去的一个家庭拥有全国最佳玩偶收藏或最佳收藏之一，此行真开眼界。开始令我十分不快，因为迷路，到出发地——帝国饭店迟到了45分钟。拥有这闻名收藏的家庭为官宦世家，女主人系大名的女儿，所以他们的玩偶非常古老。它们固然精彩，但更为精彩的是古老的大漆家具、古瓷器和玻璃器皿。玩偶茶点用极小的碟子被端到小桌上，客人们坐在地上，女主人和她的家人忙着上茶点。我们喝的白色米酒从漂亮的有盖小玻璃酒瓶倒入玻璃酒盅。我们举杯为其家人的健康干杯，酒味甘美，香气宜人。用过茶点后我们来到茶道室，之后我们来到招待外国人的地方，享用真正的茶点，其中包括许多种漂亮的糕点。茶杯下面的茶碟饰有樱花图案，现在正赶上樱花时节。茶杯撤走，用杯子上来的是浓郁的巧克力。桌子高度适合普通椅子。夫人劝我们品尝特色糕点，结果吃得都很饱。一种糕点呈美丽的粉色叶子形状，包在一片去年存储起来的樱桃叶子里。叶子给糕点增添了美味，也不使糕点黏手。然后是看似巧克力穿在扦子上的3个棕色小圆糕点。你把第一个完全咬掉，其他两个可以边吃边移动。仅这一串糕点就可吃饱一顿饭，并且很有营养。所有的糕点原料都是豆糊，像我们最油腻的酥油面团。第二道茶点结束后，我们道别离开。夫人、她的3个漂亮女儿和她的妹妹都送我们到大门口。当汽车开走时，我们最后看到的是男管家和这些漂亮女士们的鞠躬，和再一次齐声说出的再见。年轻姑娘身着平纹毛料和服，颜色和图案极其艳丽，甚至对日本人来说也会产生联想。她们看似花儿盛开在古老永久的花园里。

花园不好描述。我想象过日式花园的样子，但发现它与实际完全不同。这个地方很大，草现在呈棕黄色。其大部分覆盖着厚厚的松叶，似地毯一样。沿松叶层边缘一条草绳勾勒出优美的轮廓曲线。大块石头的运用是整个最令人感到意外的部分。它们很古老，饱经风霜，呈现许多灰色和蓝灰色色调变化，背景是矮灌木，所产生的简洁朴素效果颇具古典美，那是我们几个世纪才可能实现的效果，而且还得耗费掉大量物力。

然后，我们去M教授家赴宴。他有6个孩子，大的是男孩，约25岁，帝国大学毕业，现在是政府的工厂督察员，能说8种语言，其中包括其爱好的世界语。法语教授夫妇也在场，他俩诙谐睿智，谈话时相互配合，年轻的丈夫口语比起我们都好，发音极为准确，但他从未离开过日本。餐后，2个小姑娘和一个小男孩出来向在场的人鞠躬，然后走到矮桌边，蹲下玩围棋，晚饭后的时间一直在玩。围棋是一种家喻户晓的棋类，不要问我更多的内容，只知道用格子棋盘下棋。食品饮料接连不断，直到晚上近11点我们才离开。日本人家里有许多我们没有的可口饮料，也许他们的不如我们的最佳饮料，但丰富了非酒精饮料的种类。除饮料外，我们还饮用了两种酒。

这是我能记住的最近一次晚宴。每个盘子旁边都有一张菜单卡，我猜它们是给外宾的纪念品，如果真是这样，我却忘记拿了。我们吃的有汤、两种面包和黄油，还有鱼馅饼、去骨小鸟加蔬菜烤面包、几烤盘日式通心粉以及肉片很嫩的烤牛肉（配有土豆球、豌豆、肉汁、沙拉以及另一种忘记菜名的菜）。橘子酒后上的是白酒和红酒。然后是美味布丁、蛋糕和草莓。那些水果于户外种植。它们栽在一排排人工加温的石头之间，我不太明白是怎么加温的，用低矮的竹支架防止草莓秧触及石头。草莓与稀奶油一道享用，最后是香浓的西式咖啡。

饭后，我们离开西式招待厅上楼来到日式大房间，坐在火炉边，孩子们也来了。即刻茶水端上。然而就在我们要起身回家时，被劝留再喝一杯甘甜的橘子酒，还有多种瓶装天然矿泉水。日本人的乐趣之一是看外国客人学日本坐姿，你想不到他们以此为乐。我能笨拙地应付，但你父亲甚至都无法打弯。星期天，我们在日本著名高僧面前坐了2个小时，如果你像我们一样哪怕在松软的垫子上坐上几分钟的话，你就会想象到我们身体是否扭动，双脚是否变得麻木。得体的起身是最困难的一个环节。

1919年3月4日　东京

朋友带我们去镰仓，那事先读导游手册都没有意思，我想我的描绘也不会有吸引力。但要提的是700多年前，第一代幕府将军定居那里，使之成为他们的首都，现今除了佛教寺庙外什么也没留下。我们在火车上遇到帝国大学的日本文学教授，他去那里参加一位将军诗人的700周年纪念活动，举办将军诗歌讲座。我们还碰到几百名男女小学生，由老师带队星期天观瞻历史遗址。供奉战神的大庙之一是一座博物馆，内藏古剑、面具以及其他藏品。朋友带我们去拜访日本禅宗教派的首领释（Shaku）大师。他通过翻译与我们谈了约2个小时，问答关于佛教的问题，尤其是他的不同观点。非常有趣的是，我们被引入一个比例和谐的日式房间，壁龛内挂着一幅漂亮的画轴，5条腿的金属小桌镶嵌着珍珠。房间里除了嵌板天花板上交替画着美丽的蓝色和金黄色菊花外没有其他什么装饰，5个丝织坐垫供我们使用，房间堵头有一丝织坐垫为其专用。约5分钟后，另一扇屏风门打开，大师出现了，身穿飘逸朴素的紫铜色长袍。接着茶与松糕端上，与此同时谈话过程已经开始。顺便我应该说，当看到人们席地而坐时佣人们的鞠躬与跪下的动作看上去更加自然而不那么谄媚，她们必须跪下递送东西。他的为人具有君子风度，相当克己，不过于优雅，丝毫不像有些印度教大师那样油光锃亮，而且很有魅力。在我们离开时，他感谢我们的到来，对结交了一些朋友表示欣慰。其谈话主要涉及道德但颇为形而上学，多少有些不易理解，让我想起了罗伊斯。这是一次有价值的经历，因为他是日本学识渊博和极具代表性的高僧，如前所述，亲眼所见完全不同于阅读。在某方面他比罗伊斯现代，他说神是人内心的道德理想，当人发展时神道也发展。我们看到了50英尺高的巨型铜制佛像，在某种意义上是日本最著名的独尊雕像，让你不能不看。其气势不亚于天主大教堂。

我们参加过一个宴会。我们的主人似乎是位通才：参议院议员、教育权威、兰花爱好者、画家以及我搞不懂的一些才能。餐桌边就座的有20余人，简短的讲话后用香槟酒为我们的健康干杯，在场的还有2位内阁成员。女主人是8个孩子的母亲，看上去约30岁，而对于30岁的人来说她是很漂亮的。饭前饭后有三四个小女孩在周围，像其他新一代的女孩子一样活泼自然，如你所愿。养成的性格当然是日本传统的，因为即便最活泼可爱的儿童也知书达理。不管你怎么看日本人，他们大概是地球上最文明的民族，也许过于有教养了。我问你妈妈，这些女孩们何时进行洗礼使其生命离体，她回答这些女孩子从不洗礼。

成濑校长今晨辞世，他患的是癌症，幸好没有熬更长时间。他是日本最杰出的人士之一。去世前两天，皇后寄给他5000美元供办学之用，这是一笔不小的捐款，将有助于妇女的教育事业。说到我们就餐的这个家庭，可谓出身显贵，单凭他们介绍玩偶节时拿出一些皇室王妃们送给女主人的精美玩偶的事实就足以证明这一点。顺便说一下，玩偶绝非玩物，它们是可供鉴赏的艺术品和历史。孩子们拿出了自己的美国洋娃娃给你妈妈看，一共有10个。

1919年3月5日　东京

我已举办3次讲座。他们是有耐心的民族，听众仍然较多，大约有500人。我们逐渐和许多人有了一面之交，如果能有两三星期不准备讲座的话，我可以认真地了解一些事情。可现在这样，我只能积累一些印象。毫无疑问，正在发生很大变化，会持续多久很大程度上取决于其他国家如何行动。如果没有实现和平民主的诺言，保守且实力仍然很强大的官僚和军国主义者们会说他们说过情况会逆转的。但是，如果其他国家，尤其我国，采取恰当行动的活，这里的民主进程会稳步快速地如期进行。

1919年3月10日　东京

昨天，我们第一次欣赏了能剧（Nohdrama）①。我们上午9点到达那里，我下午2点前离开去参加成濑先生的葬礼，而你妈妈一直看到近3点，她得去一所学校讲演。你妈妈可能比我描述得生动，剧场建筑是一种谷仓似结构——完全是伊丽莎白式剧院，没有舞台道具，只有一些活的小松树和一个画的大松树，还有华丽昂贵的戏装和面具。欣赏水平是后天的，但可以很快培养起来。如果演出不是艺术性突出而且演技超卓的话，那对外国人来说无论如何都是愚蠢的演出。事实上，演出很吸引人，尽管很难说除了完美的演技外还有什么其他吸引人的地方。有意识的控制力当然是日本人与生俱来的。

成濑先生对人们的影响很大，因而其葬礼是件大事，东京所有的汽车和黄包车都集中在那里了。在葬礼上，大约10个人讲了话，即便对我这样什么也听不懂的人来说也是震撼人心的。其中一个文明之举是发言人在向听众鞠躬之前向遗体鞠躬。存放遗体的棺椁位于台子上，周围是鲜花，比美国葬礼

---

①　能剧，日本最早的剧种。由三种要素，即"脚本"（包括歌词和念白）、"型"（舞蹈程式）以及"和"（乐器伴奏）组成。

上用得多。

今天下午，我们本来要去参加男爵个人的茶话会，可他患的流感变成了肺炎。

回头说星期六，招待会令人愉快。我们遇到在教会小学和大学任职的美国教师，在我看来他们友好而睿智。对传教士的指责似乎甚嚣尘上。在朝鲜就发生了与传教士有关的骚乱，因为有人在那里煽动独立，它似乎始于曾经就读于教会学校的朝鲜人。这里的传教士似乎分歧很大，一些人责怪那里的传教士，说他们会败坏日本各地基督教的名誉；而另一些人则说它证明基督教教义有一定意义，对环境的改善起到积极作用，促使国外评论和宣传，并使日本人改变其似乎以武力控制为手段的殖民政策。有传言说，前朝鲜皇帝是非自然死亡，是自杀身亡，想推迟或阻止其长子娶日本的公主。他们本来要尽快完婚。似乎无人知晓是有人编造传闻挑起革命运动还是确有其事。与此同时，据说婚礼即将举行，日本人为可怜的公主难过，她是牺牲自己嫁给了外国人。

星期二晚上，妈妈邀请X夫妇和其他一些人到日本餐馆吃晚饭，包括我们自己共有8人。在这家牛肉馆里，我们席地而坐，使用筷子。薄薄的小牛肉片被生着端上来，外加调味用的蔬菜，牛肉片放在炭火盆上的小盘子里，每两个人一个炭火盆。自然是乐趣无限，恰似一种室内野餐会。

哦，对了，星期五上午，我们去了帝国博物馆，馆长带我们四下参观。我不想描述博物馆，只是想说在回家的路上我们被带到一家烟斗店，你妈妈买了3只日本小烟斗，即女士烟斗，相当精巧。店主说，这是他第一次卖东西给外国人，所以送给她一个女士烟丝袋和一个烟斗套，都是用荷兰布制作的，虽说不很昂贵，但也相当于购物的全部费用，肯定超过他的销售利润。这些东西着实让人喜欢，因而关于他们经营花招的传闻不攻自破，这实在是对外国人的友好之举，尽管他自己说他们卖古董时一般会对外国人提高价格。

1919年3月14日　东京

我们刚参加过一次小规模的野外聚餐会。你妈妈有点感冒，所以，仆人把晚饭给她送上楼，以免孤单，也把我的送上来。妈妈拿出一本日语短语手册，当着她们的面读"不同短语"的发音，看她们咯咯笑得直不起腰来，什么戏剧也没这么滑稽有趣。我吃到最后一口时间及食物的名字并且说其名字，然后说"sayonara"，即"晚安"。这种传统的滑稽场面是幽默的典型例子。他们当然是性情温和的民族。我观察过从附近公立学校出来的儿童，未见一例欺负人或挑逗的情况，只有特别温和的那种，而且没有争吵和近似于争论的情况，他们都是健壮的小家伙，不娇生惯养。看10岁或12岁的男孩子玩儿童捉人游戏（playing tag）和用带子把一个男孩子绑在自己的背上跳沟渠是很好看的。没有公开责备或责骂孩子的，也没有顶嘴的，更不用说打孩子或没完没了唠叨的，起码在公众场合没有。有人会说孩子们表现好，所以不被责骂，但相反的说法才是合理的猜测。必须承认就和蔼的外表、快乐和礼貌而言，他们没有受到不好环境的影响。一些外国人说这一切都是表面的，可说这话的人从我们的标准来衡量也没好到哪去。不管怎么说，表面有总比没有好，而且好到什么程度算什么程度。然而，日本人说他们的礼貌只对朋友和认识的人，不是说他们对陌生人不礼貌，而是他们对生人不关注，不会特意为他们做什么事情。

我提到过买烟斗时那位给你妈妈礼物的店主。昨天，我们在那个区，妈妈又去那里买了个烟斗，跟他讲了人们对礼物的赞美。于是，他起身摸出一个更加贵重的烟丝袋来，多少有些磨损和陈旧，是那种现今舞台演员才使用的。他要送给你妈妈，你妈妈自然尽量拒绝，可没有办法。他通过和我们一起去的朋友说，他非常喜欢美国人。既然上升到了国际关系的高度，我们得考虑送他某种礼物。然而，我们把此事告诉了这里的美国朋友，他们说从未听说过这样的事情。

今天上午，我们本来要去参观贵族女子学校，已约定好带我们四下看看。但你妈妈感冒因而无法成行，我们给人打电话看是否能改变时间。今天下午，就有人给她送来一些可爱的百合花和孤挺花，送花人是我们从未见过面的。弗洛伊德理论的追随者会根据我的这些话即刻推断说我该有多么不礼貌。

晚饭我们是去一家日本餐馆吃的。在这家鱼味餐馆里，我们自己烹制鱼和蔬菜，但这次不用炭火而用煤气。我们吃了配菜、鱼、龙虾等，数不胜数。店员不是拿来菜单点菜，而是端来一个大盘子，上面有各种样品供你自己选择。其中有长着半个贝壳的鲍鱼，有点像我们的蛤蜊，但不那么难咀嚼，更不用同大蛤蜊相比了。我没有品尝炸鱿鱼和其他奢侈食物，而是体会更加边缘化的东西。有时间，可尝试用筷子吃带壳龙虾。你会采用比筷子更加古老的方法，我就是那样做的。这家餐馆十分普通，尽管以其烹鱼的秘方而闻名。这次餐费比其他地方都贵，也许是因为我们品尝了太多的围碟。其他地方8个人花费不到5美元，可享用美味和一切任何人都能吃的东西。

1919年3月14日　东京

早餐的仪式结束了，我惋惜你们不能分享这些极大提高生活品位的日常节日活动。目前，我们正在佣人们的帮助下学习日语。我未能参加一所私立幼儿园举办的玩偶节活动，结果，今晨收到孩子们寄来的明信片和许多他们自制的礼物。礼物都是玩偶，很有趣，我要寄回家一些。随送来的礼物，他们写道："我们做好蛋糕准备您的到来。当您不来时，我们绝望极了。请下次来吧。"我确信，世界上没有第二个这样的国家。它的语言是很难学会的，导游手册中的语句表达方式系男人们的用法。于是，当我结结巴巴地说出那些语句时，姑娘们简直乐得要死。她们告诉我，应该用更为复杂礼貌的女人方式说话时，我讨饶了。这完全是一个逗乐子的游戏，不至于她们为了随时添加饭菜老是盯住我们每一口吃饭动作。她们做的一切都表示最善良的态度，每一个行为或动作都是友好的。

今天的日程是这样的：去一个传教士家吃午饭；然后参加你父亲下午3：30

的讲演；之后参加为芝加哥大学的学生们举办的宴会。明天是我的自由日，小秘书将带我去购物。那个大百货商店是一个时髦的地方，所有的贵族和富人都在那里买和服。我可以买一件新和服，弥补一下原打算买二手和服的想法。我去京都时，希望找到一件真正的旧和服，因为新面料的纺织方法受外国影响很大。前几天的一个晚上，和Y一起找到一家古玩小店，很值得一看。Y断定经营小店的老夫妇是武士，具备真正贵族的礼貌，小地方被布置得典雅漂亮，如同自己家一般。我打坏了一个九谷古盘，想在那里找到一个。他们没有，但我们看了他们的东西。他们多次鞠躬，当我们离开时说，我们很抱歉没买东西却添了麻烦。他们回答说："请原谅我们没有您想要的东西。"

明天，我们去邻居家吃午饭，这个教授家庭非常精明风趣。没有一个女人被传唤，至少已婚妇女没有，因为一个原因：她们都害怕自己的英文不好。但我现在学会凡事顺其自然，不介意细枝末节，也从不知道这样是否为上策。上星期二的婚礼是我们见过的最有趣的社交聚会。这种仪式是基督教式的，来宾代表着这座城市的富贵和时尚。女士们全都穿着黑色丝绸和服，沉坠的上好黑色丝绸的下面是柔软的白色中国丝绸，第三层是鲜艳的颜色。K的和服第三层是鲜艳的朱砂红。因为她是母亲，和服袖子不是很长，但年轻姑娘则穿颜色鲜艳的和服，袖长几乎及地。新娘也穿黑色的。所有这些和服都以色彩为饰，有的绣花，有的在正下方染色。新娘的和服在她坐的地面上展开，和古画中描绘的一模一样，上绣厚重玫瑰色牡丹花，其内衣与黑色和服内衬都是玫瑰色。头发梳成传统发型，像日本版画所绘的那样，上别淡色乌龟壳做的长发簪，两端刻有几簇小小的花朵，它支出约3英寸，在头上形成发冠。婚宴是这样的：首先是新郎的父亲，第二位是新娘的母亲，第三位是新郎，第四是新娘，第五是新娘的父亲，第六是新郎的母亲。座位呈直线排列，如画中描绘的那样新娘坐姿完美，她和新郎都低垂目光。当每一个人从旁经过时，他们一起沿座位线鞠躬，但他们不动手或不动眼睛，也不动那完美衣服的一个衣折。我忘记说了，遗憾的是，男人们都穿着欧式服装。然后，我们来到两个大房间，男人们坐在一间吸烟，女人们在另一间。认识我的人都非常友好。公爵夫人将我介绍给新娘的伴娘，起码她们是家里的姑娘。她们姊妹和年轻的亲戚，都穿着最艳丽的和服，绣着花，点缀至极。她们看似天堂中的鹦鹉、孔雀和蓝色的小鸟，可想象到的美丽色彩应有尽有。而宾客的清一色黑色和服饰与在此人群中显得突出的纯白羽饰，形成了完美的背景，不存在我们那边聚会时因色彩混杂而产生无序的视觉效果。饮茶的过程很讲究，人们围桌而坐，两家人坐在一个位于房间一端的长桌边。此时，新娘身穿绿色和服，同样艳丽；离她约2英尺远坐着新郎，两人均居长桌的中间位子。

1919年3月20日　东京

本周我们参加了若干次社交活动。星期二晚，H将军在军械场花园为我们举行晚会。他不会讲英语，和我们一起乘"信誉"号过来的。我们本来不可能以其他方式进入军械场。约有25人参加，大部分是基督教协会成员以及日本教会的牧师们，前一天晚上我在那里作过演讲。将军热衷于引入更多的民主，我就民主的道德意义发表演说。对了，在我们眼里，这完全不是花园，而是公园，而且是在东京除了皇家公园之外最好的。它不同于我们知道的日式花园，面积相当大，丝毫没有精巧的小型仿造物；大型仿制物很多，因为你也许知道，按比例缩小复制名胜是古代园艺家的风尚。200年前建筑这个公园的大名（Daimyo）①极度崇拜中国人，复制了几处中国名胜以及京都的一处景观。令人惊叹的是，他们在狭小的空间内创造出众多变化；如果有"中央公园"的话，他们能够复制地球上的一切，包括阿尔卑斯山和爱尔兰海峡的风暴。每一个细节都很重要，它们都经过艺术角度的思考，每块小石头都有其自身的寓意，因而无知者只能看到皮毛。要想吃透它们，必须像研究艺术家杰作那样去对待之。军工厂的烟雾已经熏死了许多古树，因而公园的许多辉煌已经失去。

---

① 大名，日本封建时代的大领主。

你妈妈在信中提到过一位年轻日本妇女要和我们同船去纽约学习，求你妈妈途中关照。今天，另一位年轻女士来访，说她想回美国。就年轻女士和我们一起回国之事，Y说我们得慎重，因为其母亲要去美国时曾经有人求她途中关照17位未婚女子，结果只跟她走了3个人。你不能理解的是，去美国学习意味着基本上放弃婚姻，她们将变成大龄姑娘，待回国时已不受婚约约束。此外，去过美国的人不愿意接受包办婚姻。昨天听说一位日本妇女，近30岁，就要嫁给这里的一位美国建筑师。例外是有的，但这个例子显然是个轰动的浪漫情缘。讲座涉及神道教的社会性，该教是官方教派，而非公认的日本宗教。尽管没人说发表言论不是科学角度的理所当然，我的意思是假定它是公正的，但是最有趣的事情之一是慎重，避免出现任何过分的言论。一方面天皇政府是名义上的，这是最敏感的问题，因而不可依赖文档的评论或分析来说明祖先是神或者神是祖先。一位官僚绅士确信神圣的祖先一定把他们自己的语言痕迹留在某个地方了，于是他考察古代神殿，并且有把握地说他在一些房梁上发现了不同于汉语或日语的字符。他把这些符号拓下来，当做原始语言展示，直到后来一些木匠看到后解释说，它们是普通的行业标记。

1919年3月27日　镰仓

这里的天气比芝加哥更加多变无常。星期一午夜还是暴风骤雨，待我第二天起床时却是我们从未有过的艳阳天。我们外出观光，不用穿大衣，木兰花挂满树。昨天和今天是阴冷的三月天，和别的地方没什么两样。若不是刮风，昨天晚上会挂霜。这里肺结核流行，也难怪。

今天上午，帝国大学的3位教授来访。他们希望详细安排我们在此的活动日程。我想我已被问及20遍我们要在镰仓逗留多久。当我说不知道并要取决于天气和其他因素时，他们说："哦，对。"可是5分钟后，他们又问同样的问题，是他们提前替自己详细安排一切，还是他们认为我们是无助的外国人，我搞不懂，我想两者皆有吧。但他们不能明白，我们在去中国之前无法说出要做事情的准确日期。同时，我从来不认识任何经常改变自己计划，尤其是社交计划的人。

目前反美势头正盛，似乎主要限于报章，但多少也受到人为的煽动，可能是受一小部分军国主义分子的挑唆。仅在过去的几个月里，军国主义派系名誉巨损，自由民主情绪相应上升，因此，他们发现有必要采取行动以便卷土重来。抨击美国是抑制自由民主情绪传播和强化军国主义政党之论点的最简易方法，就好像扭住了狮子的尾巴似的。关于种族歧视的讨论非常热烈，主要是针对美国，把澳大利亚和加拿大排除在外，也不管这里基本禁止中国和朝鲜移民这样的事实。他们歧视中国人的程度比我们有过之而无不及。不过，任何国家的政治优点都不是一致性的。除了种族歧视的话题之外，同日本人有联系的外国人没有发现见诸报端的那种反美情绪。万一英日同盟条约因国际联盟或任何其他事情失效的话，即便原因在英国，美国也要承担责任。两年前，这里发生过类似的反英运动，就战争事端与英国同盟作了一番极强硬的讨价还价。由于德国和俄罗斯退出，英国没有明显的理由贪占很多，因而利益分摊了。因为他们（日本）在国际上十分孤立，即使他们同法国因与俄罗斯有类似的利益之争而联合，也让人感到他们对美国的攻击更加愚蠢。

1919年3月28日　东京

明天我们再去镰仓，离这里只有1小时30分的车程。我们还将做短途旅行，去山里和温泉区，但樱花季节提前许多时间，比通常早10天，因而我们担心如果走得远的话，樱花会在我们不在时开放。所以，我们可能几天后返回，停留约一个星期。然后，我们去京都旅行5天，参拜位于伊势（Ise）①的神宫，它是日本最古老神圣的神道教神殿，意味着它是皇家祭祖的主要地点。说到祖先，你记得我们提到过的伯爵。他第一个妻子的父亲最近被封为男爵。议

---

① 伊势，日本本州中部城市，有伊势神宫（皇室的宗庙）等名胜古迹。

会休会，伯爵已动身去南方海岛，向埋葬在那里的前妻祖先们告知家里的重要新闻。这位年长的开明贵族出身政治世家，曾与过世的天皇关系甚密，如今不愿意参加纪念前天皇批准宪法的年度大会，其原因是他对立宪主义没有取得进步而感到厌恶，他说在他能够向天皇禀报进步之前无法拜见天皇。否则他无颜见面，他觉得要对天皇负责。这个世界不适合阴阳界相通论者生存。

最近，我们以吃饭为主。昨天两餐、今天一餐是日本料理，都用筷子。昨天中午在饭店吃的东西很多你都没听说过，更不用说吃过了。晚饭在朋友家吃的，桌上有12种菜，后来又添了二三种，不包括茶，和今天的晚餐完全相同。给我们的扇子上面写着菜单，只有日语。此外，还有银制小盐瓶作为礼物。两次晚餐的一个特点是上了3次汤，开始、中间和结束，在这样的场合米饭在接近最后一道菜时才上。然后，端上一二种半粥状的菜。我能吃生鱼，没有问题。星期天午餐在一个家禽料理店吃的，其中有海带包生鸡肉；其次是鲍鱼，我们吃的一些甲壳鱼类，可能是鱿鱼。

我们在这里已有6个多星期了。算起来虽然我们没有像一些六日游的旅行者那样游览许多地方，但我认为，同停留6个月的多数美国人相比，我们在正常的家庭环境下见到了更多的日本人，还见到了相当数量可与之交谈的人，虽然不是官员，但也是有代表性的知识界民主人士。就日本人的状况我见得少，但了解的比预计的要多，这正好与欧洲旅行的经历相反。我回来时尽量见几位官员，因为我现在已经了解了足够多的情况，可对他们说的话加以判断。总的来说，美国应该向日本表示歉意，或起码示以同情，而且不用担心。当我们自己面对这么多问题时却说人家有更多的问题似乎很荒谬，当然他们的资源、人力和物力都比我们匮乏，所以，在处理上述许多问题时他们几乎得先走一步。对他们非常不幸的是，他们成为头号强国的速度太快了，很多方面都没有准备好；实现他们的声誉和地位是件可怕的任务，他们可能会被压垮的。

1919年4月1日　东京

日本人做的一件事情我们应该仿效。他们在学校开设非常好的课程，教孩子们什么是美以及礼貌友善对待外国人，要像对待自己家的客人一样。这可以提高民族尊严。

昨天天皇外出，正好被我碰上。对我来说是相当吃惊和幸运的经历，而对他又没有什么妨碍，因为我在街上碰到他之前不知道他偶尔出宫。像往常一样，我和一个朋友走下小山，去乘坐电车。在电车经过的街道一侧，我们走过运河桥，然后转弯，过一个街区走到电车站。我们走到桥的另一端时，街两侧的所有人都被集合起来，站成一小排，鸦雀无声，3个警察正在按身高认真而和气地调整每个人的位子，这样每个人都尽可能有好的视线。于是，在那位警察鼓励的眼光下，我们也站到队伍里边。没有人高声讲话，在注意到朋友正和警官唠嗑后，我大胆地问为什么让我们站在那里。她用同样的低嗓音说："天皇要经过这里去早稻田大学参加开学典礼操练。"哎呀，用一叶羽毛，你当时就可能把我撞到。我想除非根据天皇车门上的菊花能够判断出的话，我完全不该知道正在发生的一切。我对她说："他怎么来，乘汽车吗？我们在这儿要站多久？"我看过这样的报道：街道被清空，两边房门关闭数小时，而电车轨道上被撒上白沙，等等。"不长，"她说，"只一小会儿。"现在，我知道我不会轻易相信关于天皇的传闻了，于是我就像3岁小孩一样一动不动地站着，和其他人一起等待。不久天皇的车队来了，首先身着素色咔叽布制服的马队，随后一个典型日本人长相的人独自坐在其中一个轻型维多利亚马车后排座位里，马车洁净而光亮，车门上装饰着菊花。他身穿咔叽羊毛制的服装，就像车队中的其他人一样，头戴一顶帽子。跟上来的是其他小型两匹马维多利亚式马车，造型完全一样。我仔细观察了一位独自坐在座位中间的小个子男人，他挺胸，目光直视前方，让人好笑。队伍通过期间，我问我的朋友："哪一位是天皇？"她答道："在第一辆马车上的就是。"仍然是一片非常有教养的安静，精神抖擞的小个子骑兵逐渐通过。我在桥边上又站了一会儿之后，开始朝电车方向移动。天皇是朝相反方向走的。过了一小会儿，我说："我不知道天皇参加开学典礼之类的事情。"我接着喋喋不休。我的朋友以其缓慢平静的恰当语气说道："我也是第一次见到天皇。"我说："是吗？"然后又问了些问题，仍然对没有人高呼万岁也没有一点声响感到好奇，直到今天我才得知当时所有的人都是目光低垂地站立着，而我是唯一目视天皇的人，他们对天皇崇敬至极，所以我没有听到他们的喘息声。另外，早稻田大学是一所自由民主的私立大学，我还是很好奇，直到我了解到天皇是参加贵族学校的开学典礼，而早稻田大学开学典礼是他每年都要参加的。瞧，我多有运气，我耽误了一会儿也问心无愧，我见到了天皇。

帝国花园晚会将在我们离开东京一个星期后举行。所有三品以上的贵族、帝国大学的所有教授以及最近到达的所有外国人均被邀请。外国人只能参加一次，除非是教授。在得知这些细节之前，我们在大使馆的登记簿上签了名。既然知道了我们只能去一次，而且如果被邀请就期望出席，我们要撤回被邀请的请求，因为晚会的时间是4月17日，我们15日到达京都。幸运的是，一位男爵的女儿，身为皇室成员，已经邀请我们明天和她一起去看举行晚会的皇家花园，我们可能会看得更仔细一些。这个帝国花园是皇家花园的一个，不是护城河后面天皇生活其中的那个。好像秋天赏菊晚会是在那里举行，那也绝不是在内护城河之内举行，没人能进去，除非天皇召见。护城河与皇宫的环境优美宜人，既然你若需要描写性语言的话可以阅读旅游指南，我就不在此赘述了。护城河的河堤由封建属国的人力建成，像所有的此类工程一样，它也是不遗余力地要建得辉煌壮丽。很久以前，一些河已灌满河水，但仍然有3条河还没有。在外护城河之内你可以步行一段时间，看到有严肃的护卫把守的雄伟宫门。在花园内，空气清新，树上的鸟儿鸣唱，市内的灰尘永远远离此地。

今晚，我穿着日式布袜，这种小巧的脚趾布袜不适合我的脚，但总比毡制的丫巴拖鞋要好。每每上楼时，那种拖鞋都挂不住脚。事实上，在住处我穿一般的便鞋，但不穿的为好，我们从外面进来时总是脱掉便鞋。真的，日本人是一个比我们干净的民族。我讲过用日式浴盆洗澡吗？每天晚上，3英尺多深的木盆装满很热的水供我们洗浴。这里的浴盆热水来自水龙头，而在镰仓浴盆的堵头有一个小炭火炉，每晚水从外面用水桶提进来，再加热。洗起来似乎可以，遗憾的是我们国内一年到头不用浴盆，因而当我们使用这一古老而简单的小设备时会大惊小怪。不过，我们能够学会用炭火盆取暖做饭的方法。

我们已经学会熟练使用筷子吃饭，用筷子没什么不好。我认为，其主要缺点是用它吃得太快，在这个国家细嚼慢咽不为人所知。一些自己做饭的小窍门在纽约介绍一下是很有趣的。最后这几天，我们一直在做真正欧洲人意义上的观光，在城里四下转悠，整天购买小东西，然后晚上回到十分温馨的家里。和欧洲完全不同，我们因有可以共同厮守的地方而被娇惯坏了。

日本最杰出的演员来到这里。他住在大阪，名叫雁次郎（Ganjiro），我们定了星期四的包厢。所演的剧目是过去在纽约演过的，叫"武士道"。它比在纽约演出的时间长许多，并且叫另外一个名字，演出方式也十分不同。星期天，我们又要去看能剧演出。若买不到好票的话，我们将去看一场所有角色全都由女演员扮演的戏剧，通常这里的剧组演员全部由男演员组成。扮演女角色的男演员的确扮相出色。他们平时生活、着装、行为举止都如同女人一样，以便不失艺术水准。只有在取站立姿势时，他们才无法掩饰是男人这一事实。戏在下午1点开始，一直演到晚上10点。茶和晚饭用精美的大漆午餐盒送进包厢。雁次郎每一场都登台，连续演8个小时，可以看出这里的演员在为艺术而工作。戏装精美绝伦，但演员们却不是在昂首阔步地炫耀。他们的言语大受行动方式的左右，动作是他们获得效果所必须依赖的表达方式，因此，他们的表演是用整个身体来完成的，就这一点来说世界上其他任何流派都为之逊色。最好的演出，像我们要看的这一个，能够表达任何情感，据说用他们的背部和小腿肚子都能如此。

1919年4月1日　东京

我们近来的活动比较杂。上周我们在镰仓度过3天，包括往返共4天。镰仓位于海滨，对日本人来说是冬夏过周末的圣地，而欧洲人则在宾馆度周末。夏天，外国人去登山，而日本人去海边，主要是因为孩子们在海边有更多可玩的东西，可爬山似乎是需慢慢培养的情趣。镰仓四面环山，所以，气温大约比东京高10℃。豌豆花正在开放而樱花都谢了。我们在那儿期间天气湿冷，只有一天除外。那天，我们排满行程，看了许多地方，搞得相当疲惫。赶在动身去观光之前，你妈妈和我正在抓紧时间打电话。今天，我们去了一家店铺，这家店铺专门印刷日本古典艺术的精美复制品，包括在日本的中国古画，依我之见，比彩色版画复制品更值得购买，尽管我们已经有一些版画复制品。在日本，有许多人发了战争财，因而很多旧贵族正将自己部分珍宝卖掉，我觉得即使对于美国人来说售价也过高。过去的官宦家庭显然具备足够利用市场的经商意识，不过有些人手头拮据，卖得多一些。一周前，我们去过一家拍卖行，看到一大批真正的古董，比古玩店里出售的要精美得多。本周末，一位侯爵要拍卖一大批藏品。然而，据说他们留下精品而将次要的藏品甩给暴发户，事实上不是什么古董精品。

我还没写到的另一个经历是看柔道。那位杰出的柔道家是一个师范学校的校长，他为我安排一场特殊的柔道表演，事先他对每一部分进行理论方面的解释。星期天上午的表演在一个大型柔道馆举行，很多人在做一对一的"自由"练习，他们动作快得看不清细节，只见人们突然从某人背部摔过去，扑通地落到地上。柔道真正是一门艺术。这里的教授学习的是旧式操练方法，经过研究发现了它们的力学原理，然后设计出一套科学的分级练习法。这套练习体系实际上不含有许多技巧，而是以力学的基本原理为基础研究人体的平衡、平衡被打破的方式以及如何恢复自己的平衡并且利用他人的重心转移。首先要学的是如何摔倒地面不受伤害，仅此一项所交的学费就值得并且应该在我们的体育馆内推广。它并非是室外比赛好替代的项目，可我认为它比我们大多数室内形体体操好得多，心智因素更为突出。总之，我认为，这里的研究应该从意识控制的角度出发。告诉亚历山大（Alexander）①先生从图书馆借一本哈里森（Harrison）——他的同胞——写的书，名为《日本的武士道精神》。它是一本通讯集，不深奥，但趣味性强，据说有一定的可靠性。我注意到，柔道馆内人们的腰很细，他们呼吸总是始于丹田。他们的二头肌不特别大，但小臂却很大，我从未见到过。我还要等着看日本人做后仰翻动作。在军队里他们有一种间接的深呼吸方法，其源头可追溯到旧时代武士的禅宗教义。然而，他们从其他军队吸纳了许多现代身体操练方法。

这里的花园到处樱花盛开，街上随处都是人和米酒。日本人酗酒显然是有季节性的，因为此前我们未见喝醉酒的人。

1919年4月2日　东京

今天又是愉快的一天。早晨起得很早，写信，尽管匆忙赶着写信，却没有发出去，因为我们决定即使等下一班的快船也比慢船邮得快。你一定会同时收到一大堆信件。一整天天气都很晴朗，却不闷热，适宜四处观光。我们去了一家艺术品商店，买了几张前天选好的印刷品。然后拜会了一位政治经济学教授，他是一名国会议员，思想激进，头脑清晰，人也很有趣，精力、好奇心和兴趣都非常像美国人。我们四处走走，了解了很多事情，然后他带我们去他岳母家吃午饭。他们家的房子很美，是日式的，还带点外国风格，和多数富人的房子一样。两种风格迥异，但日式部分比外国部分漂亮得多。在仿制德式地毯、桌布和壁挂方面，日本人缺乏品位，但他们自己设计的这些东西却很精美。房子是绝对的干净，里面没有地板，却像镜子一样光亮，一尘不染。我

---

① 弗雷德里克·马赛厄斯·亚历山大（Frederick Mattthias Alexander），澳大利亚著名戏剧演员。"亚历山大技巧"（alexander Technique）的发明者F. M. 亚历山大在纽约曾与杜威有较多的交往。

再试试准确描述下一场款待。我们坐着3辆人力车，穿过两旁栽满樱桃树的狭窄街道，走上山来，透过大门和竹墙，可以看到富人们的漂亮花园。竹墙是用约6英尺长的竹竿用绳子捆在一起做成的，花园搭配上绿色非常漂亮。我们来到U先生家，他带我们进到外国绘画室，房间整体效果是维多利亚中期和德国式的。该房间里面有一个漂亮的漆衣橱，非常大，把房间里其他的每一件东西都显没了。家里的女人们进来鞠躬，非常殷勤好客，对我们的感谢之词报以微笑。教授的妻妹，年龄16岁，想去美国；还有祖母，很有祖母的威严性格。和我们的孩子一样，孩子们围着祖母转来转去。女人们给我们端来茶，蓝白色的茶杯、很小的漆底座和茶盖，糖果配着绿茶。我忘说了，与U先生在一起的这段时间，我们已经在3次不同的时间喝了3次不同类的茶，同时还吃了些点心，过了一会儿，又招呼我们吃饭。一个较低的桌子旁安排了3个座位，上面放着漂亮的蓝色织锦坐垫。家里2个年轻的女人跪着准备服侍我们。她们给我们倒葡萄酒或苦艾酒，我们喝的是后者。每个人面前都放着一个盖着盖子的漆碗，里面盛着普通的鱼汤，有几片鱼和绿色的东西。我们喝了鱼汤，用筷子将固体的碎块放到嘴里。祖母本打算准备外国菜，但聪明的孙女说准备家常饭，我们对此表示感谢，因为我们很少吃过真正的日本饭菜。除了女儿节的玩偶饭，这是我们第一次吃真正的日本饭，并由家里的女人们服侍着，这似乎是我们受到过的最高待遇，因为只有当外国人受到邀请坐在地板上，由女人们服侍时，才算其家向外国人真正开放。她们跪在桌子旁，女佣端上菜递给女人们，再由女人们端给客人，非常美。我现在已经达到这样的程度，可以盘腿坐上一顿饭的时间，可起身时却很笨拙，因为我的脚和膝盖都不听使唤了。我们喝了汤，吃了凉的炸龙虾、对虾，把它们在旁边的调料里蘸一下吃，另一个碗里还有凉菜；然后又吃了热炸鱼，又吃了点腌菜、米饭，日本人吃米饭能吃好几碗；然后是甜点，甜点一直放在你旁边，是凉蛋卷，很好吃；然后上茶，是外国茶，叫乌龙茶。我们还吃了吐司，也是外国的。然后离开餐桌，被领进楼上的房间，里面摆放着许多漆器、铜器和木制品，然后下楼，茶和一盘水果已准备好。我们没有太多的时间吃这些东西，因为他们要开车送我们去帝国花园。我们在门口穿鞋的时候，最后一道茶上来，是很浓的乌龙茶，里面加了牛奶，还有2块方糖由你自己加进去。这样，3小时内我们已经喝了6次茶。

很难用语言去描述帝国花园。读一下旅游指南，你就会明白确实很难。第一眼看到的是上万棵兰花。还有生菜、豆角、番茄、马铃薯、茄子和瓜类，全都在温室里，供皇家享用。从来没有见过长得这么完美的生菜，每一棵都在大小和布置相同的框架里，好像是假的一样，所有其他的菜也是如此。马铃薯为什么在温室？这你别问我。瓶子里的葡萄看上去好像是在温室里栽培的，葡萄刚刚长出来，但也许不是，因为我对那些小葡萄藤懂得不多，不知道它们是否支撑得住。框架里的花十分完美。大片的雏菊和其他我叫不上名字的鲜艳的花准备放到外面的花床里供聚会时所用。我们不能参加17日的聚会。现在供聚会时天皇和皇后坐的一个巨大的木瓦顶亭子正在搭建，而第二天就会被拆掉，或者是下一周，因为聚会可能持续不止一天。如果下雨，聚会就开不成。今天夜里看上去雨将损坏花蕾，但今天白天天气十分完美。对于一个终身阅读有关日本花园书籍的人来说，看到这个著名的花园都会稍稍感到吃惊。大片的草地没有花，这里的草还没变绿，没有我们那里绿得早，但大片的水仙花却好看极了。斜坡上、樱桃树下的那些水仙花在阳光的照射下构成了一幅人生中最难忘的美景之一。人工湖泊、河流、瀑布、小桥、岛屿、山峦和跳跃、游动的大鸟，这一切足以使你有理由来日本。一片片的树林十分精致，眼睛扫过长长的树林，就像欣赏一幅幅风景画。公园占地165英亩，没有建筑物。最初它位于城市的一侧，还相当不错，现在尽管它还是处在城市的边界，却处在来往车辆较多的车道上。

我们已经安排好星期一再次去帝国剧院。今天是在一个小剧院观看著名演员雁次郎的表演。据说当他来东京的时候，东京的演员和剧院经理出于忌妒不让他得到公平的机会。T先生原来是芝加哥人，来到这里，打算在我们走之前安排一顿晚餐。晚餐将安排在一个饭店里，所有过去教过的学生都参加。饭店总是令人感到有趣，当然我们同意了，这样会使我们在东京多逗留一天，尽管还没有最后定下来。余下的时间我们要尽可能安排短暂访问，坐车到处看看樱花。我还希望去一些有名的茶楼。到目前为止，我们还没有看到茶楼。在这座城市里，除了一些时尚的百货商店外，没有一家喝下午茶的茶楼有女士光顾，可以看出东京的淑女很少走出家门。济田（Sumida）河是一条很大的河流，汇集了群山一侧所有的小溪，河上满是中国帆船和小船。无论是对于东京还是对于整个国家来说，它都是拥有悠久历史的中心。

1919年4月4日　东京

雁次郎这位从大阪来的著名演员正在这里演出，演出很精彩。除了在纽约演出的剧目之外，他还演出了一幕剧，名字叫做"武士道"。化身人形的狐狸跳的舞蹈确实很精彩。不用费力去描述它，与我们看过的其他日本舞蹈一样，它既不是很慢的种种姿态，也不像俄罗斯舞蹈那样狂野。他表演的是独舞，没有男伴或女伴，像俄罗斯舞蹈一样自由，同时又更古典得多。你只有看过之后才会意识到人类的手和臂有多大的表现力。他戴许多面具，然后根据所戴面具的类型来表演或舞蹈。他可以不用爬就能效仿一个动物的运动——像一只猫一样优美柔软。他是老雁次郎的儿子。

在这逗留的最后几天，行程安排得很满。该做的事情都没有做完。樱花正在盛开——这是一种我无法描述的树木。假如山茱萸树再大些，花朵再粉红些，看上去就更接近樱花树了，这是我所知道的最像樱花树的树木了。樱花树开满了樱花，却没有树叶。当然，木兰花也是如此，但木兰花较粗糙，樱花较细腻。

今天我们去了博物馆，在某些方面它要比帝国博物馆还要好。这里的东西令你目不暇接，还有精美的中国的物品，所有的一切都精妙绝伦，但绘画作品除外。

1919年4月8日　东京

我们正在收拾行装，明早8：30出发，行程一天，先是乘日本最快的火车，一直到下午4点钟。普通列车每小时15英里，很遗憾，日本在早期采用的是窄轮距，执行的是众所周知的安全第一的原则。我们已经有了各种各样的经历，最有趣的是在周日到农村去看樱花和狂欢者，有点类似狂欢节的时刻。人们穿着鲜艳的衣服，戴上假发，还有米酒，纯度为90%，只有我们很少的几个人没有醉。所有的人都练习和我们说英语，不管都会些什么。有一个穿着盛装的人跟我们说他是卓别林（Chaplin）①，不过充其量也就是擅长模仿，除了一场打斗外，我们看不到野蛮和粗暴。很显然，该活动就是要达到一种提升自信和表露感情的心理效果。平时他们都很矜持，可在周日他们似乎相互倾吐着内心深处的秘密和生活抱负。这天，主人一直都在慈祥地笑着，即使是一个身穿鲜红色女人衣服的家伙坚持在跑板上骑车时他也微笑着。他们很少喝醉，使他们高兴的不是酒，而是受欢迎的节日。人们真的很高兴。

一条运河的两边栽种着数英里的树木，该运河为东京提供着水源。各种各样的树木出于不同的生长期，有的没开花，有的盛开，有的没长出树叶，有的长着粉色叶子。花朵正在落下，虽然仅是一场小雪，但树上却看起来挂满了雪。

昨天我们又去了帝国剧院，两个包厢10个人。我们被领到了后台，参观了演员休息室，被介绍给一个演员和他的儿子。他儿子大约11岁，后来在舞台上跳了一段很美的舞。他的老师在休息室里教他汉语写作课，直到跟他说话才抬起头来。他是我在日本看到的最英俊、最聪明的少年。在日本，表演实际上是祖传的行业。我不知道一个没有在童年经过训练的局外人是否能从事表演这一行；而且我想即使他会表演同业行会也不会让他进入，尽管有一个英国血统的人在日本舞台上很成功。昨天，我们看到一些非常有趣的事情，包括舞蹈，

---

① 卓别林（Charles Spencer Chaplin，1889—1977），英国电影艺术家。

也了解到他们很想到美国，但需要资助人。如果能仔细选择有大量的动作而不是说的剧情，并对剧情进行详细解释，至少在纽约是会引起轰动的。

另一次盛宴是在昨天晚上，地点在日本的传统茶楼里，一段供消遣的能舞和大约12道菜的盛餐，但最有趣的还是与人们交谈。总的来说，我认为，我们有机会见到了比一般人更了解日本的一些人。我们还没有经过官方允许，还没来得及将我认为任何人都可能在8周内获得的对社会状况方方面面的了解全都汇总到一起。就信息而言，一位有经验的记者在几天内就可以获得，但我觉得信息只有通过不断积累才可以被吸收，事物的本质及背景才可以被了解。他们最初告诉我这是一个非常合适的时机，一切都很重要也很关键，当时我还不明白他们说的是什么意思。现在我也很难用词语表达，但是我知道我内心明白。从表面上看不到变化的迹象，但对于变化所持的心理准备来说，目前日本处于大约美国50年前交流和开放最初几年时的状况，接下来的几年将会看到日本所要发生的社会变化。

1919年4月12日　奈良

我们开始了行程，第一次看到了日本，当然是从风景的角度来说。第一天从东京到名古屋的车程很有趣，但假若没有富士山的话，就不会完全这样有趣。我们连续几小时时断时续地从3个方向看到了富士山。天气暖和、晴朗，我们运气非常好。日本最好的古堡就在名古屋，甚至在封闭的乡村和住宅区里也许你都听说过古堡上的那两只金海豚。古堡是一个皇家宫殿，必须有来自东京的许可才可以进入。我们动身去那里试一试是否能进入，因为我们在东京X先生家里见到过一位来自奈良的年轻人。我们给他打了个电话，通过他我们没有被允许进入（他说他自己从未进去过），他马上请我们去吃饭。我们被领到奈良一流的茶楼，又吃了一顿他称之为具有茶道特色的美餐。我们开始了没有仪式的茶道，是茶叶末，每人一个茶碗。我们都认为，奈良的烹艺比东京更好一些，味道更可口，风味食品的种类更多，主人很高兴听到这样的评价。鳟鱼引起了我们的好奇，它有4英尺长，外面好像裹上一层焦糖，我们得知它们是在含糖的一种液体中烹制的，然后又送给我们一瓶米酒，我们现在开始带着玻璃器皿到处走了。吃完饭后，他说但愿我们不会认为他的做法有失妥当，他说他已经邀请了奈良最好的三弦乐手歌手和舞者，换句话说，就是让几名艺伎在大卫王面前唱歌跳舞。艺伎分不同的等级，有的相当于合唱团的，有的是高级演员，邀请的这些人都是高级的。他说希望我们能看到真实的日本，而很少有外国人看到真实的日本，他指的是饭店和舞蹈。如果你不是这些高档地方的老客户或老朋友的话，是不会被接待的。晚会上的女士们认为他对其中的一个女孩尤其感兴趣。我个人觉得，音乐和舞蹈都比旅游手册上介绍的有趣得多。

第二天，我们去参观古老的伊田神庙，大约2点钟到达，又冷又饿，但肯定错过了朝拜的时间，因为天气不好。神庙所在地是一个非常美的地方，长满了树木的山峦和潺潺的小溪。树木大都是杉树，属于加利福尼亚红木科，虽没有它们高大，看上去都非常相似。这是一个深受人们喜欢的地方，挤满了成千上万名提着地毯袋的香客（确实就是那种布鲁塞尔地毯袋）。由于事先被告知，我带了一个借来的长袍，戴一顶男用礼帽。我们的向导说女士不需要特殊的服装。我的脸上涂上了出征油彩。东京那边已经告知高僧我们马上要到来，时间已定好。涤罪仪式在最外面的大门入口举行，用一个仪式用的小杯子和盘子将水倒在我们的手上，然后高僧朝我们撒盐，只对待我们这样。当我们到了栅栏门的时候被告知没有穿"参观服"的女士，不管是谁，一律不准入内。但我是应该作为帝国大学的教授来对待，因此被允许进入。我忘了说，我们前面有一个警察轰走了前行路上粗俗的百姓。跟着高僧我们慢慢行进在石子路上，穿过一个尖桩栅栏，来到临近下一个栅栏的指定地点。我比日本向导距门口更近。我们鞠躬朝拜，我鞠躬的速度很快，很不雅观。我想，我们的日本向导至少站了15分钟。

1919年4月15日　京都

我们来到了日本的佛罗伦萨，它甚至比意大利的佛罗伦萨有更多可看的东西。今天是雨天，也许是一周不间断观光活动的好开端。今天早晨我们是在山中（Yamanaka）商店度过的，它是我所见到的最漂亮的商店，由最美的日式房间组成，摆满了各种最美的艺术样品，以真正的日本方式进行分类。我买了一件红色的织锦，是一块镶条，暗红色，上面有金色和深蓝色的人物、牡丹和鸟类图案，是佛教的僧侣在行进时左胳膊上搭的东西，还有一份鉴定证书，它有100年的历史。镶条大约5英尺长、1英尺宽，由4块布条组成，在接缝处缝在一起，布角形成了榫孔，但十分严丝合缝。布条大多用丝带织成，缝到一起。我还买了一条紫色的，上面还是大鸟和牡丹。与织有菊花或小花卉图案的织锦相比，我更喜欢牡丹的图案。带有石榴图案的织锦也很有诱惑力，但我没有买，考虑到在中国买比较便宜。我还买了一套漂亮的茶具，是灰色陶瓷的，蓝色纹饰，放在了我的房间里，花了30日元，相当于花15美分买了一个茶壶和5个茶杯。还有许多价格更便宜但也很漂亮的茶具。明天，我们将去一个茶道起源的寺院，参观茶道表演，那儿的高僧将为我们表演。你最好读一下旅游手册，了解一下京都的寺院。这里的寺院太多，无法在信中一一描述。参加所有这些活动全都由市政当局的车接送。我们很幸运，因为京都像果壳里的果仁一样已比当初古代首都的规模有所缩小，寺院之间相隔很远。明天，我们去皇宫。现在我们总是不停地走啊，越走越胖。

天气很好，春光宜人。我们到的时候，樱花已凋谢。不过枫叶的嫩叶正绿或正红，整个世界像天堂一样美。和佛罗伦萨相比，这里的山峦更近、更高。京都拥有一切的自然之美。我们在这里只能待上一周，然后去大阪，那里有木偶剧院和戏剧学院。雁次郎是院长。我们最想去看的是木偶剧院，因为那是日本戏剧表演的发源地，有关表演的许多规定都基于木偶的动作。从很多方面来讲，京都展示出世界最可爱之处，是自然与艺术梦幻般的结合。规模宏大的寺院，天然的木材，上面满是古代未知流派的绘画和雕刻作品，如此令人痴迷，使你不禁在想，如此多的思想、情感出现在一个星球上，那么一定存在着许许多多的世界，我们并没有意识到其整体的存在，甚至连其部分的存在都没有意识到。我们今天参观的花园是一个古老的日本花园，自1000多年前建成就没有变化过，融入了古代中国和印度的思想。东京的寺院看起来像是没落时期破烂不堪的废墟，而京都的寺院艺术的完美却完整无损地保留下来。被称为茶道起源地的第一佛教寺院的风景都是修建之初就建造的微缩河流、岛屿和小沙丘，种植着小树，模仿的全都是中国作为文化之邦时的实景。他们说在中国原景遭到破坏，年久失修令参观者感到心情难过。50年前，在奈良有一座精美的宝塔被出售，宝塔高5层，售价50日元。一些美国富翁很显然一定要买下中国的巨门、宝塔和寺院，以免它们遭受毁灭性的噩运。日本人及时觉醒，意识到这些历史文物的价值，在古老的建筑材料还没有腐朽之前重建了一些寺院。在这里，木头被用作大型建筑的材料看上去非常华丽。世界上最大的钟，12英尺高，悬挂于钟楼里的一段树干上，钟楼的屋顶是弯曲的，像花的形状，当初大钟是被拉到高山顶上的。下周六，我们将会听到低沉的钟声。我们在奈良听到过一次，大钟9英尺高，是我们所听到过的最低沉的声音。它们是精美的青铜制品，声音非常柔和悦耳，无论你身在何处都可以听到，你会希望最终审判日发出的判决应该就是那种声音。我们和D小姐共进午餐。她向我们讲述了关于日本女子为了获得教育而付出的努力，故事感人至深，令你有一种冲动，恨不得马上摘下耳环卖掉它们以资助这些理想主义者。她们是先驱者，像我们那些开伐树木成为开拓者的先辈那样，不过她们却没有树木可伐。她希望我回到美国后到每一个教会，告诉他们一定要捐款使这里的人受到教育。

第一天，我们乘坐市长的汽车到处参观。第二天，学校给我们租了一辆汽车。我们尽情享受着主人安排的一切，有时我感觉真是受之有愧。当然，这些日本人都拥有高贵的品质，有资格获得种族平等。

我想找一个幽静的地方住，然后回来充分观光。墙壁上的画大都损坏，但画轴、屏风等都很精美，我很高兴地这样说，我们已经不再把它们看作怪诞派的作品。我们感受到它们的美。你一旦明白大地上的树木是真实的，画中的树木也是真实的，这时你就会开始去欣赏自然和人类的本性。

今天下雨，没有做多少事情。我们昨日中午到达此地。旅馆在山边，景色迷人，尽管在奈良由帝国铁路系统经营的那家旅馆是目前我们所见到的唯一的一流旅馆，但这里的旅馆条件也相当不错。下午，学校派了一辆车，我们乘车前往郊区的一个著名的樱花景区，花已凋谢，但河水、山峦和树木都很美，一大群人在享受着生活，各个阶层的人们，他们户外游玩的方式十分的惬意，在茶楼里也能获得极大的愉悦。无论在哪里我都从未见过像日本这样的地方，每一天都像是在过节，看到的仍旧是米酒，但不是很多。

这个月，这里的一个剧院上演一场特殊的艺伎表演，剧院和一所培训学校有关联。舞蹈表演持续了1个小时，然后一连重演了四五个小时。我们是昨晚观看的。这里艺伎表演的舞蹈要比剧院和奈良所见过的小型艺伎表演在动作上更机械一些，但色彩搭配和舞台场景的处理很精彩。有8个不同的场景，用不到1分钟的时间就可以进行场景变化。有一次是通过活板门拉下幕布的；还有一次，看上去像是幕布前面的一个帆布垫子被拉了上去，结果它竟是被画在幕布一侧的。市长邀请我们星期六与教师们谈话，然后我们应市政当局之邀参加了一个日式晚宴。同样当他们不用车的时候也把唯一的车供我们调遣，还安排好我们下周一去参观瓷器厂和纺织厂。该地是日本古代和现代艺术品的总部。学校给东京方面打了电话，批准我们参观这里的宫殿，但据说与我们在名古屋没能见过的宫殿不同。在奈良，我们多数时间是在几英里外的法隆寺寺院里度过的。我不是想表现出多么博学，只是想说他们在1300年前把佛教引入日本，这意味着文明尤其是艺术的传人。有那个时期留下的壁画，但很遗憾，已经褪色了；还有许多雕塑，即木雕，当然，这里没有大理石。正巧赶上了皇子圣德太子的生日，他是位绅士，上述艺术品正是在他的努力下传入日本的。有许多他的雕塑，我们最喜欢的是他2岁、12岁和16岁时的雕塑。他的虔诚是超前的，因此一切都是相当开放的。各种西洋景、摊位、数百名香客，他们将愉悦与虔诚相结合，在一定程度上甚至超过了意大利农民。这里的人有钱就花，日本人不是那种守财奴。我们被领进高僧的花园吃午餐。当然他很忙，却身着华丽的僧袍迎接我们，然后端出茶水和米糕。这个美丽的小花园与墙外鼓声呐喊声形成对比，一排排的火腿、鸡蛋与该古老艺术寺庙形成的对比，非常有趣，和日本的其他事情一样。

你也许还记得E小姐，其身材比一般的美国妇女还要高。对于乡村人来说，你妈妈是他们感兴趣的对象，但是E小姐却是受人耻笑的目标，很显然，日本人唯一没有学会掩饰的情感就是好奇心。他们几十个人聚到一起，不知有多少次我看到父母设法不让孩子错过这种场面。有几次，我看到一路上人们围着我们慢慢地走，表情严肃，唯恐漏看点儿什么。不是无礼，只是出于朴素的好奇心。早饭后，我们去博物馆，几个小女孩出现了并鞠躬。其中一个9岁或10岁的女孩抓住了我的手，一路走到博物馆。看到她们友好的样子很是令人感动，尤其是其中一个显然很穷，总是仰头看着我笑，捏捏我的手，又按按她自己的，然后又高兴地笑起来。我发现，自然是孩子们的天性。星期日的早晨，一些士兵出发去满洲里或朝鲜。8点前，我们听到大街上传来木屐声，数百名男女小学生跟着老师向车站进发。第二天早晨，仍旧如此。

1919年4月19日　京都

我们刚从艺伎晚会归来。这是又一次了，由市长和其他15位市政官员举办。你爸爸十分得意，据说这是京都市有史以来第一次以那种方式款待学者。如果他得意，那我这位在日本有史以来第一次出现在男人们的狂饮宴会上的女性该怎么样呢？艺伎们的年龄从11岁到50岁。年纪较大的一位艺伎是市里最佳舞蹈演员，表演了精彩的童话舞蹈，令人如醉如痴。她因参与政治活动坐过监狱，据说其活动涉及贿选，以便使她偏爱的人当选。这里，女人涉政是违法的。像我见过的所有该阶层年龄较大的女人们一样，她平静时面露忧伤之色。不过，她们都在不停地说话和款待，因而忧郁的神情不被男人们所察觉。就我们所见到的而言，她们多数是非常有教养的。当然，我们见的只是最出色的。她们谈吐如同贵妇一般文雅，性情如同少女一般温顺。这是一种罕见的结合。她们对我们很好奇，问了各种问题。一个17岁的姑娘说自己喜欢小孩，问我有几个孩子？我告诉她有5个孩子时，她很是高兴。她长着娇媚的小嘴，如同古代版画上的一般，其舞姿也和画上描绘的一样。姑娘们端酒递饭，但饭总是在宴会最后上。11岁小姑娘表演了舞蹈《登富士山》，精彩的平足动作让你感觉到在和她一起攀登。演出中间，她戴上一个面颊部位鼓起的面罩，然后擦汗，洗她那张小脸，给自己扇风降温，接着继续表演。一切动作优美典雅，细腻连贯，绝对没有突然或意外的姿态，绝对没有任何意义上的表面化动作。跳完舞蹈，她来到我身边坐下，她的皮肤热得像发烧一样。所有的男人都年长于她，我得说他们待她都很好。

此类欢宴是这样进行的。我们穿着袜子进入饭店，通常我们被引入一个小房间，跪坐于垫子上，一边饮茶一边等待客人聚齐。这一次大约在6点钟，我们被引入大房间，这样的房间四周总是有金色的屏风和门扇，可推拉到窗前。坐垫在这个漂亮的长条形房间的三面布置，相互间隔约3英尺。在一面的中间部分，垫子摞起来，这样尊贵的外国客人可以坐着而不必跪着。客人被一一介绍后我们就座。我们相互握手，因为他们的鞠躬相当难为情并且他们已经适应我们的问候方式。之后，我们所有人再次就座。随后漂亮的女招待轻盈而入，每个人手里都拿着一个小小餐桌。第一张桌子给你爸爸，第二张给我，第三张给市长，然后依次给其他人。市长坐在就餐一行人的尽头。每个人前面摆好桌子后，市长来到空场中央致简短的欢迎词。他总是在说他有多么抱歉他款待的不周，承蒙尊贵的客人赏光可他却未能锦上添花，以及这是第一次该市以此招待形式宴请外国学者。然后，你爸爸尽力作答。他坐下后，我们揭开漂亮的大漆汤碗的盖子，拿起筷子，喝一口汤，从小碟里夹起一小薄片滑滑的生鱼片，在调料汁儿里蘸一下，送入口中。今晚，这第一种汤是珍稀的绿海龟浓汤，很鲜美。于是，把汤喝光，吃了一点儿鱼。我们的向导提醒我们别吃太多的生鱼片，怕我们不习惯。这时，又一个漂亮的大漆盘子放在你身边的地上，上面是一个小小的大漆碟，碟子上有2条焦黄的小鱼，完美至极，边上装饰着2小块蛋糕和精致的樱桃叶子卷鱼松。每种菜都是一件艺术品。这道菜是前任天皇的最爱。这也难怪天皇喜欢，它们烹制时用了料酒，此种甜酒由日本米酒制成。吃鱼时，用筷子能将鱼刺剔除，剩下的便一扫而光。这道菜一就位，一位身着长可及地、颜色艳丽和服的小姑娘出现在你面前，见她手里拿着一个青花瓷瓶，下面有大漆杯垫托着，于是你知道宴会真正开始了。继她之后，来的是年龄较大的姑娘们，一次一个，她们倒着米酒，舞蹈艺伎逐渐进来并且向在座的人鞠躬。她们笑话外国人总是忘记客人应自己举杯要人添酒。每一个人都为他人健康干杯，虽然我不喝米酒，但日本人一杯接一杯地喝，一抿一杯，举杯再添。交谈变得活跃起来，姑娘们更多地参与其中。有人说，她们是日本唯一令人感兴趣的女人。不管怎样，除我之外不曾有谁的夫人出席陪同，姑娘们非常有教养，对细小的嗓音或姿态的暗示都能做出反应，对每个人的需求都能即刻心领神会。她们一看到我们不喝米酒，便为我们拿来许多瓶矿泉水。接着，她们跳起美丽的舞蹈。两个姑娘，17岁左右，表演了名为《京都东山上的黄昏》的舞蹈。在名古屋，在京都，或者无论什么地方，主题始终是一些与附近自然景观有联系的，简洁而经典。之后，年长的著名舞蹈家表演了令人难懂的舞蹈《保育员哄孩子睡觉》，这也是最受人欢迎的主题。虽说舞姿优美，但有时过于微妙，无法理解所有的动作。这些姑娘们都穿着深色和服，如同贵妇一般，唯一不同是该行业规定所致，比如后领口低、及地的长和服在其周围形成波浪状。就年轻姑娘而言，她们的宽腰带不同，系成长蝴蝶结垂于地面。年轻者还戴着明亮的头饰，衣袖很长。但其他女孩子也穿长袖戏装和服。

宴席连续上了几道海鲜，随后又上了4个草莓、2片橘子、若干块薄荷果冻和蜜饯笋片。之后，又上几道海鲜，多半是颜色好看的甲壳鱼类，总是十分难咀嚼。然后是非常好吃的凉拌什锦酸黄瓜和几小块龙虾或螃蟹，很好吃，任何酸口的东西与这里的多道海鲜都很对味。最后上的是米饭，装在一个很大的大漆盘里，盖着盖子，看似小桶。米饭由一个年龄较大的舞蹈艺伎盛到碗里，年轻艺伎们再把米饭递到客人面前，她们不断地跪下、起来，动作轻盈如燕。多数日本人一般吃满满3碗米饭，而且吃得很快。我得说他们的米饭很香，但我只能吃一碗，部分原因是我无法狼吞虎咽。再最后，你的碗里被倒满茶水。

每到此时，在其他位子上的先生们，一次一位，过来跪在你面前问你是否喜欢樱花舞和你对日本的第一印象如何，都是诸如此类的话题。你还和舞蹈艺伎成为亲密朋友，或许除了"谢谢""很好""再见"之外没有用什么日常用语，以及面对不断的微笑，时而也听到懂一点点英语的人向你做出的解释。出人意料之外的是，外国人知道日语词汇。当你突然冒出一两个蹩脚的单词时，他们报以笑声表示称赞，并且对你的良好发音施以褒奖之词。今晚，我们吃了一道菜，配有极小极小的绿辣椒。那是很好的调味配料，3个辣椒大约有发卡那么大。

人们总是品尝一点点，在宴会的最初阶段你通常被提醒不要吃得太多。在品茶晚宴上，米饭是在开始时上，可与海鲜配着吃，尽管人家告诉你不要吃得太多，还有其他菜，但那种吃法也很惬意。我忘记说了，就餐中间总有一道热糊糊，主料是清鱼汤而非牛奶和调味蔬菜，也很好吃。实际上，我已经十分喜欢这道海鲜了。

当我们在饭店门口上汽车时，所有小舞蹈艺伎都站在雨中以美国方式向我们挥手致意，直至我们远去。当时，我猜这些疲惫的小家伙们回去后还要为更多的男人们跳舞。我们晚上8：30到家。日本的晚宴似乎都很早，只是涉外晚宴除外，他们参照我们的时间和方式准备。

我得告诉你，最好的日本茶叶种植在这附近一个叫宇治的地方。有一次，在市政厅讲座结束后我们喝过那种茶。它焉得要死，味道没什么茶叶与之可比。它酸如柠檬，一点苦味都没有；口感柔滑舒畅，有点像低糖雪利酒，总之挺好喝。这里的售价起码每磅10日元，但我将买一些带回去。这里上好的普通茶叶售价每磅15日元，相当于7.5美分。

1919年4月22日　京都

今天，我们去参观学校。首先是男子中学，然后是一所小学，门上方悬挂美日两国国旗以示敬意，气氛非常友好。孩子们为我们表演了许多惊人的绝技，一个小孩用日本鼓击打出他们的行军鼓点。之后，去了一所纺织学校，出于某种原因，学校很差，入学率不高。那里的机器陈旧，是过时的德国货。事实上，机器看似德国人淘汰给他们的二手货。这里的最佳作品仍然全都是手工制品。尽管他们有很好的水力发电电力。最后，我们去了一所培养中学师资的女子师范学院。京都出类拔萃的学生都去那里上学，同在其他学校一样我们受到友好的接待。他们开设家政学，因而我们品尝了他们准备的精美日式午餐。此次和其他多数行程一样，我们都是乘坐市长专车。这真是一个学者受尊敬而不受歧视的国度。由于在帝国大学讲过课，正式场合我被称为"阁下"。大阪不希望被京都超过，所以我将给那里的老师讲课，市里安排我们住宾馆，市长为我们举行宴会。当然，你妈妈是唯一出席的女性，因为他们不会想到邀请自己的妻子。然而，外国妇女被指望有异样的表现，而且她们受到相当的礼遇。艺伎似乎是唯一受过全面教育的女性，不是指学术型的，而是了解人情世故、善于言谈。我想男人们参加这些宴会，与她们交谈，是因为他们讨厌自己的妻子过于顺从。在我们出席的宴会上，有一位妇女名叫"唱歌蝴蝶"，由于被人认为关心政治而冠以绰号"宪法"，尤其认为她倾向于民主政治。当听说她因为关心政治而坐过监狱时，我们产生了特别的兴趣，可结果是进监狱是因为她为自己心上人多得选票贿赂选民。不过，她毕竟是当地名人，其监狱经历显然给她带来了利益，提高了声誉。

二、寄自中国的家书①

1919年5月2日　上海

我们一直由几位中国知识界人士组成的接待委员会照顾着，他们多数是归国的留美学生。在这里，"留学生"是一个特定的群体。如果中国能获得独立的话，美国的大学同样功不可没。接待委员会带我们去参观一家中国的棉纺织厂，这里甚至都没打着日本工厂都有的劳动法的幌子来掩饰一下。厂里雇用了一些6岁的孩子，但人数并不多。在纺纱车间里主要是女工，她们的工资是一天30美分，最高的是32美分。在织布车间里，工人干计件的活，工资达到了40美分。

我想把我们某个平常的下午所吃的东西告诉你。先是在旅馆里吃午餐，然后我们去报社，大约4点的时候我们在那里用茶点。从报社出发，我们前去拜访一位重要的满族政治家的女儿。她是一位小脚女人，生养了10个孩子。她出资奖励在禁止纳妾方面写得最好的文章。纳妾制度被他们称之一夫多妻制，他们说这在富人中间很难废除。在女主人家里，我们品尝了一种以前从来没有喝过的、很稀罕的茶，还吃了2块做成小蛋糕样子的肉馅饼，味道相当独特，好吃极了。之后，我们上一家餐馆吃晚饭。起先，我们走错了餐馆，在那里等着的时候，餐馆的人给倒了茶水。令人惊讶的是，当我们走的时候，他们不仅没有收一分钱，反而还感谢我们走错了地方。而后，我们穿过一开始走的街道到达了那家正确的餐馆。这里被他们称之为百老汇大街和第42街之拐角，果然不虚此名。旅馆旁边有一个大屋顶花园，旅馆和花园都是由百货商店经营的，地下也是他们的地盘。只要你想吃到的东西，你都能吃到，这也许就是对于人性的悲哀的评注了，但我们昨晚就这么做了。首先，我们进入了一间摆放着全是中式家具的屋子，中间是一个非常小的圆桌，一排排凳子沿着一边为歌妓们

---

① 徐来群、姚羽译。本部分所有的注释均为译者注。

摆放着，她们只唱歌不跳舞。那些凳子没人坐，所有的中国年轻人都对这种歌妓伴唱的习俗感到羞耻，而想摆脱它。在桌子一侧摆放着带壳的小杏仁，和我们这里很不一样，非常甜。杏仁旁边是干的西瓜籽，很难剥开，因此我就不吃了，但所有的中国人都嗑得津津有味。两位女士进来了，她们曾在纽约留过学。这些中国人既能说英语，也能听懂英语。在桌子上，有几小块火腿切片，有名的皮蛋尝起来就像硬的煮鸡蛋，其样子则和深色的果冻比较像，还有几小碟糖果、虾等食物。尽管他们坚持要给我们摆放着勺子的小盘子，但我们还是自己动手用筷子进食。接下来是一场我们从未经历过的盛宴，服务生不断地把桌子中间的菜撤走，又上新的菜肴，让我们随便享用。这些有着如你所愿的烹饪水平和昂贵价格的上乘菜肴，若要在日本的话那是不可能吃到的。我们吃了鸡肉、鸭肉、鸽子肉、小牛肉、鸽子蛋，喝了汤，尝了鱼和长在岩石上的小牡蛎（非常美味可口），还吃了精致的小菜以及与其他东西拌在一起的竹笋。我们享用了烤虾、鱼翅和燕窝（这东西根本没有什么味道，只是一种非常清淡的汤，但价格不菲，那才是它存在的真正原因吧），它是在烹饪过程中几乎全溶解的明胶。我们享受的待遇还不止这些。每上几道菜后，身着脏兮兮的白褂子和头戴旧帽子的服务生就会把热气腾腾的带香味的湿毛巾递给我们。我们的甜点是豆沙馅的小蛋糕，里面裹着杏仁糊和其他糖果，一个个做得都很精致，看上去就像艺术品一样，但是没什么味道，不怎么吸引我们。而后，我们吃了水果，香蕉、苹果和梨，它们都是一片片切好的，每一片上面插着牙签，这样我们吃起来很方便。接着，我们喝了一种汤，是用鱼的胃或气囊做出来的。我们又吃了可以想象的最可口的大米布丁，它是用模子刻出来的。米饭里面象征性地填充了8种不同的东西，我一点也不知道是什么，但它们在味道上区别不大。在上这道菜时，先给我们一只小碗，里面盛着半碗调料，看上去像牛奶酱。实际上，它是用磨成粉的杏仁做成的，用来蘸大米布丁吃的。它是如此的可口，令他们此前所做的一切菜肴都相形见绌，我打算亲自去学做这道布丁。

1919年5月3日　上海

当我们还在去中国上海的客轮上时，就有人告诉我们，日本人会介意别人对他们的所有看法，而中国人则什么都不介意。即使进行比较是有危险的，但它仍然是人们喜爱的一种室内娱乐活动。中国人会发出喧闹声，虽然不能说是吵架声，但他们是随和而易于相处的——一般讲，待人是彬彬有礼的。他们的身体比日本人胖得多，从各个角度来看常常是很漂亮的。最让人惊讶的事情是，在劳工阶层中，也有很多人看起来不仅是聪明的，而且是有智慧的，比如旅馆的一些侍者和服务员。我们的侍者有点女性化，举止也很高雅，可能是个诗人。今天在给一些教师作讲演时，我注意到其中有相当多的人具有巴黎拉丁区（Latin quarter Paria）①艺术家的同样气质。日本留给我的印象正在渐渐褪去，而变为了具有距离感的远景；容易看到的是，使日本人受到尊敬的那些特质，同样也是让你对他们产生不快的特质。日本人本该在那个狭小而多山的岛屿创造出一些世界奇迹，但每件事情本身都有点过头，似乎所有事情都有一个规律，即在欣赏他们的技艺影响力的同时，也看到"技艺"（art）和"人工的"（artificial）这两者是多么近的在一起。所以，再次与这些随和而易于相处的中国人在一起，就是一种放松。然而，中国人的没精打采最终将会像日本人"不停的"专注一样，让人感到心烦。这里，借用我们的一位中国朋友的一句更具概括性的话："东方人节约空间，而西方人节约时间。"这句话也比大多数警句更为真实。

1919年5月4日　上海

我会见了一位中国的小脚女人。我们和她一起吃了饭。她一直在厨房做饭，仆人把所需的东西拿进去给她，一直忙到吃完饭才进了房间。她面容姣

---

①巴黎拉丁区是巴黎的文化中心，它位于在塞纳河左岸巴黎第五区和第六区之间，是巴黎这个城市中最靓丽、最古老和最有魅力的区域，也是巴黎著名的学府区。

好，有一张温和而圆润的脸，在某种程度上说是相当漂亮的。当然，她走路很慢，东摇西摆的。昨天做完讲座，我们又去她那里了。她领我们参观了她的住所。室内装饰良好，不过在我们看来不够便利，我觉得这样的布置在这里已经很现代化了。屋里有一个楼梯，上面还有一个小天台，那里既可以坐，又可以晾衣服。洗澡盆是一个锡制的桶，桶里的水是用小炉子烧热的，就像我们的小的洗衣炉灶。它有一根出水管伸到地面，但没有在东方常见到的阴沟。在厨房里，有一只支在箱子上的小铁炉，他们烧小块的柴火生炉子。整个屋子隔成3个区域，两口浅的大铁锅用来烘烤和煮东西，还有一口深的铁锅放在中间存放泡茶的热水。因此，只需要生两堆火，两端的火堆散发的热量同样加热了放在中间那口锅子里的水。

毋庸置疑，如果有机会展现的话，中国人是非常善于交际的民族。像我们这位女主人的丈夫那样的男人自然是能力非凡，思想观念也很先进。他实事求是地介绍情况，让人印象深刻。当我们访问学校的时候，他并不做事先安排，因为他不想让我们按一套设定好的方案进行参观。当我们出去吃午饭时，他领我们去了一个外国人从未去过的地方。

昨天，我们去一家百货商店买了手套和袜带。手套是Keyser牌的，进口的，袜子、袜带、背带等也是。手套价格从1美元到1.6美元不等，背带是1美元。我买了一些丝绸，16英寸宽，每码卖55美分。店里乱哄哄的，地面也不干净，但对中国人来说，它是一个很受欢迎的地方。我们花了3美元买了一本书，书上标着在英国的定价为1先令6便士，这里的一切都是那样。手套和袜子是日本生产的，又好又便宜；优质的丝制长筒袜是1.6美元一双。但是，中国人仍然不买这些日本货，而是买美国货。我们访问了一家棉纺厂。中国的棉和丝由于缺乏科学的生产工艺和对种子的适当照料，现在的质量变差了。在织布的过程中，他们常常把本国产的棉花和我国产的棉花混在一起。

[1919年5月13日]^①星期二下午　上海

昨天^②晚上和前总统孙中山一起吃饭的时候，我发觉他是一位哲学家。他写了一本书，马上就要出版了，说到中国人的弱点是源于对一位古代哲学家"知易行难"观点的接受。因此，他们不喜欢"行"，尽管在"行"的过程中有可能获得全面的理论认识。然而，日本人的长处就在于，他们即便一无所知，还是继续"行"，并在错误中学习。中国人却害怕在行动中犯错误。因此，孙中山写了一本书向他的民族证明，事实上是"知难行易"。

美国民众的态度是希望参议院反对该条约^③，因为它根本就是把中国交给了日本。我想，这里就仅仅提一下会谈中涉及的两件事。一方面，日本已经拥有了更多的部队，即23个师，安排在中国的兵力比在日本的还多。日本人管理了中国人，已完全占据了满洲里。他们借给中国2亿元，用于扩展这支军队。根据在宴会上的谈话，他们每月借给中国200万元，共20年。日本估计战争会持续到1921年或1922年，向德国提议组成一个进攻性和防御性联盟，日本向德国提供由它训练的中国军队，德国则把协约国的特许权和它在中国的殖民地转让给日本。为了表示诚意，德国已经把它在中国的领地给了日本。这一事实导致了英国在和约签署时，签订了秘密协议，同意把德国的所有权给日本。这些人并不是沙文主义者，他们认为他们自己清楚讨论的内容，也见多识广。其中的一些声明是些既成的事实，比如军队的规模和2亿元借款，当然我不能给予保证。但我的看法是，普通民众反对这一认可的秘密条约和秘密外交的和约是有益的。另一方面，我从整个东方形势来看，一个名副其实的、有点魄力的国际联盟（League of Nations）是唯一的拯救办法，而形势的确比我们在国内所了解到的要严峻得多。假如事态再持续5年或10年，倘若没有两件事发

---

① 该日期系译者所加。

② 1919年5月12日。

③ 指巴黎和会上准备签订的条约，最后该条约于1919年6月28日签订（即《凡尔赛条约》），当时的中国代表团没有签字。

生，世界上将会出现一个在日本军事统治下的中国。这两件事是：或是日本在此期间垮掉了，或是亚洲完全布尔什维克化了。我认为，一个日本化—军事化的中国是一半对一半的可能性。这里的欧洲外交使团当然想控制美国，这是完全徒劳的。英国则操纵着一切与印度有关的事务。他们都拖延着，长期抱着所谓的乐观态度并互相争执着，只有日本知道它想要的什么，并紧随其后。

我仍然相信日本人自由运动的诚意，但他们缺乏道德勇气。知识界的自由派几乎与我们一样不知道真相，他们充分意识到自己希望继续保持一无所知。因此，伟大的"爱国主义"就产生了，欧洲人的掠夺行径很轻易地就以出于自卫的观点证明了其合理性。

1919年5月18日　南京

毫无疑问，我们是在中国。我们听说，从严格意义上来讲，杭州是中国城市中最繁华的城市之一。在参观完这座城市之后，我们完全可以相信这一点。围绕杭州城的是一座城墙，据说有21英里，也有说是33英里——我猜想是后者，不过城内还有数百英亩农田。今天下午，我们被带上了城墙。随地势的不同，城墙的高度从15英尺到79英尺不等，大约12～30英尺宽。墙是由硬的烤砖砌成的，约为我们这里的3倍那么大。在大的城墙里面，总有一个较小的城寨，被称为皇城、满族城，不一而足。但自革命①后，这些内墙被拆除了，我猜想，一部分原因可能是为了表明他们对满族的蔑视，一部分原因是为了把砖用起来。这些砖以每块3美分或4美分的价格卖掉，装在大手推车上，用人力运往各地。这幢房子的复合墙体就是用这些砖砌起来的，还有几千块砖存放在大学的空地上。他们是用手把砖刮平的，你可以想象其中投入的人力和这些砖相比较而言的价值。我还是来说说我看到的一些景象吧——典型的中国，不远处是光秃秃的小山，山脚都星星落落地散布着墓穴，就像动物的地洞和高尔夫

---

① 指辛亥革命。

沙坑；农民的石屋上是茅草房顶，看上去像爱尔兰或法国的风格；石榴园里开满了可爱的鲜红的石榴花，还有其他的水果；一部分稻田的秧苗已经开始生长，其余的正准备播种，一块地里有十来个人在劳作；菜地里，主要种着瓜；远方，城墙绵延数英里，山上有一座宝塔，湖里荷叶连连，更远处是葱茏苍翠的群山——还有这座城市。然而，并非有这么多景象皆尽收眼底。一个有趣的事情是，实际上，我偶尔才能看到一张很中国化的脸。大部分时间，我都忘了他们是中国人。他们看上去就像到处可见的肮脏而贫穷的可怜人。他们是快活的，却不爱玩。我想，用几百万元来建造游乐场、购置玩具以及培养游戏的骨干（play leaders）。我不得不认为，中国的祸根就在于人们极其缺乏主动精神，习惯于让别人去做事。与之相伴的事实是，孩子们很快就长大了。在这样一个有着30多万人口的城市中，只有不到100所学校；而且，这些学校只有几百人，顶多二三百人。街上的孩子们总是四处观望，很机灵，看上去品性良好，相当快活，但却有着令人难以忍受的老成和严肃。当然，许多孩子已经在织布机旁工作了，在他们走路都还不稳的时候就开始了。杭州是个"丝绸之府"。我们参观了一家国营工厂，厂里有几百名员工在工作，这家厂至少能够自负盈亏。在城里，没有一部动力摇纱机和织布机，也没有一种雅卡尔提花织机。男童经常得坐到上面，不停地交替操作，有时要用脚踩动6个或8个踏板。大部分摇纱不是靠脚力，而是用手完成的，但他们的手动摇纱机比日本的要精巧些。看起来，机器有许多地方需要掌握，很多东西需要改进，而所有这些又都是密切联系的。改变是如此之难，难怪每一个待在这里的人多少有点中国化了，并且由于个人对中国人的喜爱而接受了他们的温顺品质。

由于目前的政治形势、对日本的抵制等原因，学生们现在正成立一个爱国联盟。但是，南京大学的老师们说，不应满足于二三件可以做得很好的事情，他们正在规划一项涵盖一切的雄心勃勃的计划。当他们使精心制定的宪法成文时，他们会精疲力竭，或许他们还会面临许多困难，以至于在面对可能完成的事情上，他们也会变得沮丧和气馁。我不知道，我是否曾告诉你上海某家裁缝店的一个店员，由于他抱着一贯的听天由命的态度，认为目前的形势谁都无能为力，因此，他说对日本的抵制是好事情，但"中国人记性差，不一会儿就忘记了"。

各处都悬挂着涂写着汉字的草帽，人们把行人拦住，摘掉他们头上戴着的日本产的帽子。这一举动是出于善意，并没有人反对。日本商店前有很多警察，他们不允许任何人进去，他们在"保护"日本人。这就是中国的特点。警察们都持枪拿刀，人数很多，却无所事事，百无聊赖。唯一跟他们一样无聊的就是狗了，数目更多，全身伸直地躺着，从不蜷做一团，也从不会有任何机会去干任何事情。我们参观了旧的科举考场，现在它正在被拆掉。科举考场都是些小房间（考室），大约有2.5万间。想获取功名的考生在科举考试期间就关在这些考室里。据说，考室是一长排建造的，单坡顶，建在一条公共长巷的两侧，基本是面对面敞开着。其中一些考室对着下一排考室的后墙。每个考室有2.5英尺宽，4英尺长。考室内两边墙上各有上下二条槽缝，一条是椅子的高度，另一条是桌子的高度。考生们在上面插上2.5英尺长的两块木板，作为他们的家具。他们坐卧、答题、饮食、睡觉全在这些考室里。若天不下雨的话，他们的脚就可以放到走廊的硬地上，把身体舒展一下。整个考试持续8天，分三场进行。考生于八月初八晚进入考室，第一科考试一直到初十下午。然后，他们在外过夜。初十一下午，考生又来考室参加第二科考试，一直考到初十三下午。再隔一天，到初十四晚上，考生再次回到考室参加第三科考试，直到初十六晚交卷出场。他们在长巷里可和其他人随意交流，长巷的栅门是上锁紧闭的，没有人能以任何理由从外面进来接近考生。考生时有死在考场的。但是，如果考生能把认识的朋友带进长巷里，让他替自己答题，那么全中国最蠢的人也能通过考试，成为类似于获得文学硕士学位的人。因此，有名的中国文人就是这样产生的。科举考试的准备不是政府的事情，可以以任何可能的方式备考。考场的房子仍然保存完好，也许很容易就能改建成一所学校。但是，你认为他们会那么做吗？根本不会。政府没有打算在那里建立学校，因而这些房子会被拆掉或为官方所用。假如你不是亲眼看到的话，你就无法想象官僚主义有多严重。我们还参观了一座大的孔庙，每年使用两次。它就像所有的庙宇一样，伴随着岁月的沉淀，布满了灰尘。如果你打算偶然访问一下任何一座中国的庙宇，你都会以为自己进入了一个荒芜的、被人遗忘的废墟。星期天，我们去了地狱神殿，陪同的先生建议法师应该把雕像上的灰尘拂去。法师说："是的，如果把灰尘拂去，那会更好。"

1919年5月22日星期四　南京

从日本归国的留学生痛恨日本，但他们都与美国回来的留学生不合，他们各自的组织无法走到一起。许多留学生没有工作，表面上看是因为他们不愿意经商，或他们不愿从底层干起，而且部分官员对他们抱有强烈的敌对态度。

在这里，做生意是一种典型的方式。我们刚收到一封来自上海的快信，本来它应该是12小时内可以收到的，却花了4天时间才收到。因为快信更快些，人们才不发电报而选择快信。不管你喜欢不喜欢，你也许得花好多时间等待，也闹不清为什么你的快信没有按时寄到你手中，但你得自己承担其中的风险和费用。中国人不像日本人那样同外国人耍花招，出于羞怯感，他们仅仅是随波逐流，一直在与自己和他人周旋。

这幢房子离铁路站4英里远。这里的街上没有车，有许多人力车、几辆马车，几乎没有汽车。这里也没有轿子，至少我不记得看到过。但在几天前，我们去过镇江，那里的街道很窄，轿子是主要的运载方式。这里的人力车夫们一天付40美分到城里去租他们的黄包车，这些黄包车都一样，非常旧。他们赚一点点钱，比租车的钱多了没多少。在上海，人力车夫们一天付90美分获得拉车权，可以赚1美元，也有可能达到1.5美元。

最近有一天，我对一位年轻的教授说，中国仍然支持三大有闲阶级。尽管他是研究社会问题的学者和评论者，但他看起很吃惊，问我他们是哪些人。当我问他，是不是不能说是官员、神职人员和军人？他回答，不，可以这么说，就此打住了。这样看来，既思考又执行，尤其侧重于执行，这是他们的座右铭。

1919年6月1日　北京

我们会见了一个来自内地省份的年轻人，他正为长期没有得到薪水的教师们筹款。此时，中国财政收入的百分之六十以上都用在了军费开支上，但是，与当时的中国军队相比没有比它更糟糕的了。中国的许多省份实际上都是在军阀和督军的控制之下。这些军阀和督军靠贪污军饷来增长自己对地方的压制力量，他们大多是公开的亲日派头目。

我们的事情刚刚得到安排。昨天，我们私下讨论了在东方的最后四个月的计划，约定在这剩下的时间内尽量多安排时间学习。特别是在最后一个月，要尝遍所有的地方小吃，谈论一下隐秘的和多智的东方。与欧洲相比，他们向你敞开的比你想要得更多（尽管必须承认有时候的信息是混淆的）。

昨天，我们去了风景如画的西山（Western Hills），看到了坐落在真正的大理石基座的石船，就像画一样美。但是，石船的其他部分都是赝品，多少有点名不副实。然而，如果你比较起来，就会发现石船可以与凡尔赛宫相媲美。这里最好的建筑风景是以瓦片为顶的佛教寺庙，每一个瓦片都有一个玉佛，就像是看电影一样。我们步行来到比俄罗斯山（Russian Hill）高的地方，穿过一座假山上的山洞，山洞是通往清扫这一寺庙的地方。看来这个地方归属满族，他们收费很高，即使到尼亚加拉瀑布去也没有那么高的收费。从这可以看到，中国需要一次革命，第一件要做的事情就是推翻清王朝和左派，就像我前一次信中所说的，有太多的贪官掌管着混乱的事务。总之，我唯一能看到的事情就是，这些官员和军阀都在更加肆无忌惮地为个人掠夺财富，他们害怕一旦发生一次运动，整个帝国就会在他们眼前倒下。中国的现状很让人担心。我想引用我国的几句格言："你永远无法预测"，"让别人做自己分内的事情吧"。相反，他们毫不掩饰他们自己所有的弱点和缺点，在冷静地和客观地陈述之后，他们会说"那是很糟糕的"。我不知道对于一个人来说是否合理，但可以肯定的是，不可能从他们那里得出合理的结论。然而，这使他们成为极好的朋友。正是在他们减少对自己管理的时候，日本人试图想控制他们和提供必要的活力。在这里你肯定能看到，日本人那有名的褊狭心理的另一面，在其他事情上也是如此。如果你整天在做一些事情，那我不知道你是否需要一种心无旁骛的心理。当其他人还在摇摆不定或根本就没有开始的时候，你应该不停地朝着你的既定目标前进。

今天早晨，我们去著名的博物馆——紫禁城（Forbidden City），这是中国唯一仍保持领先的地方。在紫禁城里，坐落着很多金碧辉煌的宫殿和谒见大厅，还有黄色的琉璃瓦以及高大的红墙。你所看到的真是一种粗俗的辉煌，而且第一件事情是在你的脑海里会显现出一个传统的关于东方的想法。我想，这里比其他我到过的地方更受到印度教或藏传佛教的影响。北京城已经有上千年的历史了，当欧洲那些首都还在偶然性地出现的时候，中国已经开始用他们的组织权力大规模地修建都城了。毫不怀疑地说，如果他们很好地使用权力，他们还是有组织的权力。这个博物馆简直就是一个珍宝、瓷器、青铜器、翡翠的博物馆，而不是一个历史的或陈旧的博物馆。进入博物馆的花园需要10美分，进入博物馆内其他地方需要花费1美元或更多，因此我猜想，我们得到这样一个印象，它大概是为了控制公众和平民进入才收费这么高，而不仅仅是钱的问题。

1919年6月20日　北京

上周末，我们走了10英里到清华学院（Ching Hua College）去。这是一个靠博科瑟赔偿基金（Boxer Indemnity Fund）①而建立的学院，是一所高中层次补习2年大学课程的留学预备学校。该校刚刚毕业了60～70名学生，明年将前

---

① 即中美庚子赔偿基金。

往美国留学。他们去美国各地，主要是一些小的学院和中西部的州立大学。相当一部分人去Teeh学院，一部分人去史蒂文斯学院，但没有人去哥伦比亚大学，我想主要是因为该校在大城市的缘故吧。毋庸置疑，把这些学生放在小城市有很多好处。中国有不少哥伦比亚大学的校友，他们主要是去读本科教育的。除了汉语教育外，教学都是用英语进行的，这些男孩们看起来早已对英语听说读写非常熟练了。比较令人遗憾的是他们对待这些孩子的方式，在他们真正调整自己之前，他们不得不忍受这种羞辱一直到去美国。然而，当他们学成回国后，他们因为所遇到的情况甚至比以前更差而又要调整。他们对自己的祖国有着美好的希望，同时又受到美国式的教育但对此毫不知情。他们找工作非常艰难，以至于连基本的生存都没法保证。经常有人告诉他们，他们是这个国家的救世主，但这个国家完全不需要他们做什么。他们开始忍不住地进行比较，发现中国是多么的落后，她的问题是多么的可怕。同时，在每一个中国人的内心深处很可能都有一个底线，那就是坚信中国的文明优越于其他文明。或许他们是正确的，毕竟中国有二千年[①]的辉煌历史。

你在自己的一生中或许有些时间要来这里，因此，了解关于钱的知识是很有用处的。除了中国的银行家了解钱的知识，很少有人了解它。这里，11个一角硬币等于1美元或6个20美分相当于1美元，然而，11个铜板等于1角硬币，那么1美元就相当于138个铜板。结果是节俭的人常用1英镑或2个大铜板付给黄包车夫车费。这里，有各种各样的纸币。

明晚我们要去西山，被告知要带上几美元和60个5美分硬币，去西山的火车车票钱正好是1美元，好像再没有其他用途了。相反，外国人经常待在旅馆里做事，人们经常拿5个20美分来兑换1美元，如此等等。这些旅馆是外国人开的，并不是精明的中国人开的。还有一件你知道后会很高兴的事，那就是北京是一个在某种程度上美国化的城市，所以，我们每隔一天可以吃上冰淇淋，两

---

① 这里有误，应为"五千年"。

大杯冰淇淋。这对你很有帮助。

智者一言。请记住，不要问一个中国人是否要下雨或其他关于将来天气情况的问题。这里，乌龟被认为是天气的预言者，但乌龟被视为是地球上最卑鄙的动物，你会明白问这样的问题是一种羞辱。在这次反日运动中，他们给日本人的微妙礼物是拿一项日本制造的草帽，这是他们从路人头上拿过来的，然后把它切割成像一只乌龟的样子，并把这顶草帽挂在了电话杆上。

顺便说一下，当我把这里发生的第一次运动与大学生的乱闹相比较的时候，我发现我不能公平地对待学生。整个运动是经过精心计划的，看起来很早就完成了，否则就不是目前这个样子了。因为一个政党不久表示要举行一次运动，两者时间是一致的，他们害怕他们的运动看起来像是一个政治派别的代理人，想单独地作为学生行动。试想一下，在美国14岁以上的孩子站在这种席卷全国的政治运动的前沿，对商人和专业人士加入他们而感到羞愧。在一些国家里，这却是真实的。

1919年6月25日　北京

这里谈一些关于家庭消费的简单事实。在中国，所有的木板都是用手锯开的——两个人和一张锯，就像一个横切的架锯（buck-saw）。在新的北京饭店，它是一幢大楼，人们用大的原木锯成合适的长度做窗户框架，而不是把做好的窗户框架放在里面。吐痰也是一门普通的技艺。当一位女学生想借口离开她的座位的时候，她横穿房间用力地向痰盂吐痰。现在，小甜瓜已经可以吃了，它们像成熟的黄瓜，比较小但很甜。做苦力的人们和男孩们在街上把小甜瓜连皮带瓤地吃个干净。孩子们吃小的青苹果。桃子很贵，但那些得到又青又硬的桃子的人就生吃它。盆栽的石榴已经开花，正在结出果实，其颜色是一种很好看的猩红色。荷花池的荷花也在盛开，那玫瑰红的颜色引人入胜。当荷花的花蕾将要开放的时候，它们好像有意猛地开放，散发出阵阵清香，沁人心脾。但是，荷花从来就不是为艺术而生，只是宗教才使它变为艺术。神圣的池塘搞得非常整洁,坐落在紫禁城的护城河里面。在北京,男人是女人的2倍。

星期日,我们去参加一个中国人的婚礼,是在海军俱乐部举行的。他们的婚礼与我们的婚礼没有什么区别。新郎和新娘都穿上传统的外国服装,戴着结婚戒指。婚宴有9桌,其中6桌是男士、3桌是妇女和儿童。妇女们带着孩子和他们的奶妈在中国随处可见,我的意思是,无论这些妇女到哪里,奶妈们都要跟随着到她们要去的地方,这是一个习惯。在整个婚宴上,除极少数的男女留学生之间对话外,没有男士与女士说话。鸡蛋1美元可以买120个。在我们的公寓里,我们可以得到我们想要的所有东西。男人们带着鸟出去散步,有些鸟是在笼子里面,有些鸟是用绳子把它们的一条腿拴在木棍上,以便鸟在木棍上栖息。

1919年7月27日　北京

我想,我要回头写一个大约5岁左右的小男孩。在我的一次演讲中,他从中间走廊走到我身边,大约站了15分钟,目不转睛地看着我,一点也不害羞。前天晚上,我们在一个朋友的家丁的护卫下来到一家中国餐馆吃饭。一个小男孩来到我们的包厢里,开始很认真地用汉语与我交谈。我的朋友发现,他是想问我是否认识他的三叔。他是上次演讲举办者的孩子,他的三叔在哥伦比亚大学读书。如果你碰到T先生,请代我和他的侄子向他问好。这个男孩那天晚上和我们对话几次,每一次都是认真的和毫无拘束的。其中有一次,他向我要名片,然后小心地用红纸把它包起来。这家餐馆在荷花池旁边,现在正是荷花的盛开期。我无法用语言来形容荷花的美丽,总之荷花就是荷花,我建议你明年夏天来这里看看。

1919年8月4日　北京

上周,我去天津参加为期两天的教育会议。这次是受天津教育联合会的邀请同所有中学的校长讨论与秋季开学相关的问题。大部分校长非常保守,反对学生参加游行和政治团体。他们对即将到来的秋季开学非常紧张和提心吊胆。他们认为，学生们在整个夏天参加政治运动之后，在适应他们中学（都是寄宿学校）的学校纪律上还没有做好准备。学生们在管理政府几个月之后想要管理学校。对于主张自由的少数派来说，当他们让学生安顿下来适应学校的生活时，可以想到学生们的暑期经验具有重要的教育价值，他们回来的时候会带来新的社会观点。因此，教学应当改变，管理学校纪律的方法也要改变，以适应新的情况。

有一天，我在一所私立中学吃了一顿很美的中餐。该校是15年前在一个私人住宅里开始发展起来的，当时只有6名学生。现在，它有29亩土地，1100名学生，分年级进行教学。它正在建设第一幢学院大楼，今年秋季准备从高中毕业生中招收100名新生。尽管校长是一个活跃的基督教徒，认为只有基督教教育可以拯救中国，但学校的一切都是中国人自己在管理和支持，没有传教士和基督教徒参与管理。其主要的赞助者是一个既不会说英语也不是基督教徒的、传统的但具有现代思想的知识分子。校长说，两年前，当他们三个人（包括这个传统的知识分子在内）到世界各地进行教育考察时，美国政府从纽约到旧金山专门给他们提供秘密保镖的服务。这位校长对中国传统的绅士有很深的印象，他说："哪一种教育能造就这样一种人，这是我所见到的最好的绅士。与他相比，你们西方有修养的绅士被宠坏了。"他们肯定具有世界上的谦恭有礼的行为习惯，就像日本人的礼仪习惯，但要减少一点，以便表现得更加自然。然而，这种类型的人并不普遍。我问校长："教会教育对中国的被动和不抵抗有什么影响。"他问答说："这有很大的不同，正如在美国人和英国人之间的影响和在美国的年轻人和老年人之间的影响不同一样。"后者，特别是基督教青年会（YMCA）已经放弃了不干涉的观点，想当然地认为基督教应该改变社会状况。校长说，按照原来的看法，基督教青年会与其说是基督教徒，还不如说是一群社会工作者，他们所有人都是受到鼓励的。我认为，或许中国人能通过抛弃基督教的所有腐败而振兴基督教，把它变为一种社会信仰。

这位校长是哥伦比亚大学师范学院的校友，也是中国很有影响的教育家之一。他说话的时候用了很多形象化的隐喻，很抱歉，我记不清他都说了些什么。其中，在说到日本的活力和中国的惰性时，他这样说，前者是水银，受到他们周围的各种影响；后者是原棉，热不会温暖，冷不会结冰。然而，我重申了观点，中国人的保守更多的是智慧和深思，不像我原来想象的那样固守传统。必然会发生这样的结果，当他们的思想发生变化时，他们的人民将会发生更彻底的变化，所有这些方面都比日本人深刻得多。

据传，现在的情况是，教育部部长要想回到他的办公室需要满足以下三个条件：一是解散这所大学；二是阻止校长回来就任，三是解雇所有在座的中学校长。很显然，他不能完成其中的任何一个任务，安福俱乐部（Anfu Club）相当痛心。据说，这个教育部部长是一个聪明的政客，当他和我们一起吃饭的时候，他告诉在座的人他是受到诽谤的。有人说，他本人也是安福俱乐部的成员。

在从天津回北京住所的路上，我突然想到中国的另一面。有一位前财政部部长被介绍给我作为我的旅行伙伴。他是一位高等数学方面的博士，从美国来，是一个很有智慧的人。但是，他谈话的主题是需要对灵魂、神灵附身和占卜等进行科学研究，以便科学地肯定灵魂精神的存在和否定灵魂的存在。当时，他讲了很多中国的鬼神故事。除了故事情节的生动外，我不知道中国人是怎样对待鬼神的。很显然，他比我们美国的一些巫师对这方面了解得更多。但是，确实很多中国人都有鬼神附身的现象发生。你知道中国富有的家庭都在自家住宅的院子里建一堵墙，我猜想，其目的是把鬼神堵到外面去。因为鬼神走路是不能拐弯的，所以，当一堵墙竖立在住宅前门的位置是安全的。否则，鬼神就会在不舒服的时候就去侵占某个人的身体，造成鬼神附身的现象。据说，天津的一群前政客对灵魂现象有研究兴趣。考虑到中国是鬼神的故乡，我不清楚西方的研究者为什么不在这里开始他们的研究呢。这些受过教育的中国人是不容易受骗的，因此，不存在不经过加工的鬼神故事。

参考文献

一、中文

（一）著作

[1]［美］爱默生.美国学者［M］.赵一凡，译.北京：三联书店出版社，1988.

[2]［美］A. C. 奥恩斯坦.美国教育学基础［M］.刘付忱，姜文闵，等，译.北京：人民教育出版社，1985.

[3]［美］S. 鲍尔斯，H. 金蒂斯.美国：经济生活与教育改革［M］.王佩雄，等，译.上海：上海教育出版社，1990.

[4]［美］J. 布卢姆.美国的历程（上册）［M］.杨国标，张儒林，译.北京：商务印书馆，1988.

[5]曹孚.杜威批判引论［M］.北京：人民教育出版社，1951.

[6]陈景磐.杜威的道德教育思想批判［M］.武汉：湖北人民出版社，1957.

[7]陈元晖.实用主义教育学批判［M］.北京：人民教育出版社，1956.

[8]程晋宽."教育革命"的历史考察［M］.福州：福建教育出版社，2001.

[9]褚洪启.杜威教育思想引论［M］.长沙：湖南教育出版社，1998.

[10]崔相录.东方教育的崛起——毛泽东教育思想与中国教育70年［M］.郑州：河南教育出版社，1993.

[11]［日］大田尧.战后日本教育史［M］.王智新，译.北京：教育科学出版社，1993.

［12］戴伯韬.陶行知的生平及其学说［M］.北京：人民出版社，1982.

［13］［美］丹尼尔·J.布尔斯廷.美国人——民主的历程［M］.谢廷光，
　　　译.上海：上海译文出版社，1997.

［14］［美］丹尼尔·贝尔.资本主义文化矛盾［M］.赵一凡，等，译.北京：
　　　三联书店出版社，1989.

［15］单中惠.现代教育的探索——杜威与实用主义教育思想［M］.北京：人
　　　民教育出版社，2002.

［16］丁守和，殷叙彝.从五四启蒙运动到马克思主义的传播［M］.北京：三
　　　联书店出版社，1979.

［17］董远骞，施毓英.俞子夷教育论著选［C］.北京：人民教育出版社，
　　　1991.

［18］［美］杜威.杜威教育论著选［C］.赵祥麟，王承绪，编译.上海：华
　　　东师范大学出版社，1981.

［19］［美］杜威.杜威全集·晚期著作第2卷［C］.张奇峰，王巧贞，译.上
　　　海：华东师范大学出版社，2015.

［20］［美］杜威.杜威全集·中期著作第11卷［C］.马迅，译.上海：华东
　　　师范大学出版社，2012.

［21］［美］杜威.杜威全集·中期著作第12卷［C］.刘华初，等，译.上
　　　海：华东师范大学出版社，2012.

［22］［美］杜威.杜威全集·中期著作第13卷［C］.赵协真，译.上海：华
　　　东师范大学出版社，2012.

［23］［美］杜威.杜威五大讲演［C］.胡适，口译.合肥：安徽教育出版社，
　　　1999.

［24］［美］杜威.教育哲学［M］.刘伯明，译.上海：大新书局，1935.

［25］［美］杜威.今日的教育［M］.董时光，译述.上海：商务印书馆，1946.

［26］［美］杜威.思维与教学［M］.孟宪承，译.上海：商务印书馆，1936.

［27］［美］杜威.我们怎样思维·经验与教育［C］.姜文闵，译.北京：人民教育出版社，1991.

［28］［美］杜威.新旧个人主义：杜威文选［C］.孙有中，译.上海：上海社会科学院出版社，1997.

［29］［美］杜威.学校与社会·明日之学校［C］.赵祥麟，等，译.北京：人民教育出版社，1994.

［30］［美］杜威.民主主义与教育［M］.王承绪，译.北京：人民教育出版社，1990.

［31］［美］方纳.新美国历史［M］.赵一凡，等，译.北京：北京师范大学出版社，1998.

［32］［苏］弗·斯·谢伏金.为美国反动派服务的杜威教育学［M］.陈友松，邵鹤亭，译.北京：大众出版社，1954.

［33］［美］格里德.胡适与中国的文艺复兴［M］.鲁奇，译.南京：江苏人民出版社，1995.

［34］葛懋春，李兴芝.胡适哲学思想资料选（上册）［M］.上海：华东师范大学出版社，1981.

［35］何显明.超越与回归——毛泽东的心路里程［M］.上海：学林出版社，2002.

［36］胡适.胡适口译自传［M］.［美］唐德刚，译注.上海：华东师范大学出版社，1993.

［37］胡适.胡适文存三集［C］.上海：亚东图书馆，1930.

［38］黄绍湘.美国通史简编［M］.北京：人民出版社，1979.

［39］［美］简·杜威.杜威传（修订版）［C］.单中惠，编译.合肥：安徽教育出版社，2009.

［40］蒋梦麟.现代世界中的中国［M］.上海：学林出版社，1997.

［41］［美］杰伊·马丁.教育人生：约翰·杜威传［M］.杨光富，等，译.

上海：华东师范大学出版社，2020.

［42］［美］H. S. 康马杰. 美国精神［M］. 杨静予，等译. 北京：光明日报出版社，1988.

［43］［澳］康内尔. 二十世纪世界教育史［M］. 张法琨，等，译. 北京：人民教育出版社，1990.

［44］［美］克雷明. 学校的变革［M］. 单中惠，马晓斌，译. 济南：山东教育出版社，2013.

［45］李剑鸣. 大转折的年代——美国进步主义运动研究［M］. 天津：天津教育出版社，1992.

［46］栗洪武. 西学东渐与中国近代教育思潮［M］. 北京：高等教育出版社，2002.

［47］刘桂生，张步洲. 台港及海外五四研究论著撷要［C］. 北京：教育科学出版社，1989.

［48］［美］罗伯特·B. 塔利斯. 杜威［M］. 彭国华，译. 北京：中华书局，2002.

［49］罗荣渠，牛大勇. 中国现代化历程的探索［M］. 北京：北京大学出版社，1992.

［50］罗志野. 美国文化和美国哲学［M］. 桂林：广西师范大学出版社，1993.

［51］马勇著. 蒋梦麟教育思想研究［M］. 沈阳：辽宁教育出版社，1997.

［52］［美］迈克尔·沙勒. 二十世纪的美国和中国［M］. 王扬子，刘湖，译. 北京：光明日报出版社，1985.

［53］［美］梅休，爱德华兹. 杜威学校［M］. 王承绪，赵祥麟，等，译. 上海：华东师范大学出版社，1991.

［54］［美］梅逊. 西方当代教育理论［M］. 陆有铨，译. 北京：文化教育出版社，1984.

［55］彭明. 五四运动史［M］. 北京：人民出版社，1984.

［56］钱满素.爱默生与中国［M］.北京：三联书店出版社，1996.

［57］瞿葆奎.教育学文集·教育与教育学［C］.北京：人民教育出版社，1993.

［58］瞿葆奎.教育学文集·美国教育改革［C］.北京：人民教育出版社，1990.

［59］人民教育社."活教育"批判［C］.北京：人民教育出版社，1955.

［60］［美］塞缪尔·亨廷顿.文明的冲突与世界秩序的重建［M］.周琪，等，译.北京：新华出版社，2002.

［61］沈益洪.杜威谈中国［C］.杭州：浙江文艺出版社，2001.

［62］［美］史蒂芬·罗.再看西方［M］.林泽铨，刘景联，译.上海：上海译文出版社，1998.

［63］孙有中.美国精神的象征——杜威社会思想研究［M］.上海：上海人民出版社，2002.

［64］陶行知.陶行知全集［C］.成都：四川教育出版社，1991.

［65］陶文钊.中美关系史1911—1950［M］.重庆：重庆出版社，1993.

［66］王桂.日本教育史［M］.长春：吉林教育出版社，1987.

［67］王颖.杜威教育学派与中国教育［M］.北京：北京理工大学出版社，2007.

［68］［美］威斯布鲁克.杜威与美国民主［M］.王红欣，译.北京：北京大学出版社，2010.

［69］韦政通.中国的智慧［M］.长春：吉林文史出版社，1988.

［70］［美］沃侬·路易·帕灵顿.美国思想史［M］.陈永国，等，译.长春：吉林人民出版社，2002.

［71］［日］小原国芳.小原国芳教育论著选（上下卷）［C］.由其民，等，译.北京：人民教育出版社，1993.

［72］忻剑飞.世界的中国观［M］.上海：学林出版社，1997.

［73］杨东平.艰难的日出——中国现代教育的20世纪［M］.上海：文汇出版社，2003.

［74］杨生茂，林静芬.美国史论文选［C］.天津：天津人民出版社，1983.

［75］［日］永井道雄.近代化与教育［M］.王振宇，张葆春，译.长春：吉林人民出版社，1984.

［76］元青.杜威与中国［M］.北京：人民出版社，2001.

［77］张斌贤.社会转型与教育变革［M］.长沙：湖南教育出版社，1998.

［78］章开源，唐文权.平凡的神圣——陶行知［M］.武汉：湖北教育出版社，1992.

［79］郑谦.被"革命"的教育［M］.北京：中国青年出版社，1999.

［80］中国教育史研究会.杜威、赫尔巴特教育思想研究［C］.济南：山东教育出版社，1985.

［81］中华职业教育社.黄炎培教育文选［C］.上海：上海教育出版社，1985.

［82］周谷平.近代西方教育理论在中国的传播［M］.广州：广东教育出版社，1996.

［83］周洪宇.陶行知研究在海外［M］.北京：人民教育出版社，1991.

［84］周全华."文化大革命"中的"教育革命"［M］.广州：广东教育出版社，1999.

［85］邹铁军.实用主义大师——杜威［M］.长春：吉林教育出版社，1990.

(二)期刊论文

［1］［美］布鲁纳.杜威教育哲学之我见［J］.伟俊，钟会，译.外国教育研究，1985（4）.

［2］胡小明.要重视陶行知教育思想的研究［J］.教育研究，1980（2）.

［3］黄济.对"传统教育"和"现代教育"都应实事求是［J］.教育理论与实践，1985（2）.

［4］黄书光.陶行知：杜威教育理论的改造与超越［J］.科学课，2003（2）.

［5］［美］理查德帕瓦特，雷静.杜威：习性与冲动——20世纪初杜威教育思想的转变［J］.北京大学教育评论，2003（2）.

［6］林晖.杜威思想的当代意义［J］.文汇报，2004-1-11.

［7］刘放桐.重新认识杜威的"实用主义"［J］.探索与争鸣，1996（8）.

［8］毛礼锐.从五四运动时期的教育看我国当前的教育［J］.教育研究，1979（1）.

［9］毛礼锐.人民教育家陶行知教育思想的进步作用［J］.教育研究，1979（3）.

［10］漆新贵.杜威对中国教育的影响：一种批判性评价［J］.渝西学院学报（社会科学版），1997（3）.

［11］单中惠."从做中学"新论［J］.华东师范大学学报（教育科学版），2002（3）.

［12］单中惠.杜威反思性思维与教学理论浅析［J］.清华大学教育研究，2002（1）.

［13］单中惠.杜威教育思想在日本［J］.外国教育研究，2002（8）.

［14］王剑.胡适与杜威的中国之行［J］.社会科学研究，2003（1）.

［15］王彦力.教育理论距教育实践有多远［J］.教育理论与实践（学科版），2004（2）.

［16］王彦力.走出困境——从社会学角度再定位教育思想研究［J］.当代教育科学，2004（1）.

［17］吴康宁."有意义的"教育思想从何而来——由教育学界"尊奉"西方话语的现象引发的思考［J］.教育研究，2004（5）.

［18］元青.杜威的中国之行及其影响［J］.近代史研究，2001（2）.

［19］元青.五四时期杜威关于中国改革与发展的主张评述［J］.天津社会科学，2002（1）.

［20］袁盈.略述五十年代初期的中美关系［J］.首都师范大学学报（社会科学版），1996（3）.

［21］张法琨."五步法"与"四段论"简析［J］.教育研究，1982（1）.

［22］张汝伦.杜威在中国的命运［J］.读书，2003（7）.

［23］赵祥麟.评杜威实用主义教育思想［J］.教育研究，1980（5）.

［24］赵祥麟.重新评价实用主义教育思想［J］.华东师范大学学报（哲社版），1980（2）.

［25］［日］中岛隆博，龚颖."中国哲学史"的谱系学——杜威的发生学方法与胡适［J］.中国哲学史，2004（3）.

二、日文

［1］浜田阳太郎.战后日本的教育潮流.日本广播出版协会，1974.

［2］长阪一昭.デュ-イの行动谕と日本社会.爱知学艺大学出版部，1953.

［3］稻富荣次郎.明治以后教育目的的变迁.同文书院，1981.

［4］渡部政盛.教育哲学思潮概论.郁文书院，1928.

［5］渡部政盛.新ヵント派の哲学ともの教育学说.启文社，1922.

［6］渡部政盛.最近教育学说の叙述及批判.大同馆，1918.

［7］帆足理一郎.教育と人生.新生堂，1932.

［8］高桥俊乘.日本教育文化史.岩波书店，1933.

［9］古山靖彦.日本教育の真随——デュ-イの教育目的论について.玉川大学出版部，1953.

［10］谷口忠显.デュ-イの知识论.玉川大学出版部，1991.

［11］堀松武一.日本近代教育史.理想社，1963.

［12］木下凉一.デュ-イ教育学への接近.荣泰印书馆，1985.

［13］牧野宇一郎.デュ-イ教育观の研究.风间书房，1977.

［14］牧野宇一郎. デュ-イ真理观の研究. 东京未来社，1985.

［15］日本杜威学会. 约翰杜威与他的教育思想. 刀江书院，1960.

［16］日本杜威学会. 约翰杜威哲学和教育理论的基本问题. 刀江书院，1960.

［17］森德治. デュ-イ学说批判. 刀江书院，1949.

［18］山田安子. デュ-イ研究. 鹿儿岛大学出版部，1949.

［19］杉浦宏. デュ-イの自然主义と教育思想. 明治图书，1983.

［20］杉浦宏. デュ-イ教育思想の研究. 刀江书院，1963.

［21］杉浦宏. デュ-イ研究の四十余年. 日本教育研究中心，1993.

［22］杉浦宏. デュ-イ研究の现在. 日本教育研究中心，1993.

［23］杉浦美朗. デュ-イにおける综合学习の研究. 东京风间书房，1985.

［24］唐泽富太郎. 增补日本教育史. 诚文堂新光社，1983.

［25］田浦武雄. デュ-イとその时代. 玉川大学出版部，1984.

［26］尾形裕康. 日本教育通史. 早稻田大学出版部，1978.

［27］小原国芳，等. 八大教育主张. 玉川大学出版部，1976.

［28］小原国芳. 日本新教育百年史. 玉川大学出版部，1980.

［29］筱原助市. 批判的教育学の问题. 宝文馆，1922.

［30］永野芳夫. ヂョォンデュ-イ教育学说の研究. 大同馆，1920.

［31］永野芳夫. デュ-イ. 东京牧书店，1956.

［32］永野芳夫. 杜威教育学总论. 中和书院，1946.

［33］永野芳夫. 经验哲学を基础としての新しン教育论. 毛那斯，1924.

［34］远山技. デュ-イと成濑仁藏思想的关系. 日本女子大学出版部，1953.

［35］早川操. デュ-イの探究教育哲学、相互成长をめざわ人间形成论再考. 名古屋大学出版会，1994.

三、英文

[1] Bahn, D. C., John Dewey and the May Fourth Movement in China: Dewey's Social and Political Philosophy in Relation to His Encounter with China (1919—1921), Ohio: US UMI Company, 1985.

[2] Bentley, A. F., The Human Skin: Philosophy's Last Line of Defense, Boston: Beacon Press, 1954.

[3] Blewett, J., John Dewey: His Thought and Influence, New York: Fordham University Press,1960.

[4] Bode, B. H., Progressive Education at the Crossroads, New York: Newson & Company, 1938.

[5] Brickman,W. W., John Dewey's Foreign Reputation as an Educator, New York: Columbia University,1949.

[6] Brickman ,W. W. (ed.), John Dewey's Impression of the Soviet Russia and the Revolutionary World Mexico-China-Turkey, New York: Teachers College, Columbia University, 1964.

[7] Brastow, L. O., The Work of the Preacher: A Study of Homiletic Principles and Methods，Boston: Pilgrim Press, 1914.

[8] Brubacher, J. S., A History of the Problems of Education, New York: McGraw-Hill Book Company, 1947. University Press,1985.

[9] Burke, T., Dewey's New Logic, Chicago: The University of Chicago Press,1994.

[10] Cahn, S. M.(ed.), New Studies in the Philosophy of John Dewey，New England: The University Press of New England，1977.

[11] Connel, W. F., A Histroy of Education in the Twentieth Century World，New York: Teachers College Press, Columbia University，1980.

[12] Counts, G. S., Dare the School Build a New Social Order? New York: Arno Press, 1969.

[13] Cremin, L. A. (ed.) Dewey on Education, New York: Teachers College Press, 1959.

[14] Cremin, L. A., The Transformation of The School, Progressivism in American Education, 1876-1957, New York: Alfred A, Knopf, 1961.

[15] Dewey, J., Lectures in China, 1919—1920, Hawaii: The University Press of Hawaii, 1973.

[16] Dewey, J., Letters From China and Japan, New York: E. P. Dutton & Company, 1920.

[17] Dewey, J., Democracy and Education, New York: The Macmillan Company, 1916.

[18] Dewey, J., Human Nature and Conduct, Carbondale: South Illinois University Press, 1922.

[19] Dewey, J., Essays on China, Japan, and the War 1918—1919, Carbondale: South Illinois University Press,1988.

[20] Dewey, J., The Pantheism of Spinoza, Early Works 1882—1898, Carbondale: South Illinois University Press, 1969.

[21] Dewey, J., Experience and Education, New York: Collier Books, 1963.

[22] Dewey, J., The School and Society, The Child and the Curriculum, Chicago: A Centennial Publication of the University of Chicago Press, 1990.

[23] Dykhuizen, G., The Life and Mind of John Dewey, Carbondale: South Illinois University Press, 1970.

[24] Good, H. G., A History of American Education, New York: The Macmillan Company, 1956.

[25] Goring, P., Studying Literature: the Essential Companion, London: Arnold &

New York Oxford University Press, 2001.

[26] Garmo, C. D., Herbart and the Herbartians, New York: Charles Scribner's son's, 1895.

[27] Garrison, J.(ed.), The New Scholarship on Dewey, Boston: Kluwer Academic Publishers, Dordrecht, 1995.

[28] Hook, S., John Dewey, New York: Prometheus Books, 1995.

[29] Jackson, P. W., John Dewey and the Philosopher's Task, New York: Teachers College Press, 2002.

[30] Keenan, B., The Dewey Experiment in China, London: Council on East Asian Studies Harvard University, 1977.

[31] Lagemann, E. C., An Elusive Science: The Troubling History of Education Research, Chicago: University of Chicago Press, 2002.

[32] Lazerson, M., American Education in the Twentieth Century, New York: Teachers College Press,1987.

[33] Levinas, E., Otherwise than Being or Beyond Essence, New York: The Hague, Martinus Nijhoff, 1981.

[34] Mauhew, K. C. & Edwards, A. C., The Dewey School, New York: The McGraw-Hill Companies, 1963.

[35] Nydia, C., Experimentalism and Educational Measurement: Complementary Contributions of Dewey and McCall to the New Intellectual Movement in China, Ohio: US UMI Company, 1997.

[36] Passon, A. H. Dewey's Influence on the World Education, New York: Teachers College Record, Spring 1982.

[37] Peters, R. S. (ed.), John Dewey Reconsidered, London and Boston: Routledge & Kegan Paul, 1977.

[38] Schillpp, P. A.(ed.), The Philosophy of John Dewey, New York:

Northwestern University, 1939.

[39] Taneja, V. R., Educational Thinkers, New Delhi: Atlantic Publishers and Distributors, 1980.

[40] Yushen Yao, National Salvation Through Education: Tao Xingzhi's Educational Radicalism, Ohio: US UMI Company, 1999.